정호선 교수, 대한민국사이버국회의장

좋은 나라 만들기 100대 정책

좋은 대통령!
나쁜 대통령!!

글쓴이 : 정호선 공학박사

도서출판 **진 영 사**

좋은 대통령! 나쁜 대통령!!

정호선 공학박사

2012년 5월 24일 초판인쇄
2012년 5월 26일 발　　행
발행인 박 진 영
발행처 도서출판 진영사
인천광역시 부평구 갈산동 16-22번지
전화 : 032)505-4207
팩스 : 032)505-4206
E-mail : 0183734207@hanmail.net
등록 : 122-91-77317

ISBN 978-89-6541-081-2 93300
값 17,000원

'홍익통일대통령' 등장을 염원하며…

좋은 대통령은 자기 정당이나 본인의 출세를 위한 정치가 아니라 국민과 나라를 위해 좋은 정책을 추진하는 대통령입니다. 지금 우리는 패거리정치, 그들만의 정치로 큰 위기에 직면해 있습니다. 로마제국이나 통일신라가 멸망한 것은 외부침략 때문이 아니라 국민들에게 희망찬 비전을 제시하지 못했기 때문입니다.

청년들은 '일자리가 없다', 상인들은 '세금 때문에 못 살겠다', 서민들은 '먹고살기 힘들다'고 다들 아우성입니다. '등골이 휘는 등록금', '기업하기 나쁜 나라', '불확실한 노후', '서민들의 전세난', '차별받는 사회', '공교육 위기', '불공정한 사회' 이 모든 원성들이 하늘을 찌르고 있습니다.

국민의 염원을 해결 해 줄 수 있는 통일대통령, 홍익대통령이 나와야 할 때입니다. 시대는 올바른 지도자(救世主, 彌勒佛, 鄭道領)를 기다리고 있습니다. 홍익대통령은 새로운 종교관, 세계관, 우주관으로 전략과 비전을 가지고, 사상과 이념을 초월하여 남북한이 상생하는 통일을 할 수 있도록 리더십을 발휘해야 합니다.

홍익대통령의 5대 조건은 화합대통령, 통일대통령, 과학대통령, 문화대통령, 영적대통령이어야 합니다. 국무총리의 3대 조건은 첫째, 국민의 눈물을 닦아줄 수 있는 어머니의 마음과 같은 국무총리, 둘째, 원하는 일자리를 만들어 줄 수 있는 적극적인 국무총리, 셋째, 국민의 의식주와 평생교육을 책임지는 철학을 가진 국무총리여야 합니다.

Analog정치인들은 철학, 종교, 과학을 서로 상극으로 생각하며, 부정적인 의미의 3D(Difficult, Danger, Dirty)와 3S(Sex, Sports, Screen)에 머물고 있습니다. 하지만 Digital시대 정치인들은 철학, 종교, 과학이 서로 상생하는 3D(Digital, Design, DNA)와 3S(Space, Spirit, Soul)시대를 이끌어 가야 합니다.

과학대통령은 컴퓨터를 이해하고, '디지털 뉴딜'정책으로 새 일자리를 창출하여 디지털 문화 르네상스 시대를 열어 IT강국 · 콘텐츠강국 · 인재강국을 만들어 낼 역사적 책무가 있습니다. 또한 통일대통령은 홍익사상인 카오스우주철학과 프렉탈생명 사상으로 1국가 2체제 유럽연합방식의 분권형 집정제 통일이란 한민족의 숙원을 이뤄내야 합니다.

때문에 골드만삭스(Goldman Sachs)사는 한국이 통일되면 북한의 자원과 노동력, 남한의 기술과 자본이 상생 결합하여 2025년에 1인당 GDP(Gross Domestic Product)는 3만 6813달러, 2050년에는 8만1462달러로 미국에 이어 세계 두 번째로 잘 살 것이라고 전망한 바 있습니다.

국제투명성기구에서 발표한 우리나라 부패인식지수 순위는 세계 180개국 중 43위이고, 행복지수는 세계 178개국 중 102위입니다. 팍팍한 서민의 삶에 비해 특권층의 부정부패는 연일 터져 나오는데 어찌 행복하겠습니까?

다음 대통령은 '전자화폐추진위원회'를 만들어 고액권(1만원, 5만원)을 없애고, 전자화폐와 5천원 이하 소액권과 동전만 사용하여 전 세계에서 가장 투명한 부정이 없는 나라를 만들어 국민들의 영혼을 치유해야 합니다.

다행히 우리에게는 성경에서 말한 작은 책, 세계인이 가장 부러워하는 대표적인 경전인 천부3경 즉, 천부경(81자)과 삼일신고(366자) 및 참전계경(13,200자) 그리고 수많은 지혜의 이야기가 있습니다. 이 수천 년 전의 위대한 애기들이 위정자들의 잘못으로 제대로 전해지지 못하고 있습니다.

홍익사회는 지식과 지혜를 기반으로 한 지성 민주주의와 영성시장경제 체제로서 전자국가, 디지털국가를 건설, 천손장자의 DNA를 지닌 전 세계 한민족이 하나가 되는 'Grand Corea' 입니다. ▲남북통일 ▲민족통일 ▲천하통일의 개념으로 크고 넓게 생각해야 합니다.

조선을 건국할 당시처럼 국가와 민족을 구할 제2의 건국팀워(이성계, 정도전, 무학대사)이 다시 결성되기를 난세의 우리 국민들은 기대하고 있습니다.

세종대왕보다 더 훌륭한 대통령을 선출하여 신라 김춘추대왕, 고려태조 왕건에 이어 세 번째 통일인 대고려국연합(Grand Corea Union)의 홍익국가를 2017년 10월 3일에 건국합시다. Cleanliness(청렴), Honesty(정직), Sincerity(성실)한 정치인을 발굴하는 것이 우리에게 부여된 시대적 소명입니다.

그동안 브레이크뉴스(www.breaknews.com)에 기고할 기회를 주신 문일석 대표님. 그리고 지구별에서 인연을 맺어 왔던 많은 분들의 조언과 도움에 감사드리며, 격려와 성원을 보내주신 가족, 친구, 동료, 선후배 여러분, 특히 홍익단체와 통일단체 회원 여러분께 마음속 깊이 감사드리며, 저의 영적성장에 도움을 주신 여러 스승님께 경배 드립니다.

2012년 5월

아름다운 북한산을 바라보면서
天秘 鄭鎬宣 拜上

차 례

브레이크뉴스(Break News) 칼럼 2011.7.15

1. 삼성그룹은 디지털 뉴딜정책을 추진하라

한민족이 세계 인류 앞에 자랑스러운 민족이 되는 길

기금 8천억 원을 국가와 사회에 무조건 헌납한 삼성이 깊은 고민에 빠져있다'라는 오래된 기사를 읽고 미래 국가와 사회발전을 위해 활용할 수 있는 솔로몬 식 방안을 제안하고자 한다. 이 기금이나 그 이상의 기금을 마련하고 이 기금이 생산적으로 사용돼 '동방의 등불'을 밝힐 기름으로 남길 수 있는 방안이다.

지식정보 도약의 전기

우리나라 중앙도서관은 전국 350여개 대학교와 지방 도서관이 소유하고 있는 모든 서적을 포함해 약 300만권의 책을 소장하고 있다. 8천억 원의 기금이나 그이상은 기금을 한국사회를 위해 기부한다면 이 책을 디지털화하여 전자책(e-book)으로 출판하는 데 사용한다면 하드웨어 IT강국에서 콘텐츠 IT강국이 되어 전 세계에서 가장 앞선 지식정보국가로 한 단계 도약할 수 있다.

한 권의 책을 컴퓨터에 입력하는 데 드는 비용을 계산해 보자. 한 권을 약 500페이지로 보고 한 페이지에 1천원을 지불한다면 50만원이 든다. 300만권이면 1조 5천억 원이면 된다. 부족한 7천억 원은 전국 대학교와 100대 기업, 정부로부터 생산적인 복지기금을 출연하면 된다. 국민 주주기업으로 '지식정보자원공사'를 설립해 정보화 뉴딜정책인 지식 정보 댐을 건설하는 데 사용하는 것이다.

현재 중앙도서관의 소유 장서 중 10% 선인 30만권 정도만 컴퓨터에 입력돼 있다. 또 몇몇 기업이 전자책 사업을 추진하고 있지만 미미하고, 대학에서도 서로 미루고 있는 실정이다. 이 사업이 추진되면 노무현 대통령이 고민하는 양극화 문제 해결의 핵심인 서민, 여성, 장애우, 노인의 일자리가 창출된다. 지금 15세 이상 비경제활동인구가 1천500만명이나 된다. 이들에게 컴퓨터 입력 작업을 일거리로 주고, 페이지 당 일정금액을 일한 양만큼 지급하면 된다. 요즈음 우리나라에는 동사무소, 주민 센터 등 어디든 컴퓨터가 있으므로 입력할 수 있다. 작업수행자가 틀리지 않게 입력하도록 관리하는 오자관리와 페이지 계산만 하면 된다.

청년실업이 심각한 시기에 정보화가 잘된 청년들의 일자리 창출은 물론, 재택근무가 필요한 여성, 육체적 힘을 필요로 하지 않는 노인, 장애우 등 소외계층에게도 수십만 개 일자리를 창출할 수 있다. 고용지원정책자금, 저출산 종합대책자금과 시혜성 복지예산이 단순히 지원되는 형태에 그치지 않고, 재생산을 유발하여 생산적 복지예산으로 활용되기를 기대한다. 일자리가 창출돼 많은 국민이 경제활동을 하면, 금융시장이 안정되고 바닥경기가 살아나, 내수경기가 진작되지 않겠는가?

정부는 사회적 일자리를 공급하기 위해 노력하고 있다. 직업능력 개발과 직업알선을 위한 고용지원 서비스 정책으로 자금을 투입하고 한다. 재원은 크게 문제가 안 된다고 본다. 또한 외국 책을 수주 받아 올 수도 있고, 일거리는 얼마든지 창출할 수 있다. 집집마다 컴퓨터 입력공장이 되고, 여성은 가정에서 일하게 되므로 저 출산 문제와 탁아문제도 해결된다. 필자가 제15대 국회에서 '지식정보자원 관리법'도 제정해 두었으므로 제도상으로도 문제가 없다.

사람은 피가 손발 끝까지 돌아야 건강하다. 국가경제는 서민들 지갑까지 돈이 돌아야 튼튼한 법이다. 우리의 디지털 도서·음반·영상자료가 재외동포는 물론, 한국어를 공부하는 전 세계 국가에 인터넷으로 값싸게 수돗물처럼 공급된다면 한류의 열풍은 영원할 것이다.

오래 기억되는 기업으로

21세기는 디지털 시대이다. 미국 루스벨트 대통령이 '아날로그 뉴딜'정책을 추진해 대공황을 극복했다면, 삼성은 '디지털 뉴딜'정책을 추진, 훌륭한 기업으로 오래 국민에게 기억되기를 바란다. 디지털 문화 르네상스 시대를 우리가 세계 최초로 열어, IT강국 · 콘텐츠강국 · 인재강국이 된다면 한민족이 세계 인류 앞에 자랑스러운 민족이 될 것이다. 인도의 시인 타고르가 예견한 것처럼 대한민국이 '동방의 등불'로서 세계문화의 중심국가가 될 수 있을 것이다.

브레이크뉴스(Break News) 칼럼 2011.7.16

2. 차기 대통령 최상 모델은 세종대왕이어야!

제3의 삼국통일을 이룩하여 Grand Corea를 건국할 수 있어야

대한민국헌정회지(www.rokps.or.kr) 2010년 11월호에 기고한 윤창중 문화일보 논설위원의 특강 내용을 읽고 감동하여 이 글을 쓰게 되었다. 2010년 10월 19일 여의도 렉싱턴호텔에서 11대 국회의원을 상대로 "다음 대통령의 조건"이라는 주제의 세미나를 했다. 이 강연에서 다음 대통령의 첫째 조건은 국가관, 두 번째는 "노블리스 오블리제", 세 번째는 인생의 가치를 소중하게 여기고 명예를 존중하는 사람이 지도자가 되어야 한다는 것이다.

강연 내용을 요약해 보면 "대통령, 국정원장, 국무총리, 하나라당 대표, 사무총장 등 MB 핵심세력이 군대 안 갔다 온 사람이 대부분인데 국민들에게 애국심을 호소할 수 있겠습니까? 라고 강하게 질타하였다. 또한 정무고위직 인사청문회를 보면서 군대미필, 위장전입, 부동산 투기하는 사람들이 어떻게 발탁되었는지 도저히 이해가 안 간다는 것이다. 그리고 국가의 격(국격)과 개인의 격(인격)을 높이는 일에 대통령이 앞장서야 하는데 결격사유가 많은 대통령이 공정사회를 주장할 때 국민들이 공감하겠느냐" 하는 것이다.

더욱 더 큰 문제로 지적되고 있는 점은 차기 대통령 후보로 거론되고 있는 한나라당의 박근혜 전 대표, 오세훈시장, 김문수지사와 민주당의 손학규대표, 정동영의원, 정세균최고위원 등이 대통령의 필요충분조건을 다 갖추지 못하여 비관적이다 라는 것이다.

필자는 이 글을 읽고 아직도 이러한 언론인이 있어 희망적이구나 하면서, 차기 대통령 모델은 제3의 삼국통일을 이룩하여 위대한 대 고려국연합(Grand Corea Union)을 건국할 수 있는 세종대왕과 같은 분이라고 생각을 했다. 경기도 이천에 모신 세종대왕 능을 찾아 참배(2010.11.14) 하고 "세종대왕처럼 소통과 리더십(저자 박현모)"이라는 책을 구입하여 탐독하였다.

저자는 "세종대왕은 "영특하고 문명하면서도 과단성이 있고 강하고 신중하고 너그럽고 인자하면서도 효성스럽다."라고 해설하면서, 다시 말해 총명하고 배우기를 좋아하여 취미가 공부이며 생각하는 속도, 두뇌회전이 빠른 사람으로서 아날로그(analog)가 아닌 디지털(digital)적으로서 미래 지향적이라는 것이다.

또한 저자는 세종대왕은 훌륭한 국가 경영자였다고 주장한다. 첫째, 인재경영자로서 인재는 나라의 보배라는 생각으로 인재선발과 검증을 거쳐 훌륭한 인재를 등용하여 업무를 분담시켰다. 두 번째, 지식경영자로서 활발한 의견을 개진하도록 열린 어전회의를 열었으며, 싱크탱크인 집현전의 조직과 기능을 창조와 과학적으로 운영하여 훈민정음 창제와 과학기구를 발명하였다. 세 번째, 국방 및 외교경영자로서 중국, 일본, 여진족과의 강한 외교를 펼쳤다. 네 번째, 북방영토경영자로서 백두산 확보와 4군6진 개척과 대마도정벌로 영토 문제를 해결하였다. 다섯 번째, 창조경영자로서 과학기술 우대정책을 펴면서 훈민정음의 창제, 악보창안을 하였다. 여섯 번째, 감동경영자로서 사대부의 의견을 경청하고 설득하면서 또한 백성들의 애환을 해결하고자 노비출산휴가, 경로의 정치, 의녀제도를 확립하였다.

2012년 대통령 선거에서 세종대왕과 같은 훌륭한 대통령이 필요한 이유는 현 우리나라 상황이 고려 말의 정치상황과 다를 바 없이 패거리정치, 그들만의 정치, 국민들과 거리가 먼 정치로서 큰 위기라고 보기 때문이다. 1910년에 일본에 의해 조선이 막을 내린지 100년, 남과 북이 갈라진지 60년, 이대로 몇 년을 더 살아가야 하겠는가? 아무리 하늘님(하느님, 하나님)의 뜻이라도 이대로 마냥 기다릴 수는 없지 않은가?

과거 통일의 역사를 되돌아보면 첫 번째 통일은 신라시대 김춘추대왕, 두 번째 통일은 고려 왕건, 이제 제3의 삼국통일을 다음정부에서는 이룩해야 할 때이다. 이 난세에 조선을 건국한 것처럼 국가와 민족을 구할 제2의 건국 팀(이성계, 정도전, 무학대사)과 같은 출중한 인물들이 나타나기를 국민들은 기대하고 있다. 우선 차기 건국 팀은 목적과 목표의식 없이 방황하는 국민의 마음을 사로잡을 획기적인 비전을 제시해야 한다.

로마제국이나 통일신라가 멸망한 것은 외부의 침략 때문이 아니라 국민들에게 희망찬 비전을 제시하지 못했기 때문이었다. 새 시대의 지도자는 우선 시대의 흐름을 알아야 한다. 20세기 analog시대적인 사람들은 철학, 종교, 과학이 서로 상극이라고 생각하고 있으며, 주로 부정적인 의미의 3d(difficult, danger, dirty)와 3s(sex, sports, screen)속에 파 묻혀 있다. 하지만 21세기를 살아가는 digital시대 사람들은 철학, 종교, 과학이 서로 상생한다는 것과 3d(digital, design, dna)와 3s(space, spirit, soul)를 항상 생각한다. 예를 들자면 4대강사업보다는 디지털도서의 지식정보댐을 구축하는 일에 우선순위를 두어야 한다.

이제 우리 모두 세종대왕보다 더 훌륭한 대통령을 뽑을 수 있도록 혜안을 갖자. 하늘은 도저히 이 나라 이 민족을 이러한 의도로 설계하지 않았을 것이므로 하늘이 감동하고 땅이 공감하도록 우리 모두 힘을 합쳐 나아가자.

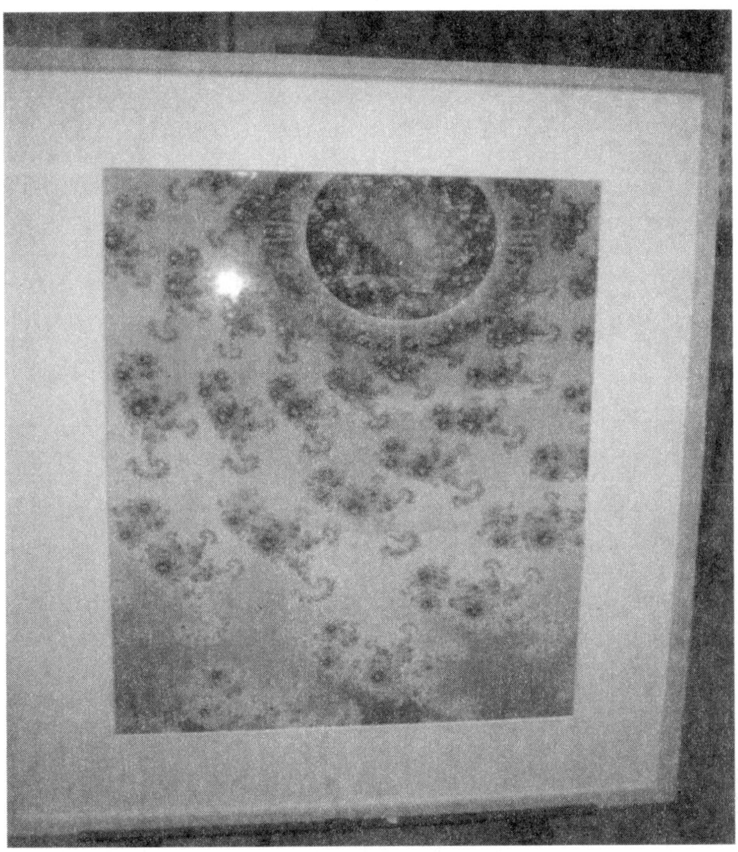

브레이크뉴스(Break News) 칼럼 2011.7.20

3. 통일비용 제로(Zero) 1국가 2체제 EU연합식 통일해야!

2018년 동계올림픽에서 세계만방에 위대한 대고려연합국 선포

정부가 북한 급변사태에 대비하기 위해 앞으로 10~15년 기간으로 50조원 규모의 통일세를 걷는 방안을 검토 중이라고 한다. 통일방안에 대한 합리적 청사진을 제시하지도 못하면서 국가부채 규모가 이미 400조원을 넘었으며 가계부채가 1000조원 정도나 되어 국민의 조세부담이 엄청남에도 불구하고 통일이 벼락처럼 닥칠 수 있으며 자고나면 통일이 저절로 되는 것처럼 주먹구구식으로 접근하고 있는 것이 큰 문제이다.

우선 우리나라 통일역사를 되돌아보면 첫 번째 통일은 신라시대 김춘추 대왕이 했으며 두 번째 통일주역은 고려를 창건한 왕건이다. 이 두 번에 걸친 통일은 많은 백성들을 주검으로 몰아넣은 피의 전쟁이었다, 따라서 이제 세 번째 이루어야 할 통일은 피를 흘리지 않으며 통일비용이 들지 않고 오히려 경제적으로 상호 이익이 되는 평화적인 방법으로 해야 한다.

우리 모두 함께 통일시나리오를 한번 생각해 보자. 통일방안은 크게 휴전선을 없애는 통일과 휴전선을 그대로 두고 하는 통일 둘로 나눌 수 있다. 독일과 베트남처럼 휴전선을 없애는 통일은 피를 흘리던지 천문학적인 돈이 필요해 남북한 모두에게 바람직하지 않다.

휴전선을 없애는 독일식 흡수통일을 하게 된다면 독일 알브레흐트 슈미트 HVB 그룹회장은 막대한 통일비용, 근로생산성의 감소, 단일화폐 도입, 임금폭등과 같은 4대 악재 때문에 경제 성장률은 하락세를 면치 못할 것이라고 했다. 그리고 미국의 랜드연구소도 독일식 흡수통일을 하면 통일비용은 최소 500억(약 50조) 달러에서 최대 6700억 달러에 이를 것이라고 했다.

만약 통일 후에 북한에서 300만명 정도의 난민이 남쪽으로 내려온다고 가정하고 하루에 식대로 1만원을 지급한다면 하루에 300억 원, 1년이면 10조원의 돈이

들어가게 된다. 그들이 살 집과 일자리는 어떻게 마련하겠는가? 그리고 남한에서 살고 있는 1천만 실향민들이 북한으로 올라가서 옛날 자기 소유의 땅을 내놓으라고 한다면 어떻게 처리할 수가 있겠는가?

그리고 베트남처럼 전쟁이 일어난다면 각 가정의 도시가스관이 폭파되어 순식간에 불바다가 될 것이다. 또한 삼성과 현대 반도체공장, LG전자공장, 현대자동차, 포항제철과 같은 산업시설과 원자력 발전소 등이 폭파되어 아비규환의 불바다가 될 것이다. 우리의 경제는 파탄 나고 공든 탑은 무너져 지옥이 되겠지만 4대 강대국은 미소를 띠게 될지도 모른다. 무기 팔아서 좋고 IT강국이 무너지게 되면 이웃나라 경쟁국은 얼마나 좋아하겠는가? 그리고 1905년 일본의 가쓰라수상과 미국 테프트장관의 밀약과 같은 휴전협상이 이루어진다면 북한은 중국의 변방국가로 편입되고 남한은 일본의 경제속국이 될지도 모른다.

그렇다면 휴전선을 존속시키면서 하는 상생의 통일을 생각해보자. 이 통일방법은 유럽연합방식으로서 1국가 2체제를 하자는 것이다. 이 통일방안의 핵심은 외교·국방문제만 통합하여 1국가를 이루고 여타 부처는 독자적인 예산체제를 유지하는 분권형집정제 연합방식 통일이다.

세계적인 투자은행 겸 증권회사인 골드만삭스(Goldman Sachs)는 한국이 유럽처럼 연합국가형태의 통일을 하게 된다면 북한의 자원과 노동력, 남한의 기술과 자본이 상생 결합하여 2025년에 한국의 1인당 GDP(Gross Domestic Product)는 3만 6813달러, 2050년에는 8만1462달러로 미국에 이어 세계 2위가 될 것이라고 예측했다.

지난 정부에서 논의했던 통일 방안을 검토해보자, 남한의 통일방안은 민족공동체 통일로서 자유민주주의사상, 남북 동시선거, 1국가, 1체제, 1정부를 주장하고 있으며, 한편 북한은 고려연방제통일로서 북한의 김일성주체사상과 1국가, 2체제, 2정부 방안으로서 연석회의 정치협상을 통해 해결하자는 것이다. 이 두 가지 방안을 잘 조정하면 역사에 길이 남을 좋은 방안이 도출될 수 있다.

우선 거부할 수 없는 통일국가의 사상은 천지인 평화사상으로서 카오스우주생명

사상을 기반으로 하고, 국가조직은 1국가, 2체제, 2행정부(서울, 평양)로 하며, 휴전선을 그대로 유지하면서 남북한 분리 동시선거로 1국가의 공동대표인 남북한 영수 2명과 2체제를 유지하기 위한 남북한 수상을 각각 선출한다. 두 명의 영수는 아버지 역할로서 국방과 외교문제를 담당하고 두 명의 수상은 남북이 따로따로 현재와 같이 국가예산을 별개로 편성하면서 내치를 담당하는 어머니와 같은 역할을 한다. 평화통일국가의 건국을 위한 평화통일헌법 제정과 국가상징인 국호(國號), 국기(國旗), 국가(國歌)는 전 세계 한민족에게 국민투표를 실시하여 정한다.

2012년 총선과 대선에서는 해외동포와 국민의 열렬한 통일여망에 따라 한나라당과 민주당을 포함 모든 정치권은 통일을 원하는 세력과 반대하는 세력으로 재편될 것이다. 차기 새로운 정부는 북한과 통일에 대한 합일을 이끌어 내어 통일헌법을 제정하고 2017년 총선과 대선을 치루고 통일국가를 건국하여 2018년 동계올림픽에서 세계만방에 위대한 대고려연합국(The Grand Corea Union)을 선포하게 될 것이다. 그래서 2012년 선거가 중요하다.

브레이크뉴스(Break News) 칼럼 2011.7.23

4. 남북통일-세계평화추진협의회를 만들자!

분권형집정제와 국회 상하양원제 통일헌법 준비

작금의 우리 현실은 난파선과 같은 한반도가 어디로 가고 있는지도 모른 체 선상에서 갈등과 싸움만 일삼고 있다. 또한 국민들은 고대역사는 물론 최근의 역사도 잘 모르며 정부는 남북평화통일과 같은 미래 국가비전을 제시하지 못하고 있다. 현 정치권은 여, 야간 그리고 정책에 대한 뚜렷한 차별도 없이 친이와 친박간 갈등구조로 조선말과 비슷한 정치상황에 놓여 있어 국민들은 답답할 따름이다. 이제 우리는 과거 역사를 바로 알아 4대 강대국 속에서 지혜를 발휘하여 남북통일과 세계평화를 위해 전 국민이 화합하고 대동단결하여 민족의 혼과 정신을 바로 세워야 하겠다.

금년 2011년 7월 29일은 일본 총리 가쓰라 다로[桂太郞]와 미국 루스벨트 대통령의 특사인 육군장관 W.H. 태프트 사이에 비밀협약이 체결된 지(1905. 7. 29) 106년이 되는 해입니다. 우리가 꼭 알아야할 〈가쓰라.태프트밀약〉은 루스벨트 대통령의 직접 지시를 받은 태프트가 필리핀 방문 전에 일본에 들러 가쓰라와 회담하여, 미국의 대필리핀 권익과 일본의 대조선 권익을 빙자해 상호 교환조건으로 다음과 같은 협약을 체결하였다.

첫째, 미국과 같은 친일적인 나라가 필리핀을 통치하는 것이 일본에 대하여 유리하며, 일본은 필리핀에 대해 어떠한 침략적 의도를 갖지 않으며,

둘째, 극동의 평화유지는 일본·미국·영국 정부의 상호 양해를 달성하는 것이 최선의 길인 동시에 유일한 수단이며,

셋째, 미국은 일본이 한국에서 보호권을 확립하는 것이 러.일전쟁의 논리적 귀결이며 극동의 평화에 직접적으로 공헌할 것으로 인정한다는 것이었다.

이 비밀협정에 의해서 미국의 한국문제 개입의 가능성을 배제시킨 일본은 1910년 한일늑약을 강제로 체결하여 우리는 36년간 치욕의 역사를 맛보게 되었다. 그러나 우리는 아직도 정신을 못 차리고 일본이 영문국호 Corea를 Korea로 1910년 바꿔 버렸지만 아직도 원상회복을 못하고 있는 실정이다.

우리가 다시 우려하고 있는 것은 4대 강대국이 제2의 카쓰라.태프트 밀약과 같은 음모로 한반도의 일부를 동북4성으로 편입시키려 하고 있다는 것이다. 이와 같은 음모를 저지하고 대비하기 위해 모든 정치권은 화합하고 국민들은 각성하여 조속한 남북평화통일을 준비해야 한다. 2018년 동계올림픽을 남북통일의 전기로 삼아 남북이 1국가 2체제로 통일하여 새로 건국한 국가가 치를 수 있도록 해야 한다. 이를 위해 정당과 사회단체 및 종교단체, 해외동포, 북한을 포함, "남북통일 · 세계평화추진협의회(통평추)"기구를 설립하여 정치, 경제, 사회, 문화, 교육, 체육, 예술, 과학 등 각 분과별로 남북전문가가 모여 정책을 개발하고 토론회를 준비해야 하겠다.

제일 중요한 것은 남북통일을 대비 권력구조, 통일일정, 정부형태, 선거방법 등에 대한 통일헌법을 준비하는 것이다. 제안하고자 하는 통일정부의 권력 구조의 핵심내용은 외치와 내치를 분리하는 분권형집정제와 국회 상하 양원제이다. 아버지 역할로서 외무와 국방을 주로 담당하는 외치의 대표를 영수로 하고 남과 북의 각 1명씩 총 2명이 공동 대표로 한다. 내치 부서를 총괄하는 수상은 어머니 역할로서 남과 북이 따로 선출하고 예산도 별개로 집행한다. 영수와 수상의 임기는 4년 연임으로 하고 국민 직접 선거로 한다. 국회의 상원은 외치, 하원은 내치를 담당하고 국민 직접 선거로 선출한다.

새로 출범하는 통일국가(대고려국연합, The Grand Corea Union)의 건국의 일정은 개천절인 2017년 10월 3일로 정하고 대통령과 국회의원 선거를 동시에 실시하기 위해 다음 국회의원의 임기는 4년(2012.6~2016.5)에 이어 1년 4개월을 추가로 한다. 단 추가의 임기동안은 세비를 받지 않는다. 그리고 다음 대통령의 임기(2013.2~2018.3)는 4개월이 단축된다.

그리고 국가원로회의체를 두어 할아버지와 같은 역할로서 전직 대통령과 16개 시 · 도 대표로 구성(20명)하여 상시기구로 한다. 16개 시 · 도 대표의 선출은 정당과 상관없이 도시는 아파트 라인별, 농촌은 마을 단위로 약 30~40호로 반상회를 구성하여 반상회 대표(3명)에서 부터 시작하여 동 대표(10명), 시 · 군 · 구 대표(10명), 시 · 도 대표(10명)를 선출하여 정한다. 이 과정에서 기초의원과 광역의원 및 지방 단체장이 선출됨으로써 선거비용이 거의 들지 않으며 보궐 선거가 필요 없게 된다. 이 결과 아파트 주민 간에 서로 인사를 하게 되고 이웃 간에 정이 넘치는 홍익사회가 될 것이다.

이제 우리는 선조의 얼과 정신 및 사상을 이어받아 세계 모범이 되는 천손민족으로서 동방의 등불국가가 되어 세계평화를 선도해야 한다. 만일 우리가 과감한 혁신을 하지 않으면 우리 민족이 언제 사라질지도 모르며, 새로운 변화를 추구한다면 세계에서 존경받는 민족이 될 것이다. 이와 같은 선택은 오로지 2012년 총선과 대선에서 국민의 선택에 달려 있다. 조국과 민족을 사랑하는 국내외 모든 NGO단체는 오직 구국일념으로 대동단결하여 정치를 혐오만 하지 말고 적극 참여하여 1천년의 미래 통일국가를 건국하자.

브레이크뉴스(Break News) 칼럼 2011.7.24

5. 차기대통령-총리-장관-국회의원의 필요충분 조건

2017년 10월 3일 새나라를 건국할 지도자의 자격

개구리도 봄이 오는 줄을 아는데! 이제 때가 왔다! 세종대왕과 같은 훌륭한 대통령을 뽑아 나라를 살리자! 정치를 바로 잡아야 국민이 잘 살 수 있다. 정치를 바로 잡기 위해서는 2012년 총선과 대선에서 무아의 정치와 무소유 경제론을 실천할 수 있는 참 정치인을 선출하여 좋은 제도를 만들어야 한다.

부패한 나라, 시대에 역행하는 나라, 빈부격차가 심한 나라를 올바르게 개혁하고, 김춘추대왕과 태조 왕건에 이어 세 번째 삼국통일을 이룩하여 2017년 10월 3일을 건국일로 하기 위해서는 적어도 참신한 정치지도자 777명의 참여가 필요하다. 2012년 대선과 총선에서 출마할 대통령, 국무총리, 299명의 국회의원 및 장.차관 희망자, 고위 공직자 등 나라를 이끌어 갈 진정한 애국자가 이제 자발적으로 나서야 한다.

그 동안 뜻 있는 분들이 모여 새로 건국할 나라인 대고려연합국(The Grand Corea Union)을 건국하기로 하였으며 국가의 비전은 (1) Genius Corean(똑똑한 국민), (2) Great Corea(위대한 민족), (3) Global Corea(세계적인 한국)로 정했다. 이러한 비전으로 나라와 민족을 위해 봉사할 일꾼의 필요조건은 청렴(Cleanliness), 정직(Honesty), 성실(Sincerity)해야 하며 학력불문, 지역불문, 종교불문, 성별불문하고 누구나 참여 가능하겠다. 하지만 병역미필자, 부동산투기자, 위장전입자, 배금주의자, 여성편력자, 반통일주의자는 곤란하다.

그리고 차기 대통령의 7대 충분조건은 화합대통령, 홍익대통령, 통일대통령, 과학대통령, 문화대통령, 외교대통령, 영적대통령이어야 한다는 것이다. 차기 국무총리의 3대 충분조건은 첫째, 모든 국민의 눈물을 닦아줄 수 있는 어머니의 마음과 같은 모정의 국무총리, 둘째, 국민 누구나 원하는 일자리를 만들어 줄 수 있는 적극적인 국무총리, 셋째, 국민의 의식주와 평생교육 및 건강을 책임지겠다는 철학을 가진 국무총리이어야 한다고 했다.

새나라 건국을 준비할 국회의원의 7대 지표는 (1) 더 잘사는 우리 자신을 위한 정치, (2) 더 행복한 우리 가정을 위한 정치, (3) 더 화목한 우리 이웃을 위한 정치, (4) 더 발전된 우리 사회를 위한 정치, (5) 더 단결된 우리 민족을 위한 정치, (6) 더 부강한 우리 조국을 위한 정치, (7) 더 하나 된 우리 세계를 위한 정치를 할 수 있는 역량을 가져야 한다는 요지다.

그리고 새나라 건국에 동참할 지도자 777명은 다음 12가지 질문에 논리적이고 합리적인 정책을 준비해야 하겠다.

1. 그 누가 국회의원 공천권의 사슬을 풀어 영혼을 해방시켜 줄 것인가?
2. 그 누가 국정효율을 위해 대통령분권제 헌법 개정을 추진할 것인가?
3. 그 누가 전국반상회를 통해 국정여론조사와 지방선거를 실시할 것인가?
4. 그 누가 지식정보댐 정책으로 서민의 일자리를 만들어 줄 것인가?
5. 그 누가 과학기술부와 정보통신부를 부활시켜 경제를 성장시킬 것인가?
6. 그 누가 전자화폐제도를 실시하여 망국적인 부정부패를 척결할 것인가?
7. 그 누가 제3의 삼국통일을 위해 1국가 2체제 통일을 추진할 것인가?
8. 그 누가 민통선지역을 개발하여 16개 참전국에 분양할 것인가?
9. 그 누가 국회와 청와대를 옮기고 세계종교청과 국조전을 세울 것인가?
10. 그 누가 통일 후 모병제를 실시하여 병역문제를 해결할 것인가?
11. 그 누가 10,000 여 년의 한민족 역사를 되찾는 교육을 실시할 것인가?
12. 그 누가 찬란한 한문화(마고사상, 천부3경)를 세계에 알릴 것인가?

새나라 일꾼들은 제일 먼저 과거 10,000여 년 동안 고난의 역사 수레바퀴 속에서 희망을 잃지 않고 민족의 혼과 정신을 바로 살려 정통성을 세우시고 국가를 재건하신 조상님들께 머리 숙여 큰 절을 올려야 한다. 그리고 세계에서 IQ가 제일 높은 명석한 두뇌, 섬세한 손재주, 창의적인 과학기술과 예술성, 뛰어난 스포츠 능력 등 무궁무진한 잠재력을 지닌 국민들을 받들어 모셔야 한다.

다음으로 중요한 것은 반만년이 아닌 10,000여년의 찬란한 역사와 세계적인 평화사상과 전통을 이어 온 천손민족의 자긍심으로 남북평화통일을 반드시 이룩하여 새로운 나라, 동방의 등불국가를 건국해야 한다는 사명을 만 천하에 천명할 수 있는 필요충분조건의 능력을 갖춰야 하겠다.

브레이크뉴스(Break News) 칼럼 2011.7.27

6. MB, 구체적인 통일프로그램 내놓아야!

50조원의 통일세, 통일방안, 통일시기, 통일헌법 등 제시해야

우리의 소원은 통일! 평화적인 남북통일을 언제까지 기다려야 하며 어떻게 해야 남북 모두가 만족하는 통일을 할 수 있겠는가? 2000년 6월 15일은 남북정상이 평화와 화해, 협력의 길을 선택하여 1단계 통일을 시작한 역사적인 날 이었다. 하지만 MB정부는 햇볕정책을 비난하면서 통일에 역행하는 듯 한 정책을 펼치면서 북한 급변사태에 대비하기 위해 앞으로 10~15년 기간으로 50조원 규모의 엄청난 통일세를 걷는 방안을 검토 중이라고 발표했다. 국익에 도움 되는 통일의 의미를 진정알고 정책을 내 놓은 건지 의아스럽다. 이번 8.15 경축 행사 때 50조원 규모의 통일세의 필요성, 통일방안, 통일시기, 통일헌법 등에 대해 구체적인 프로그램을 국민들에 제시하면서 납득시켜야 하겠다.

통일방안은 크게 두 가지로 나눌 수 있는데, 휴전선을 없애는 방안과 그대로 두고 하는 방안이 있다. 흡수통일과 적화통일은 휴전선을 없애면서 하는 통일이다. 하지만 휴전선을 없애려면 많은 돈이 들든가 피의 대가를 치러야 한다. 우리는 독일식 흡수통일과 베트남식 적화통일의 폐해를 너무나 잘 알고 있다.

독일 알브레히트 슈미트 HVB 그룹회장은 독일처럼 흡수 통일을 하게 된다면 막대한 통일비용, 근로생산성의 감소, 단일화폐 도입, 임금폭등과 같은 4대 악재 때문에 경제 성장률은 하락세를 면치 못할 것이라고 했다. 그리고 미국의 랜드연구소도 독일식 흡수통일을 하면 통일비용은 최소 500억 달러에서 최대 6700억 달러에 이를 것이라고 했다. 아마도 MB정부도 50조원의 숫자도 여기에서 유추했을 것이라고 본다.

그동안 남북한 정부가 추진하고자 하는 통일방안은 어떤 점이 다른가를 검토해 보자. 남한정부가 원하는 민족공동체 통일방안의 핵심은 (1)자유민주주의 사상 (2)통일헌법에 의한 남북 동시선거 (3)1국가, 1정부, 1법률체제를 고수하면서 독일방식으로 북한을 흡수하자는 것이다. 반면 북한정부가 주장하는 방안의 핵심은 (1) 김일성 주체사상 (2)연석회의 방식 정치협상 (3)1국가, 2정부, 2법률체제를 주장하면서 베트남식 적화통일을 염두에 두고 있다.

이제 휴전선을 그대로 두고 하는 상생의 평화통일방안을 검토해보자. 통일비용이 거의 들지 않으면서 오히려 돈을 버는 평화통일 방안이란 어떤 것인가? 남북한 정부가 원하는 통일방안을 종합적으로 비교 검토하여 서로 손해가 없는 평화통일방안을 제안하고자 한다.

유럽식 연합국가 체제처럼 1국가 2체제인 분권형집정제(分權形執政制) 국가체제로서 중앙정부가 외무부와 국방부를 담당하여 1국가체제로 하고, 2정부체제로서 남북한 별도의 행정부가 나머지 부처를 담당한다. 국방부의 예를 들어 좀 더 자세히 설명하면 군인 수를 대폭 줄이고 똑같은 수로 하여 각각 차관을 두고 장관은 1명을 두되 4년 임기를 정하여 2년씩 교대로 담당한다. 그리고 북한에는 평양행정부와 남한에는 서울행정부를 두고 각각의 행정부의 책임자를 수상(首相)이라 한다. 중앙정부의 대표인 영수회의는 선거의 대혼란을 피하고 어느 한쪽으로 치우치지 않게 하기위해 한사람이 아닌 남북동수의 화백회의(和白會議) 집단체제로 하자는 것이다.

요약하여 다시 설명하면 첫째, 새로운 통일국가의 사상은 세계에서 가장 보편적이고 평화사상인 천지인(天地人)사상으로 한다. 둘째, 1국가, 2체제, 2지방정부(서울, 평양)로 한다. 셋째, 남북한 따로따로 분리 동시 선거를 실시하여 1국가체제의 공동대표인 화백회의 대표 2명과 2지방정부(서울, 평양)의 수상 2명을 각각 선출한다. 그리고 국회는 상하 양원제로 한다.

통일을 대비하기 위해 화백당(국회의사당)과 화백궁(영수회의실)을 새로 판문점에 건설하고 비무장지역(DMZ)과 민통선지역(CCZ)을 무비자, 무관세지역으로 선포하여 세계평화도시로 개발한다면 남북 모두 체제안정과 경제 발전을 이루게 될 것이다.

좋은 대통령! 나쁜 대통령!!

DMZ에선 아직도 무지한 인간의 전쟁은 끝나지 안했지만 자연은 인간의 의도와는 아무 상관없이 지구에 단 하나밖에 없는 '자연생태공원'을 만들어 가고 있다. 치졸한 전략과 전술의 드라마는 끝났지만 수백 만 명의 생명을 앗아간 것도 모자라 숨겨진 무기는 아직도 생명을 노리고 있으며, 세계에서 유일한 전쟁세트장으로 남아 전 세계인들에게 깨달음의 기회를 주고 있다.

이명박 대통령은 영성대통령으로서 이 깨달음을 빨리 알아차려 생명의 고귀함을 인식하고 전쟁보다는 평화, 분단보다는 통일을 염두에 두어야 한다. 그리고 삽질대통령으로서 4대강보다는 서울시의 3배 땅인 민통선지역을 개발하여 이 땅에서 전쟁이 다시는 일어나지 않도록 보은(報恩)차원에서 16개 UN회원국에 분양하여 세계적인 평화도시를 만들고 UN본부를 유치한다면 세종대왕보다 더 훌륭한 대통령으로서 역사에 길이 남게 될 것이다.

브레이크뉴스(Break News) 칼럼 2011.7.30

7. 대통령 및 정부 관계자에 보내는 메시지

천손민족 동방의 등불, 통일국가 건국(2017.10.3)

2011년 7월 29일 15:00에 천도교 대강당에서 106년 전 가쓰라.태프트 밀약(1905.7.29)이 체결되어 우리나라는 1910년에 일본에 강제 병합되어(한일합병조약(韓日合併條約)(1910. 8. 22)) 36년간 치욕적인 삶을 살게 되었기 때문에 민족단체가 주최한 규탄대회에서 새나라연대 대표 정호선 15대 국회의원이 작성한 대통령 및 정부 관계자에 보내는 메시지 내용이다.

존경하는 국민여러분! 그리고 대통령과 정부관계자 여러분! 2011년 7월 29일, 천도교 대강당에서 민족과 국가를 사랑하는 뜻 있는 민족단체 회원들이 106년 전에 일본 총리 가쓰라 다로[桂太郞]와 미국 육군 장관 w. h. 태프트 사이에 비밀리 체결한 〈가쓰라.태프트 밀약〉(1905. 7. 29)을 규탄하면서 대통령 및 정부관계자에 메시지를 보냅니다. 이 밀약으로 인해 우리나라는 1910년에 일본에 강제 병합되어 36년간 치욕적인 삶을 살게 되었습니다.

많은 국민들이 잘 모르는 이 밀약의 내용을 보면 "러.일강화회의(1905. 6)"가 열리는 그해 7월 루스벨트 대통령의 직접 지시를 받은 태프트 장관은 필리핀 방문 전에 일본에 들러 일본의 총리 가쓰라와 회담하여 미국이 필리핀을 점령하고 일본이 조선을 지배하는 것을 상호 인정하는 조건으로 다음과 같은 밀약을 체결하였습니다.

첫째, 미국과 같은 친일적인 나라가 필리핀을 통치하는 것이 일본에 대하여 유리하며, 일본은 필리핀에 대해 어떠한 침략적 의도를 갖지 않으며, 둘째, 극동의 평화유지는 일본·미국·영국 정부의 상호 양해를 달성하는 것이 최선의 길인 동시에 유일한 수단이며, 셋째, 미국은 일본이 한국에서 보호권을 확립하는 것이 러.일전쟁의 논리적 귀결이며, 극동의 평화에 직접적으로 공헌할 것으로 인정한다는 것이다.

이 비밀협정을 체결함으로써 일본은 미국이 한국문제에 대해 개입을 할 수 없도록 하고 1905년 8월에 제2차 영·일동맹, 9월에 포츠담 조약을 체결하면서 한국에 대한 국제적 지배권을 획득하였습니다. 미국은 이를 적극 지지했으며 이 협정의 내용은 1924년까지 양국이 극비에 붙였기 때문에 세상에 잘 알려지지 않았습니다. 이를 바탕으로 일본은 조선을 지배하고자 조선의 외교권을 박탈하기 위해 강제로 을사조약(1905.11.17)을 체결하였습니다. 이어서 대한제국정부의 내각총리대신 이완용과 조선통감 데라우치(寺內正毅) 사이에 일본이 한국을 식민지로 만든다는 내용의 한일합병조약(韓日合倂條約)(1910. 8. 22)을 체결하였습니다.

존경하는 국민여러분! 그리고 대통령과 정부관계자 여러분! 우리가 다시 우려하고 있는 것은 역사가 반복될 수 있음을 경계해야 합니다. 만일 북한 김정일 위원장의 신변에 급변사태가 일어나 김정남과 김정은을 지지하는 세력들이 서로 싸우게 될 때 중국과 소련이 개입하게 될지도 모르며 우리나라와 미국과 일본이 방관하지 않을 경우 상황은 어떻게 전개될지 아무도 모를 일입니다.

만일 소규모 국지전쟁이라도 일어나게 된다면 서울시와 수도권은 도시가스관을 따라 불바다가 되고 삼성전자와 현대전자의 반도체 시설과 lg전자공장 등은 대파되어 이웃나라들은 속으로 기뻐할지도 모릅니다. 세계는 3차 대전으로 확대되는 것을 원치 않을 것이므로 현재 3.8선에서 조금 위로 다시 휴전선을 그으면서 전쟁은 종결될지도 모릅니다. 한반도에서 전쟁 복구를 빌미로 4대 강대국이 개입하게 되어 중국은 북쪽을 동북4성으로 편입시키려 하고, 남한은 일본의 경제속국이 되는 제2의 가쓰라·태프트 밀약이 체결될 수도 있다는 것입니다.

따라서 우리는 또 다시 강대국들의 밀약으로 국가의 운명과 우리들의 생명이 좌우되는 것을 저지하고자 본 대회를 개최 합니다. 지금 한반도는 난파선과 같이 어디로 가는지도 모르고 침몰하고 있다고 볼 수 있습니다. 국민들은 역사를 잘 모르고 정부는 통일과 같은 미래 국가비전을 제시하지 못하면서 50조원의 엄청난 통일세를 신설하려 하고, 일본 국회의원들은 독도의 영유권을 주장하면서 울릉도를 방문하려하지만, 현 정치권은 여. 야간 갈등은 물론, 친박과 친이로 갈라져 조선말과 비슷한 정치상황에 놓여 있다고 볼 수 있습니다.

존경하는 국민여러분! 그리고 대통령과 정부관계자 여러분! 이제 우리는 과거 역사를 바로 알아 4대 강대국 속에서 지혜를 발휘하여 남북평화통일과 동북아평화 및 세계평화를 위해 상해임시정부의 맥을 이어 민족의 혼과 정신을 바로 세워야 하겠습니다. 모든 정치권은 화합하여 각성하고 국민들은 뜨거운 민족애로 나라를 지키는 일에 적극 동참하여야 합니다.

정치지도자는 우선 시대의 흐름을 잘 알아야 합니다. 세종대왕과 같은 혜안을 가지고 20세기 아날로그(analog)방식이 아닌 21세기 디지털(digital)개념으로 미래 지향적인 통일 비전을 제시해야 하겠습니다. 정부와 민간단체는 공동으로 "남북통일·세계평화추진협의회(통평추)"기구를 설립하여 북한과 통일에 대한 합일을 빨리 이끌어 내어 통일방안, 통일 시기, 통일헌법 등을 준비해야 합니다. 남북이 eu처럼 1국가 2체제로 분리 동시 선거를 실시하여 통일국가를 건국, 2017년 10월 3일 개천절에 위대한 대고려연합국(The Grand Corea Union)을 선포하고, 2018년 동계올림픽을 세계적인 축제로 승화시킨다면 금상첨화가 아니겠습니까?

존경하는 국민여러분! 그리고 대통령과 정부관계자 여러분! 이명박 대통령은 홍익대통령, 통일대통령, 영적대통령으로서 생명의 고귀함을 인식하고 전쟁보다는 평화, 분단보다는 통일을 염두에 두고 국정을 펼쳐야 합니다. 그리고 4대강보다는 서울시의 3배 땅인 민통선지역(ccz)을 개발하여 이 땅에서 전쟁이 다시는 일어나지 않도록 보은(報恩)차원에서 16개 UN회원국에 분양하면 어떨까요? 세계적인 평화도시를 만들고 UN기구를 유치하게 된다면 세종대왕보다 더 훌륭한 대통령으로서 역사에 길이 남게 될 것입니다. 하늘은 도저히 이 나라 이 민족을 이러한 의도로 설계하지 않았을 것이므로 하늘이 감동하고 땅이 공감하도록 우리 모두 힘을 합쳐 천손민족의 긍지로서 동방의 등불 국가를 건설해 나갑시다. 감사합니다.

브레이크뉴스(Break News) 칼럼 2011.7.31

8. 李대통령 정치권-시민단체와 독도 방문해야!

독도 지키기 위해 'Korea'를 'Corea'로 빨리 원상회복

일본의 독도 영유권 주장을 잠재우고 우리나라의 국가적 위신을 세우기 위해 이 대통령은 독도를 방문해야 한다. 방문할 때는 정치권, 군 수뇌부, 시민단체 등을 대동하여 국격(國格)을 높이고 국민의 기(氣)를 살려야 한다. 이 대통령은 "천지개벽이 두 번 돼도 독도는 우리 땅"이라는 입장만 천명하고 있으며, 참모들은 "현직 대통령이 독도를 방문하게 되면 일본이 반발할 게 뻔하고, 그러면 국제 분쟁화 된다"는 신중론만 펴지 말고 이제 대통령과 정부는 구체적이고 단호한 대책을 세워야 한다.

일본이 지속적이고 체계적으로 주장하는 데는 분명하게 대응하지 못한 우리 정부와 정치권의 책임도 크다. 역사적으로나 지리적으로도 분명히 우리 땅인 독도를 우리 대통령이 발조차 못 딛는다는 것은 일본의 독도 영유권 주장에 빌미를 주고 있다. 대통령의 독도 방문은 일본의 영유권 주장에 쐐기를 박는 단호한 대응 중 하나가 될 것이다. 러시아 메드베데프 대통령이 지난해 11월 처음으로 일본과 영유권 분쟁을 겪는 쿠릴 열도를 방문한 데 대해 일본은 유감이라는 단 한 마디뿐이었음을 상기할 필요가 있다.

일본은 총리부터 국회의원 등 전 국민이 나서서 대응하고 있지 않은가? 2000년 9월19일 일본 모리 요시로 전 일 총리는 독도는 일본 땅, 마쓰모토 다케아키 외무상은 독도에 대한 공격은 일본에 대한 공격, 2005년 2월2일 다카노 도시유키 주한 일대사는 독도는 역사적·법적으로 일본 영토라고 주장한다. 일본 후쇼샤 역사교과서에 독도는 역사적·국제법적으로 일본 영토, 2010년 3월30일 일 초등학교 사회 검정 교과서에 독도를 자국 영토로 표기, 4월13일 일 외교청서에 독도는 일본 고유 영토로 기술하고 있다. 또한 독도 영유권을 주장한 18종의 교과서 검증을 통과시킨데 이어 2011년 외교청서(외교백서)를 펴면서 정부와 정치권에서 과학적이고 전 방위적으로 대응하고 있는데 우리는 무얼 하고 있는가?

이대통령과 국회의원이 독도를 방문하는 것 못지않게 더욱 중요한 사항이 하나 있다. 우리나라 국호의 영문표기를 'korea'에서 'corea'로 원상회복해야 한다. 1910년 일본이 'corea'를 'korea'로 바꾸어 버렸다. 일본에 강제 병합된 지, 금년이 101년이나 되지만 아직도 되돌리지 못하고 있으니 일본이 우리를 얼마나 어리석다고 보겠는가? 못난 정치인들 때문에 민족혼(民族魂)은 잠만 자고 있으며, 남북은 분단된 체 이전투구만 하고 있으니 참으로 안타까운 일이 아닐 수 없다. 해방이 된 후 각 개인의 이름은 일본식 이름에서 한국식 이름으로 다시 바꾸었지만, 우리나라 국호의 영문표기는 아직도 일본에 의해 강제로 바뀐 'korea'에서 원래의 'corea'로 바꾸지 못하고 있다.

'corea'라는 국호 영문표기는 진취적인 '고구려'의 기상을 이어받은 통일국가 '고려'가 국제사회에 알려지기 시작한 때부터 현재에 이르기까지 영어 이외의 언어권인 프랑스, 스페인 등 유럽을 비롯한 여러 국가에서 사용되고 있다.

필자는 직접 대한민국 국회도서관 자료를 검색한 결과 "한 · 일수호조규(병자수호조약 강화조약)(treaty of peace and friendship between the kingdom of corea and the empire of japan.(feb. 26, 1876))" 외 8개 조약문에 우리나라 국호의 영문표기는 1910년까지 '고려'를 어원으로 한 'corea'이었으나 강제적인 "한 · 일합병조약(treaty regarding the annexation of korea to the empire of japan(aug. 22, 1910))" 이후 'korea'로 바뀌게 됨을 알게 되었다. (별첨 자료 참조)

국제적 관습에 따라 행사에서 알파벳 순서를 따르게 되므로 일본의 'japan'보다 'corea'가 앞서기 때문에 일본을 먼저 쓰기 위해 'corea'를 'korea'로 바꾸어 버렸다고 한다. 그 당시 "대한매일신보"는 일본의 탄압에도 굴하지 않고 이 사실을 전국에 알렸으며 울분을 참지 못해 japan을 zapan으로 쓰자고 주장한 학생들도 있었다고 한다.

이제라도 늦지 않으니 해외동포를 포함 남북한 7천만 한민족이 합심하여 제2의 3.1운동차원에서 ckc(change korea to corea)운동을 추진해야 한다. 'corea'로의 국호 영문표기의 변경을 통해 미래지향적이고 진취적인 국가 이미지를 전 세계 만방에 드높여 자랑스러운 통일한국의 기치를 세워야 한다.

일제 잔재의 청산과 대한민국의 역사적인 정통성 회복, 통일국가를 건국하기 위해 청와대와 국회 및 정부는 하루빨리 대한민국 국호 영문표기 'korea'를 'corea'로!' 바꾸어야 한다. 향후 남북교류를 비롯한 통일관련 행사, 국제행사 참가 시 국호의 영문표기를 'corea'로 사용하여 한반도의 단일성을 전 세계에 널리 알려야 한다. 독도를 더욱 확실하게 지키기 위해서는 대통령은 당선자시절 걸림돌이 되는 전봇대를 뽑도록 지시하듯 국무회의를 빨리 열어 영문표기 korea를 corea로 바꾸어 돌아가신 선조들의 영혼과 국민들을 신명나게 해야 하겠다.

별첨자료 :

대한민국 국회도서관 홈페이지(www.nanet.go.kr) 전자도서관 자료실에서 검색한 내용이다.

i. corea로 표기된 조약 제목

1. 한・일수호조규(병자수호조약, 강화조약)/1876년 2월 26일 조인(treaty of peace and friendship between the kingdom of corea and the empire of japan.(feb. 26, 1876))
2. 한・일무역규칙(한・일통상잠정협약)/1876년 8월 24일 조인(regulation under which japanese trade is to be conducted in corea(aug. 24, 1876))
3. 한・일통상장정 및 해관세칙/1883년 7월 25일 조인(regulation under which japanese trade is to be conducted in corea and import! and export tariff of corea(aug. 25, 1883))
4. 봉천여조선변민교역장정 24조(1883년 3월)(twenty-four rules for the traffic on the frontier between liaotung and corea, etc.(march, 1883.))
5. 한성조약 및 부칙/1885년 1월 9일 조인(convention between corea and japan for the settlement of differences between two countries(jan. 9, 1885))
6. 한・불수호통상조약(1886년 6월 4일)(traite d'amitie et de commerce entre la france et la coree(le 4 juin 1886.))
7. 한・일양국맹약(한・일공수동맹)/1894년 8월 26일(treaty of alliance between corea and japan(aug. 26, 1894))
8. 한・청통상조약에 관한 재한청국공사와 한국외부대신간의 왕복문서(1899년 12월 12일, 1899년 12월 13일)(correspondence between chinese minister at seoul and corean minister for foreign affairs regarding the treaty of 1899

between corea and china(dec. 12 and 13, 1899.))

9. 기유각서(한국의 사법급감옥사무를 일본정부에 위탁하는 각서)/륭희3년(1909년) 7월12일 조인(memorandum(memorendom) concerning the administration of justice and prison in corea)

ii. korea로 표기된 조약 제목

1. 한·일합병조약/1910년 8월 22일 조인(treaty regarding the annexation of korea to the empire of japan(aug. 22, 1910))
2. 한일합병에 관한 선언/1910년 8월 29일(declaration as to the annexation (amexation) of korea to the empire of japan(aug. 29, 1910))
3. 한국중앙은행에 관한 한·일각서/륭희 3년(1909년) 7월 26일 조인(memorandum concerning the establishment of the bank of korea(july 26, 1909))

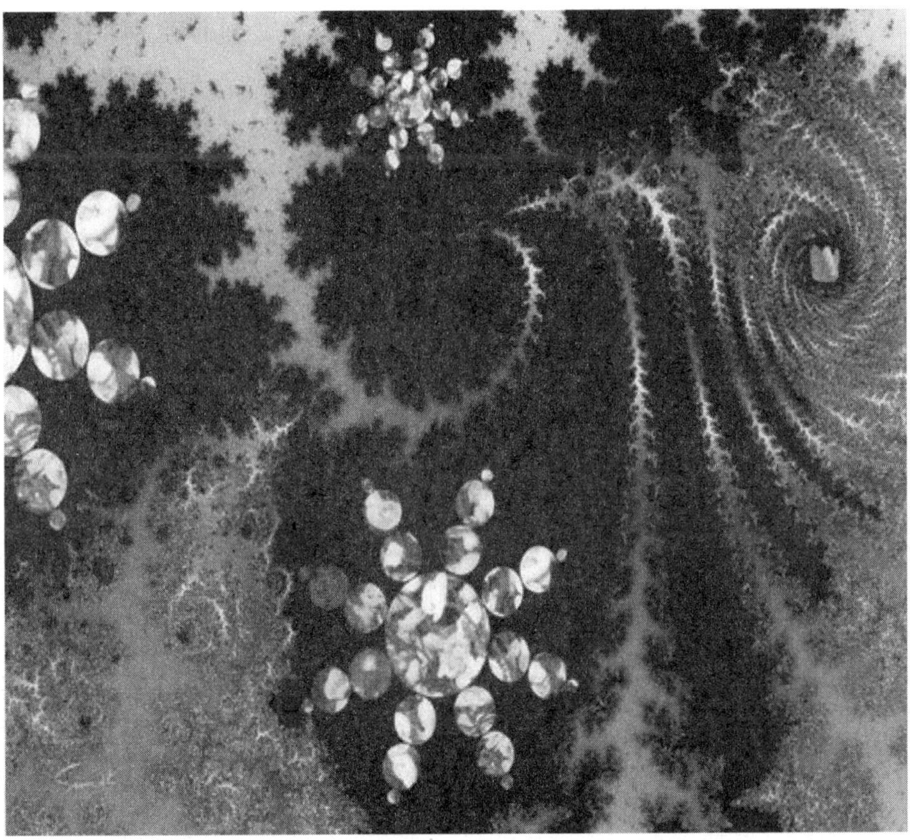

브레이크뉴스(Break News) 칼럼 2011.8.4

9. '디지털 뉴딜 정책' 통해 일자리 창출해야!

책 · 음반 등 지식정보댐 건설로 수백만 명 일자리 창출해야

청와대와 수많은 공무원들이 머리를 싸매고 사회양극화문제의 핵심인 일자리를 창출하기위해 노력하고 있지만 실효를 거두지 못하는 이유는 어디에 있는가?

2007년 노무현 참여정부는 일자리를 늘려 경제를 부양하기 위해 '한국형뉴딜(new deal) 정책'을 추진하겠다면서 10조원 규모의 정부재정과 민간 자본을 들여 경기 파급효과가 큰 사회 간접 자본에 투자겠다고 발표했었다.

mb정부도 사회적 일자리를 늘리기 위해 "직업능력 개발과 직업알선을 위한 고용지원 서비스정책으로 수 조원을 투입할 것이라고 했다. 그런데 왜? 일자리는 늘어나지 않고 계속 대통령을 괴롭히고 있을까? 더욱이 대통령은 수 십 조원을 4대강 사업과 저 출산 종합대책에 투자하겠으며 고령화 문제는 국가가 최소한 효도를 책임져야 한다는 자세로 대처하고 노인 일자리 창출과 고령친화적인 산업을 발전시켜 나가겠다고 했다. 그러나 지난번 한국형뉴딜정책은 언론이나 국민들로부터 시큰둥한 평가를 받아왔다.

그러면 과연 해법은 없는가? 산업사회적인 생각의 틀을 벗어나 정보화사회적인 정책으로 문제를 풀어야 한다. 우리나라는 이미 IT강국으로서 기술을 독자적으로 개발해야 하는 것처럼 일자리정책도 세계에 없는 정책을 내 놓아야 한다. 즉, 정보화에 중점을 둔 '디지털뉴딜정책' 을 추진해야 한다.

우리는 인류가 유사 이래 지금까지 쌓아온 모든 아날로그 자료 즉, 책이나 음반, 그림 및 영화 등을 디지털로 바꾸는 지식정보댐 건설의 대 공사가 필요한 때이다. 우리나라 대학과 공공도서관, 사설도서관의 책을 다 정리해 본다면 수천만 권은 될 것이다. 이 책들을 전자책으로 만들기 위해 여성, 장애인, 노인 등에게 컴퓨터 입력 작업을 하도록 하고 페이지 당 얼마씩 지불하면 간단하다.

이 일은 재택근무가 가능하고 일한 양만큼 대가를 지불하게 되므로 작업수행자가 틀리지 않게 입력만 하면 관리가 아주 편리하다. 힘으로 하지 않은 일이므로 여성, 노인, 장애인 등 소외 계층에 수백만 개 일자리를 한꺼번에 창출할 수 있다. 고용지원정책자금, 저 출산 종합대책 자금과 시혜적 복지예산을 생산적 복지예산으로 활용하여 서민들이 돈을 벌수 있도록 하면 금융시장이 안정되고 바닥경기가 살아나 내수시장이 살아나지 않겠는가?

또한 외국 책을 수주 받아오면 일거리는 얼마든지 있으며 집집마다 컴퓨터 입력공상이 되고 가정에서 일하게 되므로 저 출산문제, 딕아문제 및 노인 복지문제도 일거에 해결 할 수 있다. 필자가 15대 국회에서 '지식정보자원관리법'을 새로 제정해 두었으나 지식정보자원공사가 설립되지 않아 실행되지 않고 있다.

현재 우리나라는 일본의 기술 장벽과 중국의 저가 제품으로 앞으로 5년이면 수출에 큰 어려움이 생길 것이다. 두 나라에 끼여 샌드위치 신세를 면하고 잘 살기 위해서는 스마트폰이나 디지털tv 및 컴퓨터로 전자책을 통해 공부를 열심히 하는 수밖에 없다.

사람이 몸집은 작아도 많이 알고 똑똑하면 남들이 함부로 무시 하지 못하는 것처럼 모든 국민의 수준이 높으면 이웃 나라가 함부로 못할 것이며 존경하게 된다. 또한 사람과 마찬가지로 피가 손발 끝까지 돌아야 건강한 것처럼 돈은 서민들 지갑까지 돌아야 국가 경제가 튼튼한 법이고, 우리의 디지털 한류문화가 세계 도처에 돌고 돌아야 문화대국이 된다.

21세기부터는 디지털시대이다. 미국 루스벨트 대통령이 아날로그 뉴딜정책을 추진하여 대 공황을 극복하였다면 대통령은 4대강 사업 보다는 디지털뉴딜정책을 추진해서 훌륭한 대통령으로 오래 국민의 뇌리에 남길 바란다. 디지털 문화 르네상스시대를 열어 IT강국, 콘텐츠강국, 인재강국이 된다면 한민족이 세계 인류 앞에 자랑스러운 민족이 되고 인도 시인 타고르가 예견한 것처럼 동방의 등불이 될 것이다.

브레이크뉴스(Break News) 칼럼 2011.8.7

10. "세계학생UN", 세계평화를 주도해야!

세계학생UN총회, 국회 본회의장에서 개최

우리나라는 역사상 900여회나 전쟁을 치러 오면서 세계 어느 민족보다도 평화를 갈망하는 민족이다. 이 세상에서 전쟁과 기아와 공해를 없앨 수는 없을까? 세계학생UN이 이 문제를 해결 할 수 있으리라 생각한다.

우리는 이미 아날로그에서 디지털시대로 시공을 초월하는 유비쿼터스(Ubiquitous)시대를 살고 있으며 혁명적인 사고로 의식의 틀을 바꾸어 새 하늘 새 땅에 새로운 지구촌을 건설해야할 막중한 사명을 완수해야 한다.

우리나라는 아직도 4대 강대국이 주도하는 6자회담에 따라 국가와 민족의 운명이 좌우되고 있는 실정이다. 세계에서 유일한 분단국으로서 세계 어느 나라보다도 평화를 갈망하는 민족으로서 남북한 평화통일을 조속히 이루어 세계평화를 선도해나가야 하겠다.

또한 우리는 세계 곳곳에서 진행 중인 전쟁으로부터 부모를 잃고 방황하는 어린이들을 보살펴주고 허기진 배를 채워주어야 하며, 전쟁으로 피폐된 지구 어머니를 치료하여 살기 좋은 지구촌을 건설해야할 사명을 가지고 있다.

우리의 반기문 UN사무총장이 재선된 것은 우리 한민족이 역사적인 사명을 완수하라는 뜻이라고 보며 우리 사무총장에게 힘을 실어 주어 UN이 세계평화에 좀 더 실질적인 영향력을 갖도록 『세계학생UN』을 창설하여 UN산하단체로 등록하였으면 한다.

우리나라에는 매년 전국 1만 여개의 초. 중. 고등학교에서 학생회장과 부회장 5만여 명과 그 어머니 5만여 명이 활동하고 있으나 전국적으로 연대를 하지 못하고 있다. 따라서 국내는 물론 아시아지역을 포함 전 세계적으로 『세계학생UN』과 『세계어머니UN』을 결성하여 서로 교류하고 친구가 될 수 있으면 좋을 것이다.

21세기는 물질만능시대에서 정신문화중심시대로, 지구차원 생각에서 우주시대 의식으로 전환되는 개벽시대로서, 전 세계 젊은 미래 지도자들이 서로 E-Mail을 교환하고 블로그(blog)를 만들어 정보를 교류한다면 한 차원 성숙되는 3D(Digital, Design, DNA)와 3S(Space, Spirit, Soul)시대가 열릴 것이다.

지구상에서 더 이상 동물적인 전쟁이 일어나지 않도록 하고 기아와 공해가 없어지는 아름다운 지구별을 건설하여 우리 인류 모두가 자기완성을 위해 지구에 살고 있음을 이해한다면 사랑과 자비가 넘치는 아름다운 가정, 정직한 사회, 올바른 나라, 하나의 지구촌이 건설될 것이다.

세계 학생들과 형제처럼 교류하면서 세계관, 우주관, 종교관을 확립하고 창의적이고 과학적이면서 정보화 마인드를 갖춘 글로벌인재를 양성하도록 각국 의회, 행정부 및 UN을 견학하고, 사회 저명인사와 멘토링 관계를 맺어 실패 없는 삶을 살도록 지도를 받고, 경로당의 어르신들과 노소화합을 통해 경로당의 정보화운동을 펼쳐 컴맹퇴치운동을 펼치고자 한다.

『(재)세계학생UN』을 설립하기 위해 준비하고 있으며, 2012년 10월 24일 UN의 날을 기념하여 UN회원 가입국 192개 나라 고등학생 대표로 제1회 세계학생UN총회를 국회 본회의장에서 개최하고자 한다. 세계학생UN총회에서 회의주제는 전쟁, 기아, 공해를 없애는 방안에 대해 논의 할 것이며 서로 친구가 되어 하나의 지구촌을 건설하자는 내용이 될 것이다.

전 세계 언론에서 관심을 가지고 취재할 것이며 전 세계 대통령과 UN에 평화의 메시시를 전달해 실질적인 핵무기 폐기와 군비축소가 차츰 이루어져 남북평화 통일과 세계평화는 세계학생UN의 힘으로 반드시 이루어 질 것이며 세계학생UN 단체가 노벨평화상을 수상하게 될 날이 머지않아 올 것이다.

브레이크뉴스(Break News) 칼럼 2011.8.8

11. MB, 전자화폐제도로 부정부패를 척결해야!

1만원과 5만원 종이지폐 없애 버리고 전자화폐만 사용

요사이 대다수 국민의 분노를 사게 하는 사건들의 주역은 많이 배우고 국가로부터 많은 혜택을 받아온 사회 지도층 인사들이다. 경제선진국 구호가 무색할 정도로 부정부패가 만연되어 국가기강 해이가 그야말로 가관이다. 정말 이 나라가 제대로 가고 있는가 한번 되돌아 볼 필요가 있다.

이러한 부정부패로 국제투명성기구에서 발표한 우리나라 부패인식지수 순위는 세계 180개국 중 43위이다. 또한 우리나라 행복지수는 세계 178개국 중 102위로 우리는 불행하다고 생각한다. 서민의 삶은 팍팍한데 고위층의 부정부패 뉴스가 연일 터져 나오는데 행복하겠는가?

한국은행에서 5만원 고액권을 발행한 이후 부정부패는 더욱 더 만연되고 있다. 고액권을 발행하게 되면 고액현금거래로 탈세, 불법자금수수는 더 용이하게 되는 것은 누구나 아는 사실이다. 이명박 대통령은 부패지수를 낮추어 투명국가를 반드시 만들어야 한다. 서민이 못살고 서민에게 기회가 주어지지 않는 것은 바로 투명하지 않기 때문이다. 불투명성은 강자에게 편리하고 특권층에게 유리하다.

투명국가를 가로막는 부정부패의 원흉은 무엇인가? 검은 돈, 현금거래이다. 그러면 원인을 제거하기위해서는 "종이돈"을 없애 버리고 전자화폐를 사용하면 가능하지 않겠는가? 종이돈 없이 생활할 수 있겠는가? 교통편은 교통카드를 사용하고 물건을 구입할 땐 신용카드나 체크카드를 사용하면 가능하다. 교통 카드와 같은 선불카드와 은행카드와 같은 후불카드로 모든 결재를 할 수 있도록 전자화폐제도를 전국적으로 도입하면 모든 것은 해결가능하다.

현재 국내 전자 지불 및 IC카드 산업은 획기적인 발전을 하여 전자주민증, 전자여권 등을 포함시킬 수 있는 기술이 준비되어 있으며, 이동통신을 이용한 무선 결제 서비스도 준비되어 있다고 한다. 머지않아 다양한 수단을 기반으로 언제 어디서나 자유롭게 결제할 수 있는 유비쿼터스 지불시대를 앞두고 있다. 법적인 뒷받침을 하기위해 "전자금융거래법"(2006.4.28 법률 제7929호, 시행일 2007.1.1)도 이미 제정되어 시행되고 있다.

전자화폐는 IC가 들어 있는 플라스틱 카드(IC집형)로서 미리 일정액의 돈을 저장해 놓은 뒤 물건을 살 때마다 돈을 꺼내 쓰는 선불(先拂)방식이다. 반면 신용카드는 은행카드나 백화점카드처럼 후불(後拂)로 일종의 외상거래를 하는 셈이다. 전자화폐는 보다 편리하게 돈을 쓰는 방법으로 지폐나 동전을 가지고 다니는 불편을 없애기 위한 것이며, 특히 인터넷 보급이 확대되면서 전자화폐의 필요성이 더욱 커졌다. 현재 여러 회사에서 많은 종류의 전자화폐를 발행하고 있어 중복투자 방지와 호환성을 갖도록 국가에서 표준화를 서둘러야 한다. 한국은행에서는 신권발행을 중지하고 주도적으로 전자화폐정책을 펼쳐야 하겠다.

전자화폐의 사용방법은 네트워크형과 IC칩 형이 있다. 네트워크형 전자화폐는 발행 회사와 제휴를 한 은행이나 PC방 및 편의점 등에서 살 수 있으며 비밀번호가 필요하다. IC칩 형 전자화폐도 은행이나 카드사에서 구입할 수 있지만 비밀번호가 필요 없다. 대신 IC칩 형은 전자화폐 칩을 읽어내는 단말기가 있는 곳에서만 쓸 수 있으며 돈이 떨어질 때 충전하는 것도 단말기에서 해야 한다. 최근엔 IC칩을 휴대전화에 넣기도 하여 휴대전화의 무선 통신망을 이용하므로 단말기가 없어도 전자화폐를 쓸 수 있다.

부패인식지수에서 부패 없는 나라 1위인 핀란드, 아이슬란드, 뉴질랜드, 스위스 사람들은 "현금을 내밀면 이상하게 생각할 정도"로 대부분의 상거래를 신용카드로 한다. 이명박 대통령은 지금이라도 늦지 않으니 임기 내에 "전자화폐추진위원회"를 만들어 고액권(1만원, 5만원)을 없애고 5천원 소액권과 동전 및 전자화폐를 사용하여 전 세계에서 가장 투명한 국가, 부정이 없는 나라를 만들어 국민들의 벌래먹은 영혼을 치유해 주기 바란다.

전자화폐를 사용하게 되면 모든 거래가 온라인상에서 이루어지므로 고 소득자의 탈세가 어렵고 수 백 조원의 지하자금이 나오게 되어 경제가 활성화 될 것이다.

또한 우리나라가 최초로 시행한다면 개발된 시스템을 다른 나라에 수출할 수 있으며 세계 화폐가 전자화폐로 통일 될 것이다. 종이돈은 어디를 가도 지옥을 만들어내고 전자화폐는 어디를 가든 천국을 만들어 낼 것이다. 지혜 있는 자는 모든 것을 천국으로 변형시키는 비밀을 알고 우둔한자는 모든 것을 아름답게 만드는 비밀을 모를 뿐이다. 우리 모두 이명박 대통령이 지혜가 충만한 좋은 대통령이 되실 수 있도록 협조하여 좋은 나라를 세워보자.

브레이크뉴스(Break News) 칼럼 2011.8.10

12. 판문점에 남북 공동 국회의사당 건립하자

국회의사당을 세계종교청 본부로 활용

우리는 21세기 디지털혁명시대에 한민족의 웅대한 비전을 세워 남북한 평화통일을 슬기롭게 이룩하고 세계 평화와 인류의 행복을 위해 새 하늘 새 땅에 신인류로 다시 태어나 이상적인 국가를 건설해야 할 막중한 사명을 가지고 있다. 하지만 1만년이라는 유구한 역사와 찬란한 문화를 가진 한민족은 일본에 의해 역사가 단절되고 남북이 분단 된 체 종교, 이념, 사상 및 문화 등 모든 분야에서 동질성을 회복하지 못하고 혼돈상태에 빠져있다.

한편 창세기를 열었던 에덴동산의 성전이라는 거룩함은 사라지고 믿음의 조상 아브라함의 고향 이라크가 강대국의 이권다툼으로 인해 인간들의 싸움터가 되어 역사에 길이 남겨야 할 고귀하고 성스러운 문화재가 처참하게 파괴되어 버린 것을 우리는 후손들에게 어떻게 납득을 시켜야 할지 참으로 난감한 현실에 있다.

우리는 이 중요한 시대의 흐름을 우리 후손들이 하늘 뜻을 바로 알고 행할 수 있는 기반을 조성하기 위하여 하루라도 빨리 다툼 없는 아름다운 지구촌을 만들어야 한다. 세계는 지금 종교와 문화의 충돌로 핵전쟁이 발발할 위험에 처해 있다. 이 위험을 제거하기 위해서는 정치, 외교, 경제로는 해결 할 수 없고 모든 사상에 근본이 되고 있는 종교로 문제를 풀어야 한다.

2017년 남북평화통일을 이룩하여 통일국가를 건국하기 위해 국회의사당을 판문점에 새로 짓고 현 국회의사당에 '세계종교청'을 설립하여 세계종교를 화합시키자. 우리나라에는 종교 백화점처럼 세계 거의 모든 종교가 혼재하고 있지만 큰 문제가 없이 잘 지내고 있다. 그것은 종교는 달라도 하나인 하늘을 인정하는 신앙심이 있는 천손이라는 자부심 때문이다.

이것을 바탕으로 하여 우리 종교인들이 더욱 더 화합하여 남북한 동질성 회복에 믿음과 행동으로 한반도 평화가 곧 세계평화임을 보여 주어야 한다. 교황청처럼 교정 일치를 위해 '세계종교청'을 우리나라에 설립하여 종교, 종파간의 화합을 이루어 종교전쟁과 사상전쟁을 종식해야 하겠다. 이 일치 운동은 정치권과 종교의 거룩한 의무이며 모든 종교인의 소명이자 궁극적 목표이다.

세계가 더 이상 패권정치와 경제전쟁으로부터 부패되기 전에 우리 종교인들이 종교 혁명을 주도하고 선도해서 조물주의 뜻에 따라 전쟁, 기아, 공해가 없는 아름다운 신천지를 한반도에 만들어야 한다. 사랑과 자비와 인정이 넘치는 아름다운 가정과 정직한 사회, 올바른 나라를 바로 세워 전 세계에 그 모범을 보여 주어야 하겠다. 현재의 총체적 국가위기를 극복하고 세계에서 종교 선진국이 되어 정치, 종교, 사회, 통일 등 모든 분야에서 아날로그가 아닌 디지털적인 사고로 정치와 종교를 바로 세워야 한다.

첫째, 올바른 종교관, 세계관, 우주관을 근간으로 세계적인 전략과 비전이 제시되어야 한다. 둘째, 사상과 이념을 초월하여 남북한이 상생의 통일을 이룩할 수 있는 올바른 통일관과 국가관이 제시되어야 한다. 셋째, 정치와 종교 지도자는 봉사와 사랑과 희생정신으로 재외 동포를 포함하여 한민족이 하나가 될 수 있도록 리더십을 발휘해야 한다.

우선 행정부에 종교청을 신설하여 세계적인 종교정책을 세워 남북한 및 해외 종교 관련 자료를 정리하고 세계종교 디지털문화엑스포와 같은 행사를 통해 종교문화를 교류하여야 한다. 유럽연합처럼 남북평화 통일을 대비하여 새로운 국회의사당을 한반도 중심인 판문점에 새로 건립하고 현재 사용하고 있는 국회의사당을 세계종교청 본부로 사용한다면 세계 종교화합에 큰 역할을 하게 될 것이다. 국회의사당 이전 비용은 각 국가와 종교인들이 분담하면 되고 종교인들의 몫은 각 종교 종파와 교단이 일치하여 모금을 하면 될 것이다.

전 세계 종교계 대표에게 국회의원회관 사무실을 배정하고 국회 본회의장에서 종교화합과 세계평화를 위한 회의를 개최하고 국회도서관을 종교도서관으로 하여 세계종교자료를 수집 및 보급한다. 우리한반도에 새로운 신천지를 건설하여 지성민주주의와 영성시장경제 정책을 근간으로 물질과 정신이 균형 잡힌 아름다운 동방의 등불 국가 건설에 세계종교청이 큰 역할을 하게 될 것이다.

브레이크뉴스(Break News) 칼럼 2011.8.12

13. 1국가 2체제 통일, 청와대를 판문점으로!

영부인, 7대 종단 대표와 7궁 위령제를 지내야!

월간 정경NEWS(2007.5)에 기고한 조성제(환타임스 논설위원)의 "청와대는 주인이 따로 있다? 라는 글에 의하면 "7궁에 방치된 후궁들의 원혼이 비극을 부른다."라는 섬뜩한 글이 눈길을 끈다.

지금의 청와대자리는 대원군이 경복궁을 지으면서 경무대(景武臺)로 활용했던 곳이다. 무인들이 무예를 연마하면서 시험을 치르기도 하고 전국 유생들이 과거시험을 보던 장소였다고 한다. 그러나 일제 강점기에 일본인들이 조선의 주산인 백악산(북악산)의 맥을 끊어 한민족의 정기를 끊으려고 경복궁의 남쪽 건물들을 헐어 총독부를 짓고, 경복궁의 북쪽 경무대에 총독 관저를 지어 경복궁을 협공하는 형세를 만들었다. 해방 후 경무대란 이름으로 이승만대통령이 집무실과 거처로 사용하다가 박정희 대통령시절 청와대로 개칭되어 오늘에 이르게 되었다.

역대 대통령들이 온 국민의 축복과 기대 속에 당당하게 청와대에 입성하였지만, 청와대를 나올 때는 이승만 대통령은 망명, 박정희대통령의 부부는 비참하게 생을 마감, 전두환과 노태우대통령은 감옥생활, YS와 DJ대통령의 아들들의 불명예, 노무현 대통령의 자살 등으로 국민의 지탄을 받는 신세로 청와대를 떠나게 되었다. 지난 대통령선거에서도 12명의 대권주자들은 청와대의 주인이 되고자 정책대결보다는 BBK가 마치 BaBoKorea인 것처럼 국민을 바보로 만들면서 지겨운 싸움을 하였다. 결국 이명박 당선자가 청와대에 들어가게 되었지만, "이명박 특검"이라는 관문을 통과해야만 하는 초유의 사태가 벌어지기도 했다. 한마디로 대통령이 기거하는 장소로는 적합하지 않는지도 모르겠다.

광화문에서 경복궁을 끼고 청와대방향으로 가다보면 청와대 담장 안에 7궁이라고 부르는 허술한 옛날식 기와집이 몇 채가 보인다. 무속칼럼니스트인 조성제씨는 역대 대통령의 비극이 이 칠궁 영령들의 원한과 관련이 있다고 주장한다. 일부 풍

수학자들도 청와대 터를 귀방(鬼方) 즉, 귀신의 방위라고 하면서 사람이 살기에 맞지 않는 귀신이나 신명이 활동하는 공간이라고 한다.

그러면 도대체 이 7궁이 무엇이며, 왜? 청와대 안에 있는지 아는 사람들은 그리 많지 않다. 조선왕조의 임금과 정비인 왕비는 죽어서 종묘에 위패가 모셔지지만, 왕의 생모가 후궁인 경우는 세상을 떠난 후 종묘에 위패를 봉안하지 못하고 7궁에 모시게 되었다고 한다.

7궁의 명칭과 후궁의 이름은 다음과 같다. (1)저경궁(儲慶宮) : 인빈(仁嬪)김씨(선조의 후궁, 원종의 어머니), (2)대빈궁(大賓宮) : 희빈(嬉嬪)장씨(숙종의 후궁, 경종의 어머니), (3)육상궁(毓祥宮) : 숙빈(淑嬪)최씨(숙종의 후궁, 영조의 어머니), (4)연호궁(延祜宮) : 정빈(靖嬪)이씨(영조의 후궁, 진종의 어머니) (5)선희궁(宣禧宮) : 영빈(暎嬪)이씨(영조의 후궁, 장조(사도세자)의 어머니), (6)경우궁(景祐宮) : 수빈(綏嬪)박씨(정조의 후궁, 순조의 어머니), (7)덕안궁(德安宮) : 순헌황귀비(貴妃)엄씨(고종의 후궁, 영친왕 어머니)이다.

이 후궁들께서는 살아서는 구중궁궐의 엄격한 법도와 정비의 시샘과 음모 속에서 숨 한번 크게 쉬어 보지도 못하고 살았던 한 맺힌 귀신들이 아닌가? 더구나 왕자를 낳은 것이 도리어 화근이 되어 모자가 목숨을 연명하기 위해 감수했던 수모와 한은 이루 말 할 수 없었을 것이다. 자식이 나라의 임금이 되었는데도 본인은 죽고 나서도 후궁이라는 신분 때문에 종묘로 가지도 못하고 경복궁 후미진 구석에 내 팽개쳐져 있으니 어찌 한이 없겠는가? 여자가 한을 품으면 오뉴월에도 서리가 내린다는데 칠궁의 일곱 어머니는 살아서도 한 많은 삶을 살고, 죽어서까지 방치되어 자손들로부터 제삿밥 한 그릇 제대로 못 얻어먹는 신세가 되었다.

지금까지 대통령과 영부인은 물론 청와대 식구들이 귀신들과 함께 기거하면서 귀신들을 몰라라 했었다면 분명 자신들의 존재를 알리고 합당한 대우를 받으려고 어떤 식으로 든 영향을 미치려고 했을 지도 모를 일이다. 원망과 독기가 가득 찬 곳에 역대 대통령들이 들어와서도 인사 한번 없이 살아서 되겠는가?

조선시대에는 1년에 한번 씩 7궁에 제를 지내 한 많은 일곱 영령들을 위로하였다고 한다. 그러나 대한제국이 망하고부터 처음으로 “전주이씨대동종약원”이 2006년 10월에 제를 지낸 적이 한번 있었다고 한다.

이러한 역사적인 유래가 있기에 1국가 2체제 통일을 대비 청와대를 판문점으로 옮겨야 대통령과 나라가 편안해질 수 있다고 생각한다. 하지만 현실적으로 그러하지 못하니 영부인께서는 이명박 대통령이 성공한 대통령으로 기록되기 위해서는 지금이라도 늦지 않으니 청와대 내 7궁에 계신 일곱 어머니 영령들과 그 곳에서 함께 활동하는 무수리 영령들을 달래주는 씻김굿을 포함 위령제를 지내는 것이 마땅하리라 생각한다. 종교적인 문제가 있겠지만 부모에 효도를 잘해야 하는 것이 자식의 도리인 것처럼 영부인은 국민을 대표해서 우리들의 할머니, 옛날 영부인들께 인사하는 것은 당연하다고 본다. 7대 종단 대표들과 함께 의식을 올린다면 개신교에서도 반대를 하지 않을 것이다.

또한 더 나아가 고종황제가 원구단에서 예를 갖추어 하늘과 약 13,000년 마고시대부터 수 백 명의 역대 임금님께 매년 나라의 번영과 태평을 기원했듯이 이명박 대통령은 일제에 의해 부서진 시청 앞 조선호텔 옆 원구단의 상황을 하루 빨리 파악해 보도록 지시해야 할 것이다. 그리고 금년 10월 3일 개천절에는 3부요인은 물론, 종교지도자들과 함께 국태민안을 위해 천제를 올리면서 물난리로 위기에 처한 4대강 사업과 일본과의 독도문제를 현명하게 해결할 수 있는 혜안을 얻어 잃어버린 민족정기를 살리고 왜곡된 역사를 복원하여 홍익대통령으로서 역사에 길이 남기를 바란다.

브레이크뉴스(Break News) 칼럼 2011.8.14

14. 민통선지역(CCZ)을 세계평화도시로 개발하자

한민족의 홍익철학과 천지인사상에 16개 UN 참전용사의 영혼을 품자

민간통제지역(Civilian Control Zone)을 세계평화도시(World Peace City)로 개발하여 전쟁의 상처를 평화의 상징으로 승화시켜 나가자. 한없이 넓은 한민족의 치마폭에 세계의 영혼을 품어 천손민족의 자긍심으로 동방의 등불국가를 세우자. 한민족의 아름다운 우주 평화사상을 온 누리에 전파하여 전쟁, 기아, 공해가 없는 아름다운 지구촌을 건설해 나가자.

민간통제지역(CCZ)은 '한국전정전협정(1953.7.27)'에 의해 설치된 비무장지대(DMZ)와 함께 서해안에서 시작하여 동해안까지 250㎞의 휴전선을 따라 DMZ의 남쪽으로 5~20㎞에 걸친 광활한 지역으로 서울시 면적의 약 3배나 된다. 정부에서 군사작전상 통제하고 있는 지역으로서 총면적은 1,528㎢(강원도 1,048㎢, 경기도 480㎢)이다. 접경지역으로는 경기도(동두천시, 고양시, 파주시, 김포시, 양주군, 연천군, 포천군, 강화군, 옹진군)와 강원도(철원군, 화천군, 양구군, 인제군, 고성군) 2개도와 인천시에 14개 시 · 군, 24개 읍. 면 213개리에 널리 걸쳐 있다.

이 접경지역 주민들은 수십 년간 개발이 제한되어 재산권 행사를 제대로 못했을 뿐 더러 항상 소외되어 왔기에 2012년 총선과 대선에서 남북평화통일과 더불어 이 어려운 문제를 해결해 줄 수 있는 정도령(正道領)과 같은 구세주의 통일대통령을 기다리고 있다.

DMZ에선 아직도 무지한 인간의 전쟁은 끝나지 안했지만 자연은 인간의 의도와는 아무 상관없이 지구에 단 하나밖에 없는 '자연생태공원'을 만들어 가고 있다. 치졸한 전략과 전술의 드라마는 끝났지만 수백 만 명의 생명을 앗아간 것도 모자라 숨겨진 무기는 아직도 생명을 노리고 있으며, 세계에서 유일한 전쟁세트장으로 남아 전 세계인에게 깨달음의 기회를 주고 있다. 의식 높은 환경 및 평화단체들은 세계에서 유일무이한 생태보물단지를 보전하고자 각종 아이디어를 창출해 내고 있다. 이를 위해 국제펀드를 마련, DMZ의 난 개발을 감시하고 한국, 러시아, 북한과 함께 철새 공동연구를 하는 것과 병행하여 평화공원을 조성하자고 주장한다.

이에 편승하여 강원도에서는 철원일대에 평화산업단지를 조성하여 개성공단에 버금가는 남북 간 경제협력의 전초기지를 만들자고 제안하고 있다. 접경지역을 개발하여 강원도의 경제 발전의 새로운 돌파구를 마련하자는 뜻이다. 그동안 안보를 앞세워 사지(死地)로 버려져 있던 민통선 지역을 효율적으로 활용하는 측면에서 그 파급효과는 클 것이다.

따라서 우리 통일당은 우리가 세계평화를 선도하고 세계정부를 세우기 위해서는 민통선지역을 16개 참전국의 미니 도시로서 세계평화도시로 개발할 것을 제일 큰 공약으로 확정했다. 인천공항에서 설악산, 금강산까지 250Km에 고속도로와 전철길을 내어 UN참전국의 문화관광 벨트로 조성해서 세계평화자유무역지역 즉, 무비자, 무관세 지역으로 선포하여 세계적인 평화, 문화, 교육 및 무역의 중심지를 만들어 미래 국가 성장 동력으로 하자는 것이다.

이 사업을 추진하기 위해서는 16개 참전국에게 다시 한 번 세계평화를 위해 이 프로젝트에 참여하도록 해서 전쟁을 평화로 바꾸는 역할을 해 주기를 부탁해야 하겠다. 우리가 철길과 도로를 건설하고 보은(報恩) 차원에서 참전국에게 기차역 건물을 중심으로 평화마을을 조성하도록 수만 평의 땅을 한정기한으로 분양해 주어 각 나라별로 독특한 건축 양식으로 건물들을 짓도록 한다.

우선 전쟁기념관을 비롯하여 미술관, 음악관, 영화관, 최고 시설의 병원, 대학교, 식당, 호텔을 짓고 또한 세계에서 제일 질 좋고 값싼 상품을 팔도록 하여 카오스 프렉탈 개념의 미니 국가를 조성하도록 한다. 그리고 설악산과 금강산 사이 강원도 어느 지역에 세계평화공원을 조성, 한 가운데에 세계에서 제일 크고 높은 366층 1,000m 높이의 원추형 마고성과 같은 평화 건물을 짓는다. 이 평화건물에는 UN과 세계평화기구를 유치하고 평화공원을 에덴동산처럼 지상낙원의 소도시를 조성한다.

또한 이 지역 일대에 세계에서 유명한 조형물 즉, 프랑스 에펠탑, 미국 자유여신상, 이집트 피라미드, 이태리 피사사탑, 중국의 만리장성 일부 등을 실물 그대로 만들어 세계 관광지로 개발한다. 그리고 평화통일을 준비하기 위해 양원제를 염두에 둔 통일국회의사당인 화백당과 남한과 북한의 공동으로 외교와 국방을 담당하는 영수 집무실인 화백궁을 건설한다. 화백궁은 1국가 2체제로 남북평화통일을 하게 될 때 외교와 국방을 담당하는 영수의 공관으로서 주요 결정은 화백회의 시스템으로 운영한다. 이렇게 되면 한반도에서 전쟁은 사라질 것이며 영세중립국과 같은 효과가 얻어져 전쟁 없이 평화만 존재하게 되어 유토피아 세계가 펼쳐질 것이다.

세계평화도시에서는 매년 음력 7월 7석 날 6.25전쟁에서 희생된 수 백만 명의 영령들을 위로하기 위해 '한국전쟁희생자추모제(天風21)'를 지내면서 '세계마고문화예술제'와 '세계카오스산업엑스포'를 개최한다면 종교, 문화, 인종의 벽은 허물질 것이며 세계가 하나가 되고 우리나라가 세계의 정신적인 중심국이 될 것이다.

DMZ와 CCZ는 아픈 상처의 딱지이지만 유일무이한 세계적인 보물단지로서 세계 어디를 뒤져봐도 이런 곳은 없다. 이 보물을 잘 활용 할 수 있는 혜안을 가진 지도자가 나타나 세계를 우리의 홍익철학과 천지인사상에 품을 수 있는 원대한 꿈을 실현할 수 있는 날, 2017년 10월 3일 대고려연합국(Grand Corea Union)의 건국일이 빨리 오기를 기대한다.

브레이크뉴스(Break News) 칼럼 2011.8.15

15. 영문 표기 'Korea'를 'Corea'로 원상회복

국회의장, 청와대실장, 국무총리에 드리는 공개 청원서

국회의장님, 청와대실장님, 국무총리님! 국사에 노고가 많으십니다.

오늘 66주년광복절을 맞이하여 국민들은 기뻐야 하는데 어딘가 가슴이 답답하리라 생각합니다. 일본은 반성은커녕 우리나라를 무시하면서 동해를 일본해로 표기하도록 하고, 일본 국회는 "일본군위안부피해지원법"을 8번이나 기각시키고, 독도영유권 주장을 아직도 버리지 않고 있으며, 조국 강토는 분단된 체 통일을 이루지 못하고 있으니 얼마나 못난 민족입니까? 더욱이 이명박 대통령의 66주년 광복절 축사에 독도에 대한 언급이 전혀 없을 것이라 하니 국민들은 어떻게 정부를 믿고 따르겠습니까?

우리가 이렇게 나약하게 된 이유는 나라는 되찾았지만 영문표기 국호가 원래는 Corea이었는데 아직도 Korea로서 원상회복을 하지 못하고 일본이 지어준 그대로 사용하고 있기 때문이라고 생각합니다. 금년(2011년)은 일본에 강제 병합된 지 101년이 되는 해입니다. 해방이 된 후 각 개인의 이름은 일본식 이름에서 한국식 이름으로 다시 바꾸었지만, 우리나라 국호의 영문표기는 아직도 일본에 의해 강제로 바뀐 'Korea'에서 원래의 'Corea'로 바꾸지 못하고 있습니다.

국회의장님, 청와대실장님, 국무총리님께서는 이와 같은 사실을 알고 계십니까? 해방된 지가 언제인데 아직도 일본이 지어준 'Korea'를 'Corea'로 사용해야 합니까? 바꾸려면 돈이 많이 든다고 하는데 걱정하지 마십시오. 국민성금으로 충분하리라 생각합니다. 이로 인해 민족혼(民族魂)은 잠만 자고 있으며, 남북은 분단된 체 정치권은 이전투구만 하고 있으니 참으로 안타까운 일이 아닐 수 없습니다. 이제라도 늦지 않으니 4,500만 국민과 해외동포를 포함 남북한 7천만 한민족이 합심하여 제2의 3.1운동차원에서 CKC(Change Korea to Corea)운동을 추진해야 합니다.

일제 잔재의 청산과 대한민국의 역사적인 정통성 회복, 통일한국 건설, 동북아시아의 중심국가로서 동방의 등불 역할을 완수하기 위한 서명운동 펼쳐 금년 내에 청와대와 국회 및 정부에 대한민국 국호 영문표기 'Korea'를 'Corea'로!' 바꾸도록 청원하고자 합니다. 국회의장님, 청와대실장님, 국무총리님 청원을 하면 받아 주시겠습니까?

'Corea'라는 국호 영문표기는 진취적인 '고구려'의 기상을 이어받은 통일국가 '고려'가 국제사회에 알려지기 시작한 때부터 현재에 이르기까지 영어 이외의 언어권인 프랑스, 스페인 등 유럽을 비롯한 여러 국가에서 사용되고 있으므로 'Corea'로의 국호 영문표기의 변경을 통해 미래지향적이고 진취적인 국가 이미지를 전 세계 만방에 드높여 자랑스러운 통일한국의 기치를 세워야 합니다.

대한민국 국회도서관 자료를 검색한 결과 "한 · 일수호조규(병자수호조약 강화조약)(Treaty of Peace and Friendship between the Kingdom of Corea and the Empire of Japan.(Feb. 26, 1876))" 외 8개 조약문에 우리나라 국호의 영문표기는 1910년까지 '고려'를 어원으로 한 'Corea'이었으나 강제적인 "한 · 일합병조약(Treaty Regarding the Annexation of Korea to the Empire of Japan(Aug. 22, 1910))" 이후 'Korea'로 바뀌게 됨을 알게 되었습니다.

국제적 관습에 따라 국호 영문 표기를 알파벳 순서에 따라 하게 되므로 일본의 'Japan'보다 'Corea'가 앞서기 때문에 일본을 먼저 쓰기 위해 'Corea'를 'Korea'로 바꾸어 버렸다고 합니다. 그 당시 "대한매일신보"는 일본의 탄압에도 굴하지 않고 이 사실을 전국에 알렸으며 울분을 참지 못해 Japan을 Zapan으로 쓰자고 주장한 학생들도 있었다고 합니다.

국회의장님, 청와대실장님, 국무총리님, 이제라도 늦지 않으니 언론과 함께 해외 동포를 포함, 7,000만 한민족이 모두가 힘을 합쳐 'Korea'를 'Corea'로 원상회복하고 평화적인 남북통일까지 이룩하여 천손민족, 동방의 등불국가를 건설해야 하겠습니다. 아무쪼록 청원을 꼭 들어 주시기 바랍니다. 감사합니다

<청 원 내 용>

1. 역사적 정통성을 회복하고 통일의 기초를 마련하기 위해 대한민국 국호의 영문표기를 'Korea'에서 'Corea'로 바꾸어 사용할 것을 청원한다.
2. 향후 남북교류를 비롯한 통일관련 행사, 국제행사 참가 시 국호의 영문표기를 'Corea'로 사용하여 한반도의 단일성을 전 세계에 널리 알리고, 민족의 자긍심을 고취할 수 있도록 변경 사용할 것을 청원한다.
3. 이를 위해 남북한 당국자 간 회담을 통해 한민족의 국호 영문표기 'Korea'에서 'Corea'로 바꾸는 문제를 공식의제로 논의할 것을 청원한다.

별첨자료 : 대한민국 국회도서관 홈페이지(www.nanet.go.kr) 전자도서관 자료실에서 검색한 내용입니다.

I. Corea로 표기된 조약 제목

1. 한·일수호조규(병자수호조약, 강화조약)/1876년 2월 26일 조인(Treaty of Peace and Friendship between the Kingdom of Corea and the Empire of Japan.(Feb. 26, 1876))
2. 한·일무역규칙(한·일통상잠정협약)/1876년 8월 24일 조인(Regulation under which Japanese Trade is to be Conducted in Corea(Aug. 24, 1876))
3. 한·일통상장정 및 해관세칙/1883년 7월 25일 조인(Regulation under which Japanese Trade is to be Conducted in Corea and Import and Export Tariff of Corea(Aug. 25, 1883))
4. 봉천여조선변민교역장정 24조(1883년 3월)(Twenty-four Rules for the Traffic on the Frontier between Liaotung and Corea, etc.(March, 1883.))
5. 한성조약 및 부칙/1885년 1월 9일 조인(Convention between Corea and Japan for the Settlement of Differences between Two Countries(Jan. 9, 1885))
6. 한·불수호통상조약(1886년 6월 4일)(Traite d'Amitie et de Commerce Entre la France et la Coree(le 4 juin 1886.))

7. 한 · 일양국맹약(한 · 일공수동맹)/1894년 8월 26일(Treaty of Alliance between Corea and Japan(Aug. 26, 1894))
8. 한 · 청통상조약에 관한 재한청국공사와 한국외부대신간의 왕복문서(1899년 12월 12일, 1899년 12월 13일)(Correspondence between Chinese Minister at Seoul and Corean Minister for Foreign Affairs Regarding the Treaty of 1899 between Corea and China(Dec. 12 and 13, 1899.))
9. 기유각서(한국의 사법급감옥사무를 일본정부에 위탁하는 각서)/륭희3년(1909년) 7월12일 조인(Memorandum(Memorendom) Concerning the Administration of Justice and Prison in Corea)

II. Korea로 표기된 조약 제목

1. 한 · 일합병조약/1910년 8월 22일 조인(Treaty Regarding the Annexation of Korea to the Empire of Japan(Aug. 22, 1910))
2. 한일합병에 관한 선언/1910년 8월 29일(Declaration as to the Annexation (Amexation) of Korea to the Empire of Japan(Aug. 29, 1910))
3. 한국중앙은행에 관한 한 · 일각서/륭희 3년(1909년) 7월 26일 조인(Memorandum Concerning the Establishment of the Bank of Korea(July 26, 1909))

브레이크뉴스(Break News) 칼럼 2011.8.16

16. 이명박 당선인께 올렸던 옛날 상소문

과학기술부와 정보통신부를 부활시켜 경제를 살려야!

다음 글은 이명박 대통령이 당선자 시절(2008.1.21) "좋은대통령세우기국민운동본부" 본부장으로서 대통령인수위원회 사무실에 본인이 직접 접수하면서 당선자께 드리는 상소문(上疏文) 내용이다. 대통령께서 상소문을 직접 읽어 보시지 못해서 그런지 디지털정부와 전자정부를 표방하지만 청와대에 이공계 출신이 거의 보이질 않아 안타까운 심정으로 이 글을 쓰게 된다. 특히 과학기술계와 정보통신 사업에 종사하는 많은 분들은 대통령께서 과학기술부와 정보통신부를 없애 버린 것이 가장 큰 실책으로 지적하고 있다. 이제라도 늦지 않으니 과학기술부와 정보통신부를 부활시켜 경제를 살려달라는 뜻에서 3년 7개월 전에 올렸던 흘러간 상소문을 다시 올린다.

존경하는 대통령 당선인님! 옛날 상소문과 같은 격식이 아니어서 혹시 무례한 점이 있더라도 이해하여 주시기 바랍니다. 저는 경북대학교 전자공학과 교수로 20년, 15대 국회의원, 현재는 좋은대통령세우기국민운동본부장을 맡고 있습니다. 좋은 대통령 세워서 좋은 나라를 건설하자는 뜻입니다.

21C는 아날로그 시대에서 디지털시대로, 새로운 개념의 3D(Digital, Design, DNA)와 3S(Space, Spirit, Soul)시대라고 합니다. 농경사회, 산업사회, 정보화사회, 생명공학사회, 영성산업사회로 급변하는 이 시대에 국민들은 경제대통령, 과학대통령, 정보화대통령, 전자대통령의 역할을 기대하고 있습니다.

지난 1월16일 발표된 대통령인수위원회의 정부개편안에 따르면 "작은 정부", "유능한 정부"를 지향하면서 일과 기능을 중심으로 "융합", "효율"을 극대화 하여 최우선 정책인 일자리창출과 경제 살리기를 목표로 하는 것이라 생각합니다.

작은 정부와 유능한 정부라는 두 마리 토끼를 잡기위해서는 단순히 부처 몇 개를 없애는 게 중요한 것이 아니라, 짧은 5년 임기동안 대통령과 장관이 공무원을 어떻게 장악하느냐에 달려 있습니다. 따라서 공무원 스스로 과학적인 사고와 정보화 기술을 활용, 주인인 국민에게 봉사정신을 발휘하도록 하는 시스템을 개발하는데 있다고 봅니다. 지금까지 대통령의 전문성 부족과 정치장관의 잦은 교체로 공무원을 바로 세우지 못해 국가는 주인이 없는 상태가 되어 국민들로부터 원성을 사고 있습니다.

현재 세계는 전자공학의 꽃이라 할 수 있는 통신과 인터넷기술로 인터넷혁명이 일어나 지구가 마치 한 도시처럼 되어 세계정부의 탄생이 머지않을 것 같습니다. 이러한 추세에 맞춰 당선자께서 추진하고자 하는 작은 정부와 유능한 정부를 만들기 위해서는 아날로그에서 디지털 정부로 국정시스템을 바꿔야 한다고 생각되어 그동안 연구해온 몇 가지 정책을 제안해 올리겠습니다.

첫째, 우선 소수정예의 유능한 공무원을 선별해야 하겠습니다. 모든 고급 공무원들의 컴퓨터 활용 능력시험(예를 들어, 이메일, 블로그, 파워포인트, 엑셀, 포토샵 등)결과에 따라 퇴출시킨다면 대통령을 원망하지 않고 수긍 할 것입니다. 인수위에서 7,000명 정도를 퇴출시키겠다고 하는데 그 기준 설정이 매우 어려울 것이며 능력 있는 공무원도 희생되어 나중에 법적으로 큰 문제가 되리라 생각합니다.

둘째, 현역 국회의원을 장관으로 임명하지 않는 것이 좋을 것 같습니다. 지금까지 보은 차원에서 장관을 임명하여 왔기 때문에 장관 경력을 청와대로 가는 징검다리정도로 생각하는데다 전문성이 부족하여 부처를 장악하지 못해 왔기 때문입니다.

셋째, 정부 국장이상, 정부 출연기관, 해외대사관, 각 군 주요 지휘자 등에 인터넷영상전화기를 설치하여 얼굴을 보면서 통화하시기 바랍니다. 당사자들은 항상 업무를 잘 파악하고 준비를 철저히 할 것이므로 아주 능률적인 국정이 운영 될 것입니다. 또한 공무원들 간에게도 친근감이 생기고 마음이 열려 효율적으로 근무를 하게 될 것이며 부처 간 벽이 없어 질 것입니다. 비서를 시키지 마시고 직접 전화를 거셔야 효과가 클 것입니다.

넷째, 대통령 집무실 옆에 국정전자상황실을 설치하여 주시기 바랍니다. 국가경쟁력을 좌우하는 여러 가지 지표는 물론이고 외환보유고, 수출입 통계, 인구자료, 소 사육 두수까지 볼 수 있도록 하면 각부 장관이 스스로 모든 문제를 파악해서 자발적으로 해결 할 것입니다. 청와대가 시범을 보이면 각부 장관실도 전자상황실을 설치할 것이며 국가기관, 기업, 은행도 뒤따라 설치하여 세계에서 가장 정보화가 잘 된 전자정부가 될 것입니다.

다섯째, 청와대에 회계 및 인적사항을 관리하는 컴퓨터프로그램(ERP)을 설치하여 각 부처의 예산, 결산 집행을 공개하도록 해 정책의 투명성과 공정성을 높이도록 하여 주시기 바랍니다. 각 부처는 물론 정부기관과 모든 기업에서도 도입하도록 하여 투명한 경영을 하게 되면 노사문제는 저절로 해결 될 것입니다.

여섯째, 과학과 기술이 미래를 여는 열쇠입니다. 경제성장 동력은 견고한 과학과 기술 인프라에서 나옵니다. 과학계에서는 과학·기술을 분리하는 정부 조직개편에 반대하며 대안으로 교육부의 고등교육 기능만을 과기부로 통합하고 각 부처에 분산된 연구인력 사업을 일원화하여 (가칭)인재과학기술부로 개편하자고 요구하고 있습니다. 선처하여 주시기 바랍니다.

일곱 번째, 우리나라가 IT강국으로 위상을 더욱 높이기 위해서는 세계적인 추세에 따라 방송과 통신을 융합하고 콘텐츠산업과 IT네트워크 산업을 하나로 통합하여 일본의 "정보통신성(안)"처럼 정보통신부, 방송위원회, 문화관광부 미디어정책 부분을 합친 (가칭)지식정보통신부로 개편해 주실 것을 건의 드립니다.

끝으로 차기 디지털정부, 전자정부를 기획하는 대통령인수위원회에 이공계 출신이 많이 보이질 않습니다. 이공계 출신을 적어도 50% 이상 보강하여 과거 회귀형이 아닌 미래 지향적인 정책이 수립된다면 훌륭한 대통령이 되실 것입니다. 감사합니다.

브레이크뉴스(Break News) 칼럼 2011.8.18

17. 세계적인 경전 '천부경'을 국보1호로 하자

한국형 토라(천부경)와 탈무드(지혜서)를 미래 한류로!

유대인은 수천 년 동안 고난을 받으면서도 세계에서 아주 우수한 민족으로 인정받고 실질적으로 모든 분야에서 두각을 나타내고 있는 이유는 어디에 있는가?

아마도 다른 민족과는 차별된 교육방법을 통해 유대주의의 전통 사상과 역사를 자자손손 전해 주기 때문이라고 본다. 이스라엘은 영토를 잃어버리면서도 토라(구약)와 탈무드(지혜서)를 중심으로 어머니 교육을 통해 국가와 민족을 지켜 온 반면, 우리나라는 조그마한 영토는 지켜왔지만 우리민족의 훌륭한 경전은 무시하고 지혜서는 발간된 적이 없어 어머니 교육을 제대로 하지 못해 얼과 혼이 빠져버린 민족이 되어 버렸다.

우리에게는 성경에서 말한 작은 책, 세계인이 부러워하는 대표적인 경전, 국보 1호격인 천부3경 즉, 천부경(81자)과 삼일신고(366자) 및 참전계경(13,200자) 그리고 수많은 지혜의 이야기가 수천 년 전부터 전해 내려오고 있으나 위정자들의 잘못으로 제대로 전해지지 못하고 있다.

우선 천부경(天符經) 81자(숫자 31자, 문자 50자)를 소개 하겠다.

一始無始一 析三極無盡本 天一一地一二人一三 一積十鉅無匱化三 天二三
일시무시일 석삼극무진본 천일일지일이인일삼 일적십거무궤화삼 천이삼

地二三人二三 大三合六生七八九 運三四成環五七 一妙衍萬往萬來 用變不動本
지이삼인이삼 대삼합육생칠팔구 운삼사성환오칠 일묘연만왕만래 용변부동본

本心本太陽 昻明人中天地一 一終無終一
본심본태양 앙명인중천지일 일종무종일

어려운 한자도 별로 없고 숫자가 많아 금방 해석할 수 있을 것 같은데 해석한 책이 수십 권이나 되며 저자마다 해설 내용이 조금씩 다르다. 천부경의 가장 기본적인 사항은 천지인(天地人) 사상이다. 이 우주 삼라만상의 가장 기본이 되는 것은 하늘, 땅, 사람이라 할 수 있다. 사람다운 사람이 되려면 하늘과 땅과 함께 어우러져 살아가야 하며 다른 사람들의 은혜에도 항상 감사하며 보답하는 인생을 살아야 한다는 뜻이다. 즉 하늘인 아버지와 땅인 어머니 그리고 나 자신이 곧 천지인이다. 또한 나의 천지에 해당하는 부모님께 효도하는 것이 가장 근본적인 일이라고 본다.

천지인을 모형으로 나타내면 '원방각(圓方角)'이고 숫자로는 '1,2,3'과 '삼태극(三太極)'으로 표현된다. 최근 TV방송국 3사에서 방영되고 있는 고구려 역사 드라마에 나오는 삼족오도 천부경 사상을 의미하는 태양새라고 볼 수 있다. 머리는 하나, 날개는 둘, 발은 셋이다.

천부경의 역사는 정확한 기록이 없으나 말로써 전해 오다가 녹도문자(鹿圖文)로 기록되었고, 뒤에 신라의 고운(孤雲) 최치원(崔致遠)선생께서 옛 비석에 적힌 것을 찾아내어 한자로 옮겨 세상에 전하게 된 것이라고 한다. 이와 같이 천부경의 역사는 수천 년 역사를 거슬러 올라가며 깊은 사상과 철학을 담고 있어 모든 경의 근본으로서 현재 국보1호인 숭례문(남대문)과는 비교가 안 될 정도로 세계적인 보물이라고 생각한다.

현재 필자를 중심으로 추진하고 있는 마고문화재단에서는 우리 자신이 천손민족이라는 긍지와 자부심을 심어 주기위해 공동 집필진을 위촉하여 천부경해설서와 지혜서의 발간을 범국민적으로 추진하고사 한다. 이 책을 통해 세계사상의 시원으로서의 동방역사의 주역이 우리 한민족이란 사실을 전 세계에 알리고 이러한 책을 모든 국민이 필독하게 된다면 올바른 가정과 정직한 사회를 만들어 국가를 바로 세우는데 크게 이바지하게 될 것이다.

2012년 총선과 대선에서 남북통일과 세계평화를 이루기 위한 훌륭한 지도자는 조직과 돈 대신에 정책으로 국민을 이끌어야 한다. 조직과 돈의 힘은 국민을 강제로 따라 오게 하지만 사상은 국민을 스스로 따라오게 한다. 권력이 있을 때는 국민들이 따르지만 권력이 없어지면 방종하게 된다. 이것이 물질적인 지도자와 정신적인 지도자의 리더십의 차이이다.

차기 홍익대통령은 천부경을 국보 1호로 지정하고 한국형 토라(천부3경)와 탈무드(우리 선조의 지혜서)를 정부 차원에서 거국적으로 발간하여 이스라엘처럼 현명한 어머니의 가정교육을 통해 청소년들이 탐독하는 사상서와 지침서가 되길 바란다. 한국형 토라(천부경)와 탈무드(지혜서)가 세계화가 되는 날 문화대국으로서 세계적인 정신 지도국이 될 것이다.

브레이크뉴스(Break News) 칼럼 2011.8.21

18. IT/SW산업 퇴보는 MB와 박근혜의원 책임?

4대강 애정보다는 정보화 마인드가 절실한 때이다.

애플이 스마트폰 시장을 석권하고 구글이 모토로라를 합병한다는 뉴스로 삼성전자의 주식 값이 매일 쑥쑥 빠지는 전례 없던 사태가 일어나고 있다. 이유는 세계 IT 업계가 이제 하드웨어 중심에서 소프트웨어 중심으로 재편되고 있다는 사실 때문이다. 한국은 휴대전화, 반도체, LCD와 같은 하드웨어산업에서는 강하지만 보이지 않는 소프트웨어산업의 경쟁력은 OECD 19개국 중 14위다. 소프트웨어 산업규모는 213억 달러로 10위, 연구개발 투자규모는 7위로 미국 338억 달러의 2.4%인 8억 달러에 불과해서 한국의 소프트웨어 시장 규모는 세계 시장 대비 0.87%에 불과하다.

오래전부터 이공계 인재들이 소프트웨어 연구·개발에 발길을 끊었던 것이 이런 결과를 낳고 말았다. 최근 몇 년 동안 서울대와 KAIST의 소프트웨어 관련 학과가 입학 정원을 제대로 채우지도 못하고 있으며, 졸업 후에도 증권회사나 로스쿨 진학 같은 전공과 무관한 길을 택한다고 한다.

이렇게 된 이유는 2008년 MB정부가 들어서면서 과학기술부와 정보통신부를 해체하고 소프트웨어 진흥 업무는 지식경제부 2개과로 축소되면서 정부 정책도 소프트웨어 경시 풍조에 일조했기 때문이다. MB대통령 당선자 시절 과학기술부와 정보통신부를 해체하려는 조직개편안에 대해 과학기술인과 정보통신인들의 반발 움직임이 전국적으로 확산되어 1천만 서명운동을 펴기로 결의를 했었다. 2008년 1월 24일 국회본청 귀빈식당에서 한국과학기술단체총연합회, (사)연구발전협의회, (사)과우회가 공동주최하고 좋은대통령세우기국민운동본부가 주관하여 '과학기술부와 정보통신부 개편에 대한 공개 토론회'를 개최했다.

좋은대통령세우기국민운동본부장인 정호선(15대 국회의원)박사가 토론사회를 맡았으며 (사)연구발전협의회 조성재 대표와 서강대학교 커뮤니케이션학부 현대원 교수가 각각 과학기술분야와 정보통신분야에 대한 주제발표를 하였다. 발표에서 조성재박사는 "DJ의 IT산업 지원 정책이후 과학기술행정체제가 지난 3년간 성공적으로 안착했다는 평가를 받고 있다"며 "과학과 기술 행정을 분산시키는 것은 결집된 과학기술역량을 심각하게 저해하는 결과를 부를 것"이라고 주장했다. 또한 "과기부와 교육인적자원부의 단순통합은 국가경쟁력 제고에 도움이 되지 않는다"며 "과기부가 중심이 되어 고등교육, 기초원천연구 등 유사기능을 통합해야만 시너지 효과를 극대화할 수 있다"고 말했었다.

그리고 현대원교수는 "콘텐츠와 IT를 분리하는 것은 시장의 선순환 구조에 역행할 치명적 결과를 초래할 가능성이 매우 높다"며 "방송과 통신 등 콘텐츠 산업과 IT 정보통신 산업을 하나로 통합하고 규제와 진흥 역시 단일기구로 통합하는 것이 세계적 추세"라고 주장했었다. 또한 "현재 거론되고 있는 콘텐츠와 IT 이원화 방안은 세계적 패러다임에 역행할 뿐만 아니라 국가 성장 동력을 해체하는 중대한 정책적 오류가 될 수 있다"고 지적했다.

이 행사에서는 많은 원로과학자와 과총관계자, 정보통신 종사자가 참석하여 "1천만 과학기술인과 정보통신인은 한마음 한뜻으로 과학기술대국과 정보통신강국을 이룩하여 선진한국을 건설하자!" 고 결의문을 채택했다. 오늘 1천만 과학기술인과 정보통신인은 국민 앞에 새로운 다짐과 출발을 위해 이 자리에 모였다. 국민의 여망인 과학기술과 정보통신기술로 경제성공시대를 이룩하여, 선진한국을 건설하기위해 한마음 한뜻으로 굳게 결의하였다.

IMF 외환위기 때는 과학기술 홀대로 이공계 연구소와 연구원들이 가장 먼저 구조조정을 당했으며, 눈물로 정든 연구실을 떠나 조국을 원망하기도 하였다. 그렇지만 우리 과학기술인과 정보통신인은 선진한국 건설과 경제발전을 주장한 이명박 당선인에게 엄청난 큰 기대를 했었지만 밀실에서 소수 특정세력과 부처이기주의자들에 의해 벌어지고 있는 정부조직개편은 국정실패가 내다보이는 섣부른 정부조직법 개편으로 매우 실망스럽다고 했다.

특히 이날 대회에서 박정희 대통령은 국민소득 100불 시대에 과학기술처를 창립하여 오늘의 경제성장을 이룩하였기에, 특히 한나라당 대통령 후보 경선자 이었던 박근혜 국회의원은 서강대학교에서 전자공학을 전공한 정치인으로서 과학기술부와 정보통신부를 더욱 발전시켜야 할 책임이 있으므로 두 부처의 해체를 저지해주기를 바라는 뜻에서 집행부에서 면담요청을 했지만 성사되지 못해 지금도 아쉬움만 남는다. 이제 우리나라도 중국 지도자처럼 제대로 공부한 이공계 출신이 나라를 올바른 방향으로 이끌어 가야 하겠다.

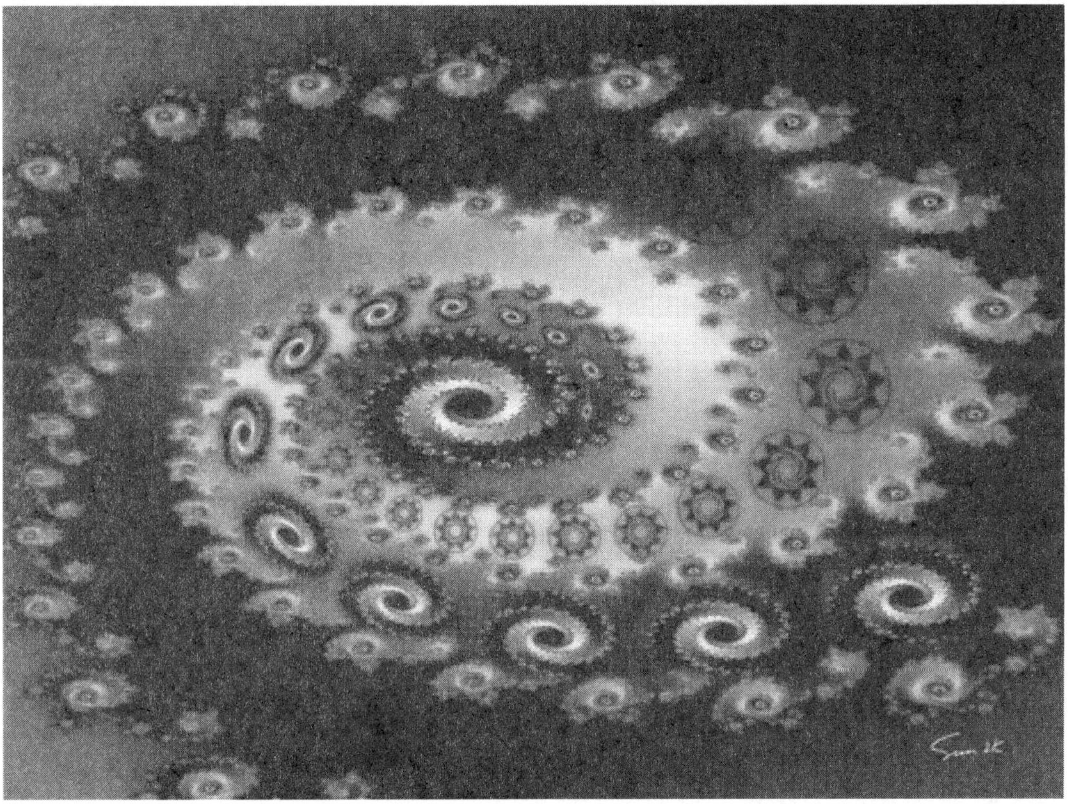

브레이크뉴스(Break News) 칼럼 2011.8.26

19. 오세훈시장, 조금만 더 현명했더라면!

생명, 사랑, 평화의 철학으로 정치를 해야!

오세훈 시장이 조금만 더 현명했더라면 얼마나 좋았을까? 이번에 실시된 무상급식 주민투표는 투표율이 25.7%로서 유효투표율(33.3%)이 미달되어 많은 비용과 인력낭비에도 불구하고 투표함을 열어 보지도 못한 사태는 오시장 자신뿐만 아니라 서울시민에 큰 상처를 주게 되었다. 한나라당인 오세훈 서울시장과 야당이 다수인 시의회가 서로 한 치의 양보도 없이 시정을 표류시킨 결과 불가피하게 택한 최후의 대안이었지만, 오세훈시장이 좀 더 낮은 자세로 생명사상, 사랑의 마음, 평화의 철학으로 정치를 했더라면 가난한 어린 학생들의 가슴에 못을 박지는 안했을 것이다.

오시장은 투표를 독려하기 위해 직접 피켓을 들고 눈물로 시민들한테 호소하였는데 경기도지사나 다른 지자체 장처럼 차라리 오만과 독선을 버리고 서울시의원들과 마음을 열고 시정을 논의 했더라면 좋았을 것이다. 처음 4년 임기 때는 다수의 한나라당의 시의원들과 구청장들이었기 때문에 거의 마음대로 시정을 펼쳤지만 이번 재임 때는 완전히 반전 되었다는 것을 미처 깨닫지 못한 것 같다.

낮은 투표율은 여야 정치권에 대한 유권자의 경고라는 의미도 되새겨야 한다. 특히 투표에서 패배한 한나라당은 주민투표의 민심을 정확히 읽어야 한다. 민심의 무서움을 모르고 아전인수(我田引水)식으로 해석해서는 곤란하다. 한나라당은 자신들의 주장이 분명히 거부당했음을 인정해야 하고 투표에 드러난 민심을 읽고 새롭게 정책 방향을 잡아야 할 것이다.

이번 사태로 말미암아 대의민주주의의가 실패해 직접민주주의를 불러 들였다. 지금은 직접민주주의, 참여민주주의, 양방향민주주의 시대이다. IT기술 발달로 SNS((Social Network Service)시대이다. 온라인상에서 불특정 타인과 관계를 맺을 수 있는 서비스로서 이용자들은 SNS를 통해 인맥을 새롭게 쌓거나 기존 인맥과의 관계를 강화시키면서 휴대전화와 결합되어 모바일 접속이 가능해졌고, 여론조사와 같은 다양한 기능이 SNS에 부가되었다.

앞으로 정책을 결정하기 위해 이번과 같은 주민투표는 절대로 해서는 안 되고 전국 반상회 제도를 부활시켜 아파트나 마을 단위로 약 30~40호 규모로 반상회를 구성하여 SNS기술과 병합해서 주민투표를 하게 된다면 비용도 적게 들고 많은 주민들이 참여하게 되어 여론을 정확히 파악할 수가 있을 것이다. 반상회 대표를 3명(대표, 남녀부대표)으로 하고 면.동단위 대표(10명), 시.군.구단위대표(10명) 시.도단위 대표(10명)씩 선출해 올라간다면 기초의원과 광역의원 및 지방 단체장이 자동적으로 선출됨으로써 선거비용이 거의 들지 않으며 보궐 선거도 필요 없게 된다. 오세훈 시장이 사퇴하게 되어 보궐 선거를 치르게 되는데 선거비용이 또 엄청나게 들것이다. 오시장의 현명하지 못한 행정으로 국민들은 얼마나 많은 피해를 보게 되는가? 반상회가 활성화되면 아파트 주민 간에 서로 인사를 하게 되고 이웃 간에 정이 넘치는 홍익사회가 될 것이다. 국회는 이와 같은 주민투표를 더 이상 하지 않도록 지방자치선거법을 고쳐 5단계 지성 민주주의 선거방법을 실시하기 바란다.

정치인은 모든 국민의 눈물을 닦아주는 어머니 마음으로 누구나 원하는 일자리를 만들어 주고 국민의 의식주와 평생교육을 책임진다는 자세로 일해야 한다. 사람은 지구상에 태어날 때 지구학교에서 자기 영성을 키우기 위해 공부하러 왔으며 국가라는 공동체는 공부할 수 있는 여건을 잘 만들어 주어야 할 책임이 있다. 우리가 사후에 가지고 가는 것은 돈도 아니요 물질도 아니며 오직 자기가 평생동안 아름답게 가꾸어 온 영성이다.

우리가 컴퓨터를 새로 구입하여 사용할 때 새로운 컴퓨터로 옮기는 것은 자기가 쓴 글이나 작품, 영상자료 등이다. 컴퓨터 본체는 고물로 버리고 OS(Operating System)프로그램이나 응용 프로그램에는 관심이 없는 거나 마찬가지다. 오세훈 시장이 조금만 더 인생철학을 터득하여 성통광명, 홍익인간, 이화세계의 민족사상을 알았더라면! 생명, 사랑, 평화의 철학으로 정치했더라면! 참 안타깝다.

브레이크뉴스(Break News) 칼럼 2011.8.28

20. 삼봉 정도전선생님, "조선건국" 설계자

백성의 마음을 얻지 못하면 백성은 군주를 버릴 것이다!

전라남도 나주(羅州) 등을 거쳐 10여 년간 유배생활을 하면서 학문을 닦아 조선건국사상의 체계를 세운 정도전, 한 왕조를 500년이나 지탱할 수 있는 기틀을 잡은 불타는 열정의 혁명가 정도전, 조용한 학자로 떠올리지만 한 손에는 붓을 들고 다른 한손에는 칼을 쥐고 있었다. 영웅호걸의 생각으로 붓으로 개혁을 세웠고, 칼로 썩은 고려왕조를 무너뜨린 정치가로서 난세가 그의 꿈을 펼칠 기회를 만든 것이다.

정도전(鄭道傳, 1342~1398)선생의 호는 삼봉(三峰)이며, 경북 봉화 사람이다. 삼봉선생은 고려 말 나라가 혼란했던 시대에 태어났으며 매우 총명한 학자이자 정치가이었다. 조선의 창업자 이성계(1335~1408)가 초대 왕(1392~1398 재위)이 되어 정도전을 평가하길 "경의 학문과 역사는 아주 깊고 지식은 고금의 변천을 꿰뚫고 있으며, 공정한 의견은 모두 성인들의 말에서 출발하고 명확한 평가는 언제나 충실한 것과 간사한 것을 갈라놓았다"고 전해지고 있다.

필자는 오늘 2011년 8월 28일(일) 직접 차를 몰고 태조의 정치적 동지인 삼봉선생님의 사당을 방문하기 위해 경기도 평택시 진위면 은산리에 있는 선생의 위업을 기리는 문헌사(文憲祠)를 찾아 갔다. 문헌사 입구에는 홍살문이 있으며 그 옆으로 재실인 민본재와 삼봉기념관이 있다. 홍살문을 지나 50여개의 돌계단을 오르면 정도전의 시호를 딴 '文憲祠'(문헌사)라는 현판이 걸린 문이 있다. 문을 열고 들어가면 '儒宗功宗'(유종공종)이라는 현판이 걸린 5칸 규모의 사당이 자리하고 있다. '유종공종'이라 말뜻은 태조 이성계가 삼봉에게 '유학도 으뜸이요, 조선 창업과 한양 건설의 공도 으뜸'이라 칭송하며 내린 어필에서 유래한다.

14세기 삼봉 정도전선생은 오직 신념 하나로 조선의 새 아침을 열었으며 왕이 아닌 백성이 주인 되는 세상을 꿈꿨다. 귀족에게서 땅을 몰수해 농민에게 돌려줄

구상을 하고, 고구려와 발해의 기상을 이어 요동반도를 호령하는 대제국을 꿈꾸기도 했다. 조선 건국의 설계자로 오늘날까지 이어지는 600년 정도(定都) 한양을 설계하였다.

조선 왕조 건국에 있어 군사적인 기여도는 이성계, 사상적인 기여는 정도전이라고 볼 수 있으며, 선생의 사상은 크게 민본주의(民本主義)사상과 역성혁명(易姓革命)사상이었다. 민본주의 사상의 근간은 신분상의 불리함과 경제적인 빈곤을 타파하여 사대부와 평민이 공존 할 수 있는 초기 민주주의 사상이다. 또한 역성혁명의 근원은 천명(天命)에 의해 유덕(有德)한 사람이 왕위에 오르고, 천의(天意)에 반하는 사람은 왕위를 잃는다고 하는 사상으로서, 도덕윤리를 재건하는 수단은 정치이며 경제적 안정에서 나온다고 했다.

삼봉선생의 묘는 개국공신의 무덤이라고는 믿기지 않을 만큼 너무나 초라하기 그지없었다. 이방원(태종)에 의해 역적으로 참수되었으며 조선조 500년 내내 역사 뒤에 숨어 지낼 수밖에 없었다. 그 이후 광해군의 경복궁 재건을 계기로 1862년(고종 2년) 복권됐고, 무덤조차 없던 그는 1989년 그의 것으로 추정되는 목 없는 유골이 서울 서초구에서 발견돼 이곳에 가매장된 것이다.

정도전이 이방원에게 참수당할 때 남겼다는 시를 읊어보자. ‘30년 긴 세월 온갖 고난 겪으면서 쉬지 않고 이룩한 공업, 송현방 정자에서 한 잔 술 나누는 새 다 허사가 되었구나.’ 조선 역사에서 그는 외면당했지만 500년의 씨앗을 잉태한 것이 삼봉의 30년 공업이었다. 조선의 법, 정치, 경제, 군사, 문물제도의 기초를 닦았고 경복궁과 서울의 도심설계, 4대문 및 4소문과 동네 이름이 모두 그의 머리에서 나왔다‘군주는 국가에 의존하고, 국가는 백성에 의존한다.

그러므로 백성은 국가의 근본인 동시에 군주의 하늘이다.’ ‘역성혁명’을 가능케 했던 급진적 민본주의 사상으로 난세를 돌파하면서, 새로운 세상을 연 정도전의 이상과 자취가 ‘삼봉집’ 에 들어 있다. 조선의 헌법 ‘경국대전’ 의 모태가 된 ‘조선경국전’과 ‘경제문감’, 억불숭유의 이념을 제시한 ‘불씨잡변’ 등의 이론서와 시, 수필 등이 있다. ‘의식(衣食)이 풍족해야 염치를 알고 창고가 가득 차야 예의가 일어난다.’, ‘나라는 백성을 근본으로 삼고, 백성은 먹을 것을 하늘로 삼는다.’

좋은 대통령! 나쁜 대통령!!

필자가 5년 전, 어느 영매자와 함께 인왕산에 올라갔을 때 갑자기 영매 자에게 정도전선생님의 영이 나타나 필자에게 전해주라면서 “너는 실패하지 마라” 라는 이 한마디가 항상 귓전을 맴돌고 있으며 신라 김춘추대왕, 고려 태조 왕건에 이어 2017년 10월 3일에 세 번째 삼국통일을 이룩하여 새나라를 세울 꿈을 꾸며 설계하고 있다.

브레이크뉴스(Break News) 칼럼 2011.8.31

21. 바람직한 인생위해 우주적으로 생각하자!

돈, 명예, 권력보다는 영적성장을 위한 인생이 바람직

요즈음 언론에 거론되고 있는 교수 출신 현 서울시교육감과 구속된 서울교대 박교수 간에 2억 원이라는 돈의 대가성 여부와 실체 등을 둘러싸고 양측의 진술이 첨예하게 맞서고 있다. 돈의 액수가 문제가 아니라 어느 한쪽이 거짓말을 하고 있다는 것이다. 수 백 만 명의 초, 중, 고, 대학생들은 어떻게 생각하고 있을까? 모범아 되어야 할 교수들도 어떻게 해서든 선거에 이기려고 온갖 수단과 방법을 가리지 않는다는 것이 문제이다.

성공과 실패의 차이는 능력의 차이가 아니라 생각의 차이라고 하는데 한순간 생각을 잘못하면 인생을 망칠 수 있다는 것을 보여 주고 있어 정말 씁쓸한 생각이 든다. 문제의 부모는 있어도 문제의 학생은 없다는 말이 있는데 선생님한테도 이 말이 적용 된다면 앞으로 교육은 어떻게 해야 할까? 지식정보화 시대에는 학교도 망하게 되며 학생이 학교로 가는 것이 아니라 학교가 집으로 간다는 생각도 해야 하겠다. 교수뿐만 아니라 대통령은 물론 사회지도자들은 과거에 무엇을 한 것도 중요하지만 국가관, 민족관, 세계관과 같은 철학이 확고해야 한다고 본다.

국가의 운명도 대통령의 통치철학과 국가비전에 의해 크게 좌우되므로 우리도 각자 자기의 인생모토가 있어야 하는데 자기 영문이름의 첫 글자에 의미를 두는 것은 어떨까하고 생각해 본다. 필자는 영문이름 Chung Ho Sun에서 첫 글자인 CHS에 의미를 두어 Cleanliness(청렴), Honesty(정직), Sincerity(성실)를 좌우명으로 삼고 있다.

대부분 사람들의 인생의 목표를 요약해 보면 돈과 명예와 권력을 획득하여 건강하고 오래오래 행복하게 살고자 하는데 있다고 본다. 우리가 인생을 마치고 죽을 때 후회하지 않기 위해서는 우주적인 드라마에서 조물주의 연출에 따라 각자가 맡은 배역의 대본을 정확히 숙지해야 하며 지구라는 무대에서 멋있는 연기를 해야 한다고 생각한다.

그렇다면 바람직한 인생을 살기 위해서는 어떻게 해야 할까? 우리는 매 순간마다 또는 매일, 매년마다 우리의 삶을 과거, 현재, 미래로 나누어 자문자답하면서 살아야 한다고 본다. 첫째, 과거에 나는 왜, 어떻게, 어떤 사명을 가지고 태어났었으며, 계획대로 후회 없이 살았는가? 둘째, 현재에 나는 우주의 섭리와 인간의 도리에 대해 제대로 배우고 깨우치고 있는가? 셋째, 미래에 나는 어떤 영적인 농사를 지을 것이며 다음 생을 어떻게 준비할 것인가?

이 문제에 대한 답을 얻기 위해서는 우선 생각의 틀을 지구적 차원이 아닌 우주적인 사고로 전환해야 한다. 조물주가 만들어 준 지구라는 인공위성을 타고 우주여행을 하고 있다고 생각하면 어떨까? 생각은 크게, 마음은 넓게, 저 무한한 하늘을 보면서 큰 우주관을 가져야 한다. 우주는 누가 만들었는가? 언제 만들었는가? 어디서 만들었는가? 무엇으로 만들었는가? 왜 만들었는가? 어떻게 만들었는가?

이와 같이 자문자답하게 되면 우주의식이 높아져 우주와 교감하게 된다. 우주는 나뭇가지처럼 진화의 방향으로 진행하고 있으며, 인과응보 법칙에 따라 뿌린 씨앗은 자기가 거두게 되고, 탄생과 죽음을 생각할 때 육체는 영혼의 옷에 불과하며 영혼이 카오스 이론처럼 되먹임 되고 있음을 알아야 하며, 상부상조법칙에 따라 서로서로 관용, 자애, 사랑을 베풀어야하며, 전체의 우주와 나는 분리가 아닌 일체라는 것을 터득하고 철학, 종교, 과학이 하나의 진리를 찾는 일에 동참해야 한다.

우리는 지구상에 사는 동안 수많은 사람들과 만나 인연을 맺으면서 성공과 실패의 학습을 통해 영적완성을 이루면서 살아가고 있다. 우리가 죽을 때 육체는 지구로 되돌려주고 저 세상으로 가지고 가는 것은 자기가 일생동안 농사지어 가꾼 열매인 자기의 영(靈)이라고 생각한다.

현재는 기술수준이 낮아 인공위성에 많은 사람이 탈 수가 없지만 앞으로 수백명이 타고 함께 여행한다고 할 때 인공위성에서 싸운다면 다 죽을 수밖에 없다. 지금은 IT공학시대이지만 앞으로 생명과학, 영성과학시대가 도래하고 있다. 시대에 맞게 인생관, 국가관, 세계관, 우주관을 바로 세워 바람직한 인생을 살아가자. 돈과 권력과 명예를 자기 자신과 가족보다는 이웃과 인류를 위해 사용하자.

브레이크뉴스(Break News) 칼럼 2011.9.3

22. 안철수 교수와 정호선 前 의원의 만남, 하늘의 뜻?

세상을 바꾸려는 이공(理工)계 학도의 꿈이 실현되길!

안철수 서울대 융합과학기술대학원장이 9월 2일 '청춘콘서트'와 기자간담회 등을 통해 이번 보궐선거에 무소속 후보로 나설 수 있다는 뜻을 강력히 밝히면서 10·26 서울시장 보궐선거판을 흔들고 있다. 그 동안 현실정치에 참여할 기회가 많았지만, 이과계 출신이면서 IT사업가로서 혼자 세상을 바꿀 수 없지 않느냐라는 생각을 해 왔으며, 대통령이라면 한 사람이 크게 많이 바꿀 수 있는데 그럴 생각은 없고, 국회의원과는 달리 서울시장도 소통령(小統領)으로서 역할이 있다는 것이라고 했다.

안철수교수(1962년생)는 기업인, 대학 교수, 안철수 연구소 의장, 서울대학교 융합과학기술대학원 원장, 펜실베이니아 대학교 경영대학원 경영학 석사 출신이다. 필자는 1943년생으로서 TBC방송국, 프랑스뚤루즈 공대 공학박사, 경북대학교 전자공학과 교수, 이공계 정치인으로서 이제 안철수 교수와 같은 분이 정치를 해야 희망이 있다고 생각한다. 안철수 원장이 생각한 것처럼 한나라당과 민주당은 이제 국민들로부터 이미 신뢰를 잃었으며, 정치를 바꿀 수 있는 제3의 대안세력이 필요한 때이다.

언론 기사에 의하면 정몽준 의원은 "정치는 사회과학이며 사회적 활동"이라면서 "안 원장은 의사나 IT분야 연구 개발처럼 주로 혼자 하는 일을 해왔는데 정당 조직이 뒷받침 안 된 무소속으로 출마하면 쉽지 않을 것"이라고 강조했으며, 신지호 의원도 "SNS나 인터넷상의 인기가 곧바로 현실 정치의 표로 연결되는 것은 아니다"라고 했다는 것이다. 그리고 한 중진 의원은 "빌 게이츠나 스티브 잡스가 정치한다고 나선 적 있나. 출마는 난센스"라고 했다는데, 정치권에 대단히 큰 해일이 오고 있는 것을 느끼고는 있는지 모르겠다.

지금 우리가 두려운 것은 동북공정과 역사공정을 추진하면서 비약적으로 발전하고 있는 중국이다. 중국을 이끌어 가는 쌍두마차로서 국가주석인 후진타오(胡錦濤)(1942년생)는 청화대학교 기계공학과 출신이며, 중국국무원 총리인 원자바오(溫家寶)(1942년생)는 북경 지질대학 지질광산학과 출신으로 이공계 출신이 국가를 합리적으로 경영하고 있기 때문에 미국을 제치고 있는 것이다.

만일 이공계출신인 안철수 교수와 필자인 정호선 교수가 힘을 합친다면 우리나라 정치 역사상 새로운 획을 그을 것이라 생각한다. 필자는 2012년 총선과 대선을 준비하기 위해 현재 통일당 총재를 맡고 있으며, 2017년 10월 3일에 1국가 2체제 EU식으로 제3의 삼국통일을 이룩하여 대고려연합국(Grand Corea Union)을 건국하기 위해 남북통일, 민족통일, 천하통일을 목표로 하고 있다. 골드만삭스(2009.9.21)사는 우리가 1국가 2체제로 통일한다면 1인당 GDP가 2025년에 3만6,813달러, 2050년에는 8만1,462달러로 세계2위가 될 것이라 했다.

필자는 전남 나주태생으로 대구 경북대학교 전자공학과 교수로 20년을 재직하였으며 국가정책에 대해 많은 연구를 해 왔다. 정책에 관련된 저서로 "우리대통령!!, Analog대통령? Digital대통령?"이라는 책을 출간했다. 연구업적으로는 사람두뇌 모델인 신경회로망, 퍼지이론, 카오스이론을 연구하여 109건의 특허(국내 50건, 해외 59건), 13권의 저서와 250여 편의 논문, 카오스아트화가로서 12번의 국내외 전시회를 개최했다. 부인 박남희교수(현 경북대학교 미술과)와 영호남 부부로서 동서화합의 모델이며 과학자, 예술가, 통일정책가, 홍익사상가, 영적체험가로서 차원 높은 지도자의 수업을 받아 왔다.

통일당의 이념은 지성민주주의, 영성시장경제, 홍익인간사상을 근간으로 하여 Grand Corea를 건국하기 위해 Genius Corea, Great Corea, Global Corea를 실행 강령으로 채택하고 있다. 선거 조직과 선거운동 방식도 기존 정당과는 완전히 다르게 혁명적으로 할 것이다. 지역구 소상공인들의 카페를 만들어 주어 홍보를 해 주면서 소셜네트워크서비스(SNS) 등을 활용해 On-Off 라인의 방법을 효율적으로 융합해 나갈 것이다.

그리고 과학기술부와 정보통신부를 부활시키고 현 정부가 추진하고 있는 전시행정적인 사업 즉, "4대강 사업"과 같은 하드웨어사업 보다는 "지식정보댐"사업과 같은 소프트웨어 사업에 치중하여 청년, 장애우, 노인, 여성의 일자리를 만들어 줄 것이다. 한나라당과 민주당을 포함, 현 정치권은 대부분 인문계 출신들로서 미래 첨단과학세계를 보지 못해 세상을 제대로 인식하지 못하는 것이 총체적인 문제점이다.

안철수 교수와 필자는 하늘의 뜻에 따라 후진타오주석과 원자바오 총리처럼 필연적으로 만나야 하며 이공(理工)계 학도의 꿈을 실현하여 천손민족으로 동방의 등불 국가를 건설하고 세상을 바꾸어야 할 것이다.

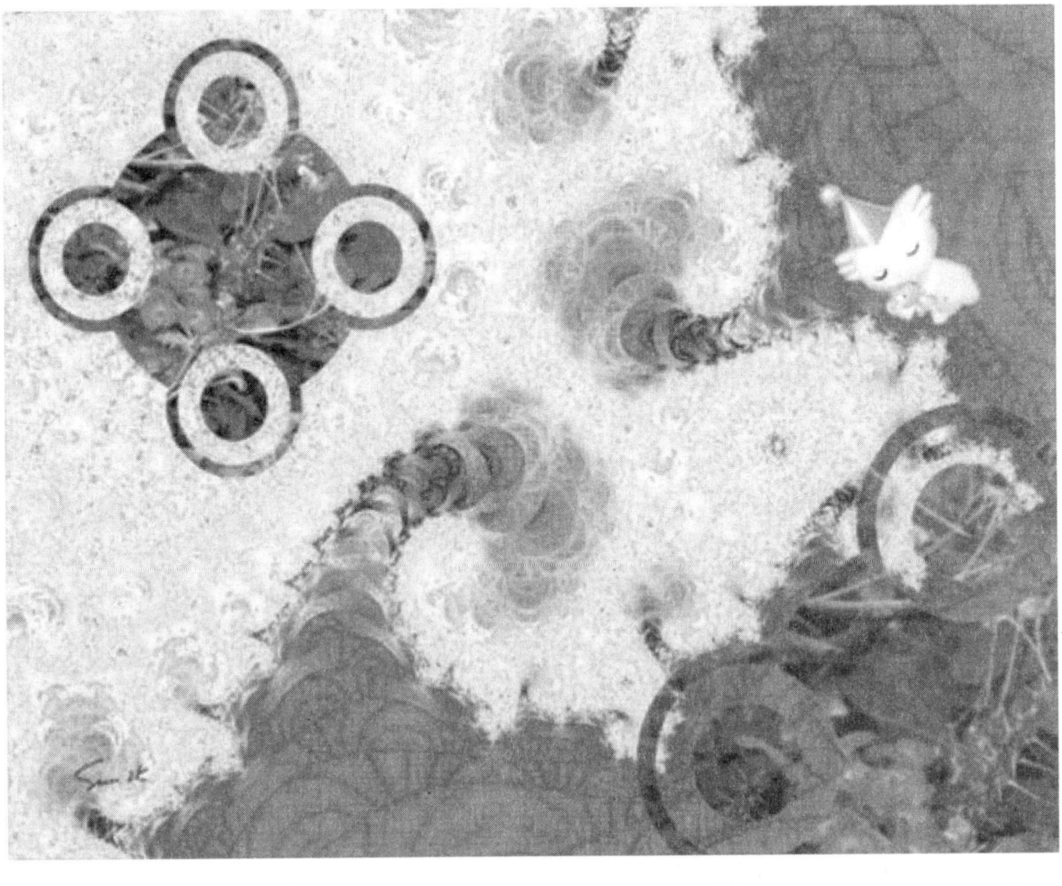

브레이크뉴스(Break News) 칼럼 2011.9.6

23. 컴퓨터의 안철수 교수, 거북선 이순신성웅

중국지도자처럼 이제 과학자가 정치에 앞장서야 할 때

급히 돌아가는 언론에 의하면 안원장이 서울 시장 출마를 박원순 변호사에게 양보할지 모른다는 소식을 접하고 이글을 급히 쓰고 있다. 안 원장은 시장 출마라는 역할을 담당할지, 친분이 깊은 박원순 변호사에게 양보할지 심사숙고하고 있다는데, 정말 역사의 물결을 거스르는 결정은 안 했으면 좋겠다. 안 원장이 '아름다운 재단' 이사를 맡고 있고 희망제작소 활동에도 직접 참여하고 있어 박변호사와 돈독한 관계를 갖고 있다는 것은 잘 알고 있다. 하지만 공과 사는 구별 할 줄 알아야 큰 제목으로 사용될 수 있다.

현 정치권을 개혁해야 될 이번 서울 시장 선거가 사사로운 감정에 치우쳐선 절대로 안 된다는 것을 알아야 한다. "박변호사가 안교수와 충돌해 다시는 기회가 없게 되는 것보다, 정말로 그분이 원하시면 그쪽으로 밀어드리는 것도 한 방법"이라는데 오세훈 전 시장과 같은 법조계 출신 보다는 과학자 출신 시장을 시민은 원하고 있다는 것을 알아야 한다. 박변호사도 훌륭하지만 다른 역할로 개혁하는데 동참할 수 있다고 본다. 법조계출신인 이회창 전대표의 말씀을 들어보면, "안철수, 간이 배 밖으로 나와"라는 타이틀이 나올 정도로 훌륭한 젊은 인물을 상식이하의 말씀으로 폄하하고 계신다.

안철수 서울대 융합과학기술대학원장의 10·26 서울시장 보궐선거 출마 시사로 여의도 정치권에 거세게 불어 닥친 토네이도처럼 '안풍(안철수 바람)'에 휩쓸려 여야의 지도부가 우왕좌왕하는 모습은 정말 가관이다. 299명의 국회의원이 한사람의 젊은 의사, IT기업가, 교수에게 힘을 못 쓰는 이유가 무엇인가? 4, 5일 발표된 여론조사를 보면 안 원장은 경쟁자를 크게 따돌리며 압도적 1위를 달리고 있다. 인기의 힘은 무엇일까. 만일에 전쟁이라도 난다면 이와 같은 허약한 정치인들이 어떻게 대처할 수 있겠는가?

여론조사 상으로는 이념과 연령을 불문한 고른 지지가 안풍(安風)을 일으키는 것으로 보인다. 그만큼 안 원장의 중도적이고 참신한 이미지가 유권자의 공감을 사고 있다는 얘기다. 안교수는 참신(Cleanliness)하고, 정직(Honesty)하면서 신뢰성(Sincerity)이 있기 때문이다. 더욱 중요한 것은 그가 이공계 학자로서 미래를 내다볼 줄 알고 실사구시 적으로 일을 해왔기 때문에 서울 시장을 맡겨도 하드웨어적이 아닌 소프트웨어적으로 할 것이라는 기대감 때문이다. 대부분의 정치인들이 인문계 출신, 특히 법조계 출신으로서 보이지 않는 정보화 시대에는 정책을 제대로 세우지 못하기 때문이기도 하다.

최근 일사천리로 무섭게 발전하는 중국을 보면 잘 알 것이다. 중국을 이끌어 가는 쌍두마차로서 국가주석인 후진타오(胡錦濤)(1942년생)는 청화대학교 기계공학과 출신이며, 중국국무원 총리인 원자바오(溫家寶)(1942년생)는 북경 지질대학 지질광산학과 출신이다. 이분들은 이공계 출신으로서 국가를 합리적으로 경영하고 있기 때문에 미국을 제치고 있는 것이다.

이제부터 임진왜란 시대로 거슬러 올라 가보자 이순신(1545~1598)장군은 20대에 무예를 배우기 시작하여 28살 때에 무과(武科)에 응시하였다. 시험을 보던 중 타고 있던 말이 넘어지는 사고를 당하여 버드나무 가지로 부목을 대고 시험을 계속하였지만 결국 낙방했으며 32살에 비로소 과거에 급제하셨다. 1592년 음력 4월 13일에 일본군 15만 명이 함대 700척으로 오후 5시경 부산포를 침략하여 임진왜란이 발발하였다. 이순신은 거북선과 지략으로 전쟁을 승리로 이끌었다. 두 차례의 대첩 이후 이순신이 그 공으로 조선 수군의 총지휘관인 삼도수군통제사가 되었지만, 원균은 자기가 나이도 많고 선배라는 점을 내세워 불만을 가졌다.

이순신 곁에는 원균과 같은 사람도 있었지만 거북선을 만든 전라도 나주 출신인 나대용(羅大用, 1556년~1612)과 같은 과학기술자가 있었기에 전쟁을 승리로 이끌 수 있었다. 나대용은 조선 최고의 선박기술자로 거북선을 개발하였는데, 탁월한 전공을 세웠으며 속도가 느린 판옥선을 개량하여 거북선 을 고안하였다. 이순신 휘하의 무관으로서 기존의 탑승인원이 많이 필요한 판옥선의 단점을 보완하여, 칼과 창을 빽빽이 꽂아 전투형 거북선으로 개조하였다. 따라서 이순신 장군은 '만일 호남이 없으면 나라가 없다.'라는 칭찬의 말씀을 남기셨다.

거북선 없이 이순신 장군이 승리할 수 없듯이 지금은 컴퓨터를 다룰 줄 아는 사람이 지도자가 되어야, 북한의 사이버전쟁을 막을 수 있고 일본의 독도 침탈과 북한을 동북 4성으로 편입시키려는 중국의 동북공정을 이겨낼 수 있다. 이제 이공계 사람들이 앞장서 나라를 이끌고 인문계 사람들이 뒤에서 미는 형태로 국가를 경영해야 세계 경쟁에서 승리할 수 있다.

브레이크뉴스(Break News) 칼럼 2011.9.9

24. '1국가 2체제' EU식 한반도 통일의 당위성

통일비용 제로, 세종대왕과 같은 지혜의 대통령이 나와야!

작금의 안철수 교수의 신드롬을 보면서 나라의 장래를 걱정하는 소리가 하늘을 찌르고 국민들은 살아갈 희망을 잃은 채 절망의 나락에서 절규하고 있다는 것을 잘 알 수 있다. 현재 우리사회는 초고속 인터넷의 확대로 시간과 공간을 초월해 정치적 · 법률적으로 세계화가 빠르게 진행되면서 지구통합이 가시화되고 있으며 새로운 물결이 新산업구조'를 빠르게 재편시키고 있는 데 정치권만은 소달구지와 같은 시대의 아날로그 식 정치를 하고 있기 때문에 국민은 분노하고 있다.

정보화 시대에는 힘보다 두뇌활동이 중요해 여성의 사회 참여가 늘어나고, 일상생활에서도 전자상거래와 사이버교육, 사이버국회까지 출현하는 등 사이버 세계로 급격하게 재편되고 있다. 인류가 공생·공존하기 위해선 정보기술과 생명공학기술, 나노기술, 환경기술, 디지털 문화·예술을 복합적으로 활용해 새로운 산업을 일으켜 새로운 일자리를 많이 창출해야 한다.

2012년 대선에서는 세종대왕과 같은 인물이 대통령을 맡아야 한다. 현재 우리나라 상황은 고려 말의 정치상황과 다를 바 없이 패거리정치, 그들만의 정치, 국민들과 거리가 먼 정치로서 큰 위기라고 본다. 1910년에 일본에 의해 조선이 막을 내린지 100년, 남과 북이 갈라진지 60년, 이대로 몇 년을 더 살아가야 할지 답답하다.

과거 통일의 역사를 되돌아보면 첫 번째 통일은 신라시대 김춘추대왕, 두 번째 통일은 고려 왕건, 이제 제3의 삼국통일을 다음 정부에서는 이룩해야 할 때이다. 이 같은 난세에 조선을 건국한 것처럼 국가와 민족을 구할 제2의 건국팀(이성계·무학도사·정도전)과 같은 출중한 인물들이 나타나기를 국민들은 기대하고 있다.

따라서 차기 건국팀은 목적과 목표의식 없이 방황하는 국민의 마음을 사로잡을 획기적인 비전을 제시해야 한다. 로마제국이나 통일신라가 멸망한 것은 외부의 침략 때문이 아니라 국민들에게 희망찬 비전을 제시하지 못했기 때문이다. 국민의 소리에 귀 기울이는 진정한 정치인이 없기 때문에 안철수 원장과 같이 참신하고 미래를 내다 볼 줄 아는 과학자출신 지도자를 기다리고 있다.

오는 2012년 총선과 대선을 앞두고 우리 대한민국은 중대한 기로에 서 있다. 우리 사회에 내재된 거대한 잠재력을 한순간에 응집시켜 뜨거운 애국심으로 조국의 혈관에 힘찬 에너지를 충천시킬 수 있는 지도자가 필요하다. 현재 우리 국민들은 '일자리가 없다', '세금 때문에 못 살겠다', '먹고살기 힘들다'고 아우성이다. 많은 국민들은 '여성 차별 없는 사회를 만들어 달라', '기업하기 좋은 나라를 만들어 달라', '아이를 양육할 수 있는 여건을 만들어 달라', '서민들이 살 집을 지어 달라', '불확실한 노후 대책을 세워 달라', '학생들이 마음놓고 공부할 수 있도록 해 달라', '공교육을 제대로 살려 사교육비를 줄여 달라', '정직하고 신뢰 받는 사회를 만들어 달라'고 원하고 있다. 이들의 염원을 해결 할 수 있는 대통령이 나와야 한다.

지성인들은 방관자가 아닌 주체자로 정치에 참여해야 한다. 애국·애족·애민의 마음으로 온 몸을 던질 수 있어야 한다. 또한 나라의 현실을 함께 걱정하고 나라의 미래를 함께 고민해 왔던 많은 분들의 목소리를 경청하고 함께 의견을 모아 화합과 도약을 위해 나아가야 한다. 그렇기 위해선 행복하고 자랑스러운 조국을 건설해야 하며, 여기에는 국민의 결집이 무엇보다 절실하다. 주변의 반대가 심하더라도 현실을 직시하고 참여할 필요가 있다.

국가와 민족의 요구에 부응하는 지도자가 나와 도덕적인 나라를 건설해야 한다. 700만 해외 동포가 당당하게 살 수 있도록 위대한 조국을 건설하는 것이 급선무이다. 국민이 행복하게 사는 나라, 강한 대한민국을 만들어야 하며, 특히 신라 김춘추대왕, 고려태조 왕건에 이어 세 번째 삼국통일을 이뤄내야 한다.

이제 우리민족의 숙원인 남북통일에 대해 구체적인 방법과 일정이 제시되어야 한다. 필자는 2017년 10월 3일을 D데이로 잡고 '대고려연합국'(Grand Corea Union)을 건국하기 위한 비전과 정책방안을 그동안 꾸준히 제시해 왔다. 반드시 통일을 이뤄 대한민국에 '새 역사 새 지평을 열고' 살기 좋은 새 나라를 건설하겠다는 뜻이다.

미국 골드만삭스사는 우리가 '1국가 2체제'로 통일한다면 1인당 GDP가 2025년에 3만6천813달러, 2050년에는 8만1천462달러로 세계2위가 될 것이라 전망했다. 이에 따라 우리 통일당은 당장 2012년부터 단계적으로 통일시대를 열어 국가경제를 살리는 것은 물론, 한반도에서 더 이상 전쟁이 발생하지 않도록 하기 위해 핵심 통일정책으로 '1국가 2체제'(유럽연합(EU)방식) 통일방안을 마련했으며, 2017년 개천절까지 대고려연합국을 건국해낼 것이다. 이렇게 하면 통일비용도 거의 들지 않는다.

2012년 총선과 대선에서는 해외동포와 국민의 열렬한 통일 여망에 따라 한나라당과 민주당을 포함 모든 정치권은 통일을 원하는 세력과 반대하는 세력으로 재편될 것이다. 그러므로 차기 정부는 북한과 통일에 대한 합일(合日)을 이끌어 내 통일 헌법을 제정하고 2017년 남북공동 총선과 대선을 치러 통일국가를 건국해야 한다. 그리고 2018년 동계올림픽에서 세계만방에 위대한 대고려연합국을 선포해야 한다, 그래서 2012년 선거가 중요하다.

브레이크뉴스(Break News) 칼럼 2011.9.15

25. 세계평화와 인류행복을 염원하는 한민족 선언문

남북통일과 민족통일을 이루고자하는 통일당 당사 개소식에서

2011년 9월 16일, 통일당 여의도 당사 개소식에 즈음하여 남북통일, 민족통일, 천하통일을 반드시 이룩하여 세계평화와 인류행복에 이바지하고자 하는 뜻에서 통일당 총재로서 이 글을 8천만 한민족 여러분께 바칩니다.

금년 2011년은 경술국치 101년, 한국전쟁 61년을 맞이하는 해로서 지구상에서 유일한 분단국의 아픔을 치유하기위해 남북평화통일을 이룩하고 인류행복과 세계평화에 기여하고자 북한을 포함 국내외 8천만 동포와 UN참전국을 비롯한 회원국 국민에게 우리의 숭고한 뜻을 세계만방에 선언하노라.

우리는 경천, 숭조, 애인사상 즉, 하늘을 우러러 경배하며 땅을 존중하면서 이웃을 사랑하고 조화롭게 살아야 한다는 위대한 철학과 사상을 조상으로부터 이어받아 정신적인 독립국가로서 영적으로 우수한 민족이었음을 다시 한 번 온 세상에 선언하노라. 세계 모든 나라에 이 사실을 똑똑히 밝히고 이로써 자손만대에 일러, 세계인이 부러워하는 천부사상으로 세계평화와 인류행복을 영원히 누리도록 하고자 함이로다.

일만 여년의 찬란한 역사와 위대한 문화의 권위를 바로 세우기 위해, 8천 만 한민족의 뜨거운 열정을 담아 이를 두루 펴 밝히며, 겨레의 한결같은 영적 성장을 위하여 이를 주장함이며, 세계 정신혁명의 큰 움직임에 순응해 나가기 위하여 이를 내세움이니, 이는 하늘의 분명한 명령이며 시대의 큰 추세이며, 온 인류가 더불어 같이 살아갈 지표이기에, 하늘 아래 그 무엇도 이를 막고 억누르지 못할 것이니라.

낡은 시대의 유물인 물질만능주의, 강대국의 패권주의, 사대주의에 희생되어 역사와 문화가 짓밟힌 지 몇 년째이며, 다른 민족정신에 억눌려 고통을 겪은 지 몇 년째인가? 우리의 정신적인 생존권을 빼앗겨 잃은 것이 얼마이며, 겨레의 존엄성과 명예가 손상된 일이 무릇 얼마인가! 창의적이고 영특한 두뇌로서 세계 정신문화의 큰 물결에 이바지할 기회를 잃은 것이 무릇 얼마인가!

오호! 예로부터의 억울함을 떨쳐 펴려면, 지금의 괴로움을 벗어나려면, 겨레의 양심과 나라의 체통을 지키려면, 사람마다 제 인격을 올바르게 가꾸어 나가려면, 가엾은 아들딸들에게 괴롭고 부끄러운 유산을 물려주지 아니하려면, 자자손손의 번영과 온전한 행복을 길이 누리도록 이끌어 주려면, 가장 중요하고 급한 일이 천지인 천부사상을 확립하고 역사를 바로 세워 정신적인 독립을 확실하게 하는 것이니, 8천만 각자가 사람마다 마음을 바르게 품고, 인류의 공통된 사상과 시대의 양심이 정의롭게 지켜주는 오늘날, 우리는 나아가 얻고자 하매 어떤 힘인들 물리치지 못하며 무슨 뜻인들 펼치지 못할 것인가?

1만 3천여 년 전 온 인류의 어머니 마고시대로부터 환인의 개천, 환웅의 개국, 고조선으로 이어진 성통광명, 홍익인간, 이화세계의 우리 사상을 괴롭히면서 못살게 굴었던 다른 나라의 사상을 원망하려 하지 아니 하노라. 다만 일부 사대주의 사학자가 강단에서, 몰지각한 정치가가 의회에서, 어리석은 종교인들이 설교에서, 우리 고유의 사상과 문화의 뿌리를 무시하고, 우리 문화민족을 마치 미개한 사람처럼 대하듯 업신여기며, 한갓 철부지 행동을 다만 탓할 뿐이노라. 우리의 오랜 역사와 전통을 비아냥거리며 뛰어난 겨레의 슬기로움을 무시한다 하여, 다른 나라 사상과 종교를 꾸짖고자 함이 아니노라.

돌아온 탕자를 맞이하는 부모의 마음으로, 돌아온 연어를 맞이하는 한량없는 동해의 넓은 품안으로 끌어 않고자 함이로다. 우리 스스로를 채찍질하기에 바쁜 우리는 남을 원망할 겨를을 갖지 못하며, 현재를 준비하기에 바쁜 우리는 묵은 옛일을 응징하고 가릴 겨를도 없노라.

오늘 우리가 할 일은 다만 우리의 성찰이 있을 뿐, 결코 남을 원망하는 데 있는 것이 아니로다. 엄숙한 양심의 명령으로써 우리의 새 운명을 개척함이요, 결코 묵은 원한과 한 때의 감정으로써 남의 사상과 종교를 시기하고 배척하는 것이 아니로다. 모든 사상과 종교가 하나의 뿌리임을 우리는 잘 알고 있노라. 낡은 사상과 어리석은 생각에 얽매여 있는 정치지도자, 역사학자, 종교지도자들의 그릇된 생각을 고쳐 바로잡아, 과학적이고 합리적인 바른 길, 큰 진리로 돌아오게 함이로다.

현재 우리 강토에 세계 모든 사상과 종교가 혼재하는 것은 우리 조상의 슬기로운 정신농사의 결과로서, 한 알의 밀알이 되라는 하늘의 뜻으로 알고 세계 여러 나라와 함께 살아가는 법을 배우라는 기회로 알고 살아왔느니라. 천부사상이 접부치는 감나무의 대목이라면 단감, 곶감, 홍시의 종교들이 그 위에 양분을 먹고 자라 단지 감을 따먹고 있을 뿐이니라. 생각이 다른 여러 민족 종교와 화합하고 돈독하게 쌓아 온 국보 문화재를 살펴보면 잘 알지어다. 한때 지난날의 잘못된 생각을 바로잡고 참된 이해로 진리를 찾아 새 세계를 열어 나가는 것이 전 인류에게 화를 멀리하고 복을 불러들이는 참다운 길임을 밝히 알아야 할 것이 아닌가?

다만 4대 강대국의 무력의 충돌에 대한 두려움과 우려가 갈수록 커져, 우리 천손민족을 힘으로 위협하고 구속하려하는 것은 한반도의 영원한 평화를 보장하는 길이 아닐 뿐만 아니라, 지구촌의 평화가 깨지고 전쟁위험을 자초하게 될 지도 모를 일이다. 오늘날 우리의 정신적인 독립은 우리 민족으로 하여금 정당한 삶의 번영을 이루게 하는 동시에, 강대국으로 하여금 그릇된 길에서 벗어나 세계평화를 지지하는 자의 무거운 책임을 다하게 하는 것이며, 약소국으로 하여금 불안과 공포로부터 벗어나게 하는 것이니라. 한반도 평화가 세계평화요, 인류 행복에 필요한 첫 단계이니 이 어찌 구구한 감정상의 문제이겠는가?

아아! 새 천지가 눈앞에 펼쳐지도다. 하늘님의 천부사상이 널리 퍼져 물질의 시대가 가고 정신의 시대가 오도다. 지난 수천 년간 갈고 닦아 키우고 기른 태양새 천부사상이 바야흐로 새 문명의 밝아오는 빛을 인류의 역사에 쏘아 비추기 시작하도다. 새 봄이 온 누리에 찾아들어 만물의 소생을 재촉하도다.

외래 사상에 젖어 얼어붙은 얼음과 찬 눈에 숨도 제대로 쉬지 못하는 것이 저 한때의 형세라면, 진리의 화창한 봄바람과 따뜻한 햇볕에 원기와 혈맥을 떨쳐 펴는 것이 이 한때의 형세이니, 하늘과 땅에 새 기운이 되돌아오는 때를 맞고, 세계 변화의 물결을 탄 우리는 아무 거리낄 것이 없도다. 우리의 본디부터 지녀온 천부사상을 지켜 풍성한 삶의 즐거움을 실컷 누릴 것이며, 우리의 풍부한 창조력을 발휘하여 봄기운 가득한 온 세계에 천부 열매를 맺게 할 것이로다.

우리가 이제 떨쳐 일어나도다. 양심이 우리와 함께 하고 있으며, 진리가 우리와 더불어 나아가는 도다. 남녀노소 없이 본심 본 태양 밝은 마음으로 평화적인 남북통일을 위해 힘차게 뛰쳐나와 삼라만상과 더불어 동방의 등불국가의 건국으로 웅대한 그랜드코리아를 이루어내도다. 천만세 조상들의 넋이 우리를 은밀히 지켜보고 계시며, 전 세계인들의 관심이 우리와 함께 동행하나니, 시작이 곧 성공이라, 다만 저 앞의 희망봉을 향해 태양새 깃발로 힘차게 날아갈 따름이로다.

<세계평화와 인류행복을 위한 공약 3장>

하나. 남북평화통일은 한민족과 8천만 한민족의 오랜 염원이니 평화와 사랑의 정신을 발휘하되 배타적 감정으로 하지 말라.

하나. 세계평화는 전 지구인의 염원이니 인의, 자비, 사랑의 기본정신인 하늘의 뜻에 부합한 천부사상으로 용감하게 실천하라.

하나. 전 인류의 행복을 위해 정치와 종교의 화합에 화백제도를 도입 지혜로운 행동으로 국내외 동포와 함께 떳떳하게 추진하라.

브레이크뉴스(Break News) 칼럼 2011.9.20

26. 차기대통령, 남북통일과 세계평화 시대를 열어야!

"KBS 통일대기획 세계가 보는 한반도" 프로그램을 시청했어야!

지난 주말 밤 11:10분, "KBS 통일대기획 세계가 보는 한반도"라는 프로그램은 우리 정치 지도자는 물론 전 국민이 시청했어야 할 만큼 아주 유익한 프로그램이었다. 첫날은 "제1편 한반도의 오늘을 말한다.(2011.9.17(토))", 둘째 날은 "제2편 한반도의 통일을 말한다.(2011.9.18(일))"이었다. 조금 아쉬운 점은 너무 심야에 방송했기 때문에 대통령 후보자들이 시청할 수 없었을 것 같다. 재방송을 해 준다면 국민들의 통일의식이 높아져 통일이 앞당겨지리라 생각한다.

KBS 가상스튜디오에서 한승주 전 외무부 장관이 사회를 맡았으며 미국의 크리스토퍼 힐(前 미국무부 동아태 차관보), 미하일 고르바초프(前 소련 대통령), 나카소네(일본 前 수상), 엔쉐퉁(칭화대학 국제관계연구원장), 르메지에르(통일당시 동독총리)가 참여하여 남북통일은 물론 동북아시아 평화와 세계평화에 대해 좋은 고견을 피력해 주었다. 세계에서 유일한 분단국이면서 잘못하다간 세계 화약고가 될 수 있는 위기의 한반도가 과연 현재 어떤 위치에 있으며 앞으로 어디로 갈 것인지, 한반도 앞날에 대해 허심탄회한 의견을 주었다.

일본에 강제 병합되고 해방을 맞으며 6.25 전쟁으로 이어지는 과정에서 한반도의 분단은 비극이요 최대의 실수이고 대형사고로서, 수 천 만 명의 이산가족은 고립과 빈곤 속에서 가족해체의 고통을 받으며 동족상잔의 쓰라린 비극의 주인공이 되었다. 이제 다시는 군사행위와 같은 전쟁을 통해 통일을 이루려고 해서는 절대로 안 되며 불행을 자초해서는 더욱 안 된다는 것이다. 극동아시아지역을 황폐화 시킬 수 있기 때문이다.

이명박 대통령은 "평화와 협력의 시대를 열어야 한다." "남북한 간에 교류와 대화를 통해 통일로 나아가야 한다." 는 대국민 담화를 자주하므로 남북한 국민간의 우정을 밑바탕으로 하여 정치와 경제의 안전을 위해서 공존, 공영, 공생의 통일비전을 제시해야 한다. 우리 한국 국민은 두뇌 지능지수(IQ)가 세계에서 제일 높으며 근면, 성실하면서 진취적인 민족의식을 가지고 있어 경제 강대국이 될 수 있다.

토론에 참가한 정상들은 보편적인 질문에는 공통된 의견을 개진한 반면 세부적인 항목에서는 첨예한 의견차를 보였다. 미국대표는 북한이 6자회담에 성의를 보이지 않고 있으며, 천안함 사태와 연평도 사건에 대해 우선 사과해야 한다는 것이다. 하지만 중국대표는 한미군사훈련은 남북 긴장상태를 유발시키고 협박과 같은 성격이어서 긴장고조가 일어 날 수밖에 없다는 것이다. 남한의 현재 정책은 너무 대립적이며 적대적으로서 개선의 여지가 없기 때문에 햇볕정책을 펼쳐야 한다고 한다.

1993년 북미 간에 제네바협의 이후 평화적인 방향으로 가는 듯 했으나 부시정부가 들어서면서 강경책으로 돌변해 제네바협의가 파기되어 2005년 북한은 핵무기 선언을 했다. 그 후 화해무드가 조성되어 9.19 공동성명을 내면서 단계적으로 핵을 폐기하겠다고 했으나, 2009년 2차 핵실험을 하게 되었다. 김정일 위원장은 2010년 5월 8일 5000km의 대장정의 중국방문에 이어 금년 2011년 8월에는 북.러 정상회담을 하면서 양다리 외교를 하면서 미국과 일본에 지원을 받은 남한에 대응하는 외교를 펼치고 있다.

북한은 핵을 포기하고 6자회담에 복귀할 것인가? 한국과 일본은 미국의 핵우산 속에서 보호를 받고 있는데 반해 북한도 중국에 의지하고 있지만 중국이 북한 핵을 포기하도록 할 수 없다는 것이다. 북한은 우라늄 농축기술을 확보하고 정권유지 차원에서 핵을 보유해야 하는데 핵을 버린다면 북한의 안전을 보장해 줄 나라가 없는 것이 북한의 고민이다. 현재 북한의 핵무기 기술은 핵폭발능력은 있다고 볼 수 있지만, 운송할 수 있는 미사일 기술이 아직 확인되고 있지 않다. 핵무기를 멀리 보내기 위해서는 소형화해야 하므로 3번째 핵실험을 할 가능성이 있다.

남북이 합의하여 핵을 포기하고 자유로운 사회를 만들면 얼마나 좋을 것인가? 그렇게 하기 위해서는 북미 정식 수교를 통해 북한 정권에 대한 안정을 약속해야 한다. 에너지와 경제발전에 대한 보장책이 필요하다. 교류와 원조 없이 조건을 다는 6자회담의 가능성은 없다. 서로 관계를 인정하고 우호적인 대화로서 북미 공조가 절대 필요하며 중국의 중재도 절실하다. 6자회담은 조건 없이 재개해야 한다는 것이다. 현재 북한 핵은 미국에 영향을 미치지 않는다고 보며 오히려 중국에 영향을 미칠 것이지만 걱정을 하지 않으며 다른 나라로 확산이 될까 우려된다. 북한은 “2012년 강성 대국 건설”을 목표로 나아가지만 수해피해, 대북제제, 인플레이션 등으로 북한 경제 상황이 좋지 않다.

통일을 위해선 인도주의적 차원에서 조건 없이 지원해야 한다. 힘없는 노인, 부녀자, 어린이가 무슨 죄가 있느냐는 것이다. 남한이 도와주지 않으면 중국의 원조에 더욱 의지해야 하며 그렇게 되면 중국의 종속국가가 되지 않을까 걱정이 된다. 북한이 중국영토가 될까? 중국이 항공모함을 건조하고 앞으로 10년 내에 군사력이 미국 수준이 되어, 자기네 세력권에 포함시키기 위해 침략적 태도를 견지할 수 있다. 하지만 글로벌 시대에 사회 유기체로서 긴밀한 상호 의존관계에 있기 때문에 힘에 의한 지배는 안 된다는 것이다.

김정일 위원장의 건강이상을 대비하여 셋째아들인 29세의 김정은이 등장(2010. 9. 29)했는데 김정은으로의 권력세습을 인정하는가라는 질문에 사우디아라비아와 싱가포르도 세습을 하고 있으며, 75개국과 외교관계를 맺고 25개국과 대사를 교환하고 있는 나라다. 중국과 러시아는 세습을 인정하며 북한의 내부문제로 생각한다는 것이다. 김일성주석 사후에 북한이 와해될 것이라 했지만 20년이 지난 오늘까지 예측이 빗나갔다는 것이다. 한반도가 통일이 되어도 중국과 일본에는 위협이 안 되며 오히려 도움이 될 것이다. 앞으로 중국과 미국의 양극체제로 갈 것이며, 일본은 제 나라의 국민적 특수성만을 가장 우수한 것으로 믿고 유지·보존하며 남의 나라 것을 배척하는 국수주의가 부활 될 것이나 도를 넘으면 안 된다고 생각한다. 아시아국가가 화합을 하기 위해서는 EU나 아메리카처럼 동아시아 공동체가 필요한 시점이다.

베를린 붕괴(1989.11.9)와 장벽이 무너지는(1990.10.3) 것처럼 독일통일방안을 고려할 수도 있지만 한반도는 독일과 사정이 다르다. 남북한 간 경제 격차가 심하고 정치제도와 경제방식이 너무나 상의해서 독일식 통일은 성공하기 힘들다. 미국과 소련의 연방제 통일방안도 생각해 볼 수 있으나 남북이 협의하여 결정할 문제이다. 하지만 북한의 붕괴 가능성은 없기 때문에 평화민주주의 방식은 힘들 것이다. 중동식의 혁명도 힘들다. 아랍국가처럼 인터넷 정보 매체가 없으며 시민의 자유도가 낮다.

그렇다면 남북한은 한민족식의 독특한 방식의 1국가 2체제 EU식으로 통일을 해야 한다고 본다. 중국처럼 새로운 민족국가를 건설해야 하기 때문이다. 중국도 타이완과 1국가 2체제로 통일을 해야 하므로 한민족의 통일을 반대할 수 없다고 한다. 한반도 통일은 중국에 이익이 되며 경제시장이 커질 수 있다. 개성공단처럼 북한에 많은 공단이 건설되면 자유와 돈 맛을 알게 되어 서서히 융화 될 수 있다. 북한과 같은 민족이기 때문에 대화와 교류를 확대하기 위해 이산가족상봉을 정례화하고 경제와 문화 교류를 중시해야 한다.

통일을 앞당기기 위해선 단일화 된 의견이 중요하므로 국민이 앞에서 이끌고 정부가 뒤따라가야 하는데 한국청년들은 통일의식이 낮은 게 문제이다. 젊은이들의 교류가 많아야 한다. 한 가지 중요한 점은 휴전선을 당장 개방하면 사회적 문제가 야기되므로 그대로 머물게 해야 한다. 38선을 없애는 통일은 문제가 많다. 만일 남한에 내려온 이산가족들이 옛날 자기 땅을 내 놓으라고 한다든가, 남한 부자들이 북한 땅을 사려 할 때 못 사게 하면 큰 문제가 생길 수도 있다.

2012년에 4개 강대국의 지도자들이 모두 바뀌게 된다. 이제 새로운 시대에 새로운 패러다임의 정치인들이 나타나 안정된 세계, 공정한 국가, 인간적인 사회를 구축해야 할 시대이다. 차기대통령은 남북통일과 세계평화 시대를 열기 위해 긴 안목으로 통일을 이룩하여 동아시아의 평화와 세계적인 변영을 위해 비전이 큰 정치인이 나와야 하겠다.

브레이크뉴스(Break News) 칼럼 2011.9.23

27. 차기 대통령, 전자 화폐로 부정 척결해야!

1만원, 5만원 지폐는 없애고 5천원 지폐와 동전은 그대로 사용

오늘 인터넷 뉴스에 의하면 “9월 23일 낮 12시20분께 서울 종로구 창신동의 제일2저축은행 6층에서 이 은행 정모(50) 행장이 투신해 스스로 목숨을 끊었다." 그리고 "서울중앙지검 특수3부(심재돈 부장검사)는 신재민(53) 전 문화체육관광부 차관에게 10년 동안 10억 원이 넘는 금품을 건넸다고 주장한 이국철(49) SLS그룹 회장을 23일 소환해 조사하고 있다.” 요사이 대다수 국민의 분노를 사게 하는 사건들의 주역은 많이 배우고 국가로부터 많은 혜택을 받아온 사회 지도층 인사들이다. 경제선진국 구호가 무색할 정도로 부정부패가 만연되어 국가기강 해이가 그야말로 가관이다. 2009년 국정감사 자료에 의하면 1~9월 직무와 관련한 비리를 저질러 형사 처분을 받은 공무원은 무려 261명이라고 했다.

이러한 부정부패로 국제투명성기구에서 발표한 우리나라 부패인식지수 순위는 세계 180개국 중 43위이다. 또한 우리나라 행복지수는 세계 178개국 중 102위로 우리는 불행하다고 생각한다. 서민의 삶은 팍팍한데 고위층의 부정부패 뉴스가 연일 터져 나오는데 행복하겠는가?

한국은행에서 5만 원권을 발행한 이래 부정부패는 더욱 더 만연 되었다. 고액권을 발행하게 되면 고액현금거래로 탈세, 불법자금수수는 더 용이하게 되어 많은 사람들의 영혼은 좀먹게 된다. 차기 대통령은 부패지수를 낮추어 투명국가를 반드시 만들어야 한다. 서민이 못살고 서민에게 기회가 주어지지 않는 것은 바로 투명하지 않기 때문이다. 불투명성은 강자에게 편리하고 특권층에게 유리하다.

투명국가를 가로막는 부정부패의 원흉은 무엇인가? 검은 돈, 현금거래이다. 그러면 원인을 제거하기위해서는 “종이돈”을 없애 버리고 전자화폐를 사용하면 가능하지 않겠는가? 종이돈 없이 생활할 수 있겠는가? 교통편은 교통카드를 사용하고 물건을 구입할 땐 신용카드를 사용하면 가능하다. 교통 카드와 같은 선불카드와 은행카드와 같은 후불카드로 모든 결재를 할 수 있도록 전자화폐제도를 전국적으로 도입하면 모든 것은 해결가능하다.

현재 국내 전자지불 및 IC카드 산업은 획기적인 발전을 하여 전자주민증, 전자여권 등을 포함시킬 수 있는 기술이 준비되어 있으며, 이동통신을 이용한 무선 결제 서비스도 준비되어 있다고 한다. 머지않아 다양한 수단을 기반으로 언제 어디서나 자유롭게 결제할 수 있는 유비쿼터스지불 시대를 앞두고 있다. 법적인 뒷받침을 하기위해 "전자금융거래법"(2006.4.28 법률 제7929호, 시행일 2007.1.1)도 이미 제정되어 시행되고 있다.

전자화폐는 IC가 들어 있는 플라스틱 카드(IC칩형)로서 미리 일정액의 돈을 저장해 놓은 뒤 물건을 살 때마다 돈을 꺼내 쓰는 선불(先拂)방식이다. 반면 신용카드는 은행카드나 백화점카드처럼 후불(後拂)로 일종의 외상거래를 하는 셈이다. 전자화폐는 보다 편리하게 돈을 쓰는 방법으로 지폐나 동전을 가지고 다니는 불편을 없애기 위한 것이며, 특히 인터넷 보급이 확대되면서 전자화폐의 필요성이 더욱 커졌다. 현재 여러 회사에서 많은 종류의 전자화폐를 발행하고 있어 중복투자 방지와 호환성을 갖도록 국가에서 표준화를 서둘러야 한다. 한국은행에서는 신권발행을 중지하고 주도적으로 전자화폐정책을 펼쳐야 하겠다.

전자화폐의 사용방법은 네트워크형과 IC칩형이 있다. 네트워크형 전자화폐는 발행 회사와 제휴를 한 은행이나 PC방 및 편의점 등에서 살 수 있으며 비밀번호가 필요하다. IC칩형 전자화폐도 은행이나 카드사에서 구입할 수 있지만 비밀번호가 필요 없다. 대신 IC칩형은 전자화폐 칩을 읽어내는 단말기가 있는 곳에서만 쓸 수 있으며 돈이 떨어질 때 충전하는 것도 단말기에서 해야 한다. 최근엔 IC칩을 휴대전화에 넣기도 하여 휴대전화의 무선 통신망을 이용하므로 단말기가 없어도 전자화폐를 쓸 수 있다. 부패인식지수에서 부패 없는 나라 1위인 핀란드, 아이슬란드, 뉴질랜드, 스위스사람들은 "현금을 내밀면 이상하게 생각할 정도"로 대부분의 상거래를 신용카드로 한다.

차기 대통령은 제일 먼저 "전자화폐추진위원회"를 만들어 종이돈을 없애고 전자화폐를 사용하여 전 세계에서 가장 투명한 국가, 부정이 없는 나라를 만들어 국민들의 벌레먹은 영혼을 치유해 주기 바란다. 전자화폐를 사용하게 되면 모든 거래가 온라인상에서 이루어지므로 탈세가 어렵고 지하자금이 나오게 되어 경제가 활성화 될 것이다. 또한 우리나라가 최초로 시행한다면 개발된 시스템을 다른 나라에 수출할 수 있으며 세계 화폐가 전자화폐로 통일 될 것이다.

종이돈은 어디를 가도 지옥을 만들어내고 전자화폐는 어디를 가든 천국을 만들어 낼 것이다. 지혜 있는 자는 모든 것을 천국으로 변형시키는 비밀을 알고 우둔한자는 모든 것을 아름답게 만드는 비밀을 모를 뿐이다. 우리 모두 차기대통령을 지혜가 충만한 좋은 대통령으로 세워 좋은 나라를 세워보자.

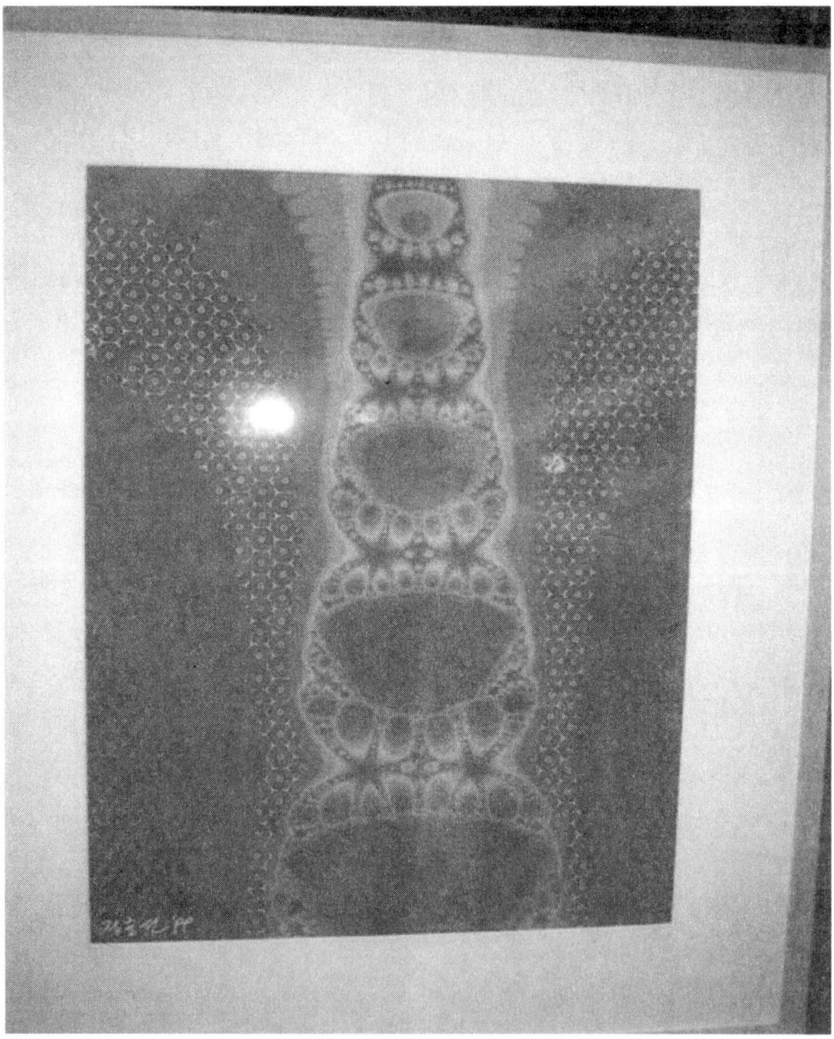

브레이크뉴스(Break News) 칼럼 2011.9.28

28. 차기 대통령, 이공계 공무원 50% 채용해야!

과학적인 사고와 IT기술 활용으로 공무원 수 30% 감축

왜? 우리나라는 과학기술분야도 중국에 밀리고 있는가? 대통령과 총리가 인문계이어서 이공계 출신 공무원들이 별로 많지 않기 때문이다. 중국을 보라. 중국 후진타오 국가주석은 청화 대학교 기계공학과 출신이고 중국 국무원 원자바오 총리는 북경 지질대학 지질광산학과 출신이다. 안철수 서울대학교 교수가 왜? 국민들한테 많은 지지를 받았는가? 이제 과학도가 나라를 이끌어야 한다는 것을 알아야 한다.

몇 년 전 공학한림원 주최로 “이공계 공직진출 정책을 진단한다!”라는 토론마당이 열렸었다. 국가과학기술위원회(위원장 대통령)에서“이공계 전공자 공직진출 확대 방안”이라는 정책을 수립하여 이에 대한 결과를 놓고 토론하는 장이었다. 우리나라가 국민소득 2만 불, 3만 불 시대를 달성하여 진정한 선진국으로 진입할 수 있는 유일한 길은 “과학기술 중심사회 구축”이며 그 방법은 “법과 제도를 관장하는 고위 관료층의 과학기술 마인드 화”라는 판단 하에 행정직 위주로 구성된 공무원제도를 행정직 공무원과 이공계 공무원이 반반씩 균형을 이루는 구조로 개편하자는 아주 좋은 정책이었다.

이와 같은 정책을 추진하기 위해서는 다음 3가지 정책을 채택해야 하겠다. 첫째, 국가정책을 실질적으로 다루는 중앙부처와 광역자치단체 본부에 4급 이상 고위 공직에 기술직 및 이공계 출신비율을 40%까지 늘린다. 둘째, 5급 이공계 사무관의 채용을 박사, 기술사 등 특채 중심으로 확대, 채용 인원의 50%를 이공계로 한다. 셋째, 기술직들은 아무리 계급이 높아져도 전공분야만 알기 때문에 정책관리자 직위에는 어울리지 않는다는 고정관념의 인사 관행을 깨야 한다.

현재 위의 3가지 원칙으로 평가를 해본다면 이공계 임용비율이 크게 미달되는 부처는 아마도 청와대, 국무총리실, 재정경제부, 교육과학기술부, 국세청 등 대통령의 의지를 잘 반영해서 핵심적인 역할을 수행해야 할 중요 부처들일 것이다. 아쉽게도 과학기술 마인드를 가진 이공계 인력의 수요가 가장 클 것으로 판단되는 핵심 경제부처들이 상대적으로 저조한 성과를 보여주고 있어 당초 대통령이 추진하고자하는 정책의 취지가 무색할 정도가 되었다.

그러면 그 이유는 어디에 있으며 해결 방안은 무엇인가? 첫째, 4급과 5급 승진에 기본이 되는 6급은 중앙인사위나 행자부의 관여보다 각 부처 장관의 권한에 속하는 사항이 많아 장관들이 이공계 공무원의 필요성을 절감해야 하는데 현직 국회의원이 겸직한 정치장관 아니면 비 전문분야 출신으로서 이공계 공무원의 필요성을 잘 모르기 때문이었다. 따라서 국회의원의 장관직 겸직을 금지해야하고 적어도 장관이 국회에 출석하여 국회의원의 질문에 대답할 때 국장들이 써 준 원고 없이 정책토론을 할 정도로 전문가이어야 한다.

둘째, 이제 산업사회는 지나가고 시공을 초월한 전자 유비쿼터스 시대에 4대강 사업과 같은 토목건설 마인드가 아닌 과학대통령이 나올 때가 되었다. 전자시대에 CEO대통령이 되려면 과학기술의 전문지식을 가지고 주요정책을 정확히 신속하게 추진할 수 있어야 한다. 중국정부를 보라. 전문직 출신들이 국가를 운영하기 때문에 경제가 급성장하고 있지 않은가?

산업사회에서는 생산하는 제품이 눈에 보이기 때문에 비전공자도 사장이 되고 장관도, 대통령도 할 수 있지만 이제 보이지 않은 지식, 정보, 문화, 지혜를 중요시 하는 정책을 집행해야하기 때문에 전문성이 필요하다. 한 가지 예를 들어 보자. 왜? 대통령과 수만 명의 공무원이 머리를 싸 메고 일자리를 창출하려해도 노인, 여성, 장애인 등 청년 실업자가 수백만 명이나 되는가? 산업사회 마인드로 일자리를 창출하려하니 일자리가 만들어 지지 않는다. 정보화 마인드를 가지고 생각하면 당장이라도 수 백 만개의 일자리를 만들 수 있다. 지식정보댐건설, 즉 정보화뉴딜정책이다.

전국 도서관의 책을 전부 전자책으로 출판하면 수많은 일자리가 만들어 지고 핸드폰과 컴퓨터로 전자책을 다운 받아 공부하면 국민들이 똑똑해지지 않겠는가? 또한 세계 여러 나라 책을 우리가 수주 받아 전자책을 만들어 준다면 일자리는 무한대로 생긴다.

앞으로는 전자정부시대이므로 이공계 출신 공무원을 50% 이상 채용, 전자화폐 제도를 도입하고 장관과 국회의원을 적어도 50% 이상 이공계 전문인으로 선출해야 한다. 청와대에는 전국 통계자료를 일목요연하게 볼 수 있도록 전자상황실과 국. 과장 이상 책상에 영상전화를 설치하여 대통령이 직접 국정을 챙겨야 경제가 살아나고 국민들에게 신뢰 받는 정부가 될 것이다. 이제 우리나라도 차기 대통령과 총리를 이공계 출신으로 선출하여 중국에 뒤지지 않아야 하겠다.

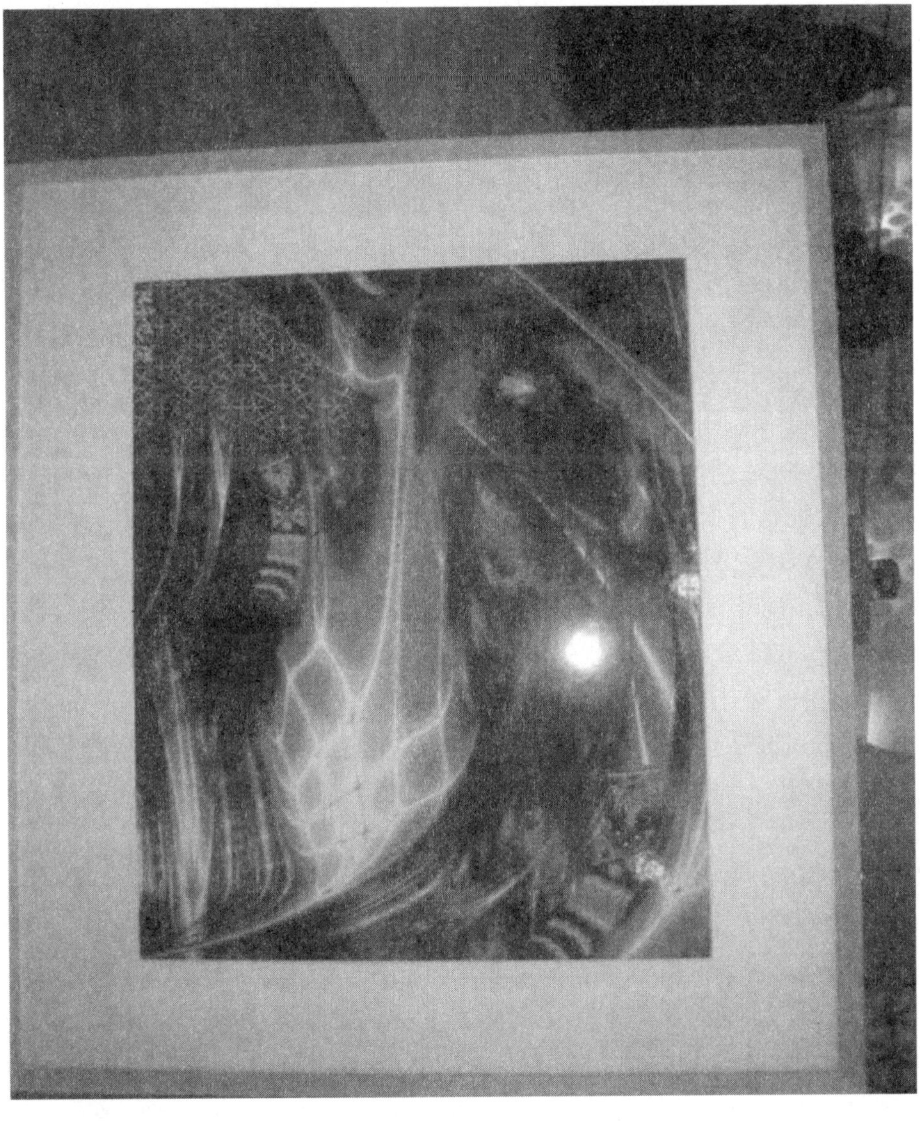

브레이크뉴스(Break News) 칼럼 2011.10.1

29. 차기 홍익 대통령은 천손민족임을 자각시켜야!

복원될 숭례문 대들보에 천부경 81자를 새겨 공동 국보1호로 하자!

금년 10월 3일, 개천절은 홍익인간사상을 근간으로 배달국을 건국한지 5909년, 단군조선을 건국한지 4344년 되는 해이다. 이날 서울에서 두 개의 큰 행사가 준비되고 있다. 서울 잠실종합운동장 올림픽 주경기장에서 열리는 "개천국민대축제 으라차차 코리아/코리언 스피릿 페스티벌"이 '홍익대통령'의 꿈을 향한 대장정 깃발을 올리는 날이다. (사)국학원을 위시 국민생활체육전국국학기공연합회, 한민족역사문화찾기추진위원회가 주최하고 개천국민대축제조직위원회가 주관하는 행사로서 2012년 12월 19일 실시되는 18대 대통령선거에서 '홍익대통령'을 배출하자는 것이다.

또 다른 행사로는 개천절 당일 대한민국 심장부인 수도 서울의 서울광장에서 민족회의를 중심으로 300여개 민족진영의 기관·단체가 손잡고 처음으로 대대적인 장외(場外) 행사인 '개천 5909년 개천절 세계평화축제'를 갖는 것도 2012년 대선에서의 '홍익대통령' 배출하는데 초점이 맞춰져 있다. 2008년 2월 10일은 숭례문 방화사건의 날, 대통령과 대통령 당선자 및 정치인을 포함 모든 국민이 뻔히 쳐다보면서도 국보 1호 숭례문을 지키지 못한 것은 하늘이 벌로 내린 천화(天火)로 밖에 해석할 길이 없다. 예의를 숭상하라는 숭례문(崇禮門), 이 땅에 예의는 이미 사라져 온데간데없고, 넋을 잃고 물불을 가리지 않고 살아온 우리들, 정신마저 나가버린 날이었다.

이에 홍익인간과 제세이화의 민족의 혼과 정신을 살리자는 취지로 뜻 있는 각계 전문가와 학계원로 24명이 모여 2008. 2.16(토) 오후 '새나라국민연대' 사무실에서 "천부경국보지정추진운동본부" 설립준비모임을 가졌었다. 81자 천부경(天符經)은 우리 민족의 사상과 정신을 수 천년동안 간직해온 글로서 종교의 경전이 아니지만 세계적인 무형의 보물로 손색이 없어 국보1호로 지정해 줄 것을 정부에 건의하는 운동을 펼치자는 것이었다.(호남일보 칼럼 2007.5.2 정호선) 각 종교 및 민족운동 단체와 연대하여 천부대표 81명, 삼일대표 366명, 참전대표 13,200명을 근간으로 전국 100만 명 서명운동을 전개하여 제2의 동학운동, 3.1운동 및 4.19 혁명 정신으로 민족정기를 살리자고 결의하였다.

안타까운 것은 불탄 숭례문을 복원해도 국보로서 가치를 상실됐다는 것이다. 문화재청은 숭례문을 완전 복원 후 국보 1호의 자리를 다시 부여하겠다는 입장이지만 학계를 비롯하여, 관련 전문가들 사이에선 이에 대한 회의적인 시각이다. 국민 모두가 슬퍼만 할 것이 아니라 지혜를 발휘하여 국보 1호가 될 만한 훌륭한 문화재를 찾아내자는 것이다. 불타기 전부터 숭례문이 '대한민국 국보 1호'로 자격 논란에 휩싸여 왔는데 그 원인은 일제 식민잔재라는 의식이 깔려 있다. 숭례문은 일제 강점기 조선총독부에 의해 조선보물 제1호로 지정됐으며 이것이 문화재보호법 제정 이후 국보 체계에도 그대로 이어졌다. 임진왜란 당시 가토 기요마사(加藤淸正)가 이끄는 왜군이 입성한 문이라 해서 일제가 보존했다는 주장이 나오면서 숭례문의 국보 1호 해제 요구가 더욱 거세지기도 했다.

선민인 이스라엘은 영토를 잃어버리면서도 토라(구약)와 탈무드(지혜서)를 중심으로 어머니 교육을 통해 국가와 민족을 지켜 온 반면, 천손민족인 우리는 조그마한 영토는 지켜왔지만 우리민족의 훌륭한 천부경(한국적 토라)은 무시하고 지혜서는 발간된 적이 없어 어머니교육을 제대로 하지 못해 얼빠진 민족이 되어 버렸다. 성경에서 말한 작은 책, 세계인이 부러워하는 대표적인 국민의 경전, 사상서, 국보 1호격인 천부경(81자)과 삼일신고(366자) 및 참전계경(13,200자)이 있다.

천부경은 약 9200년 전 환인시대, 5900년 전 환웅시대, 4,344년 전 단군시대부터 국가 통치이념으로 사용되어 왔다. 천부경 사상은 홍익인간이념의 근간이며 우주원리 및 천지인의 조화, 치화, 교화경으로서 경천(敬天), 숭조(崇祖), 애인(愛人)의 정신과 유교의 인예(仁禮), 불교의 자비(慈悲), 기독교의 박애(博愛)정신의 근본 철학이다. 사상은 철학을 낳고 철학은 종교를 낳으며 종교는 과학을 선도한다. 천부경은 세계에서 가장 오래된 인류 보편적인 사상으로서 지구를 하나로 통일할 우리 한민족의 무형유산이며 자랑이다.

차기대통령은 홍익대통령으로서 천부경 81자를 복원될 숭례문 대들보에 새겨 공동 국보1호로 지정한다면 "솔로몬의 지혜"가 되지 않을까 생각한다. 이제 우리는 21세기 우주시대, 지혜창조시대를 맞이하여 우리 스스로 자행해온 역사왜곡, 문화비하, 종교다툼에서 벗어나야 한다. 그리고 중국의 동북공정, 일본의 역사왜곡을 헤치고 나가 거룩한 태양새 깃발아래 평화적인 남북통일을 이룩하여 전 세계 한민족과 함께 새로운 나라, 위대한 대한민국(Grand Corea)을 세워 천손민족으로서 전 지구촌을 밝혀야 할 동방의 등불 나라 사명을 완수해야 하겠다.

브레이크뉴스(Break News) 칼럼 2011.10.4

30. MB, 개천절 행사 참석하지 않은 이유 밝혀야!

차기 대통령, 훼손된 원구단(圓丘壇) 사직공원에 복원해야!

개천절은 '하늘이 열린 날'을 기념하는 날이다. 개천이란 BC3898년 초대 거발한 환웅께서 맨 처음 하늘을 열고 백두산 신단수 아래로 내려와 홍익인간, 이화세계의 사상으로 배달국을 세웠다는 의미이다. 즉, 신시개천(神市開天)이 된지 금년이 5909년으로서 개천절의 기원은 이처럼 유구하다. 처음 건국한 해인 4344년(BC2333) 10월 3일을 지금까지 개천절로 알려져 왔으나, 이 날은 실제로는 단군이 새로운 나라를 세운 날이다.

이와 같은 의미와는 달리 단군조선의 건국일을 개천절(금년 4344년 10월 3일)로 제정된 것은 1909년 나철선생께서 새운 대종교에 의해서이다. 이는 상해 대한민국임시정부에서도 그대로 이어졌으며, 8·15해방 후에도 이를 계승하여 개천절을 국경일로 공식 제정하여 해마다 기념하여 왔다. 우리나라의4대 국경일(國慶日)은 개천절(開天節), 광복절(光復節), 제헌절(制憲節), 삼일절(三一節)인데 어느 국가를 막론하고 국가의 제일 중요한 국경일은 건국기념일이다.

금년 개천절 행사에서도 정부는 세종문화회관 대강당에서 대통령은 참석하지 않고 국무총리가 참석하여 경축행사를 했다. 이날 오전 10시 단군 관련 단체와 3부요인과 정부 주요인사, 주한외교단, 사회 각계 대표 등 3000여명이 참석한 가운데 경축식을 거행했다. 민간차원에서는 광화문 근처에 있는 사직공원과 서울시청 앞 조선호텔 정원에 있는 원구단(圓丘壇) 및 잠실운동장에서 각 단체가 주관하여 분산개최 하였다.

세계의 어느 나라 어느 민족을 막론하고 국경일 또는 건국기념일에 하늘과 땅을 열고 나라를 열었다는 개천(開天)의 의미를 담고 있는 나라가 없으며 세계에서 유일하게 우리나라만 그러한 건국기념일이 있음에도 불구하고, 제일 중요한 개천절 행사에 유일하게 대통령이 참석하지 않고 있다. 이처럼 개천절 행사는 역사적으로

나 문화적으로 아주 큰 의미가 있는 세계적인 축제인데 대통령이 참석하지 않은 이유가 어디에 있는가? 청와대는 국민들에게 납득할만한 대답을 해야 한다.

시청 앞 조선호텔의 정자쯤으로 인식되는 조그마한 원구단은 원래 하늘에 제사를 드리는 제천단(祭天壇)이며 1967년 7월 15일 사적 제157호로 지정되었다. 원래 제단의 형태는 하늘을 상징한 둥근 원모양으로 하여 낮은 동산위에 세워져 원구단으로 이름이 붙여졌다. 그 뒤 땅을 상징하는 네모난 3층 석조 담장을 쌓고, 그 위에 둥근 하늘을 상징하는 우람한 원추형 3층 황금색 건물을 축조했으며, 그 뒤 단지 내에 화강암으로 된 기단 위에 3층 8각 지붕의 황궁우(皇穹宇)를 건축 하였으며, 돌로 만든 북인 석고단을 황궁우 옆에 세웠다. 원구단 3동은 천지인 3합 일체를 의미하며 우주의 빛인 황금으로 장식하여 온 천하를 밝혀 인류 최고의 장엄한 제천 성지로 새롭게 등장 하였다.

우리 한민족은 이 지구상에서 제일 먼저 하늘에 제사를 지내온 천손장자로서 세계 모든 나라의 정신, 종교, 정치문화의 종주국으로 인정받아 왔다. 매년 10월 상순에 국중대회를 열어 둥근 단을 쌓고 단군께서 친히 하늘에 제사를 올려 국태민안을 기원하여 왔으며, 원구단 천제는 부여의 영고, 고구려의 동맹, 동예의 무천으로 이어져 내려 왔다.

그러나 일제와 친일파들이 천제는 천황만이 지낼 수 있다고 하여 강제 폐지, 일본에 상납하고 처음 조성된 단지는 일본이 1911년에 조선 총독부에서 원구단을 총독부 소관으로 하고 제단인 4각 기단을 헐어 그곳에 일본 관료를 위한 철도조선호텔을 지었으며 현재는 3층인 원형의 단은 없어지고 팔각형 3층의 황궁우 건물과 석고 3개만이 달랑 남아있다. 일본은 오늘날 까지 천황이 단군 제천권을 행사하고 있으니 얼마나 통탄스러운 일인가!

우리 민족의 단군 천제를 빼앗아간 중국은 2008년 북경 올림픽 유치 성공을 위한 천제를 두 차례나 올렸으며 일본 천황 또한 단군 천제를 110년 동안 거행해 오고 있으니 정작 천제를 지내야 할 우리민족은 천손 족보를 청. 일에 상납하고 그 제후국으로 살아오고 있는 오늘의 이 못난 민족에게 그 무슨 하늘의 축복이 있겠는가?

차기 대통령은 단기 연호보다는 차제에 개천 연호(금년 9209년)를 복원하여 우리 역사의 정통성을 알리고 하늘에 천제를 지내는 원구단을 사직공원에 복원하여 대통령과 함께 전 세계인이 경배하는 만국 성전이 된다면 세계만방으로 한류를 타고 아리랑 가락에 춤추고 노래하며 태평성대를 구가하는 동방의 등불국가로 우뚝 솟을 것이다.

브레이크뉴스(Break News) 칼럼 2011.10.8

31. 18대 대선은 '홍익대통령' 배출 적기!

홍익대통령-홍익정권 수립 가능한 때가 왔다

남북통일시대를 위해 홍익인간, 이화세계의 민족혼으로 무장한 지도자가 나와야 한다. 동북공정을 밀어붙이고 있는 중국이 만일 북한의 급변사태로 인해 김정일 정권이 붕괴될 때를 기다려 지린성(吉林省)·랴오닝성(遼寧省)·헤이룽장성(黑龍江省) 등 동북 3성에다 북한까지 편입시킨 동북 4성 체제를 구축하려는 저의를 갖고 있다는 것이 민족진영 일각의 관측이다.

만일 김정일 위원장의 신변으로 인해 북한이 급변 사태가 발생할 경우 중국이 김정일의 장남인 김정남을 옹립, 김정일의 후계자인 김정은을 제거하려는 계획을 갖고 있으며 이를 위해 현재 김정남을 중국에 보호하고 있다는 시나리오도 나돌고 있음을 정치권은 염두에 두어야 한다.

동북공정 등을 통해 조선족을 비롯한 소수민족의 역사를 자국의 역사로 왜곡 포장하는 중국으로선 북한에 대해 어떤 획책도 꾀할 수 있다. 또한 독도를 자국의 영토라고 주장하는 일본 등 한반도를 침탈하려는 외부 세계의 움직임이 결코 간단치 않은 시대상황이기 때문이다.

따라서 이와 같은 외부의 음모를 저지하고 남북이 온전한 평화통일을 이루기 위해선 '홍익인간 이화세계'로 압축되는 우리 한민족의 빛나는 혼을 일깨울 수 있는 국가지도자가 이제는 반드시 나와야 하겠다. 천손장자의 DNA를 지닌 전 세계 한민족이 하나가 되는 'Grand Corea' 건설하기 위해 차기 홍익대통령은 ▲남북통일을 넘어 ▲민족통일 ▲천하통일로까지 크고 넓게 생각해야 한다.

민족통일은 이 지구상에서 제일 먼저 하늘에 제사를 지내온 천손장자(天孫長子)의 DNA를 지닌 전 세계 한민족이 하나가 되어 'Grand Corea'의 건설을 의미한다. 천하통일은 한민족이 세계평화와 우주평화를 선도하는 국가로 역사의 전면에 나선다는 웅지(雄志)를 담고 있다. 이와 같은 3단계 통일의 그림은 통일당의 목표로 그대로 반영되어 있다.

'환문화국가'로 설명되는 2단계의 'Grand Corea' 건설에 초점을 맞춰 ▲Genius Corea(현명한 국민) ▲Great Corea(위대한 민족) ▲Global Corea(세계적 국가) 등 3G 철학과 ▲지성민주주의 ▲영성시장경제 ▲홍익인간사상 등 3대 이념을 통일당은 채택하고 있다.

이를 토대로 차 차기 대선의 해인 2017년 10월 3일 개천절을 'Grand Corea Union'을 건국하는 시점으로 잡고 있다. 홍익대통령 배출과 이를 통한 역사의 진보는 한민족 모두가 당연히 함께 해내지 않으면 안 될 정도의 절박한 당면과제이다. 절박함의 대표적인 사례로 우리 민족의 최대 경축일인 개천절에 대한 이 사회 지배세력의 외면을 보면 안다. 구체적 사례로 개천 5909년이자 단기 4344년 개천절인 지난 3일 정부 공식기념식에 대통령이 직접 참석하지 않은데다, 대통령 경축사를 국무총리가 대독했던 그동안의 관례마저 깨고 국무총리 경축사로 '격하'시킨 현실이 너무 안타깝다.

역대 대통령들이 대체로 우리 민족의 사상과 역사, 문화를 방기하고 심지어 비하하는 경향이 있긴 했으나, 현 이명박 대통령은 유독 민족에 대한 개념 자체가 박약해 보인다. 이 대통령이 기독교 장로 출신이어서 그런 한계를 지녔는지는 모르겠지만, 이 땅에 들어온 그 어떤 외래 종교를 믿든 나의 조상, 우리의 조상을 존중하지 않고서 무엇을 제대로 할 수 있겠는가?

이러한 문제가 단지 개인에 국한 된 것이 아니고, 일제 강점기 친일파와 해방 이후 그들을 승계해 대한민국을 좌지우지해 온 지배세력의 집단적 병폐라는데 심각성이 있다. 이 문제를, 이 한계를 극복하지 않고선 우리 민족은 앞으로 나아가 긴커녕 나락으로 빠질 수밖에 없을 것이다.

한민족이 새 시대를 열어젖히는 현실적 해법은 민족진영의 대동단결이다. 단군, 거슬러 올라가면 환웅·환인 그리고 마고에 이르기까지 민족혼을 부여잡고 있는 '민족진영'이 하나로 뭉쳐 새 시대의 구심점 역할을 해야 한다. 이를 위해 민족진영에 요구되는 최우선 자세이자 덕목은 헌신이다.

차기 총선과 대선이 예정된 2012년을 앞두고 민족혼이 크게 웅기 하는 '때', 즉 '천시(天時)' 가 이르렀다는 공감대를 토대로 올해 개천절 행사를 모두 함께 하나가 되어 대대적인 장외행사로 치렀어야 한다는 목소리들이 일찌감치 민족진영 곳곳에서 광범위하게 형성됐으나, 각자도생(各自圖生)식으로 흩어져 결국 무위에 그쳐 버렸다.

민족혼을 구현하기 위해선 최대 권력인 정치권력이 바뀌어야 한다. 홍익인간 이화세계의 민족혼을 구현하기 위해선 최대 권력인 정치권력을 바꾸기 위해 '민족진영의 정치세력화'를 도모해야 한다. 뜨거운 민족혼으로 하늘과 성통하는 의지와 기운, 폭발적인 새 역사를 일궈내야 한다.

한민족의 1단계 과제인 남북통일과 관련, '1국가 2체제 EU(유럽연합)'방식으로 통일해야 한다. 이를 통해 신라 김춘추, 고려 왕건에 이어 남북한, 남한의 영호남 등 세 갈래로 찢긴 한민족의 세 번째 삼국통일을 이루는 주역이 되어야 한다. 이와 같은 통일을 전제로 국회와 청와대를 판문점으로 옮기고, 그 자리에 각각 세계종교UN과 국조전을 세워야 한다.

또 천부경을 숭례문 복원과 함께 대들보에 새겨 공동 국보 1호로 지정해야 한다. 이런 구상들은 일반 통념으로 보거나 대한민국 지배세력들의 위세를 감안하면 실현 가능성이 아주 없는 것일 수 있고, 그래서 '엉뚱하다'거나 극단적으로는 '미쳤다'는 손가락질까지도 받을 수 있다. 하지만 "'일에 미쳐야 크게 이룰 수 있다'는 역사의 교훈을 되새김질 하면, 오히려 '미쳤다'는 소리가 즐거울 수도 있다. '홍익대통령을 만들어야 한다' '때가 이르렀다'고 민족진영 곳곳에서 한목소리로 터져나오는 외침 자체부터 당장의 먹고 사는 문제에 천착한 일반 대중의 시각에서는 '미친 짓'인지도 모르겠지만 사실 우리 민족이 살길은 이 길밖에 없다.

현재 통일당은 인지도 등 모든 면에서 다른 제도권 정당에 비해 크게 미약하다. 그러나 최근 서울시장선거를 둘러싸고 '안철수 바람'이 몰아친 현상에서 알 수 있듯, 조직이 크고 세가 강하고 등 기존의 관념을 기준으로 한 평가는 무력화되는 시대를 맞았다. 민족진영 역시 외부 세력과는 비교할 수 없을 정도로 현실적인 힘이 부족하지만, 뜨거운 민족혼으로 하늘과 성통하는 그 의지와 기운은 분명 한민족의 폭발적인 새 역사를 일궈낼 것이다.

브레이크뉴스(Break News) 칼럼 2011.10.12

32. 차세대, 카오스 과학이 세상을 바꾼다.

카오스의상으로 세계 한류패션의 중심이 되자

태초에 혼돈이 있었느니라. 혼돈(Chaos)의 진정한 의미가 무엇일까? 혼란이라는 의미는 아니다. 지구상에는 하느님, 하나님, 하늘님 조물주, 창조주라고 불리는 소위 초월자가 설계하고 만들었다고 믿는 피조물이 있는 반면, 인간이 만든 건축물, 조형물들이 혼재되어 있다.

카오스(Chaos)라는 의미는 성경에 나온 혼돈(混沌)이란 뜻으로서 천지창조의 과학적 이론이다. 프랙털(Fractal)도형은 카오스 수식을 컴퓨터로 계산하여 얻어진 우주 만물의 형상을 나타내는 패턴이다. 눈송이나 태풍, 우주의 성운(星雲)과 같은 자연은 일즉다(一卽多), 다즉일(多卽一)처럼 프랙털 구조로 되어 있으며, 카오스 수식이 공(空)이라면 프랙털은 색(色)이라고 볼 수 있다.

우선 우리 주변에는 사람을 포함 식물과 동물을 비롯하여 하늘의 별, 아름다운 산, 바다, 들판은 물론, 담배연기, 파도치는 모양들이 우리가 보기에는 불규칙 한 것 같지만 저 높은 우주차원에서 프랙털 형태로 아름답게 배치되어 있다. 이러한 규칙을 알아내어 과학적으로 연구하는 분야가 카오스(chaos)의 학문세계이고 이 수식을 그림으로 표현하는 연구가 프랙털(fractal) 그래픽이다.

이와 같은 수많은 혼돈현상을 수학적으로 표현해보고자 하는 학자들의 노력의 결과 카오스수식이 만들어 졌으며 이 수식을 계산하면 프랙털(Fractal)그림으로 나타난다. 예를 들어 간단한 모양인 눈꽃송이나. 고사리 잎을 수식으로 표현하여 프랙털 그림으로 나타낼 수 있다. 최근 들어 컴퓨터의 그래픽 기능이 향상되어 아름다운 자연을 컴퓨터상에 표현하는 것이 더욱 용이해졌다. 만일 신이 천지를 창조하고 생명을 잉태할 때 사용한 카오스 이론을 알게 된다면 화가가 자연을 캔버스에 그릴 필요가 없어 질 것이다.

사진작가는 자연을 사진에 담고, 화가는 자연을 그대로 그리기도 하고 자기 생각대로 변형시켜 보면서 자연의 형상과 유사한 작품을 제작하기 위하여 많은 시행착오를 한다. 조물주도 모든 만물을 만들 때 많은 시행착오를 거쳤을 것이며 인간의 형상에 대한 카오스 수식이 인간의 설계도와 DNA 속에 들어 있을 것이다. 21세기에 들어서면서 우리는 아날로그 시대에서 새로운 디지털 시대를 맞이하여 정신적으로 영적인 사고의 대 전환점에 서 있다. 미술 분야에서도 붓과 물감을 사용하지 않고도 컴퓨터만으로 그림을 그리는 새로운 디지털 미술시대가 열리고 있다.

필자가 경북대학교 전자공학과 교수시절 인간의 두뇌를 반도체 칩으로 설계하여 사람처럼 똑똑한 컴퓨터를 만들고자 사람 뇌의 특별한 기능인 카오스와 프랙털, 퍼지이론, 신경회로망에 대한 연구를 하여 해외특허 59건, 국내특허 50건을 특허출원하였다. 카오스 수식을 계산하여 컴퓨터 시뮬레이션을 하면서 자연은 소우주와 대우주의 구조로 되어 있음을 알게 되었으며 혼돈세계 속에서 어떤 질서를 발견 할 수 있었고, 이 질서 속에서 다시 아름다운 혼돈현상을 느낄 수 있었다.

10년 전부터 국내외 전시회에서 아내 박남희교수(경북대학교 미술과 서양화 전공)와 함께 부부 전을 갖게 되었으며 아날로그 미술과 디지털 미술의 복합적인 전시를 시도해 보았다. 저희 부부 작품에서는 우주의 무한대성과 생명의 영원성과 조물주와 인간의 관계 및 철학, 종교, 과학의 연관성에 대한 평소의 생각을 담아 보았다.

카오스아트는 다양한 카오스 수식을 계산한 아름다운 프랙털 그림 이미지를 미술 분야로 발전시킨 새로운 예술장르(genre)이다. 카오스아트 의상은 필자가 연구한 300여종의 카오스 프랙털 패턴을 실크, 면, 폴리에스테르 등에 컴퓨터프린팅 방법으로 염색한 첨단패션이다.

또한 카오스아트의 실용화를 위해 필자의 카오스아트 작품을 의상과 접목시켜 디지털 섬유 디자인기법으로 카오스 넥타이, 카오스, 스카프, 모자, 신발, 여성언더웨어 등 각종 의상을 디자인하여 문화상품으로 개발했다. 사람들이 곤충이나 새처럼 아름다운 자연색깔의 옷을 입는다면 마음이 아름다워질 것이고 세상이 밝아져 자연과 조화로운 세계가 되지 않을까 하는 생각에서이다.

카오스나비의 미약한 펄럭임이 전 세계 태풍을 일으킬 수 있듯이 카오스패션이 새로운 디지털섬유산업분야에 센세이션을 일으켜 낙후된 섬유산업을 살릴 계기가 되는 것은 물론, 아름다운 옷이 아름다운 마음을 만들고 아름다운 세상을 만들기 위해서이다.

카오스 의상은 우주 공간에 약 65% 정도로 엄청나게 많은 원초적 기(氣)에너지를 받아들여 사람의 세포를 활성화시켜 면역력을 높이는 것은 물론, 사람의 의식을 향상시켜 우주와 일체가 되어 우주와 내가 하나가 되는 우아성(宇我城)을 쌓는데 큰 도움이 될 것이다. 따라서 대학과 연구소는 첨단 카오스과학을 하루빨리 연구하여 인류의 육체건강, 정신건강, 영적건강을 위해 많은 연구업적을 내 주길 바란다.

브레이크뉴스(Break News) 칼럼 2011.10.15

33. 정책 제안, 망국적인 보궐선거를 없애버리자

차점자를 당선 후보자로.... 공직선거법을 개정하자

이번 10.26 서울시장 보궐선거를 보는 국민은 어떤 눈으로 보고 있을까?

2012년 4월에 19대 국회의원 선거를 치러야 하므로 금년은 국회의원들이 사실상 의정생활을 총 결산해야 하는 해로서 임기의 마지막 해라고 볼 수 있다. 또한 국정감사와 예산과 결산을 심의해야 하는 중차대한 회기임에도 불구하고 소위 대권후보라고 하는 박근혜 의원과 손학규 의원이 마치 대선 전초전처럼 전국을 누비며 사전선거운동을 하고 있으며, 여야 대부분 국회의원들은 공천을 의식 총출동하여 사생결단식으로 일개 서울시장 보궐선거운동을 하고 있으니 이 나라가 과연 제대로 가고 있는가? 한번 생각해 볼 일이다.

상인들은 후보자들에게 '없는 사람 도와줘야한다', '서울시장 말로만 하지 말고 열심히 해 달라', '장사 잘되게 해 달라' 등을 주문하면서 정말 살기 힘들다고 하소연을 하고 있으며, 대학생들은 일자리를 마련해 달라, 서민들은 전세 값을 해결해 달라 아우성인데 매년 보궐선거로 난장판과 같은 정치판이 재연되고 있는데 과연 이 문제를 어떻게 해결해야 할까?

간단히 말해 망국적인 보궐선거를 없애기 위한 공직선거법을 고쳐야 하겠다. 다음과 같은 경우 즉, ▲선거의 전부무효의 판결 또는 결정이 있는 때, ▲당선인이 임기개시 전에 사퇴하거나 사망한 때, ▲당선인이 임기개시 전에 제192조(피선거권상실로 인한 당선무효 등)제2항의 규정에 의하여 당선의 효력이 상실되거나 같은 조제3항의 규정에 의하여 당선이 무효로 된 때, ▲제263조(선거비용의 초과지출로 인한 당선무효) 내지 제265조(선거사무장 등의 선거범죄로 인한 당선무효)의 규정에 의하여 당선이 무효로 된 때 재선거와 보궐선거를 치르게 된다.

선거 후 당선자를 결정하는 조항은 "공직선거법 제188조 (지역구국회의원당선인의 결정 · 공고 · 통지),제190조 (지역구지방의회의원당선인의 결정 · 공고 · 통지), 제191조 (지방자치단체의 장의 당선인의 결정 · 공고 · 통지)에서 "유효투표의 다수를 얻은 자를 당선인으로 결정한다." 라고 되어 있다.

보궐선거를 없애기 위해서는 '당선인이 선거에서 무효 또는 사망 및 사퇴를 할 경우 차점자를 당선 후보자로 정한다.' 라고 개정하면 간단하게 재선거나 보궐선거를 실시하지 않고 문제를 해결할 수 있다고 생각한다. 만일 차점자가 득표수가 적어 대표성에 문제가 있을 경우 당선자의 몇%를 득표한자로 정한다고 하면 될 것이다. 그리고 부정선거로 당선이 무효 되거나 오세훈 전 시장처럼 자기가 사퇴를 할 경우 보궐선거비용 일부를 소속 정당이나 본인이 배상해야 한다고 생각한다.

대통령과 국회의원들은 왜? 이 간단한 선거법을 고치지 않고 있는가? 이제 국민들이 나서서 모든 악법을 고쳐 이 나라를 바로 잡아 나가야 하겠다.

브레이크뉴스(Break News) 칼럼 2011.10.19

34. 차기 과학대통령, 과학기술로 경제 살려야!

대통령과 공무원이 과학기술과 정보화 마인드를 가져야!

대통령은 역사의 지평선 너머를 볼 수 있는 통치자로서 과학적인 혜안을 가지고 미래 지향적인 정책을 세워 이를 실천하는 것이 아주 중요하다. 우리나라는 현재 기술선진국과 후발국의 추격사이에서 샌드위치가 되어 호두까기 안의 호두와 같은 위기에 직면하고 있다. 세계 속의 한국의 위상은 지난 반세기 짧은 역사동안 산업화, 민주화, 정보화, 세계화를 모두 성취한 세계 유일의 나라로서 후진국과 개도국의 모델이 되고 있다. 놀랄만한 압축경제성장의 결과, 경제 규모는 600배, 국민소득 250배 증가했다. 한강의 기적을 일으킨 셈이다.

IMF를 극복한 후 향후 N커브의 성장 곡선을 그리며 선진국으로 도약하느냐, 아니면 M커브의 퇴보곡선을 따라 후진국으로 다시 전략하느냐 하는 중대한 기로에 서 있다. 한국은행 발표 자료를 참조하여 주요국가의 경제비중을 비교해 보면 2005년도에 미국30.8%, EU31%, 일본12.5%, 중국4.6%, 한국1.8%, 인도1.9%이다. 그러나 2040년을 예측한 결과 미국18.2, EU15.6, 일본5.1, 중국19.6, 인도9,8, 한국2.0%이다. 미국과 EU 및 일본의 쇄락과 중국과 인도의 부상을 눈여겨 보아야 하겠다. 중국은 값싸고 질 좋은 H/W제품의 생산과 인도의 S/W산업 발전이 경제 발전의 원동력이 될 것이다.

한국은 이제 기로에 서 있다. 21C 무엇으로 생존 할 것인가 ?

미래사회는 지식과 지혜를 기반으로 한 지성민주주의와 영성시장경제 체제사회로서 전자국가, 디지털사회, 지구촌시대, 우주화 시대이다. 국가과학기술수준과 국가경제수준은 비슷하다. 현 우리나라 과학기술의 질적 수준과 양적수준은 각각 12위와 29위이다. 또한 경제수준도 질적으로 12위이고 양적으로 29위이다.

미국도 이 점을 인식하고 국가경쟁력강화 방안(2006)을 마련하였는데 첫째,

초·중· 고 과학교육 강화, 둘째, 기초연구개발 강화, 셋째, 우수이공계 인력양성이다. 우리나라도 기술혁신 전략을 새로 세워 Follow-up 전략에서 선진화/일류화를 추구하는 Lead-up 전략을 추진해야 한다. 첨단 고가품에 주력해야 한다. 첨단 기술 분야에서 1등은 이익을 남기고 2등은 본전, 3등은 손실을 본다. 그리고 국제화 전략으로서 인적, 물적 자원의 세계화를 해야 한다.

싱가포르 국립대학의 80%는 외국인 교수이고 일본 이화학연구소의 프로젝트 리더의 30%는 외국인이다. 핀란드 노키아는 전 세계 54개 R&D 거점을 가지고 있다. 아일랜드는 다국적기업을 적극적으로 유치하여 서유럽의 병자라는 오명을 씻고 10년 만에 GNP 2만 불을 달성한 나라로 급성장하였다.

비이공계 중심사회에서 이공계중심으로의 국가체질개선을 한 핀란드는 인구는 500만의 작은 나라지만 경제활동 인구의 76%가 이공계출신이다. 기술혁신을 주도하는 국가시스템을 구축하여 정보기술(IT)강국으로 성장하여 국가경쟁력 세계 3위이다. 또한 중국은 Technocrat(기술관료)들이 국가 및 시정운영에 중심 역할을 하고 있다. 강택민 전 주석에 이어 후진타오 현 주석은 이공계 출신이고 공산당 최고결정기관인 상무위원 9명 전원이 기술 관료이다. 결론적으로 보면 객관성, 합리성, 논리성, 투명성의 과학적 사고가 지배하는 나라가 잘 살고 있다.

우리나라가 경제 강국으로 도약하는 걸림돌은 무엇인가?

국가 경영체계가 인문계 중심으로 세워져 전문성, 연속성, 자율성, 글로벌 마인드가 부족하여 우리나라 고유의 과학기술 장기 전략을 세울 수 있는 싱크탱크그룹이 없다. 따라서 원천 핵심기술이 부족하여 선진국의 60% 수준이며 기술무역수지가 선진국에 비해 매우 낮다. 그리고 지식 창조형 과학기술 인력이 태부족하여 대부분 모방형, 응용형 인력이다. 또한 우수청소년들이 이공계를 기피하고 있다.

그 원인은 과학기술자들의 직업 안정성에 대한 불안으로 청소년 및 부모들의 가치관이 변화하고 있다. 과학기술자의 사회적 위상 저하와 과학기술자의 낮은 경제적 대우가 원인이다. 이공계 위기의 국가적 심각성이 국민소득 2만 불에서 급격히 도래하여 문제가 크다. 연구개발비 투자 절대 규모가 선진국의 1/16~ 1/2 정도이다. 이러한 원인과 문제점을 잘 인식하여 해결 방안을 모색해 나가야 하겠다.

브레이크뉴스(Break News) 칼럼 2011.10.22

35. 한국 1인당 GDP 8만 불 '2050년 세계 2위'

남북 1국가2체제 통일, 지성민주주의-영성시장경제 체제로!

골드만삭스(Goldman Sachs)사는 2007년 11월 'BRICs and Beyond'라는 보고서에서 2025년에 한국의 1인당 GDP(Gross Domestic Product)는 3만 6813달러로 미국-중국-일본-독일-인도-영국-프랑스-러시아 다음으로 세계 9위, 2050년에는 한국의 1인당 소득은 8만1462달러로 미국에 이어 세계 2위가 될 것 이라고 예측했다. 경제규모는 중국, 인도, 러시아, 브라질 등 이른바 브릭스(BRICs)에 뒤지겠지만 생활수준만큼은 현재의 G7국가들을 모두 제치고 세계 최고가 된다는 것이다.

골드만삭스는 이 보고서에서 국가경제의 성장 동력을 거시경제의 안정성과 환경, 기술 및 인적자원 및 정치적 환경 등 5가지 측면에서 나누어 국가별 성장환경 점수(GES:Growth Environment Score)를 산정하여 한국을 종합점수 10점 만점 중 6.9점을 주고 17위에 올려놨다. 또한 한국을 11개 차기 경제대국 후보(N-11) 로 포함시켰으며, 나머지 10개국은 방글라데시, 이집트, 인도네시아, 이란, 나이지리아, 파키스탄, 필리핀, 터키, 베트남, 멕시코이다.

하지만 안타까운 것은 골드만삭스가 제시한 한국 경제의 가능성을 정작 정치권은 제대로 준비하지 못하고 역사적인 기회의 시간들을 허송세월하고 있지 않은가 하는 점이다. 이 전망은 브릭스와 N-11 국가군에 대해 어떤 관계를 구축하는가의 여부가 한국 경제의 장래를 결정한다.

중국은 올림픽을 개최하고 세계무역기구(WTO)에 가입하였으며 일본은 첨단 기술국가로 성장하여 한국은 두 국가 사이에서 샌드위치 신세로 잘못하면 후진국으로 전락할지 모른다. 하지만 두 나라의 번영은 한국에 자극이 되어 오히려 축복이 될 수 있다. 이유는 우리나라는 수 천년동안 유구한 역사와 전통을 바탕으로 탁월한 조직력과 응집력으로 신바람 문화를 유지하면서 살아 왔기 때문이다.

역사적으로 가장 좋은 이 기회를 살리기 위해서는 세계 경제의 메가트렌드를 준비하는 것이 무엇보다 중요하다. 잠재성장 역량을 제고하기 위해 가장 절실한 점은 대통령이 미래 지향적인 비전을 세우고 합리적인 정책을 제시해야 한다. 즉 아날로그(Analog)정치문화를 디지털(Digital)정치문화로, 현재의 산업사회 경제시스템을 IT-DNA경제시스템으로, 현실세계 지향적인 문화를 사이버세계 지향적인 문화로 바꿔나가야 한다.

우리나라가 1인당 소득 2025년 세계 3위, 2050년 2위를 달성하기 위해서는 우선 남북이 1국가 2체제로 통일하고, 지성민주주의와 영성시장경제 체제를 도입하여야 한다. 그리고 대통령이하 모든 공무원이 획기적인 사고의 전환과 디지털마인드를 가져야 한다는 생각에 "우리대통령!! Analog대통령? Digital대통령?(진한M&B, 2009)"이라는 책을 출판하였다. 내용 중에서 중요한 일곱 가지 정책을 요약 소개하고자 한다.

첫째, 남북한 분권형집정제 평화통일을 이룩하여 그랜드코리아를 건국한다. 세계를 잇게 될 대동맥인 중국 및 소련간의 대륙철도를 가설하고 부산과 대마도를 잇는 한·일 해저터널을 건설한다. 현재 북한 인구는 2200만 명에서 2050년도에는 약 5천만 명까지 불어날 전망이고 통일 후 남한과 북한의 인구는 약 1억 명이상으로서 세계 10대 인구대국이 될 것이다.

둘째, DMZ부근 민간통제선지역(CCL)을 16개 한국전 참가국과 함께 세계평화무역도시로 개발한다. 정부에선 철도와 도로 등 SOC만 건설하고 16개 참가국에 분할 장기간 조차(租借)권을 준다.

셋째, 평화통일을 대비하여 국회와 청와대를 판문점으로 옮기고 국회는 세계 종교청으로 하여 세계 정신지도국 역할을 하고, 청와대는 9200여년의 역사속의 국왕과 대통령의 근영과 유물을 모시는 국조전으로 개조한다.

넷째, 일자리를 창출하고 세계적인 전자도서관을 설립하기 위해 지식정보자원관리법을 개정, 반민반관 형태의 지식정보관리공사를 설립한다. 전 세계 중요인물 사진과 전화번호 및 홈페이지를 소개하는 인물정보센터 역할을 한다.

다섯째, 청와대에 최첨단 전자정보화시설을 갖추어 각 정부부처 통계 자료를 실시간으로 보면서 국무회의를 한다. 전국 반상회를 통해 인터넷 국정여론조사를 수시로 실시하여 정확한 민의를 파악한다.

여섯째, 전 세계 경제를 주도하기 위해 종이화폐를 없애고 전자화폐로 개혁하여 부정부패와 탈세를 없애고 지성민주주의와 영성시장경제 체제로 발전시켜 나간다.

일곱째, 수 천만 명의 중국, 소련, 일본, 미국에 살고 있는 교포를 연대하기 위해 참정권을 주고 민족혼을 살리기 위해 천부경을 국보로 지정하고 원구단을 사직공원에 복원한다. 카오스 프렉탈사상, 홀로그램우주사상, 천지인 천부사상으로 세계를 하나의 연합국가 형태로 발전시킬 세계정부 모델을 제시하면서 UN에 제안한다.

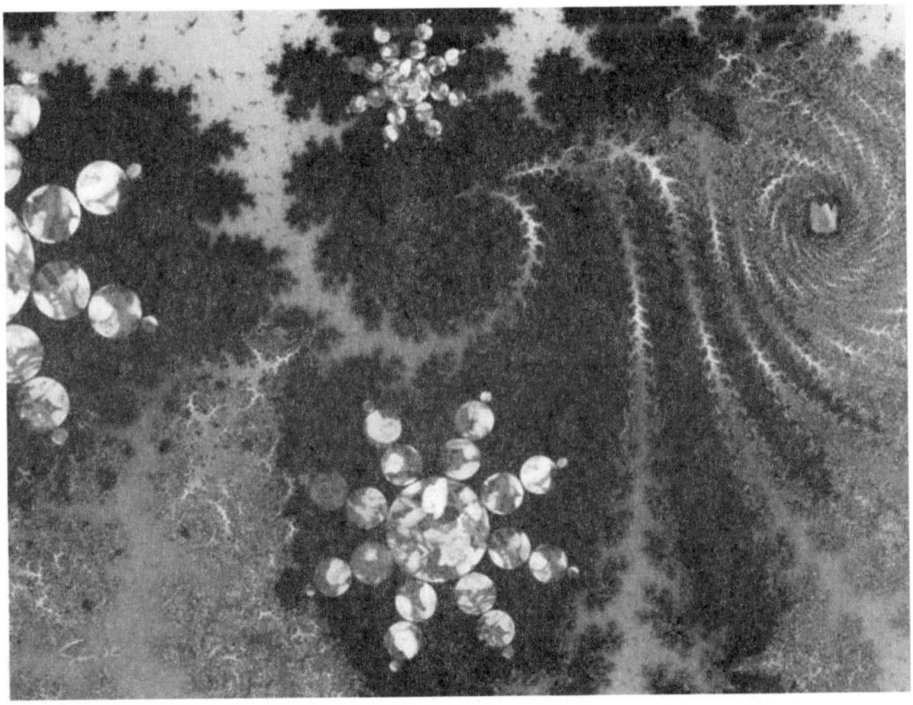

브레이크뉴스(Break News) 칼럼 2011.10.26

36. 인간의 행복을 위한 영혼의 해방

서울시장은 서울시 공무원의 영혼을 해방시켜 주어야!

공무원들에게 가장 자존심 상하는 말이 "영혼이 없다"라는 말일 것이다. 상관의 지시에 따라 일을 처리해야 하므로 대통령, 장관, 단체장이 바뀌면 소신과는 상관없이 정의에 반하는 일도 해야 하기 때문이다.

필자는 너무나 애절하고 안타까운 1990년도 영화 '사랑과 영혼(Ghost)'을 보고 영(靈, soul)에 대해 항상 많은 생각을 해 왔다. 금융전문가로 일하는 남편 샘과 도예가인 아내 몰리는 행복한 나날을 보내다가 괴한의 총에 맞아 죽은 후 육체에서 분리된 영이 지상에 남아 자신의 존재를 몰리에게 알릴 길이 없어 고심하던 샘은 점성술사를 찾아가는 줄거리이다.

누구나 죽음을 피할 수는 없지만 지난 7월, 착하게 살아온 필자의 바로 아래 남동생(7형제 중 셋째)에게 밀어 닥쳐온 것이다. 동생은 어릴 때부터 배가 아파 병원을 전전하면서 평생 고통에 시달리면서도 딸과 아들을 대학에 보내고 훌륭하게 키우기 위해 어려운 일을 하다가 저 세상으로 가버리게 되었다. 필자는 둘째이고 제일 큰 형님은 75세이니 동생은 너무 일찍 가버리게 되어 동생들 모두가 안타깝게 생각했다. 장지까지 가서 관을 묻는 광경을 보면서 여러 가지 생각을 하게 되었다. 죽은 다음에 육체는 분해되어 우주의 먼지인 원자형태로 남을 것이나 기(氣)와 영과 혼 그리고 정신과 마음은 도대체 어디로 가는지 다시 한 번 생각하게 되었다.

사전적 풀이를 보면 영혼은 사람의 넋으로서, 혼령(魂靈),혼신(魂神)이라고도 하며 정신이나 자아(自我)와 동의어로 간주되기도 한다. 가톨릭에서는 신령하여 불사불멸하는 정신이라고 하며, 불교에서는 육체밖에 따로 있다고 생각되는 정신적 실체라고 한다. 전통사상인 애니미즘에서는 무생물이나 동식물에도 머무르며 눈에 보이지 않는 비물질적 존재라고 한다. 여러 종교와 철학은 영혼의 존재를 시인하면서도 그 본질, 육체와의 관계, 기원 등에 대해서 다양한 이론들을 제시하여 왔다.

사람들은 영혼이 보이지 않고 만질 수 없기 때문에 본질을 제대로 알지 못해 다양한 종교나 사상에 잘못 빠져 영혼의 노예가 되어 구속된 삶을 살아가고 있다. 일부 종교인들은 사람들의 무지를 악용하여 재물을 바치도록 강요하면서 종교를 직업으로 삼으면서 호화롭게 살아가고 있다.

인류역사상 육체의 해방 즉, 자유를 얻기 위해 많은 전쟁과 투쟁을 통해 노예를 해방시키고 봉건사회와 양반사회를 타파하여 민주주의를 정착시켜 육체를 자유롭게 살아가도록 하고 있다. 하지만 육체의 자유보다 더욱 중요한 영혼의 자유를 구가하지 못해 아직도 무기경쟁을 하고 있으며 전쟁을 일삼으면서 어머니 격인 지구를 파괴하면서 아프게 하고 있다. 하루빨리 인간 각자의 영혼의 사슬을 풀어 주어 진정한 인간의 행복을 누릴 수 있도록 해야 하겠다. 우주의 기(氣)를 받아 체질을 개선하고 생각의 틀을 벗어나 정신을 개벽하여 영혼의 혁명을 일으켜야 하겠다.

기독교 사상에서 하나님은 자기를 닮은 인간을 창조했다고 하는 데 사람은 자기를 닮은 컴퓨터를 만들어 사용하고 있으니 컴퓨터 원리를 알면 하나님과 사람의 구조를 알 수 있다고 본다. 컴퓨터는 하드웨어(H/W), 소프트웨어(S/W), 전원 장치로 되어 있다. 사람도 육체인 하드웨어와 소프트웨어인 혼(魂), 정신, 마음, 영(靈)으로 되어 있으며 기(氣)가 에너지를 공급하고 있다. 사람과 컴퓨터를 비교해 보면 혼은 BIOS(Basic Input Output System), 정신은 운영체제(Operating System), 마음은 수많은 응용프로그램, 영은 데이터베이스와 정보, 지식, 지혜를 통합한 것으로 볼 수 있다.

우리가 컴퓨터를 새로 교체할 때 가장 중요하게 여기는 것은 자기가 구축한 주소록이나 평생 동안 찍은 사진, 그리고 작성한 글이나 창작한 콘텐츠 등이므로 이것들을 소중히 여겨 새 컴퓨터로 옮길 것이다. 사람도 전생에서 쌓아온 영을 이어받아 이생에서 터득한 재능이나 지혜로 살찌운 영(靈)을 다음 생으로 연계하는 일, 즉 영의 윤회를 알아차리고 있다. 따라서 어려운 여건과 환경을 극복하면서 다양한 경험과 학습을 통해 좋은 영, 훌륭한 영을 키우는 일에 최선을 다해야하고 이러한 일에 행복을 느껴야 한다. 또한 새로운 육체의 옷을 마련해준 조상과 부모에게 효도하면서 정자와 난자가 결합할 때 영이 잘 이식되도록 정성을 기울려야 한다고 생각한다.

따라서 교육도 단순한 지식보다는 창의적인 재능과 지혜를 쌓아 영을 키워 주는데 그 목적을 두어야 한다. 그러나 아직도 학교에서는 암기식 위주의 교육을 시키고 있어 교육문제가 풀리지 않고 있으며, 어머니는 자기의 영을 키우는 일에 몰두해야 함에도 불구하고 자식을 성공시켜 대리 만족을 하는 일에 세월을 보내고 있다. 부모는 내 자식, 남편은 내 마누라라는 생각을 하루빨리 버려야 한다. 각자가 자기 자아를 가꾸면서 살아가고 있으니 상대방의 영을 구속하지 말아야 한다.

흔히 말하는 빈손으로 왔다가 빈손으로 간다는 공수래공수거(空手來空手去)의 뜻에서 공(空)을 보이지 않은 영(靈)으로 해석하고 영을 가지고 와서 영을 가지고 가는 것이 우리 인생이라는 것을 알아야 한다. 영을 해방시키는 제3의 인간 혁명이 일어나야 진정으로 전쟁, 기아, 공해가 없어져 지상에서 낙원이 이루어질 것이다. 이번에 당선되는 서울 시장은 서울시 공무원의 영을 해방시키는 일에 최선을 다해 주기 바란다.

앞으로 과학이 더욱 발전하고 인간의 영이 성숙하게 되면 죽은 사람의 영과 대화는 물론, 우리보다 한 차원 높은 지구, 태양, 은하계의 영과도 연계되고 있음을 알게 될 것이며, 신과 하나님에 대한 정체를 제대로 깨닫고 무명에서 벗어나 우주의 진리를 터득하여 종교의 어두운 우물 속에서 벗어날 수 있을 것이다.

브레이크뉴스(Break News) 칼럼 2011.10.27

37. 국가 차원에서 초능력 연구소를 설립해야!

초능력자와 과학자가 함께 우주와 합일되는 방법을 연구

최근 우주과학 연구에 의하면 우주의 구성 물질은 약 65%의 암흑에너지(dark energy), 30%의 암흑물질(dark matter), 0.5%의 별과 나머지 수소와 헬륨으로 되어 있다고 한다. 현대과학으로 설명이 어려운 암흑에너지와 암흑물질을 활용하는 초능력과 초자연현상에 대한 메커니즘을 규명하여 이론으로 정립하고 이를 응용하여 미래 정신과학산업의 초석이 되도록 하기 위해서는 국립연구기관으로서 초능력연구소를 설립할 필요가 있다.

초능력은 무엇이고 초자연적인 힘은 무엇인가? 초능력(超能力,Super Natural Ability)의 사전적 의미는 현대 과학으로는 합리적으로 설명할 수 없는 능력으로서 염력, 예지, 공중부양, 순간이동, 유체이탈, 텔레파시, 투시, 제령 따위를 통틀어 이르는 말이다. 몸 안에 숨어 있는 잠재능력인 초자연 현상은 초능력이나 심령현상으로서 일상 경험이나 논리로는 설명할 수 없었으며, 제3의 불가사의한 힘이다.

지금까지 전 세계적으로 잠재능력이 발현된 초능력을 다음과 같이 분류해 볼 수 있다. (1). 예언 : 자신도 모르게 미래에 벌어질 일을 정확히 맞춤, (2). 전생기억 : 어느 장소에 갔을 때 이미 가본듯한 느낌, (3). 물체이동 : 물질을 주시하여 물체를 움직이게 함, (4). 영혼 목격 : 무형의 에너지를 보는 것, (5). 텔레파시 : 눈으로 보고 마음을 읽음, (6). 원격투시 : 명상을 통해 다른 곳에서 벌어지고 있는 사건을 봄, (7). 손으로 글씨를 읽는 능력 : 눈을 가린 체 손으로 글씨의 내용과 색깔까지도 읽는 기능이다.

손으로 글씨를 읽는 능력은 뇌가 시신경과 감각신경에 의존하지 않고 직접적으로 외부의 물질과 연계하여 작용하기 때문에 눈을 가려도 내용을 읽을 수 있다. 사람의 뇌에는 송과체(pineal gland)가 뇌의 중심부분에 위치하고 있어 시신경의 역할을 하여 천목(天目), 즉 제3의 눈으로서 손으로 글씨를 읽는 다고 볼 수 있다.

우리는 초능력이건 초인간적인 힘이건 간에 일생에 한번쯤은 잠시라도 이러한 능력을 부여받아 멋진 경험을 해보고 싶은 것이 사실이다. 그리고 이러한 능력을 발휘하여 전국적으로 만연했던 조류독감과 광우병 같은 어려운 난제를 해결할 수 있다면 얼마나 좋을까하고 창조주에 염원해 본다.

초능력연구소를 설립하는 목적은 초능력자와 과학자가 함께 학회를 결성하여 초능력의 발현을 과학적으로 증명하여 누구나 초능력자가 될 수 있도록 하자는 것이다. 현재 미국, 소련, 중국, 일본을 비롯하여 강대국들은 국가에서 초능력에 대한 연구를 대폭 지원하고 있어, 일본만 하더라도 이미 1998년에 국가차원에서 초능력과 초자연현상의 연구비로 1억 엔, 뇌 연구에 100억 엔의 연구비를 투자하였으며 상당한 연구결과를 얻고 있다. 미국은 세계초능력연맹 본부를 두고 세계적인 프로젝트를 비밀리에 진행하고 있다고 한다. 미래 정보통신기술인 텔레파시기술과 뇌파의 에너지 증폭기술로 멀리 떨어진 사람의 의식전환을 바꾸는 연구도 진행중이라고 한다.

초능력을 발휘하기 위해서는 우주에 존재하는 생명체의 생명력의 원리를 이해해야 한다. 생명력이란 생명을 지닌 사물들이 원래 완전했던 생명상태를 유지하려는 원초적인 에너지로서 살아 움직이는 모든 것의 생성소멸을 주관하는 힘이다. 따라서 이러한 에너지의 실체를 파악하여 잘 사용할 수만 있다면, 에너지 불균형으로 인해 생긴 병을 물리화학적인 방법이 아닌 우주의 기 에너지로 육체의 병을 스스로 치유할 수 있다.

우리도 이제 초능력자와 과학자는 물론 정부와 국회에서도 관심을 가지고 초능력 분야를 차세대 미래 원천기술로 선정하여, 우리가 세계적으로 승부를 걸고 연구할 수 있도록 국가차원에서 연구소를 설립하고 대학에서도 강좌를 개설하여 국민 모두가 관심을 가지고 동참해야 하겠다. 연구소를 창립하여 우선 다음과 같은 행사를 해야 한다. (1). "정신과학육성법" 제정추진, (2). 미래 정신과학산업에 대한 세미나 및 포럼 개최, (3). 정신과학연구원 및 수련센터 설립, (4). 정신과학분야 전문대학원 설립, (5). 세계 초능력학술대회이다.

필자는 5년 전부터 우주에너지를 받아 명상과 수련을 통해 우주와 일체가 되는 법을 체득하였다. 이 우주기공법은 누구나 쉽게 터득할 수 있어 자기 스스로 기혈

순환을 조화롭게 할 수 있다. 우주의 카오스 자연법칙을 이해하면서 무한한 우주를 생각만 해도 저절로 우주기와 합일이 될 수 있었다.

병을 만든 것도 본인이고 치유하는 것도 본인이기 때문에 긍정적이고 이타적인 마음자세로 무한한 우주에너지를 활용하면 첫째, 하늘의 원력과 통할 수 있고, 둘째, 몸 안의 세포를 활성화 시켜 수명을 연장할 수 있으며, 셋째, 심리적인 성격(性格) 트러블도 스스로 해결할 수 있다. 더욱 중요한 것은 이 우주기공법은 다른 수련법과는 달리 누구나 쉽게 배울 수 있고 자기 능력을 다른 사람한테 전수할 수 있어 우리나라 국민 모두가 초능력자가 되어 세계 영적지도국가가 될 수 있다.

브레이크뉴스(Break News) 칼럼 2011.10.31

38. 평화통일 공존모델과 제3의 정당의 필연성

〈보수와 진보를 넘어〉 왜 통일당 건설이 요구되는가?

"이념 정당 건설을 어떻게 할 것인가? 평화통일을 위하여"라는 주제로 경기대학교 민족사상연구소(소장 노태구 교수) 주관으로 제26회 추계학술대회(2011.11. 29(토))가 경기대 서울캠퍼스에서 성황리에 개최되었다. 총 7명의 교수 및 전문가의 발표가 있었지만, 본고에서는 지면상 기조연설인 "평화통일의 공존모델과 이념 정당 건설"(오강남 : 캐나다 리자이나(Regina)대 명예교수/종교학)과 "왜 통일당 건설이 요구되는가?" (정호선 : 통일당 총재, 15대 국회의원)라는 발표를 소개하겠다.

오강남 교수는 한국 사람치고 "우리의 소원은 통일"이리는 노래를 모르는 사람은 없다. 반세기가 훌쩍 넘도록 이런 노래를 계속 부르며 통일을 기원하고 있는데 왜 통일이 안 되고 있는가? 우리는 단지 남북이 통일되기를 바라는 것일 뿐, 일상생활에서는 통일을 좋아하는 백성들이 아닌가 하는 생각이 든다.

예전에는 여럿이 모여 식당에 가서 음식을 주문하게 될 경우, 주로 "냉면으로 통일하지" 혹은 "비빔밥으로 통일할까?" 하는 것이 예사였다. 뿐만 아니라 사회나 정치계에서도 "국론통일"이나 "국민총화"라고 해서 모두 "통일"된 의견과 견해를 갖자고 했다는 것이다.

그런데, 이렇게 모든 일에 통일되기를 좋아하는 나라에서 왜 통일을 못하고 남북이 서로 갈라져 살아야 하는 것일까? 남북 간은 물론 사회집단이나 종교단체 사이에서 사분오열, 불화와 불협화음이 왜 그렇게 많을까? 그 이유는 통일을 그렇게도 좋아하고, 무엇이나 통일되지 않으면 안 된다고 생각하는 그런 직선적인 태도가 바로 아이러니컬하게도 진정한 의미의 통일을 저해하는 가장 결정적 원인 중 하나라고 주장한다. 다시 말하자면 덮어놓고 통일을 좋아하는 그것이 바로 통일에의 걸림돌이라는 것이다.

오교수는 우리가 “통일”이라고 할 때, 우리는 이 말을 크게 두 가지 종류로 사용한다. 하나는 여럿이 어느 한 가지 목적을 위해 뭉치는 것이고, 다른 하나는 모두 무조건 똑 같이 한 가지가 되는 것이다. 영어로 하면 “unity”와 “uniformity”의 구별이다. 전자는 서로 다름을 인정하면서 서로 보완관계, 상생관계를 가지고 화합하는 것을 의미하고, 후자는 누구나 무슨 일이 있든 한 색깔, 한 모양, 한 생각, 한 행동으로 똑 같아야 한다는 획일성(劃一性)이다.

전자는 음양이 서로 다르면서 둘 다 함께 "태극"이라는 변증법적 종합으로서의 하나를 이루는 것이고, 후자는 음양이 한 가지로 음이 되든지 양이 되든지 둘 중 하나가 되는 것이다. 전자는 이것‘도’ 살리고 저것‘도’ 살린다는 뜻에서 “도도주의”라고 할 수 있고, 후자는 이것이‘냐’ 저것이‘냐’ 둘 중 하나로 하나가 된다는 이항대립(移項對立)이나 양자택일(兩者擇一)의 의미에서 “냐냐주의”라 할 수 있다는 것이다. 영어로 하면 전자는 “both/and”요, 후자는 “either/or”이라는 것이다.

또한 그는 우리가 "냉면으로 통일하자"고 하거나 "교복을 통일한다"고 할 때의 통일은 이 두 가지 통일 중 후자에 말하는 "냐냐주의"적 획일성을 의미하는 것이다. 이런 획일주의적 통일은 요즘 같은 복합적이고 다원적인 사회에서는 도저히 불가능한 일이고, 설령 가능하다고 하더라도 결코 바람직한 것이 못된다. 우리가 진정으로 원하는 통일, 참된 의미의 통일은 이런 것일 수가 없다.

우리가 이런 식으로 획일화된 단세포적 통일을 염원한다면 이런 통일에의 염원이야 말로 다양성과 개성을 존중하고 서로 모여 화합을 이룬다는 의미의 참된 통일이 아니다. 이런 식의 통일은 “이 겨레 살리는 통일”이 아니라 이 겨레를 비롯하여 어느 집단이든 그 집단을 죽이는 통일이라는 것이다.

우리말에 한 가지 놀라운 사실은 “다르다(different)”와 “틀리다(wrong)”가 동의어로 쓰이는데 사과가 오렌지와 “다르다”고 해도 되고 “틀리다”고 해도 된다. 다시 말하면 “너는 뭔가 다르다”고 하는 것은 곧 “너는 뭔가 틀리다”가 되는 셈인데, 이것을 더 나아가 “너는 뭔가 글러먹었다”와 통한다는 것이다. 이런 식으로 생각하면 나하고 다른 것은 모두 다 틀린 것, 글러먹은 것이라는 독선이다.

서양말에서도 사정은 비슷하다. “이단(異端)”을 나타내는 영어단어 “heresy”나 “heterodox”는 어원적으로 그냥 “다르다”거나 “다른 생각”이라는 뜻인데, 결국 그것을 사상적으로나 교리적으로 어떤 생각이 다수의 생각과 다르면 그 다름으로 인해 “옳지 못한 생각”이 된다는 뜻을 내포한다는 것이다. 진정한 통일을 원한다면 이런 그릇된 의미의 “획일성으로서의 통일”에 대한 환상을 청산하고 서로 다름을 포용할 수 있는 정신 구조와 마음가짐을 가져야 한다고 주장한다.

그렇다고 참된 의미의 통일이란 물에 물탄 것처럼 싱겁게 하나가 되는 것이 아니라, 한 가지 목표, 한 가지 이상, 한 가지 구심점을 향해 서로 다른 것이 모여서 새로운 차원의 조화를 이루어야 한다는 것이다. 그것은 개체의 독특성을 인정하면서 뭉치는 화합(和合)이다. 공자님이 말한 “화이부동(和而不同)”의 그 화(和)이다.

오케스트라와 같이 조화된 음을 내는 것이다. 김치에 들어간 온갖 종류의 재료들이 어울려 조화로운 제3의 맛을 내는 것이다. “다양성 속의 일치(unity in diversity)”, 서로가 서로 다를 수 있다는 권리를 존중하면서 하나 더 높은 차원의 무엇을 위해 공동의 노력을 경주하는 것이다.

그러면 우리 한민족은 무슨 목표, 무슨 이상, 무슨 구심점을 두고 서로 화합하고 뭉칠 수 있는가? 물론 제일 먼저 떠오르는 목표로 한반도의 평화와 한(韓)민족의 공동 번영이라 할 수 있다. 남북이 통일 내지 협력관계를 수립한다면 평화로운 분위기 속에서 문화적으로나 경제적, 국제적으로 훨씬 평화스럽고 번영된 조국을 실현할 수 있음을 말한다.

여러 가지 사소한 차이가 있음에도 불구하고 유럽공동체(EU)가 하나의 목표를 위해 뭉친 것과 같은 경우이다. 이런 사실을 감안할 때 하나의 민족 공동체인 남북이 지금과 같은 대치상태에서 서로 으르렁거리며 살 이유가 무엇이냐는 것이다.

남북한 간의 사회적, 정치적, 경제적 문제도 결국은 더 깊은 철학적, 형이상학적 원리에 기초해야 한다. 이런 관점에서 볼 때, 지금 한국이 안고 있는 가장 큰 문제가 “비인간화(非人間化)”와 “소인(小人) 공화국”이 아닌가 하는 생각이 들며, 이런 현상을 타개하는 데에 우리 모두가 힘을 합해야 진정한 의미의 통일도 가능해 진다는 것이다.

인간으로서 해야 마땅한 올바른 일, 곧 의(義)를 위해 사는 사람을 군자(君子)라고 하고, 자기의 사적인 이해관계에 따라 자기에게 이익이 되는 일, 곧 이(利)를 위해 살아가는 사람은 소인(小人)이다. 지금 세계가 거의 의(義)보다는 이(利)를 쫓고 있는 것이 사실이다. 특히 경제적 가치를 최고의 가치로 떠받들고 경제지수(GNP)만 중요시할 뿐 "행복지수(GNH)" 와 같은 것은 완전히 무시하는 한반도에서 이런 일이 더욱 극심해서 우리는 지금 군자나 대인이 없는 "소인 공화국"에 살고 있는 셈이다.

오늘 한반도에 사는 한민족이라면 모두 힘을 합해 소인공화국을 군자공화국, 대인공화국으로 바꾸는 작업, 우리 모두가 다시 인간이 되는 인간화(人間化)의 작업에 힘을 합해야 한다. 이런 일이 어떻게 가능 할까? 이 문제는 모든 양심세력이 서로 머리를 맞대고 연구해야 할 공동의 과제이다.

이런 아름다운 공동 목표를 달성하기 위해서는 개인의 힘으로만은 한계가 있어 아름다운 뭉침을 위해 노력할 필요가 있다. 현재의 진보와 보수로 나뉘어 싸우는 정당이 아닌 제3의 차원 높은 정당이 출현하여 이런 공동의 목표를 향해 나가야 한다고 오강남 교수는 강하게 주장한다.

이미 이와 같은 고차원의 철학과 사상으로 무장된 통일당은 지난 8월부터 새롭게 출발을 하여 평화통일을 기치로 2012년 총선과 대선을 향해 힘차게 달리고 있다. 고구려, 신라, 백제 세 나라를 신라 김춘추대왕과 고려 태조 왕건이 무력으로 삼국통일을 하였지만 이제 세 번째 삼국통일은 무력이 아닌 평화적인 방법으로 하기 위해 노력하고 있다.

남북통일 방법은 크게 나누어 두 가지 방법 즉, 휴전선을 없애는 방법과 그대로 두고 하는 방법이 있다. 첫 번째 방법은 독일식과 베트남 식으로서 획일적인 통일이며 통일비용이 많이 들든가 엄청난 피의 대가를 치러야 한다.

두 번째 방법은 서로 상대를 이해하면서 협상을 통해 전쟁을 하지 않고 할 수 있기 때문에 돈이나 피를 흘리지 않으며 상대방의 체제를 인정해주는 서로 상생하는 방법이므로 경제 발전이 가능하다. 즉, 체제안정과 경제발전의 두 마리 토끼를 잡을 수 있는 방법이다.

예를 들면 유럽국가처럼 국가 위에 새로운 국가 공동체(EU)를 만들어 국방과 외무만을 담당하는 체제이다. 따라서 통일당은 현 정치권의 천박한 보수와 진보의 이념을 넘어 모두를 아우를 수 있는 참다운 이념으로 1국가 2체제 통일을 하루라도 빨리 이룩하고자 2017년 10월 3일을 제3의 건국의 날로 정하고 2012년 총선과 대선에 임하고 있다. 많은 양심세력의 참여를 바란다.

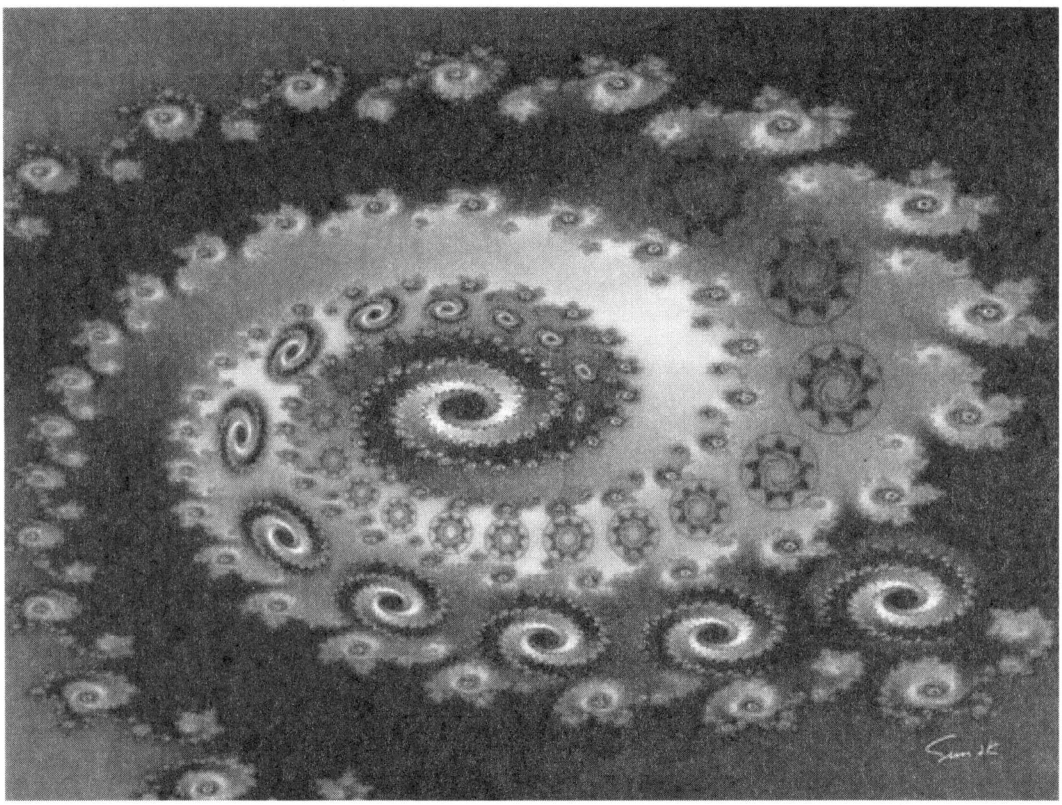

브레이크뉴스(Break News) 칼럼 2011.11.1

39. '천지개벽당'의 국가개혁 정책

한민족이 살아남기 위한 최소한의 정책 대안

작금의 우리 현실은 난파선과 같은 한반도가 어디로 가고 있는지도 모른 체 선상에서 갈등과 싸움만 일삼고 있다. 또한 국민들은 고대 역사는 물론 최근의 역사도 잘 모르며 정부는 남북평화통일과 같은 미래 국가비전을 제시하지 못하고 있다. 이제 우리는 과거 역사를 바로 알아 4대 강대국 속에서 지혜를 발휘하여 남북통일과 세계평화를 위해 전 국민이 화합하고 대동단결하여 민족의 혼과 정신을 바로 세워야 하겠다.

1905년 7월 29일 일본 총리 가쓰라 다로[桂太郎]와 미국 루스벨트 대통령의 특사인 육군 장관 W.H. 태프트 사이에 비밀협약이 체결된 지 106년이 되는 해이다. 이 비밀협정에 의해서 일본은 1910년 한일늑약을 강제로 체결하여 우리는 36년간 치욕의 역사를 맛보게 되었다. 그러나 우리는 아직도 정신을 못 차리고 일본이 영문국호 Corea를 Korea로 1910년 바꿔 버렸지만 아직도 원상회복을 못하고 있는 실정이다.

우리가 또다시 우려하는 것은 4대 강대국이 제2의 카쓰라.태프트 밀약과 같은 음모로 북한을 중국의 동북4성(조선성)으로 편입시키려 하고 있는 것이다. 이와 같은 음모를 저지하고 대비하기 위해 모든 정치권은 화합하고 국민들은 각성하여 조속한 남북평화통일을 준비해야 한다.

제일 중요한 것은 남북통일을 대비 권력구조, 통일일정, 정부형태, 선거방법 등에 대한 통일헌법을 준비하면서 북한과 협의해 나가야 한다. 우리는 선조의 얼과 정신 및 사상을 이어받아 세계 모범이 되는 천손민족으로서 동방의 등불국가가 되어 세계평화를 선도해야 한다.

만일 우리가 과감한 혁신을 하지 않으면 우리 민족이 언제 사라질지도 모르며, 새로운 변화를 추구한다면 세계에서 존경받는 민족이 될 것이다. 천지개벽당은 오직 조국과 민족을 위해 대동단결하여 남북통일과 민족통일을 이룩하기 위해 다음과 같은 목표를 세워 매진해야 하겠다.

1. 유럽인들이 EU를 만들어 전 유럽을 하나의 국가로 만들어 가듯이, 남한과 북한 정치권이 힘을 합쳐 대고려연합(GCU:Grand Corea Union)을 만들어 판문점에 청와대와 국회의사당을 옮겨야 한다. 대통령 임기 5년 이내에 1국가2체제 통일을 하여 김춘추, 왕건에 이어 세 번째 삼국통일을 해야 한다.

2. 1국가2체제로 남북통일에 합의 후 군대모병제를 실시하여 남북한 군인을 대폭 감군하고 직업 군인제를 도입하여 장교를 우대하고 연예인, 과학자, 스프츠맨 등이 군대를 가지 않고 계속 활동할 수 있도록 해야 한다.

3. 북한이 공산주의를 포기하고 중국식 개방을 선택한다면 세계에서 가장 잘 사는 한민족을 만들기 위해, 남한이 가진 반도체, 자동차, 조선, 철강 등 핵심 산업 공장을 북한에 짓게 해야 한다. 남북이 함께 잘 사는 민족융성에 전 세계 한민족이 단합하여 북한을 도와야 한다.

4. 현 정부에서 없애 버린 과학기술부와 정보통신부를 부활시켜 과학자 우대정책과 벤처기업을 활성화 시키고 우리나라 모든 책을 전자책으로 만들어 디지털 일자리 정책을 추진해야 한다. 서민 가정에서 1년에 1200만 원 이상 적어도 100만 가정이 혜택 받을 수 있도록 약 12조원/년(4대강 예산 절반) 예산을 편성해야 한다.

5. 교도소에 수감되어 있는 모든 죄수들에게 성경, 불경, 천부경을 암송하고 쓰도록 하여 평가 후 특별 사면을 단행, 감방 안에 아무도 없게 하는 대사면-대복권을 18대 대통령 임기 첫해인 2013년 8월에 단행해야 한다. 모든 국민이 기뻐하는 희년(禧年)이 될 것이다.

6. 만일 김정일 국방위원장이 서거하여 장례를 치루기 위해 북한에 간 장남 김정남과 3남 김정은의 지지세력 사이에 다툼이 일어나는 상황이 될 경우, 중국이 개입하게 되면 미국과 일본이 좌시하지 않을 수도 있어 한반도에서 3차 세계 핵전쟁으로 비화되는 것을 미리 막아야 한다.

7. 홍콩은 면세의 도시로서 세계인들이 쇼핑을 즐기는 첨단도시이다. 만일 '천지개벽당'에서 대통령에 당선되면 서울시의 3배 땅인 민간통제국역(CCZ, Civilization Control Zone)을 개발하여 16개 UN참전국에 분양, 이 지역을 면세의 땅으로 만들어 세계인들이 즐겨 찾는 쇼핑과 의료 및 대학의 나라로 만들어야 한다.

8. 대학생 등록금과 국민의 건강보험료를 걱정을 하지 않도록 각 가정에 컴퓨터 정보화 일거리를 주어 한 달에 적어도 100만 원 이상 돈을 벌 수 있도록 하여 400만 명 이상의 신용 불량자를 구제해야 한다. 말 그대로 "요람에서 천국까지", 등록금, 입원비-약값 걱정이 없이 건강하게 공부할 수 있는 세계 유일의 복지나라로 만들어야 한다.

9. '천지개벽당'에서 대통령에 당선되면 IT기술을 행정에 도입하여 투명하고 신속하게 업무를 처리하고 모든 규제를 철폐, 모든 국민이 규제 없는 곳에서 창의롭게 일할 수 있도록, 지혜가 넘치는 나라를 만들어야 한다.

10. 전국 반상회를 활성화하여 매월 국정여론조사를 실시하고 지방자치 선거제도를 개선해야 한다. 지방자치의원과 자치단체장이 중앙당의 공천을 받지 않고 주민이 스스로 선출하도록 하여 당선이 되면 정당에 소속하지 않고 소신껏 업무를 추진하도록 해야 한다.

브레이크뉴스(Break News) 칼럼 2011.11.4

40. 한국-일본 해저터널은 평화통일 실크로드

한·일해저터널은 미래 젊은 세대를 위한 선물, 간도, 연해주와 연결

우리 한반도는 해상세력과 대륙세력이 충돌하는 지역이다. 현재도 미국과 일본의 해상세력과 중국과 소련의 대륙세력이 북한의 핵을 이유로 6자회담을 추진하고 있다. 이들 세력의 충돌을 없애기 위해서는 소통을 시켜야 한다. 그러나 지금까지 남북 철로가 막혀 대륙으로 진출하지 못하고 있었으나 지난 2007년 5월 17일, 57년 동안 끊어 졌던 남북철도가 이어 졌다. 경의선과 경원선이 복원 개통되었다. 남북 철도의 개통으로 부산에서 유럽으로 가는 새로운 '철(鐵)의 실크로드'가 탄생 된 샘이다.

남한과 북한은 물론 4대 강대국의 공동 번영을 위해서는 인적 물적 자원의 교류가 크게 확대 되어야 한다. 이제 북한과의 관계가 많이 개선되고 통일로 가는 열차는 계속 달리고 있다. 우리 한반도가 동북아 물류 중심국가가 되려면 일본과의 해저터널 건설이 필수적이다. 또한 일본은 아시아 국가이면서도 섬나라라는 생각에 탈 아시아 정책을 써 왔다. 해저 터널을 뚫어 영국이 유럽대륙에 연결하는 것처럼 일본을 아시아 대륙에 연결시켜 주어야 한다.

영국과 프랑스 사이의 도버해협의 폭은 34km이다. 프랑스 칼레스(Calais)에서 영국의 포크스톤(Folkston)까지 해저 터널을 건설 하였다. 1987년 9월에 착공하여 1994년 5월 160억 달러의 예산을 들였다. 매일 편도 600대의 기차가 시속 130km로 다니고 있다. 양국 경제는 물론 유럽경제도 크게 기여하고 있다.

한국과 일본의 해저터널은 부산과 대마도(50km), 대마도와 일본 본토까지 121Km 이므로 우리가 담당할 구간은 부산과 대마도사이 절반인 25km이다. 영불 해저터널 건설비용은 1km당 3.2억 달러가 소요 되었다고 한다. 따라서 한일 해저터널 공사에서 우리가 담당할 25km 구간의 비용은 대략 80억 달러(8조원) 이면 된다.

한반도운하 정책과 비교해 보면 경부운하의 총길이는 550km, 조령구간은 산악이므로 25km의 터널을 뚫어야 하며, 운하의 고도 차이가 있어 갑문의 건설, 컨테이너 200개를 실어 나를 2400톤 규모의 화물선이 통과할 수 있는 7m 이상의 교량을 많이 건설해야 한다.

이제 경의선과 동해선 개통으로 오히려 해상수송 물량이 열차수송 물량으로 바뀌게 될 것이다. 대륙횡단 철도가 활성화 되어 중국의TCR(Trans China Railways)과 소련의 TSR(Trans Siberia Railways)의 연결은 경제적으로 우리 경제에 큰 역할을 할 것이다. 따라서 남북 철도 운행은 운송수단으로서 철도의 가치를 국민들에게 크게 인식시켜 철도의 효과적이라고 판단하게 될 것이다.

어렵게 결실을 맺게 된 이번 5.17 남북철도 시험운행이 단지 1회성 행사로 끝나선 안 된다. 남북철도 개통으로 이어져 개성공단 출퇴근과 물류수송, 금강산 열차여행 등에 활용되어야 한다. 그리고 북한철도 현대화를 거쳐 한.일해저터널과 연계되어 발전해 가야 한다.

한·일해저터널과 대륙철도 연계 프로젝트는 남북한과 미국, 중국, 러시아, 일본, EU가 참여하는 국제적인 컨소시엄을 구성하여 추진하면 될 것이다. 칭기즈칸 이래의 실크로드가 21세기에 들어서 한반도를 기점으로 하는 철의 실크로드로 부활하고 있다. 칭기즈 칸의 전성시대를 열게 했던 실크로드처럼 한.일해저터널은 한반도를 물류 및 교역의 중심으로 끌어올릴 ‘21세기 철의 실크로드’가 될 것이다.

남북철도 연결로 남한과 북한은 물류 통관 비용만으로도 많은 이득을 볼 것이다. 남한의 기술과 자본 그리고 북한의 노동이 결합하면 거대한 시너지 효과가 발생할 것이다. 한일 해저터널 계획 자체만으로도 남북한 철도 연결 사업은 활발하게 될 것이며 북한을 개혁과 개방의 길로 인도할 것이다.

아울러 남북 대화 및 교류 및 협력이 활발해지며 4대 강대국 간에도 정치적 협력이 이루어지고, 이것은 결과적으로 한반도 안정은 물론 아시아 평화, 세계평화로 이어 질 것이다.

한·일해저터널은 미래 젊은 세대를 위한 선물이다. 북한을 통과해 간도, 연해

주는 물론 만주벌판과 몽골과 연결됨으로써 우리 후손들의 사고의 지평이 무한대로 커질 수 있다. 철의 실크로드를 타고 일본-부산-서울-개성-평양을 찍고 중국, 모스크바, 파리로 나아가자.

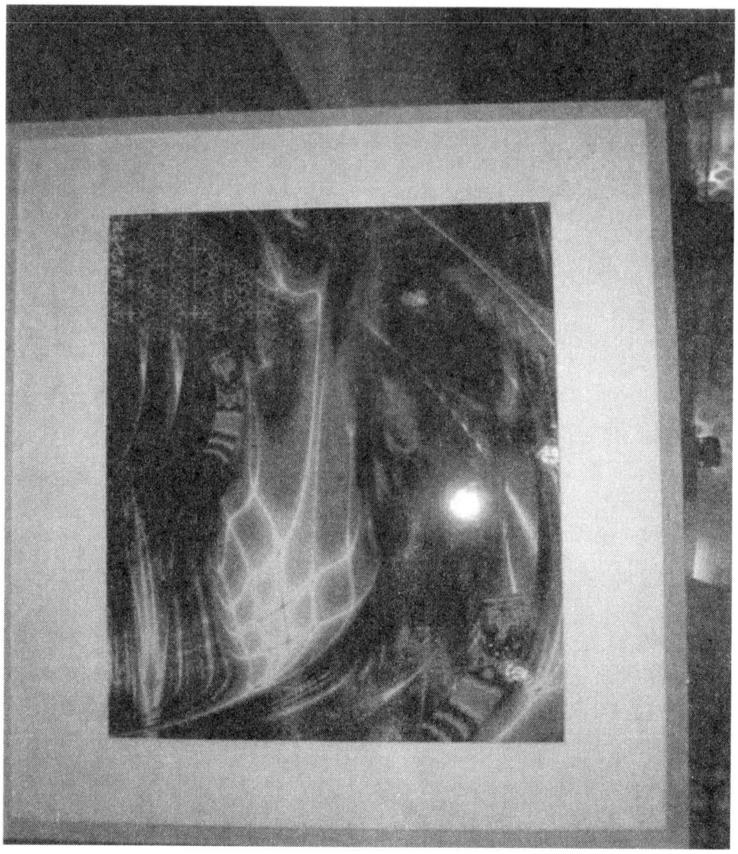

브레이크뉴스(Break News) 칼럼 2011.10.5

41. 카오스아트 의상, 여성 건강 패션시대

우주 기(氣)에너지를 받아들여 세포를 활성화시켜 면역력 향상

카오스아트는 다양한 카오스 수식을 계산한 아름다운 프랙털 그림 이미지를 미술 분야로 발전시킨 새로운 예술장르(genre)이다. 카오스아트 의상은 카오스 프랙털 패턴을 실크, 면, 폴리에스테르 등에 컴퓨터프린팅 방법으로 염색하여 만든 차세대 첨단패션이다.

카오스아트 패션을 실용화를 위해서는 카오스아트 작품을 의상과 접목시켜 디지털 섬유 디자인기법으로 카오스 넥타이, 카오스, 스카프, 모자, 신발, 여성의 언더웨어 등 각종 의상을 디자인하여 문화 및 건강 상품으로 개발해야 한다. 여성은 나비나 새처럼 아름다운 자연색깔의 옷을 입고 싶어 한다. 아름다운 옷은 마음을 즐겁게 하고 자연과 조화로운 세계를 만들 수 있으며, 아름다운 영혼을 가꾸고 아름다운 세상도 창조해 갈 수 있다.

카오스나비의 미약한 펄럭임이 전 세계 태풍을 일으킬 수 있듯이 카오스아트패션이 새로운 디지털 의상분야에 센세이션을 일으켜 낙후된 섬유산업을 살릴 수가 있다. 카오스 의상은 우주 공간에 약 65% 정도로 엄청나게 많은 원초적 기(氣)에너지를 받아들여 사람의 세포를 활성화시켜 면역력을 높이는 것은 물론, 사람의 의식을 향상시켜 우주와 일체가 되어 우주와 내가 하나가 되는 우아성(宇我城)을 쌓는데 큰 도움이 될 것이다. 따라서 대학과 연구소는 첨단 카오스과학을 하루빨리 연구하여 인류의 육체건강, 정신건강, 영적건강을 위해 많은 연구업적을 내 주길 바란다.

혼돈(Chaos)의 진정한 의미가 무엇일까? 혼란이라는 의미는 아니다. 지구상에는 하느님, 하나님, 하늘님 조물주, 창조주라고 불리는 소위 초월자가 설계하고 만들었다고 믿는 피조물이 있는 반면, 인간이 만든 건축물, 조형물들이 혼재되어 있다.

카오스(Chaos)라는 의미는 성경에 나온 혼돈(混沌)이란 뜻으로서 천지창조의 과학적 이론이다. 프랙털(Fractal)도형은 카오스 수식을 컴퓨터로 계산하여 얻어진 우주 만물의 형상을 나타내는 패턴이다. 눈송이나 태풍, 우주의 성운(星雲)과 같은 자연은 일즉다(一卽多), 다즉일(多卽一)처럼 프랙털 구조로 되어 있으며, 카오스 수식이 공(空)이라면 프랙털은 색(色)이라고 볼 수 있다.

우선 우리 주변에는 사람을 포함 식물과 동물을 비롯하여 하늘의 별, 아름다운 산, 바다, 들판은 물론, 담배연기, 파도치는 모양들이 우리가 보기에는 불규칙 한 것 같지만 저 높은 우주차원에서 프랙털 형태로 아름답게 배치되어 있다. 이러한 규칙을 알아내어 과학적으로 연구하는 분야가 카오스(chaos)의 학문세계이고 이 수식을 그림으로 표현하는 연구가 프랙털(fractal) 그래픽이다.

이와 같은 수많은 혼돈현상을 수학적으로 표현해보고자 하는 학자들의 노력의 결과 카오스수식이 만들어 졌으며 이 수식을 계산하면 프랙털(Fractal)그림으로 나타난다. 예를 들어 간단한 모양인 눈꽃송이나. 고사리 잎을 수식으로 표현하여 프랙털 그림으로 나타낼 수 있다. 최근 들어 컴퓨터의 그래픽 기능이 향상되어 아름다운 자연을 컴퓨터상에 표현하는 것이 더욱 용이해졌다. 만일 신이 천지를 창조하고 생명을 잉태할 때 사용한 카오스 이론을 알게 된다면 화가가 자연을 캔버스에 그릴 필요가 없어 질 것이다.

사진작가는 자연을 사진에 담고, 화가는 자연을 그대로 그리기도 하고 자기 생각대로 변형시켜 보면서 자연의 형상과 유사한 작품을 제작하기 위하여 많은 시행착오를 한다. 조물주도 모든 만물을 만들 때 많은 시행착오를 거쳤을 것이며 인간의 형상에 대한 카오스 수식이 인간의 설계도와 DNA 속에 들어 있을 것이다. 21세기에 들어서면서 우리는 아날로그 시대에서 새로운 디지털 시대를 맞이하여 정신적으로 영적인 사고의 대 전환점에 서 있다. 미술 분야에서도 붓과 물감을 사용하지 않고도 컴퓨터만으로 그림을 그리는 새로운 디지털 미술시대가 열리고 있다.

필자가 경북대학교 전자공학과 교수시절 인간의 두뇌를 반도체 칩으로 설계하여 사람처럼 똑똑한 컴퓨터를 만들고자 사람 뇌의 특별한 기능인 카오스와 프랙털, 퍼지이론, 신경회로망에 대한 연구를 하여 해외특허 59건, 국내특허 50건을 특허

출원하였다. 카오스 수식을 계산하여 컴퓨터 시뮬레이션을 하면서 자연은 소우주와 대우주의 구조로 되어 있음을 알게 되었으며 혼돈세계 속에서 어떤 질서를 발견 할 수 있었고, 이 질서 속에서 다시 아름다운 혼돈현상을 느낄 수 있었다.

필자는 10년 전부터 카오스 아트라는 장르를 개척하고 카오스 의상 작품으로 응용하면서 국내외 전시회에서 아내 박남희교수(경북대학교 미술과 서양화 전공)와 함께 부부 전을 갖게 되었다. 아날로그 미술과 디지털 미술의 복합적인 전시를 시도하는 저희 부부 작품에서는 우주의 무한대성과 생명의 영원성과 조물주와 인간의 관계 및 철학, 종교, 과학의 연관성에 대한 생각을 담아 보았다.

이제 21세기 첨단 디지털시대에 석가모니께서 일찍이 깨달으셨던 공과 색 즉, 카오스 수식이 공(空)이라면 프랙털은 색(色)인 철학적인 의상, 일즉다(一卽多), 다즉일(多卽一)의 프랙털 구조의 의상시대가 도래했다. 남자들은 물론 아름다움을 추구하는 여성들이 카오스아트 패션 의상을 즐겨 입게 된다면 세상은 더욱 아름다워지면서 우주 에너지에 민감한 여성들의 건강에 큰 도움이 될 것이다.

브레이크뉴스(Break News) 칼럼 2011.11.9

42. 세계를 바꿀 수 있는 한국인물을 찾아내자!

4대 성인의 그늘에서 벗어 날수 있는 사상가와 정치가

시대는 올바른 지도자(救世主, 彌勒佛, 鄭道領)를 기다리고 있다. 2012년 총선과 대선에서는 국가와 민족의 요구에 부응하는 참신하고 정직하면서 성실한 지도자가 많이 나와 새 시대, 새 역사, 새 지평을 열어 새 나라를 세워야 하겠다. 인터넷시대인 글로벌시대를 맞이하여 정보화, 세계화 무대에서 전 세계인이 한 식구처럼 정보를 공유하면서 전쟁, 기아, 공해가 없이 오순도순 평화롭게 살 수 있는 지구촌을 건설해야 하기 때문이다.

하지만 세계 강대국 정치 지도자들은 자국의 이익을 위해 세계 도처에서 전쟁을 일으키고 있어, 혹시 핵전쟁이라도 일어난다면 지구가 쑥대밭이 되는 것은 물론, 하늘에 있는 다른 별에 까지도 영향을 미칠 수 있다는 점을 간과하고 있다. 가난한 나라에서는 에이즈, 사스, 암과 같은 세포와의 전쟁으로 수많은 사람들이 죽어가고 있는 반면, 부자나라에서는 대기 환경오염을 일으켜 빙하가 녹아내려 해안가 저지대가 침몰되고 있는 상황을 인식 못하고 있다.

이와 같은 어려운 난제를 풀기 위해서는 이기주의적인 자국만을 위하는 생각을 버리고, 인류의 행복과 세계 평화를 위해 우주적인 사상과 철학을 확립해야 하는 제2차 정신혁명시대가 요구되고 있다. 즉, 황금만능주의의 물질문명과 정신문화를 잘 조화시켜 인류가 상생할 수 있는 새로운 사상과 이념을 정립하여 실천에 옮길 수 있는 사상가와 정치가가 나와야 한다는 것이다.

역사를 되돌아보면 제1차 정신혁명시대(BC600-AD100)가 있었는데 그 당시 철(鐵)을 다루는 새로운 기술이 개발되어 무서운 대량 살상무기를 만들어서 많은 전쟁을 일으켰으며, 주술적인 미개한 신앙관으로 생명을 경시하는 풍조가 팽배했었다. 따라서 이 시대에 공자, 노자, 석가모니, 소크라테스, 예수와 같은 위인들이 많이 출현했다.

여기에 "20명의 세계를 바꾸는 인물"자료를 여기에 소개하고자 한다. 누가 어떤 선정 기준에서 결정했는지는 모르겠으나 상당한 의미가 있다고 생각된다.

(20) 다윈찰스(Charles Robert Darwin)[1809.2.12~1882.4.19],
(19) 당태종 이세민[AD598~649],
(18) 아돌프히틀러[Adolf Hitler1889.4.20~1945.4.30],
(17) 칼마르크스(Karl Heinrich Marx)[1818.5.5~1883.3.14],
(16) 스탈린(Loseb Dzhugashvili)[1879.12.21~1953.3.5],
(15) 카이사르(GaiusJuliusCaesar)[BC100.7.12~44.3.15],
(14) 나폴레옹(NapoleonBonaparte)[1769.8.15~1821.5.5],
(13) 살라딘(Salāhad-DīnYūsufibn)[1137~1193.3.4],
(12) 시황제[始皇帝,BC259~BC210],
(11) 바울(St.Paul)[A.D?-67?],
(10) 아리스토텔레스(Aristoteles)[BC384~BC322],
(9) 알렉산더(AlexandertheGreat)[BC356-323],
(8) 징기스칸(Temujin)[1167~1227],
(7) 콜럼버스(CristoforoColombo)[1451~1506],
(6) 채륜[105년경]
(5) 플라톤(Platon)[BC428~348],
(4) 석가모니(釋迦牟尼)[BC.566~486],
(3) 공자(孔子)[BC551~BC479],
(2) 무함마드(Muhammad)[570.4.22~632.6.8],
(1) 예수그리스도(Jesus Christ)[BC.4~AD.30]

위에 열거한 인물의 면면을 보면 전쟁의 영웅, 과학자, 사상가, 정치가로서 얼마나 많은 영토와 사람의 영혼을 지배했는가가 선정기준인 것도 같으며, 지금까지도 우리에게 많은 영향을 미치고 있는 성인들도 있다.

필자는 이 글을 읽는 여러분과 마찬가지로 왜? 우리나라 성인은 없는가? 우리의 사상, 철학, 종교는 없는가? 우리 시조는 누구인가? 우리 역사의 뿌리는 언제인가? 우리는 천손민족이 맞는가? 우리는 동방의 등불이 될 수 있는가?라는 의문을 갖게 된다.

우리의 스승격인 4대 성인은 많은 고뇌와 생각(生覺)을 하면서 사상을 정립하고 행동으로 민중을 깨우쳤다. 수학자, 물리학자, 철학자인 프랑스사람 파스칼은 "나는 생각한다. 고로 존재한다." 고 하면서 "인간은 연약한 존재, 생각하는 갈대"라고 했다.

지금으로부터 약 2500년 전 헤라클레이토스(BC540-BC480)는 만물유전(萬物流轉)을, 석가모니(BC566-BC486)는 제행무상(諸行無常)을 주장하면서 모든 것의 근원은 변화한다고 같은 생각을 했지만, 석가모니는 한발 더 나아가 그 이유를 인연(因緣)에 의한 연기(緣起)사상을 펼쳤기 때문에 성인의 반열에 올랐다고 본다.

유사 이래 20세기까지가 아날로그(Analog)시대라면 21세기부터는 디지털(Digital)과학시대로서 철학, 종교, 과학의 상생의 시대, 종교간 진리가 일치하는 시대이며 하나의 지구위성, 하나의 지구별 시대를 열어가고 있다. 20세기 analog시대적인 사람들은 철학, 종교, 과학이 서로 상극이라고 생각하고 있으며, 주로 부정적인 의미의 3d(difficult, danger, dirty)와 3s(sex, sports, screen)속에 파 묻혀 있다. 하지만 21세기 digital시대 사람들은 철학, 종교, 과학이 서로 상생한다는 것과 3d(digital, design, dna)와 3s(space, spirit, soul)를 생각한다.

하지만 아직도 우리는 유한한 생명을 살고 있으면서 무한의 생명을 갈구하기 때문에 죽음을 두려워하고 저승을 생각해야 하므로 불안한 생활을 하고 있다. 현재의 총체적 인류의 위기를 극복할 수 있는 사상과 철학으로 정신적인 지도자가 나와 정치, 종교, 사회, 문화 등 모든 분야에서 아날로그가 아닌 디지털적인 사고로 정치와 종교를 바로 세워야 하겠다.

새로 출현할 구세주, 미륵불, 정도령은 4대 성인의 그늘에서 벗어나 새로운 종교관, 세계관, 우주관을 근간으로 세계적인 전략과 비전을 가지고, 사상과 이념을 초월하여 남북한이 상생의 통일을 이룩할 수 있도록 올바른 통일관과 국가관을 제시하고, 전 세계 정치와 종교 지도자를 아우르면서 전 지구인이 하나가 되도록 세계평화적인 리더십을 발휘해야 한다.

이제 우리나라에 이미 이와 같은 인물이 계시는지 찾아내는 노력을 해야 하겠다. 그러기 위해서는 다른 사람의 생각과 사상을 경청해주고 자기의 생각을 거침없이 발표하는 철학적인 토론문화가 활성화되어야 한다. 그 시발점으로 유치원, 초등학교에서부터 주입식이 아닌 생각하고 발표하는 획기적인 교육개혁을 해야 한다.

브레이크뉴스(Break News) 칼럼 2011.11.12

43. 이명박대통령, 한국 파산 벗어날 국정 펴야!

2012년 나랏빚이 448조원, 2년 사이 무려 56조원 늘어

독일 프랑스와 함께 유로권 3대 경제국인 이탈리아의 국내총생산(GDP)는 세계 8위로서 2010년에 2조 550억불 이었으나 현재 부채는 3,000조원에 달한다고 한다. 10년 만기 국채 수익률은 9일 마(魔)의 7%대로 치솟았는데 이 수익률이 6%를 넘으면 나랏빚을 지탱하기가 힘들다고 한다.

이탈리아가 무너지게 되면 그 충격파는 상상을 초월한다고 하는데 청와대와 국회는 정신을 차리고 최고 경계태세를 갖추어야 할 것이다. 유럽 발 공포가 국내로 전염되지 않도록 안전장치를 잘 해야 한다. 한국은 금융·자본시장이 완전히 열려 있는 데다 외화 조달에 있어 유럽 은행들에 지나치게 의존하고 있으므로 유럽 위기의 충격을 이겨 내기가 힘들 것이다.

2012년 2012년 우리나라 나랏빚이 448조2000억원에 달할 전망인데, 문제는 2010년 392조2000억 원에서 2년 사이 무려 56조원이나 늘어난다는 것이다. 특히 이 가운데 국민 세금으로 갚아야 하는 적자성 채무 비중이 49.5%에 달해 사상 최고치를 기록할 것으로 보인다고 한다. 하지만 국회의원은 자기 지역구 예산을 늘리고 선심성 복지예산을 늘려 2012년 표를 의식하면서 326조원이나 되는 방대한 새해 예산안을 심의하고 있다. 청와대와 국회는 나랏빚을 줄일 생각을 좀 하기 바란다. 그리스와 이탈리아가 파국 위기를 맞은 이유는 방만한 복지 정책과 부정부패가 원인이다.

우리나라는 국내총생산은 세계 15위로 2009년에 1조 70억불이었다. 버는 것보다 쓰는 쪽이 더 많으니 나랏빚이 쌓일 수밖에 없다. 선심성 복지 정책을 줄이고 부정부패를 막아야 한다. 우리나라는 OECD 국가 중 부패지수가 22위이다. 부패한 나라에서 능력을 벗어난 사회복지 지출을 하게 되면 국가 부채는 더 늘고 깊은 수렁으로 빠지게 되면 그때 가서 누가 책임 질 것인가?

가구당 자산 7.5% 늘 때 부채는 12.7% 늘어!

통계청과 금융감독원, 한국은행이 11일 발표한 '2011년 가계금융조사' 결과에 의하면 지난 3월 말 기준 우리나라 전체가구의 평균 부채액은 5205만원으로 지난해 2월 말보다 12.7% 늘었으며 빚을 진 가구의 평균부채는 8289만원으로 집계됐다. 부채가 있는 가구는 62.5%였다. 금융부채 비율은 소득 하위 20%가 201.7%로 가장 높았으며 전년 대비 58.5%포인트나 급증했다. 실제로 쓸 수 있는 돈보다 빚이 2배나 많은 셈인데 대통령은 어떠한 대책을 내놓고 있는가? 서민들이 한. 미 FTA를 반대한 이유도 여기에 있다고 본다.

우리나라도 그리스와 이탈리아 두 나라의 전철을 밟고 있다. 국민은 빚이 많기 때문에 더 많은 복지를 원하고, 정치권은 표를 의식하여 복지정책을 경쟁적으로 펴고 있다. 이들 두 나라는 우리보다 잘사는 국가다. 망하면 같이 망할 수밖에 없는 유럽연합(EU)도 있다. 독일, 프랑스를 위시해 유로존 전체가 두 나라를 살리기 위해 소매를 걷어붙이고 있다.

우리에겐 도움의 손길은커녕 호시탐탐 노리고 있는 4대 강대국들이 있다. 수 천 년의 역사를 보라. 진정으로 우리를 도와준 나라가 있었는가? DJ정부 때 온 국민이 금모으기 운동을 펼쳐 겨우 금융위기를 넘긴 것을 생각해보라. 청와대와 국회는 우리나라의 파산을 미리 막기 위해 나랏빚을 줄이는 새해 예산을 세워야 한다.

우리나라 국가경쟁력은 세계 230개 나라 중 30위정도 밖에 되지 않는다. 이웃나라인 중국과 싱가포르는 안정적으로 급성장하는데, 왜 우리는 이 오랜 세월동안 고통과 불안 속에서 가난하게 살아가야 하는가? 이제 2012년에는 싱가포르의 리콴유 수상과 같은 지도자가 나타나 시대를 읽고 세계적인 안목으로 미래에 대한 정책과 비전을 세워 국민을 제대로 선도해야 한다.

정보화시대, 첨단과학시대를 맞이하여 일자리도 늘리고 국민 복지를 위해서는 지식, 지혜, 정보, 기술, 문화를 산업화하여 이를 부로 창출 할 줄 알아야 한다. 필자는 15대 국회의원일 때부터 10여 년 동안 "디지털정보화뉴딜정책"을 주장하면서 "지식정보자원관리법"을 제정하였지만 정부가 제대로 집행을 하지 않고 있다.

쉽게 설명하자면 우리나라 책뿐만 아니라 세계 책을 전부 디지털화 하자는 것이다. 가계 빚을 줄이기 위해 컴퓨터 일거리를 주어야 한다. 손가락만 움직일 수 있으면 일 할 수 있는 워드작업이다. 선심성 복지를 하지 말고 생산성 복지정책을 펴야 한다. '한국호' 선장인 대통령은 과학기술과 정보기술을 행정에 도입해 항로(각종 통계자료)를 훤히 알아야 하고 희망의 등대(비전)에 불을 밝힐 수 있어야 한다.

이제 MB대통령은 구시대적인 삽질(4대강)정책 같은 아날로그정책은 버리고 새로운 시대에 맞는 디지털정책을 세워야 한다. 그리고 세계 어디를 가서나 당당한 대통령, 품위 있는 대통령, 리드하는 대통령이 되어야 한다.

브레이크뉴스(Break News) 칼럼 2011.11.15

44. 우주 기(氣) 에너지와 우주기공법

氣는 에너지이며 과학이므로 국가차원의 연구소가 필요

이 세상에 기(氣)는 존재하는가? 내 몸에는 기가 흐르고 있는가? "氣가 세상을 움직인다(저자 방건웅박사)"라는 1,2부의 방대한 내용의 이론적인 책과 "우주초원력연구원(宇宙超元力研究院, 김현숙 원장)"의 우주기공법(宇宙氣功法)의 실기를 접해 본 사람이라면 이런 질문은 우문에 불과하고 氣는 에너지이고, 氣는 과학이라는 것을 쉽게 이해하리라 생각한다.

우리의 몸은 60여조개의 세포로 구성되어 있으며, 사람은 우주의 세포, 소우주로서 천지인(天地人)의 연결 관계를 설명한 카오스(chaos)이론을 바탕으로 한 프랙털(fractal)구조로 되어 있다고 볼 수 있다. 지구가 5대양 6대주로 구성된 것처럼 사람은 5장6부로 되어 있고 여성과 남성도 달과 태양처럼 음양의 조화를 이루면서 살아가고 있다.

태양은 양성인 남성처럼 무한한 에너지를 방사하고 있으며, 태양으로부터 빛을 받은 달은 여성의 생리주기처럼 초생 달에서 만월을 거쳐 그믐달까지 다양한 형태로 변하고 있다. 달이 바닷물의 조수간만(潮水干滿)에 영향을 주고 있듯이 자연의 생명체의 탄생을 도와주고 있다.

우주의 구성 물질은 대략 65%의 암흑에너지(dark energy), 30%의 암흑물질, 4% 정도의 수소와 헬륨 그리고 별은 0.5% 정도의 체적을 차지하고 있다고 한다. 사람은 우주에너지(dark energy)를 받아들이면서 살아가고 있는데 태풍의 모양, 회오리바람, 블랙홀과 같은 나선형 형태의 지문, 머리의 가르마, 귀의 달팽이관, 배꼽 등을 통해 받아들인다고 한다. 물과 공기가 없으면 한 순간도 살아 갈 수 없듯이 우주로부터 무한한 공짜 에너지를 받아야만 살아 갈 수 있다.

하지만 현대 서양의 과학적 사고에 젖은 학자들은 보이지 않은 물질인 기(氣)에 대해 무지의 소치로서 이단시 하면서 연구의 대상에서 제외시켜 버렸다. 그러나 많은 기 관련 도장에서 수백 만 명의 수련자들이 기를 체험하면서 정신적으로 수련을 하고 있다.

이제 기를 단지 철학적인 사유의 대상이 아니라, 자연계에 실존하는 에너지로서 기의 특성과 작용에 대해 과학적 접근이 정말 필요한 때이며, 정신세계와 물질세계의 가교는 물론, 종교와 과학과 철학이 하나의 진리로 나아가는 단초가 될 것이다. 기과학과 기 의학 분야는 차세대 미래 원천기술로서 우리가 세계적으로 승부를 걸어야 하는 분야이다.

필자는 전자공학을 연구한 학자로서 우리의 몸을 컴퓨터와 비교하면서 설명하고자 한다. 컴퓨터는 하드웨어와 소프트웨어로 구성되어 있으며 전기를 가하지 않으면 작동이 되지 않는다는 것을 모르는 사람이 없다. 220볼트(volt)의 교류전압을 아주 낮은 직류전압으로 변환하여 반도체 소자인CMOS(complementary metal oxide silicon)에 공급해야 회로가 작동된다.

사람도 하드웨어인 몸과 소프트웨어인 혼, 정신, 마음, 영으로 구성되어 있다. 컴퓨터의 전기에 해당되는 기는 기찻길의 레일처럼 기혈경락(氣血經絡)을 통해 피를 실어 나르면서 피 속에 있는 산소와 각종 영양소를 60여조 개의 세포에 공급하여 생명을 유지하고 있다. 따라서 "기가 막히면 죽는다"라는 속담처럼 기의 순환과 부조화로 균형이 깨지면 각종 질병이 생기게 된다.

따라서 옛날부터 우리 선조들은 기혈이 잘 통하도록 1기, 2침, 3뜸, 4부황의 동양의술을 활용해 왔으며 다양한 기공수련법을 가르쳐 왔다. 필자는 15대국회에서 많은 동양의학, 보완의학을 연구하는 사람들과 함께 "정신과학육성법"을 제정하여 과학기술정보통신상임위에서 거의 통과되도록 하였는데 일부 국회의원들의 무지한 소치로 반대에 부딪혀 통과를 못 시킨 것이 지금도 가장 아쉬운 일로 남게 되었다.

이 법을 제정할 때부터 알게 된 "우주초원력연구원"원장으로부터 "우주기공법"을 터득하여 평소에 갈망했던 우주의 에너지와 일체가 되는 법을 알게 되었다. 우리는 생각만이 자기의 것이고 몸은 자기의 것이 아니며, 병을 만든 것도 본인이고 치유하는 것도 본인이라는 것을 알게 되었다.

정심(正心), 정도(正道), 정행(正行)의 홍익인간의 자세로 긍정적이면서 이타적인 생각으로 대 우주에 순응하면서 바르게만 살아가면 진아(眞我)는 저절로 완성되고 모두가 초능력자가 될 수 있다는 것을 알게 되었다.

"우주기공법"은 우리 몸속에 내재된 초능력을 일깨워 주는 것으로서 마치 달걀을 품고 있는 어미 닭이 달걀 속에서 깨어나는 병아리와 교감을 하면서 껍질을 입으로 콕 쪼아 주는 것처럼 일종의 졸탁(卒啄)의 행위라고 볼 수 있다. 이 수련법도 다른 기공수련을 하는 마음자세와 다르지 않지만 자기 스스로 자아완성(自我完成)의 길로 들어 갈 수 있다는 점이 특이하다.

필자도 첫 날부터 우주의 에너지의 흐름에 따라 손, 팔, 몸이 서서히 움직이는 것을 체험하였으며, 처음 지도를 받은 지 이틀 후 부터 집에서도 혼자 취침 전후 30~40분 동안 여러 가지 형태로 몸이 움직이는 체험과 체득을 하게 되었다.

이와 같은 일련의 과정을 뇌파 상태로 분석해 보면 활동의식 상태인 베타파(beta wave, 13~30 사이클/초)에서 편안하게 눈을 감고 몸을 이완시켜 알파파(alpha wave, 8~13 사이클/초)상태를 거쳐, 지각과 꿈의 경계상태인 세타파(theta wave, 4~8 사이클/초)상태로 들어가게 된다.

앞으로 기 관련 과학자와 능력자가 함께 연구하면서 우주와 일체가 되는 메커니즘을 규명함은 물론, 누구나 잠재되고 내재된 초능력을 발현시키는 방법을 개발하여 쉽게 시공을 초월하면서 우아일체(宇我一體)가 될 수 있도록 국가차원의 연구소를 설립해야 하겠다.

브레이크뉴스(Break News) 칼럼 2011.11.17

45. 남북, 왜 통일을 하루빨리 결단해야 하나?

4대 강대국의 먹잇감, 풍전등화 같은 한민족의 운명

남북통일은 남한과 북한이 하나가 되는 것이다. 고구려, 신라, 백제 세 나라를 신라 김춘추대왕과 고려 태조 왕건이 삼국통일을 하듯이 이제 세 번째로 삼국통일을 할 때가 되었다. 남북통일 방법은 크게 나누어 두 가지 방법 즉, 휴전선을 없애는 방법과 그대로 두고 하는 방법이 있다. 첫 번째 방법은 독일식, 월남식, 예멘식이 있다. 이 방법은 마라톤으로 치면 최종 목표로서 이상적이지만 독일처럼 많은 통일비용이 들든가 베트남처럼 피의 대가를 톡톡히 치러야 한다.

두 번째 방법은 마라톤의 중간 지점으로서 미완성 통일이지만 거쳐야만 하는 과정이다. 이 방법은 서로 협상을 하면서 전쟁을 하지 않기 때문에 돈이나 피를 흘리지 않고 상대방의 체제를 인정해주고 서로 상생하는 방법이므로 경제 발전이 가능하다. 즉, 체제안정과 경제발전의 두 마리 토끼를 잡을 수 있는 방법이다. 예를 들면 유럽국가처럼 국가 위에 새로운 국가 공동체(EU)를 만들어 국방과 외무만을 담당하는 체제로 하면 된다.

우리는 중국의 〈동북공정東北工程〉(동북아프로젝트)의 속내를 잘 알고 있다. 고구려사를 중국사로 편입하면, 우리의 역사는 중국의 변방역사로 전락하게 되는데, 한국을 중국의 속국, 변방국가로 자리매김을 하자는 데에 〈동북공정〉의 목적이 있다. 중국은 앞으로 북한이 붕괴될 것으로 보고 있으며, 〈동북공정〉은 이때 무주공산(無主空山)이 된 북한지역을 중국화 하려는 음모를 하고 있다.

북한이 고구려를 계승하였고, 고구려를 계승한 북한이 멸망하였으므로, 북한 땅은 당연히 고구려의 역사를 귀속한 중국에 속하여야 한다는 논리를 펴게 될 것인바, 정부나 국민 모두가 이때를 대비하여야 한다. 현재 중국은 5년에 걸쳐 한국의 강단사학의 연구 성과물을 수거하여 조선족 역사학자를 주축으로 〈한국 고구려사 중국사 편입을 위한 연구〉를 마쳤고, 고구려 유적을 대대적으로 정비하였다.

동북공정을 밀어붙이고 있는 중국이 만일 북한의 급변사태로 인해 김정일 정권이 붕괴될 때를 기다려 지린성(吉林省)·랴오닝성(遼寧省)·헤이룽장성(黑龍江省) 등 동북 3성에다 북한까지 편입시킨 동북 4성 체제를 구축하려는 저의를 갖고 있다는 것이 민족진영 일각의 관측이다.

만일 김정일 위원장의 신변으로 인해 북한이 급변 사태가 발생할 경우 중국은 김정일의 장남인 김정남을 옹립, 김정일의 후계자인 김정은을 제거하려는 계획을 갖고 있으며 이를 위해 현재 김정남을 중국에 보호하고 있다는 것을 정치권은 염두에 두어야 한다. 동북공정 등을 통해 조선족을 비롯한 소수민족의 역사를 자국의 역사로 왜곡 포장하는 중국으로선 북한에 대해 어떤 획책도 꾀할 수 있다.

내란이 일어나 날 경우 압록강 건너에 있는 중국군이 북한내 중국의 자원을 보호하기 위해 북한으로 진입한다면 미국과 일본 및 남한에서도 이를 저지하기위해 일전도 불사하게 되어 전쟁이 일어 날 수 있다. 이렇게 되면 북한의 포격으로 서울은 가정마다 가스관이 연결되어 있기 때문에 불바다가 될 것이며, 삼성전자, LG전자, 현대전자의 시설이 파괴될 것이고 원자력 발전소도 대파될 것이다. 또한 독도를 자국의 영토라고 주장하는 일본은 한국의 전자회사가 파괴되는 것을 반가워할지도 모른다. 한반도를 침탈하려는 4대 강대국의 움직임이 결코 간단치 않은 시대상황이기 때문이다.

남한군이 북한을 점령한다든가 북한군이 남한을 정령하다는 것은 불가능 할 것이기 때문에 미국과 중국은 외교채널을 통해 개성공단이 있는 개성시와 금강산 일대를 남한에 양보하도록 하고 휴전을 하도록 종용을 할지도 모른다. 이렇게 되면 서울과 수도권 일부가 폐허가 됐더라도 남한군은 승리를 했다고 자축할 수도 있으나 북한은 중국의 네 번째 성으로 편입될 것이며 남한은 폐허된 시설을 복구하기위해 일본의 자본이 유입되어 일본의 경제 속국이 될지도 모른다.

따라서 이와 같은 외부의 음모를 저지하고 남북이 온전한 평화통일을 이루기 위해선 1국가 2체제의 '홍익인간 이화세계'로 압축되는 우리 한민족의 빛나는 혼을 일깨울 수 있는 홍익대통령인 국가지도자가 2012년 대선에서 반드시 나와야 하겠다.

지금까지 우리는 미국을 동북아 전략상 우리의 구세주이며 숭모의 대상이자 극진하게 받들어 모시는 나라로 생각하면서 한미동맹을 맺고 있다. 이 동맹은 한국전쟁 참전과 한미상호방위조약으로 부터 출발한다, 5만여명의 전사자를 낸 한국전쟁 참전은 두 나라를 혈맹관계로 자리매김하게 되었고 한미상호방위조약 체결을 통해 지속성을 담보하게 되었다.

1953년 10월 1일 휴전협정이후 한미양국이 한반도의 군사적 긴장 상황에 공동대처하기 위한 목적으로 1954년 11월 18일 조약 제 34호로 발효된 한미상호방위조약은 한반도에서 무력충돌이 발생할 경우 미국은 국제연합의 토의와 결정을 거치지 않고도 즉각 개입할 수 있게 되어있다. 이러한 한미상호방위조약은 북측의 선제 및 우발적인 도발이 발생할 경우 한미연합군의 군사 운용계획인 '작전계획 5027'에 의하여 행동화 되고 이행된다.

애초 방어적 개념에서 공세적 개념으로 변화한 '작계 5027'에 따르면 한반도에서 전면전이 발발할 경우 현재 주둔하고 있는 주한미군 외에 미 본토에서 항공기 2000여대와 최첨단 이지스함과 구축함등이 포함된 160척의 함정으로 구성된 5개 항모전단, 69만여 명의 병력이 한반도에 증원토록 되어있다고 한다.

경제위기의 미국이 한미동맹 유지차원에서 중국이 버티고 있는데 평양까지 밀고 올라갈 수 있을까? 만일 한반도에서 전쟁이 발발할 때 군사력 투입, 전쟁지속 보장 모두 여의치 않다는 점이 문제다. 또 근본적인 문제로 1905년 일본의 조선 지배를 인정한 "가쓰라-태프트조약", 2차대전 후 전후처리 과정에서 한반도 분단 및 독도와 관련하여 보여준 불투명한 조치, 동북아시아 질서구축 과정에서 미국은 일본과의 협력-동반자관계를 유지하는 반면, 한국은 미국의 국익과 관련 이용하거나 버리는 대상으로 여겨온 측면이 강했다는 점에서 일본은 끝까지 보호하고 한국은 버릴 수 있다는 것이다.

정황이 이러함에도 친미 일변도 이명박 정권이 한미동맹을 항구적 관계로 여겨 오로지 미국을 구세주처럼 믿고 대미관계에 올인 할 경우 자칫 회복불능의 낭패를 당할 수도 없지 않다. 세계정세가 엄중한 이때야말로 미국을 믿지 말라는 조상들의 말씀을 되새겨 볼 필요가 있다.

따라서 패권국 지위를 상실할 가능성이 높은 미국의 현실을 냉철히 분석, 한미동맹에 대한민국의 운명을 맡기는 친미사대주의 일변도에서 탈피하여 자주적 생존능력을 배양하는 한편 남북관계개선을 통한 한반도 긴장완화, 중국-러시아와의 협력관계를 강화하는 방향으로 국가민족의 운명을 열어 가야 한다. 그리고 제발 여야 정치 지도자들은 소아병적인 정쟁을 중단하고 큰 틀의 대고려연합국(Grand Corea Union)의 정책을 세우기 바란다.

브레이크뉴스(Break News) 칼럼 2011.11.21

46. 을사늑약 -가쓰라-테프트 밀약, 잊지 말자!

시청 앞 광장의 일장기 모양의 잔디밭을 태극기모양으로 바꾸자!

필자는 지난주 11월 17일(목) 오전11시에 일본대사관 앞에서 단군민족평화통일협의회, 한민족운동단체연합 등 80여개 단체로 이루어진 "민족자주역사대회준비위원회"가 개최하는 '을사늑약(1905.11.17) 106주년 규탄대회에 참가했었다.

필자는 규탄대회사를 하면서 치욕적인 역사를 되풀이 하지 않기 위해 우리 주변의 일제 잔재를 하루빨리 지우기 위해 몇 가지 제안을 했다. ◆"Hi-Seoul"이란 구호에서 "Hi"라는 의미는 일본어 인사말의 의미가 있으므로 구호를 없애든가, "우리서울"이라는 구호로 바꾸자. ◆시청 앞 광장의 잔디밭은 일장기 모양의 의미가 있으므로 태극모양으로 바꾸자. ◆대통령은 독도를 하루빨리 방문하여 생활이 바쁜 국민이 더 이상 신경을 쓰지 않도록 하자. ◆우리나라 국호의 영문표기 Korea를 원래의 Corea로 환원하자. ◆일제시대에 국보로 정해졌으며 불타버렸으므로 숭례문을 복원할 때 세계적인 '천부경'을 대들보에 새겨 공동 국보 1호로 지정하자고 주장했다.

우리 모두가 떠올리고 싶지 않은 과거 역사를 한번 되돌아보자. 1895년에 우리 국모인 명성왕후를 무참히 시해하는 전 세계 역사상 전무후무한 만행을 자행한 을미왜변이 있었다. 그 후 1904년 러일전쟁에서 승리한 일본은 1905년 7월 일본의 수상과 미국 국방장관 사이에 소위 "가쓰라[桂太郞]-태프트 밀약"을 체결하고 미국으로부터 일본의 한국에 대한 종주권을 인정받았다. 이어서 8월에는 제2차 영일동맹조약(英日同盟條約)을 통해 영국으로부터도 한국에 대한 지도 감리 및 보호의 권리를 인정받았다. 같은 해 9월 5일 포츠머스 조약을 통해 한반도에서 가장 강력한 경쟁자였던 러시아로부터도 마침내 한국에 대한 지도·감리 및 보호의 권리를 승인받았다.

열강들로부터 한국의 보호국화(保護國化)에 대한 승인을 얻어낸 일제는 이어서 한국에 보호조약을 강요하기 시작했다. 을사늑약을 체결한 이날은 일본군 사령관 하세가와의 지휘에 따라 덕수궁 중명전 일대를 겹겹이 포위하고 조선 침략의 원흉인 이토 히로부미와 금수만도 못한 만고역적 이완용, 박제순, 이지용, 이근택, 권중현등의 을사5적에 의해 날조된 소위 보호 조약이라는 미명하에 간악무도하게 체결되어 대한제국의 외교권이 강탈당한 치욕의 날이 되었다.

그로부터 2년 뒤인 1907년 7월 24일에는 을사늑약을 시종 일관 거부하고 끝까지 승인하지 않았던 고종황제를 퇴위시키고 병약하기만 한 순종황제를 즉위하게 했다. 또한 이등박문과 이완용 등의 만고역적들은 대한제국의 법령 제정권과 관리 임명권, 행정권마저 강탈하는 소위 정미 7조약을 체결함으로서 대한제국의 국가체제를 사실상 완전히 유린 말살하였다. 3년 뒤인 1910년 8월 29일에는 마침내 소위 "한일합방조약"을 강제 체결함으로서 우리 겨레의 민족사는 오랑캐들에 의해 망국의 치욕을 당하고 말았다.

이때부터 강대국들은 우리 민족의 주권과 강토를 나누어 먹기 식으로 제멋대로 유린 농락하였으며 아직도 미. 일의 위정자들은 제국주의적인 패러다임에서 벗어나기를 주저하고 있다. 응분의 사죄와 보상은커녕 일촉즉발의 남북을 전쟁위기로 몰아감으로써 정신적인 테러를 가하고 있다.

세계 인류를 널리 돕는 숭고한 홍익인간 이념으로 세계인을 교화 선도해 온 위대한 우리 민족이 사대주의 외세의존 세력들의 민족 반역 및 분열 책동으로 인해 조국을 지키지 못하고 국권을 빼앗겼던 치욕의 역사가 시작된 것이다.

지금 우리는 또다시 4대 강대국들에게 주권과 민중의 희망을 빼앗기는 수난의 역사를 되풀이 할 것인가, 아니면 민족의 자주와 민중의 존엄성을 선도하면서 국제관계를 주도하는 새 역사를 창조 할 것인가 하는 중요한 역사의 갈림길에 서있다.

다시는 치욕의 역사가 되풀이 되어서는 안 되겠다. 반민족적인 세력, 반세계적인 행동을 다시는 이 땅에 발붙이지 못 하도록 해야 하겠다. 민족의 대단합으로 반드시 조국통일의 새 국면을 열어나가야 한다. 애국의 한마음으로 지혜와 정성을 아낌없이 발휘하여 미래 후손들에게 하나의 통일조국을 반드시 물려주어야 하겠다.

따라서 정부와 민간 모두 합심하여 일제가 강제로 강탈해간 사서와 유적, 유물 등, 역사 관련 사료와 문화재 및 장물을 전부 환원 할 것을 일본정부에 강력히 촉구해야 한다. 또한 태평양 전쟁 희생자 유해를 경건히 모셔 올 수 있도록 일본 정부는 성의 있는 조치를 취해야 한다. 그리고 전쟁의 희생자인 정신대 문제에 있어서도 일본 정부는 참회와 사죄의 마음으로 배상을 해야 하며, 아시아의 평화를 위해 일본 정부와 천황은 한민족에게 깊이 사죄해야 한다.

나라를 잃어 버렸을 때 우리 선조들의 고통과 수난을 다시 한 번 돌이켜보고 다시는 이 땅이 외세의 침략을 당하지 않도록 우리 국민과 각계각층의 지도급 인사들과 정부는 을사늑약을 잊지 말아야 한다. 후손들에게 통일된 나라를 물려주도록 모두가 하나 되어 평화통일을 이루는 날까지 전진해 나아가는 것이 우리 모두의 책무라는 것을 명심해야 한다.

따라서 남북한 해외 8천만 동포들은 2012년 총선과 대선에서 반 통일세력들의 분열책동을 과감히 배격하고 경계하여, 통일을 준비하는 정권을 세워 유럽연합방식(EU)식인 1국가 2체제 "대고려연합국(Grand Corea Union)"의 남북평화통일을 반드시 이룩할 수 있도록 대동단결해야 하겠다.

브레이크뉴스(Break News) 칼럼 2011.11.23

47. 안철수가 원자바오라면 후진타오 역할은?

첨단과학기술과 정보화시대, 국무총리와 대통령의 동반후보 필요

이명박 대통령은 지난 8월 21일부터 25일간 몽골과 우즈베키스탄, 카자흐스탄을 차례로 방문, 9월 유엔총회 참석차 미국 뉴욕방문하여 유엔총회에서 기조연설, 10월 미국 국빈 방문하여 버락 오바마 미국 대통령과의 정상회담과 미국 의회 연설, 11월 1일 한·러 정상회담과 프랑스 칸 G20 정상회의에 참석하였다. 순방목적은 주로 정상회담 개최, 주요 국제행사 참석, 경제·에너지·자원 등 다양한 분야에서의 전략적 협력 양해각서(MOU)를 체결, 정말 바쁘게 외교활동을 펼친다.

역대 대통령 가운데 최다 해외 순방을 기록한 대통령은 고(故) 노무현 대통령이다. 재임 기간 동안 27차례에 걸쳐 55개국 66개 도시를 방문했다. 해외순방 거리는 약 51만5000Km에 달하며, 이는 세계 일주 정도가 아니라 지구를 약 13바퀴를 돈 거리와 맞먹는 수준이다. 고(故) 김대중 전 대통령은 동일 국가 중복 방문을 포함해 23차례 37개국을 방문했다. 전직 대통령 가운데서는 노 전 대통령에 이은 두 번째 최다 기록이다. 또 김영삼 전 대통령은 재임기간 동안 14차례 걸쳐 모두 28개국을 방문, 노태우 전 대통령은 10차례 순방을 가진 것으로 알려졌다.

그러나 노 전 대통령의 이 같은 해외순방 기록은 이명박 대통령에 의해 사실상 깨졌다. 이 대통령은 취임 이후 올 11월 현재까지 37회에 걸쳐 55여 개국을 방문, 횟수에서 이미 노 전 대통령의 기록을 앞질렀다. 이 대통령의 임기가 1년 넘게 남았다는 점과 향후 해외순방 계획까지 합치면 이 대통령은 역대 최다 해외순방 대통령으로 기록될 것이다.

잦은 대통령의 해외순방으로 장관들조차 대통령의 얼굴 보기가 힘들 정도이다. 만일 대통령이 최첨단 영상전화 시설을 활용하여 외국정상, 장관, 국회의원, 주요 기관장, 군 사단장 등과 서로 얼굴을 보면서 통화한다면 친근감도 생기고 마음이 열려 어제 난장판 국회를 만든 한. 미 FTA 같은 문제도 훨씬 쉽게 해결 할 수 있었을 것이다.

전자공학의 꽃이라 할 수 있는 통신과 인터넷기술로 정보화 사회의 혁명이 일어나 지구가 마치 한 도시처럼 되어버렸다. 광케이블 및 위성통신기술과 같은 세계정보고속도로와 컴퓨터 소프트웨어 덕분에 통신과 방송의 영역이 없어져 인터넷방송, DMB방송, 위성방송이 보편화되어 세계정부의 탄생이 머지않을 것 같다. 우리 모두가 정보의 제공자이며 동시에 정보의 수혜자가 되어 시공을 초월한 사이버세계로 까지 확장되었다.

이제 다음 대통령은 중화학산업을 중심으로 한 제조업이 주도하는 '제2의 물결시대에서 인터넷을 통하여 지식. 정보, 문화산업이 주도하는 '제3의 물결시대'가 도래한 것을 빨리 인식하고 국정을 펼쳐야 하겠다. 누구나 정보기반시설을 활용하여 자유를 누리고 행복을 추구할 수 있어야 한다. 미래지향적이고 통합적이며 범국가적인 정보화의 비전과 정책이 추진 될 수 있도록 부처 간의 벽을 허물어 국제 경쟁에 앞장 서 나아가는 정책을 펴야 한다는 것이다.

국가경영의 속도를 비교해 본다면 농경사회에서는 소달구지 속도이고 산업사회에서는 자동차속도이고, 정보화 사회에서는 비행기와는 비교가 안 되는 빛의 속도라고 볼 수 있다. 비행기에 비유해보면 대통령은 비행기 조종사이니 국가의 각종 통계자료를 실시간으로 보면서 국정을 운영해야 한다. 따라서 청와대에 최첨단 전자상황실을 만들어 대통령은 차원이 다른 전자대통령, 정보화대통령의 역할을 수행하면서 우주선 관제사처럼 국가운영을 지휘 통솔해야 한다.

첨단 선진화 대통령이 되려면 최우선적으로 청와대전자상황실에 얼굴을 보면서 전화를 할 수 있는 영상전화기를 설치해야 한다. 의사소통을 친밀하고 효율적으로 하도록 영상전화기를 각부 장관실과 국장실에 우선 설치하고 육해공군 사단장실, 해외 대사관에 설치하여 영상전화로 국정을 챙긴다면 당사자들은 항상 업무를 잘 파악하고 준비를 철저하게 하기 때문에 아주 능률적인 국정이 운영 될 것이다. 정부기 앞장서 이러한 시스템을 도입한다면 국가기관이나 기업체도 뒤따를 것이므로 그 파급 효과는 말로 이루 다 할 수 없을 것이다. 더욱 중요한 것은 비서를 시키지 말고 대통령이 직접 전화를 걸어야 효과가 클 것이다.

그리고 두 번째로 통계청 자료를 전자상황실에서 실시간으로 볼 수 있도록 해야 한다. 비행기의 조종사가 풍속과 풍향, 비행기 속도 등 여러 계기판을 보면서 조종하는 것처럼 전자상황실에는 15개 정부부처에 해당되는 데이터를 벽걸이 컴퓨터 모니터에 표시되도록 해야 한다. 국가경쟁력을 좌우하는 여러 가지 지표는 물론 외환보유고, 수출입 통계, 인구자료, 소 사육 두수까지 볼 수 있도록 하여야 예산편성을 실효성 있게 세울 것이며 각부 장관이 스스로 모든 문제를 파악해서 자발적으로 해결 할 것이다. 청와대가 시범을 보이면 각부 장관실도 전자상황실을 설치할 것이며 국가기관, 기업, 은행도 뒤따라 설치하여 세계에서 가장 정보화가 잘 된 전자정부가 될 것이다.

또한 청와대에 회계 및 인적사항을 관리하는 컴퓨터 소프트웨어시스템을 설치하여 국가 예산의 흐름을 정확히 파악하여 국가의 투명성과 공정성을 높여야 한다. 청와대가 실시하게 되면 각 부처는 물론 정부기관과 모든 기업에서도 도입하게 되어 회사가 투명하게 경영하게 될 것이며 노사문제는 저절로 해결 될 것이다. 이러한 체제를 반대하는 기업에 대해서는 은행과 정부가 연계하여 대출 규제로 강력하게 대응해 나가면 될 것이다. 정책과 시스템만 새로운 것으로 바꿀 것이 아니라 디지털 경제시스템을 운영할 수 있는 디지털 전문인으로 공무원을 교체해야 한다.

사회구조가 선진화되고 국민들의 욕구 또한 다양하여 각계각층의 목소리를 신속하게 국정에 반영해야 하는 새로운 정치모델이 요구되고 있으나, 지금 우리의 정치현실은 이에 부응하고 있지 못하며 가장 앞서 나가야할 정치권은 정보화 무풍지대가 되어 변화를 두려워하고 있다. 국민들이 가장 바라고 있는 일자리 창출도 정보화뉴딜정책인 전 세계적인 전자도서관 사업을 추진하면 되는데 정부관리 누구도 관심을 갖지 않으니 국민만 고통을 받고 있는 중이다. 대통령부터 과학화, 정보화에 앞장서야 장관, 고급공무원들이 개인 블로그나 카페를 운영하면서 국민과 소통을 하게 되는데, 정보교류 수준이 초. 중, 고등학생 정도보다 낮으니 국민들로부터 외면을 받을 수밖에 없다.

중국의 정치인들을 보라. 거대한 중국을 과학적으로 운영하니 2011년 11월 4일 하늘궁전(텐궁1호)에 닻을 내린 신의 배(선조우 8호)를 띄워 성공을 하지 않았는가? 중국의 지도자 후진타오(중국어 간체: 胡锦涛 정체: 胡錦濤 병음: H Jǐntāo 호금도 1942년 12월 21일 ~)는 중국공산당 중앙위원회 총서기이자 중화인민공화국의 주석으로서 칭화대학에서 기계공학을 공부했으며, 국무원총리인 원자바오(온가보. 중국어 간체: 温家宝 정체: 溫家寶 병음: Wēn Jiābǎo 1942년 9월 15일 ~)는 베이징지질학원(현재 중국지질대학)출신으로 지질 분야의 기술자이다.

차기에 안철수 원장이 원자바오 역할을 한다면 후진타오역할을 누가 할 것인가? 2012년 총선과 대선에서는 최첨단과학의 시대, 정보화시대가 요구하는 준비된 국무총리와 대통령이 누구인지 잘 선택해야 국가의 미래에 희망이 있을 것이다.

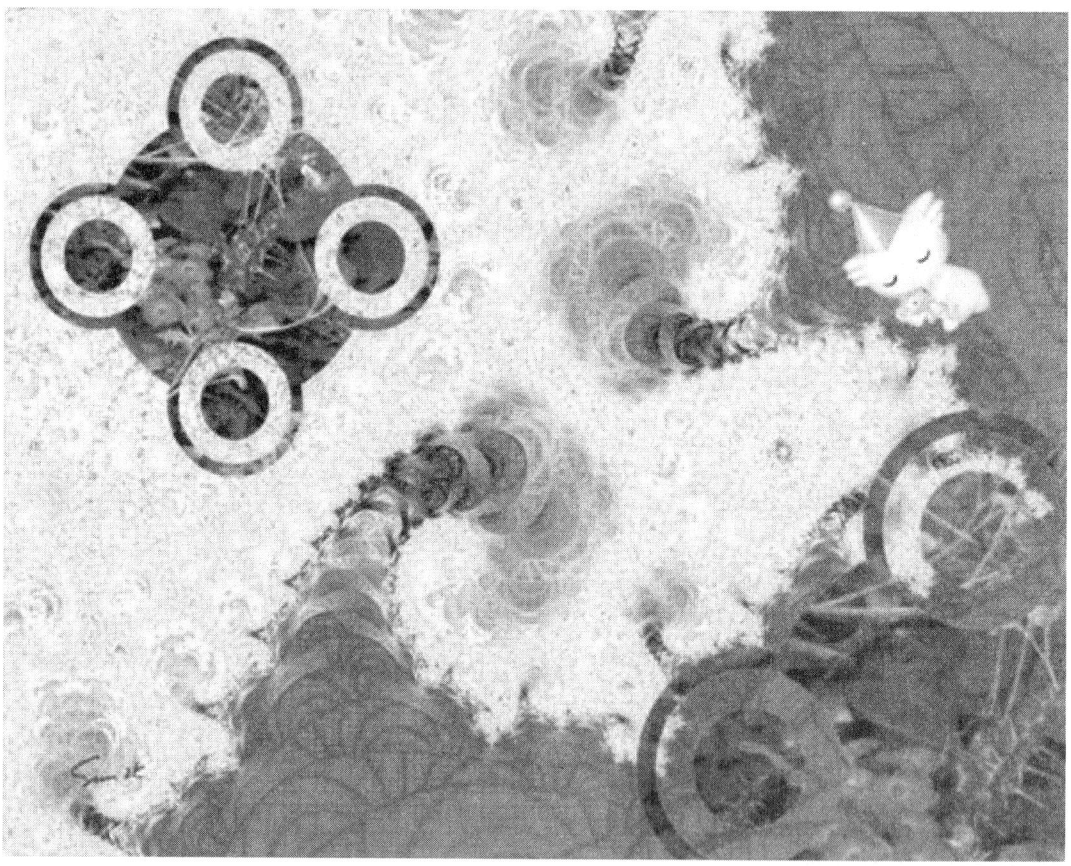

브레이크뉴스(Break News) 칼럼 2011.11.24

48. 세계는 대한민국 무대, 한미FTA-과학기술

FTA는 소비자가 값싸고 질 좋은 제품을 쓸 수 있는 기회를 제공한다

1998년 10월, 당시 김대중 정부가 일본 문화를 단계적으로 개방하겠다고 발표하자, "일본의 문화 식민지가 될 것이다." 라고 일부 시민단체가 반발했다. 그러나 2004년 1월 영화·음반·게임시장을 모두 일본에 개방했다. 7년이 지난 지금 소녀시대, 카라 같은 케이팝(K-POP) 그룹들을 보면 우려가 무색해진다.

1970년대 말 이후 한국 경제사는 개방의 역사였다. 빗장을 열 때마다 "개방하면 죽는다."는 목소리가 높았다. 외국과 경쟁을 할 때면 국민의 평균 지능지수(IQ)가 세계에서 제일 우수해서 그런지 배우면서 실력을 키워 이기는 특유의 투혼을 발휘한다. 흔들리지 않고 용감하게 문호를 열어 국가와 기업의 경쟁력을 끌어올려 왔기에 한국이 세계 9위(무역규모 수준)의 무역대국으로 거듭날 수 있었다.

자유무역협정(FTA:Free Trade Agreement)은 지구촌을 하나로 묶는 단계, 국가 간 상품의 이동을 자유화시키는 협정으로서, 느슨한 형태의 지역 경제통합이다. FTA는 소비자가 값싸고 질 좋은 제품을 쓸 수 있는 기회를 제공한다. 고 김대중 대통령께서 하신 말씀이 기억난다. "외삼촌의 떡이라도 다른 집보다 싸야 사 먹는다." 생산자는 경쟁에서 살아남기 위해 과학기술로 제품을 개발하여 질을 높이고 적당한 가격을 책정한다. 이게 바로 FTA를 통한 생산자의 의무요 소비자의 권리이다.

앞으로 세계는 지구촌 시대로 가기 때문에 FTA를 거쳐 공동시장(common market)이나 단일시장(single market)형태로 경제통합을 이루게 된다. 유럽연합(EU)은 공동시장의 단계를 거쳐 현재 통화까지 통합하면서 노동인력의 자유로운 왕래가 가능한 단일시장을 이미 형성하였다.

우리나라는 2004년 4월 1일 칠레, 2006년 3월 2일 싱가포르, 2006년 9월 1일 유럽자유무역연합(EFTA)과 FTA가 발효되었다. 그리고 2007년 6월 1일 상품 및 2009년 5월 1일 서비스 분야에 대해 아세안 FTA가 발효되었으며, 투자 분야에 대해서는 2009년 6월 2일 서명하였다. 2009년 8월 7일에는 한국과 인도 양국은 FTA의 일종인 포괄적 경제동반자협정(CEPA : Comprehensive Economic Partnership Agreement)에 서명을 마쳤고, 2010년 1월 1일 발효됐다.

그리고 유럽연합과는 2009년 7월 13일 한·EU FTA협상을 타결한 후, 2010년 9월 16일 EU 특별이사회에서 2011년 7월 1일부터 잠정발효에 합의했다. 페루와는 2010년 8월 31일 FTA협상을 타결한 후, 2011년 8월 1일 한·페루 FTA가 발효됐다. 한편, 2007년 4월 20일 미국과 FTA협상이 타결되었으나, 4년 4개월 만에 우여곡절을 거쳐 지난 22일 국회를 통과했다. 한·미 FTA로 우리나라 무역 경제영토가 세계 3위 수준으로 커졌다.

야당 국회의원과 일부 시민단체가 FTA를 반대하는 논리도 맞다. 2007년 FTA 협상이 완료됐을 때 미국에서는 “한국에 당했다. 협상을 다시 해야 한다.”는 반응이 주조를 이루었다. 한국 역사에서 개항이후 100년 동안 한국이 강대국과 통상협상을 맺으면서 이런 협상을 한 적이 없었다. 항상 불평등 협상이었다. 세계 초강대국인 미국이 약소국과의 통상협상에서 큰 손해를 봤다면서 재협상을 요구한 적이 없었다. 거꾸로 말해 참여정부의 협상은 그 정도로 잘 되었다. 그러나 이명박 정부가 재협상과정에서 미국에 퍼주고 말았다. 재협상 결과에 대한 미국의 반응을 체크해 보면 정계, 재계, 언론계 모두 쌍수를 들고 환영하고 있다. 미국이 큰 이익을 본 것이다.

과거 미국 영화 직접 배급(1987년), 우루과이 라운드 농산물협상(1995년) 당시에도 비슷한 논리가 있었다. 미국 영화 상영에 반대해 극장에 뱀을 풀거나, 불을 지르는 일까지 있었다. 우루과이 라운드 협상 당시에는 "농촌이 붕괴한다."며 수없이 많은 농민단체 대표가 삭발식을 거행했지만, 이후 우리 영화와 농업의 체질은 개선되는 쪽으로 움직였다.

한·미 FTA가 우리 경제에 미칠 영향은 깊고 넓을 수밖에 없다. 무역영토가 확장돼 경쟁력을 갖춘 기업의 제품은 수출이 늘어나는 등 새로운 도약의 기회가 될 것이라는 낙관론도 있지만, 농・어민과 자영업자, 영세 중소기업 등 사회적 약자에게 불어 닥칠 타격은 예측 불허다. 실제 국내 농・축・수산업은 향후 15년간 약 20조원, 제약 산업은 10년간 10조원 등 각 분야에서 천문학적인 피해 발생이 예상되어 사회양극화가 더욱 심해질 것이라고 한다.

한국 경제는 앞으로 어떻게 대응해야 하는 할까? 관건은 주력산업의 경쟁력을 더욱 키우는 한편, 낙오가 불가피한 농・어민 등 소외계층의 피해 보전과 생명과학기술의 영농기법을 도입하여 최고의 건강식품을 개발하는데 최선을 다해야 한다. 그리고 우리 경제의 체질 개선과 동시에 적극적인 해외시장 공략이 필요하다. 또한 외국 기업이 한국에서 제품을 생산해 '메이드 인 코리아'가 되면 관세 인하는 기본이므로 중국과 일본 기업을 유치하여 일자리를 크게 늘릴 수 있다.

한미 FTA체결과 운용은 우리나라에겐 세계로 나아가는 큰 개방을 의미한다. 세계를 재패하는 미래의 바다로 막 항해를 시작하는 것이다. 야당에서는 “을사늑약” “매국노”라는 단어를 사용하면서까지 한·미 FTA 국회비준을 반대했다. 미국이라는 최대 자본주의 국가와 시장을 개방하는 만큼 문제점은 반드시 있을 수 있다. 이명박 대통령이 없애버린 과학기술부와 정보통신부를 복원하여 과학기술자를 우대하고 연구비를 집중 투자하여 한미 FTA를 과학기술로 해결하면 된다.

투자자-국가 간 소송제도(ISD:Inverstor-State Dispute)는 외국에 투자한 기업이 현지에서 불이익을 당했을 때 현지 정부를 대상으로 국제투자분쟁해결센터(ICSID)에 손해배상소송을 하는 제도이다. 한국에 투자한 미국기업이 한국에서 불이익을 당하면 한국정부를 대상으로 소송을 하고 거꾸로 한국기업도 미국에서 그렇게 할 수 있다. FTA를 하면 대부분 ISD를 한다고 한다. 한국은 그동안 모든 FTA나 투자보장협정에서 ISD를 했다. 몇 년 전 중국이 백두산지역의 호텔을 강제 철거했을 때 한국계 호텔도 철거되었다. ISD가 없기 때문에 보상을 제대로 받지 못했다.

이제 대고려연합국(Grand Corea Union)을 세우기 위해서는 똑똑한 국민(Genius Corea), 위대한 민족(Great Corea), 세계적인 국가(Global Corea)로의

체질을 개선해야 한다. 번데기가 나비로 탈바꿈하는 과정처럼 지혜롭게 해쳐 나가야 한다. 우리에겐 1만 3천 여 년의 오랜 역사와 찬란한 문화를 지켜오면서 미래에 도전하고 개척해온 천손민족의 저력이 있지 않는가? 이제 세계는 대한민국의 무대이다. 지구촌을 과학적이고 합리적인 정신으로 경영하겠다는 자세로 큰 생각, 따뜻한 마음으로 아량을 베풀면서 세계를 품자.

브레이크뉴스(Break News) 칼럼 2011.11.27

49. 한반도, 정도령 사상으로 새나라 창건해야

극동과 중동의 전쟁의 위험을 평화체제로 전환시키는 사명

"미래를 예언하는 예언자들의 모임"이 지난 11월 25일(금) 오후 6시 부터 경기도 가평군 청평면 청평리 728-5에 소재하는 '시를 쓰는 오리' 라는 펜션에서 있었다. 미래를 예언하는 예언가, 예언을 연구하는 학자, 영능력자 등 30여명이 모여 2012년 총선과 대선, 남북통일, 세계전쟁, 지구를 포함한 우주의 평화에 관한 다양한 예언을 준비해 와서 발표했다. 참석자는 주로 언론인, 사상가, 정치가, 사업가, 종교인, 작가, 기(氣)능력자 등 다양한 직업을 가진 분들로서 새로운 세상을 기다리는 사람, 새로운 세상을 열고자 하는 사람, 도(道)를 구하고 깨달음에 이루고자 하는 사람들이었다.

필자는 김대중 대통령이 김정일 위원장장과 남북 정상회담을 개최한 날보다 2일전, 2000년 6월 13일에 전라남도 나주시에 있는 "나주성모님 집"에서 예수님과 성모님의 아주 특별한 남북통일에 관한 메시지를 소개하면서 필자의 영적체험과 앞으로 사명에 대해 발표하였다. 지면상 메시지 일부만을 여기에 소개 하겠다. 윤율리리아라는 천주교 신자께서 1985년에서부터 현재까지 예수님과 성모님의 메시지를 받아 적어 책으로 출판도 하고 인터넷에 소개를 하고 있다. (참조 :http://www.najumary.or.kr)

<예수님 말씀(2000.6.13)>

〈중략〉: "한국의 남북 정상회담을 누가 주선했다고 생각하느냐? 그것은 바로 내 어머니 마리아다. 세상 자녀들 중에 단 한 영혼이라도 버려지지 않기를 바라시는 내 어머니는 분단국의 아픔으로 애통해 하는 너희를 화해와 일치 안에서 화합하도록 묶인 철사 줄을 완전히 끊어주시기 위하여 남북 정상회담을 갖도록 주선하셨고 또 주관하실 것이니 어서 서둘러 기도하여라. 사랑의 힘을 발휘하여 바치는 너희의 기도와 희생과 보속을 통하여 온전히 봉헌한다면 너희를 괴롭히는 분열의 마귀로부터 승리하여 새로운 여명이 동트는 것을 보게 될 것이다. 그것은 바로 세계 평화의 지름길이기 때문이다.”

<성모님 말씀(2000.6.13)>

〈중략〉 : “그런데 오히려 남북 정상회담을 통하여 한 민족의 화해와 화합이 이루어지려고 하니 화가 날 대로 난 그들은 이간질과 반목을 획책하고 세상이 하느님을 촉범케 하여 온 인류를 파멸에 이르도록 하기 위해 분투노력할 것이다.”

필자는 나주가 고향이지만 나주 성모님에 관한 내용을 잘 몰랐으며 1996년 나주 지역구 국회의원을 하면서 자세히 알게 되었다. 1976년 프랑스 친구 따라 루르드(Lourdes)라는 천주교 성지를 방문 한 적이 있었다. 한 처녀에게 성모님의 환영이 나타난 후 동굴 샘물에서 기적이 일어나 물을 마시기만 해도 불구자가 정상이 되어, 집고 다녔던 지팡이가 20여개나 걸려 있는 것을 보고 참 신기하구나라는 생각을 하면서 물 한잔을 마신 적이 있었다.

나주 성지는 루르드 보다 더 많은 기적과 구체적인 메시지가 있었기에 루르드처럼 전 세계에 널리 알리면 유명한 도시가 되겠구나 하는 생각에 산길을 포장하도록 하고 주한 외국 대사 부부들을 초청하기도 했다. 2년간 면밀히 검토한 후 1998년 천주교 신자가 되기 위해 여의도 성당에 다니면서 6개월 간 성경과 교리를 배우고 12월 18일 아브라함이라는 세례명으로 입교하게 되었다. 제 처도 우연히 같은 날 대구 만촌 성당에서 마라아라는 세례명으로 신자가 되었다.

처음에 저를 인도한 대구 한 여 신도가 솔로몬이라는 세례명이 좋을 것 같다고 하여, 지혜의 왕이라는 것을 알고 기꺼이 그렇게 하기로 했다. 그런데 예비신자 신분으로 5개월 째 되는 어느 날, 나주 지역구에 내려가서 율리아님과 4명이 함께 차를 마시던 중 율리아님이 주저하면서 조심스럽게 저의 세례명을 아브라함으로 바꾸는 것이 어떻겠느냐고 했다. 이유인즉, 성모님계서 그렇게 말씀하시는데 자기는 공적 메시지를 받아 왔지만 개인적인 메시지를 처음 받기에 6번이나 응답을 하지 않다가 망설이면서 전해 준다는 것이었다.

성모님께서 직접 지어주신 세례명인데 기꺼이 받기로 하고 여의도 성당에 가서 이야기 했더니 아직 정식 신도가 아니니 바꿀 수 있다고 했다. 이즈음, 왼쪽 눈이 많이 아파 유명한 안과를 다녀 보았지만 차도가 없다가 나주 금성산 뒤쪽에 있는 성모동산의 물로 치유가 되었다. 물을 눈에 적시면서 성모님 "눈을 낳게 해주시면 성경공부를 열심히 하겠습니다." 라고 하면서 기도를 했더니 정말 기적 같이 치료가 되었으며 오히려 돋보기를 쓰면서 신문을 읽었었는데 지금은 안경 없이 작은 글자도 보게 되었다.

그러면 도대체 아브라함이 어떤 분인지 왜, 바꾸도록 했는지를 잘 몰라 만나는 신부님이나 목사님께 여쭈어 보았다. 지금 중동의 화약고인 이스라엘과 아랍국가 간에 종교분쟁은 아브라함의 아들인 이삭과 이스마엘을 추종하는 기독교와 이슬람교 간에 싸움이므로 이들을 화해시키라는 의미로 해석을 하게 되었다. 하지만 어떻게 해야 가능 할까하고 많은 고심을 하면서 지금까지 생각해 오고 있다.

또 한 가지 영적 체험은 2005년 경 갑자기 인왕산에 올라가고 싶어 평소에 알고 지내던 두 남녀 영매자에게 부탁 했더니 안내를 해 주었다. 일제가 조선의 신궁을 인왕산으로 옮겨버린 국사당(國師堂)을 지나 중이 장삼을 입은 듯 한 선바위에 다다랐을 때, 남자 영매자에게 정도전 선생님의 영이 갑자기 나타나 필자에게 전해 주라면서 "너는 실패하지 말라"라는 말씀을 남겨 주셨다.

그 당시만 해도 선생님을 잘 몰라 인터넷으로 지료를 찾고 나주에서 귀양살이를 하시던 곳과 경기도 이천에 모신 사당을 방문하면서 조선을 건국하신 뜻을 알게 되었다. 결국 태종 이방원으로 부터 죽임을 당하고 뜻을 펴지 못 했으니 대신 새로운 나라를 세우라는 명령으로 알고 많은 고뇌를 하게 되었다.

이제 통일의 때가 온 것 같다. 시대는 올바른 지도자(구세주(救世主), 미륵불(彌勒佛), 정도령(鄭道領))를 기다려 왔다고 본다. 2012년 총선과 대선에서는 국가와 민족의 요구에 부응하는 참신하고 정직하면서 성실한 지도자가 나와 새 시대, 새 역사, 새 지평을 열어 새 나라를 건국하는 준비를 해야 하겠다. 한. 미FTA로 난장판과 같은 국회, 진보와 보수의 틈바구니에서 정도를 못 찾는 정부로 인해 정치권은 사분오열되고, 격렬한 시위로 도심지는 전쟁터를 방불케 하고, 의식주를 걱정하는 서민들의 한숨 소리는 하늘을 찌르고 있는 현 상황을 타개해 나가야 하겠다.

하늘님은 역사 속에 살아계시므로 순천자는 흥하고 역천자는 망하게 되며, 역사는 통일을 향해 가고 있으므로 구세주, 미륵불, 정도령을 맞이하기 위해 발전해 왔다고 본다. 메시아는 하늘님의 창조목적인 세계평화를 실현하고 선악투쟁사를 종결시키기 위해 남북통일 사명을 가지고 있다는 것을 한국국민은 알고 있다. 카오스 철학과 프렉탈 사상 즉, 정도령 사상(공생. 공영. 공의주의)인 천지인 홍익사상으로 새로운 나라를 우리 모두 창건할 사명이 있다.

신라 김춘추대왕, 고려태조 왕건에 이어 세 번째 삼국통일의 위업을 달성하기 위해, 통일비용이 들지 않는 1국가 2체제 유럽연합(EU)식으로 남북평화통일을 이룩하여, 2017년 10월 3일에 삼족오(태양새)의 기상으로 "대고려연합국(Grand Corea Union)"을 건국해서 극동의 평화를 찾아야 하겠다. 남북통일을 준비하기 위해 청와대와 국회의사당을 판문점에 새로 짓고 청와대는 마고(麻姑)에서부터 이명박 대통령까지 411명의 역대 왕들을 모시는 국조전으로 바꾸어야 한다.

그리고 국회의사당에 "세계종교UN"을 창설하여 진리의 전당이 되도록 하면 종교 싸움은 없어 질 것이다. 한반도의 여의주(如意珠) 형상인 여의도에 전 세계 종교 지도자들이 평화롭게 활보하는 것을 상상해 보라. 그리고 뉴욕에 있는 UN본부를 판문점에 유치하여 세계 정치 지도자들이 DMZ를 공원 삼아 살아가게 된다면 우리나라에서 3차 대전은 일어나지 않을 것이다. 한국에 옮겨올 물질적인 UN이 극동의 평화를 지키고, 새로 창성될 정신적인 종교UN이 중동의 전쟁을 막을 수 있어 지구촌은 평화로운 세상이 열리게 될 것이다.

이를 위해 "미래를 예언하는 예언자들의 모임"이 큰 역할을 해야 할 것이다. 12월 23일(금) 다음 청평 모임에 관심 있는 분들께서 많이 오시길 기대한다. 50여명이 1박 2일 할 수 있는 시설이 잘되어 있었다.(회원카페 : http://cafe.daum.net/miraeyeun)

브레이크뉴스(Break News) 칼럼 2011.11.30

50. 북한, 남-북한의 동시 총선거 주장할지도?

6자회담 대비, 2012년 대선 통 큰 통일대통령 나와야!

지난 29일 서울 중구 프레스센터에서 개최된 통일교 창시자 문선명 총재와 고 김일성 북한 주석의 단독 회담 20주년을 맞아 '남북통일 과제와 평화회담의 의미'라는 학술세미나는 문 총재와 김 주석의 회담을 재조명한 것으로서 아주 큰 의미가 있었다고 생각한다. 두 지도자의 통이 크고 열린 통일에 대한 구체적 논의는 현 정부 들어 남북관계가 급속히 경색된 국면에서 필요한 시점이었다.

이 세미나는 평화대사협의회(중앙 공동회장 김민하·황선조)와 한국평화연구학회 주최로 열렸으며 토론자로 나선 김근식 경남대 교수는 "두 지도자가 만나 합의한 이산가족 상봉, 경제교류협력 등 4개 항은 아직까지도 해결되지 않은 남북관계 현안이자 역사적 과제"라고 강조했다. 또한 김 교수는 "반공·승공주의 지도자인 문 총재와 골수 공산주의 지도자인 김 주석이 만난 것은 북한에 대한 열린 자세를 보인 문 총재의 통 큰 자신감에서 비롯됐다"며 "겉으로는 반공·승공을 내세우면서 북한에 대해 어쩌지도 못하는 현 정부에 시사한 바가 크다"고 지적했다.

종교적 편견으로 인해 두 지도자의 역사적 회담이 국민들에게 잘 알려지지 않은 것은 유감이라고 생각한다. 현재 긴박한 남북한 대치상태에서 평화통일을 위해 문 총재의 역할이 더욱 필요한 시점이다. 현재 남북한 핫라인도 모두 끊긴 상황애서 북한을 고립시키고 압박하는 현 정부의 대북정책은 수정되어야 한다.

남북통일 방안을 크게 나누면 평화통일과 전쟁통일로 나눌 수 있다. 우리는 6.25사변을 겪어 보았기 때문에 전쟁통일을 하자고 주장하는 사람은 거의 없을 것이다. 그러면 평화통일은 어떤 방법이 있는가? 첫째, 남북한 어느 한쪽이 체제가 붕괴된다던가 해서 다른 한쪽에 스스로 흡수되는 경우인데 가능할 것 같지 않다. 둘째, 1국가 2체제로 유럽연합(EU) 방식이 있는데 필자가 주장하는 방안으로

브레이크뉴스를 통해 여러 번 주장했다. 셋째, 남북동시 총선거를 통해서 대통령과 부통령을 선출하여 통일하는 방안이다.

통일국가를 실현하기 위한 절차로서 남한에서 주장하는 것은 우선 통일헌법을 마련하여 민주적으로 남북한 총선거를 실시하자는 것이다. 통일국가의 형태는 1민족. 1국가. 1체제. 1정부의 통일국가이다. 북한에서 주장하는 것은 연석회의 방식에 의한 정치협상을 하여 1민족. 1국가. 2제도. 2정부 연방국가 형태이다. 북한에서는 그동안 남북한 간에 통일에 대한 진전이 별로 없어 남한에서 주장하는 남북한총선거를 실시하여 통일하자고 주장하면서 총선 준비를 하고 있다.

그동안 북한의 총선 준비상황을 보면 1999년부터 행정구역을 남한과 동일하게 개편하여 주체사상으로 무장하면서 김정일 위원장을 우상화하면서 대통령 후보로 단일화를 완료하였다고 한다. 통일에 대한 열망은 불타고 있으며 통일이라는 말만 나와도 눈물을 흘리고 자세도 달라진다고 한다. 현재 고난당하는 것까지도 통일 때문에 참는다고 하면서 통일만 되면 모든 것을 다 소유 할 것으로 생각한다는 것이다.

남북한 총선거자금도 준비하고 있다고 한다. 북한은 일본에 대한 청구권 150억 달러 중 80억 달러를 요구하면서 생필품 제공은 거절한다. 일본 돈1/3을 조총련과 민단이 소유 하고 있어 총선 시 남한에 투입 가능하다는 것이다. 이를 위해 일본에서 "평화통일연합"을 2004년7월 4일에 창립하였다고 한다. 그동안 금강산 관광시 1인당 100불씩 받아 2005.5.30일까지 100만 명 정도 다녀갔다고 한다.

김정일 위원장의 인기가 날로 상승하여 60% 이상 남반부 인민들의 지지를 받고 있다고 발표한다. 김정일 위원장은 영화 속의 주연처럼 세계의 이목을 집중시키고 있을 뿐만 아니라, 남북한의 권력 투쟁의 주도적 선두주자가 되었다고 선전한다. 창광유치원의 주체사상반 입구에 "백두광명성은 미래통일 조국대통령"이라는 선전을 하면서 남북총선을 대비한 이미지 변신에 성공했다고 한다.

현재는 어느 정도인지 잘 모르지만 2000년 조. 민. 통 발표에 의하면 남한 내 친북세력으로 고정간첩은 약 5만 명 이상, 좌경세력은 약 100만 명, 진보세력은

300만 명 정도로 지령는 년 8만 건, 동조세력은 200만 명 정도라고 추정한다. 북한의 600만이상의 인민들은 김정일 위원장을 영도자로 모시는 통일전선에 목숨 바쳐 동참하고 있다고 분석 발표하고 있다.

앞으로 북한이 전격적으로 6자회담을 재개하자면서 핵을 버리는 대신 남한에서 주장하는 통일방안 즉, UN감시하래 민주적으로 남북한 총선거를 실시하여 1민족. 1국가. 1체제. 1정부의 통일국가를 세우자고 한다면 우리는 어떻게 대비해야 할 것인가? 북한 공산당은 김정일, 남한에는 적어도 3~5명이 출마할 것이고 북한의 선거공약으로서 개인 신용불량자 수백 만 명에 대한 탕감조치, 노사합의하에 의한 회사 운영, 간도와 연해주의 반환 운동, 한일해저터널, 비무장지대 활용 등 통 큰 정책을 내 놓은 다면 남한 후보가 대통령에 당선 될 수 있겠는가? 아마도 김정일 위원장은 세계 언론에 평화주의자로 소개될 것이고 노벨평화상도 타면서 선거에서 승리하리라 본다.

이래서 2012년 대통령은 통이 큰 통일대통령이 나와 김정일 위원장과 담판을 벌리면서 1국가 2체제로 신라 김춘추, 고려 왕건에 이어 세 번째 삼국통일을 이룩하여 한반도의 영구적인 평화와 전 세계 한민족에게 희망을 주어야 한다.

브레이크뉴스(Break News) 칼럼 2011.12.4

51. 2012년에 '홍익 대통령'이 나와야 할 이유

마고사상-홍익철학 널리 알려 한반도-중동의 평화 정착 할 사명

2010년 7월 16일 충남 천안시에 있는 (사)국학원 홍익당에서 창립된 '한민족정신지도자연합회'가 1주년 기념행사로서 지난 12월 2일(금) 국학원에서 연말 모임을 가졌다. 국조 단군왕검 이래 영적 능력과 홍익정신을 중심으로 다양한 분야에서 '국혼'을 계승해 오고 있는 단체 및 인사들이 함께 교류하고 협력하여 국가발전을 선도하고 신인류에게 꿈과 희망을 열어 주고자 하는데 목적을 두었다. 대표적인 참여 분과는 경전연구분과, 마고연구분과, 무교분과, 불교연구분과, 삼일정신연구분과, 성서연구분과, 정신문화연구분과, 전통예술분과. 통일연구분과 등 26개 분과가 있다. (http://cafe.daum.net/kookhak6700)

◆ 마고(麻姑)사상과 문화를 한류(K-pop)의 근원적인 콘텐츠로!

필자는 '마고연구분과' 위원장으로서 신라시대 박제상 선생께서 쓰신 부도지(김은수선생 번역)의 핵심인 마고(麻姑)사상과 문화를 한류(K-pop)의 근원적인 콘텐츠로 개발하여 전 세계에 널리 알리고자 연구하여 왔다. 현 인류는 13,000년 전 파미르고원의 마고성에서부터 시작하여 세계로 뻗어 나갔으며 우리민족은 장자인 천손민족으로서 하늘의 뜻에 부합하는 나라를 건설하고자 환인(7대), 환웅(18대), 단군(47대)의 왕조역사를 이어 왔다.

◆ 환인(7대), 환웅(18대), 단군(47대)의 왕조역사를 살릴 대통령

우리 한민족에게는 마고시대로부터 단군왕검 이래 '천지인 사상'에 바탕을 둔 '홍익인간' 철학이라는 중심 사상이 있었다. 즉, 세상만물(하늘, 땅, 사람)은 하나에서부터 비롯되었다는 홍익(弘益)사상이다. UN의 세계보건기구에서는 인간의 건강기준을 '육체적인 건강, 정신적인 건강, 사회적인 건강, 영적인 건강'으로 규정하고 있지만, 구호에 그칠 뿐 인류평화는 요원한 실정이다. 지금까지 인류를 선도해 나갈 수 있는 국가와 종교, 인종을 초월하는 사상과 철학을 실천하지 못했기 때문에 극동(極東)인 한반도에서의 전쟁위험과 중동(中東)에서의 기독교와 이슬람교 간의 분쟁이 끝이 보이지 않는다.

◆ 마고사상과 홍익철학으로 극동(極東)과 중동(中東)의 평화 정착

마고 사상에서부터 출발한 홍익철학은 전 우주가 하나에서 부터 비롯되었기에 모두가 더불어 잘 살고자 하는 상생의 철학이다. 인류가 직면한 모든 문제를 해결해 나갈 수 있는 유일한 철학이다. 단군조선 시대에는 홍익철학으로 존경받던 영적 능력자와 정신지도자들이 국가를 다스려 왔다. 그러나 외래종교가 들어오면서부터 천지인사상과 홍익인간 철학의 존귀함을 인정받지 못해 왔다. 하지만 천부경과 삼일신고, 참전계경을 비롯하여 유구한 역사의 흐름 속에서, 언어, 생활풍속, 무속, 풍수, 역학, 예술분야에서 그 형식만 다를 뿐 그 이면에 살아 숨 쉬며 면면히 이어져 왔다. 따라서 필자는 천부경 81자를 불탄 숭례문의 대들보에 새겨 공동국보 1호로 하자고 제안 해 오고 있다.

◆ 2012년, 홍익국회의원 및 대통령을 선출하여 한민족 정신 확립

이제 우리 민족에게 하늘이 내리는 천명을 다해야할 소중한 기회가 왔다. 2012년 총선과 대선에서는 점점 잊혀져가는 홍익철학을 살릴 수 있는 국회의원과 대통령을 선출하여 한민족의 혼과 정신을 확립시키고, 전 세계로 확산시켜 전쟁, 기아, 공해문제 등으로 심각한 재앙의 위기에 처해 있는 지구를 살려야 하겠다.

한민족의 철학과 영적인 능력으로 인류문명을 파국이 아닌 상생과 화합, 평화의 정신문명으로 선도해 나가야 한다. 인류의 정신지도국이 되고 대한민국이 세계사 속에서 당당히 설 기회가 왔다. 우리 자녀에게 자랑스러운 한국인의 피가 흐르고 있음을 자각시켜 줄 기회가 바로 지금이다. 이제 홍익인간 철학으로 우리 모두 하나가 되어 민족을 살리고, 나아가 인류를 살려야한다.

◆ 역대 왕조님들은 민족의 얼과 나라의 혼을 살릴 홍익대통령을 기대!

물질문명의 한계와 지구적인 환란을 극복하기 위해서는 영적 능력자와 정신지도자들이 다시 일어나야 할 때이다. 지구인(地球人)들인 우리는 언제, 어디에서 비롯되었으며, 어떻게 흩어져서 어디로 옮겨 살았으며, 왜? 다투면서 살아야만 하는지 알 필요가 있다. 세계전쟁의 불씨인 종교의 다툼과 사상의 분쟁을 종식시키기 위해서는 전 세계가 한 뿌리인 세계의 역사와 문화 및 얼의 뿌리를 찾아야 한다.

◆ **국회에 종교UN설립하여 세계전쟁의 불씨인 종교와 사상의 분쟁을 종식**

지구상에는 인류 시원(始原)에 관한 두 가지 이야기가 있다. 하나는 서양사상의 근원인 에덴동산의 이야기이고 다른 하나는 동양사상의 대표 격인 마고성(麻姑城)의 이야기이다. 지구상에서 기장 아름다운 에덴동산에서는 부성(父性)을 가진 하느님(하나님)이 아담과 이브를 창조하였고 선악과(善惡果)라는 금기를 만들어 인간의 순종을 강요한다. 신이 인간을 창조함으로써 신과 인간을 서로 분리시켜 천지인(天地人)중에서 지구를 배제한 채 오직 하늘과 인간만의 관계인 이원론(二元論) 즉, 천인(天人)만을 바탕으로 한다. 카인과 아벨, 이삭과 이스마엘의 이야기처럼 축복과 저주라는 양날의 칼인 이분법적인 사고가 서양문화권의 원형이다. 여기서 야훼신과 알라신이 나왔고 유대교, 기독교, 천주교, 이슬람교 등이 나왔다.

한편 지구상에서 가장 높은 마고성에서는 신인(神人)이면서 모성(母性)인 마고(麻姑)가 선천(先天)인 하늘을 남자(陽)로 하고 후천(後天)인 지구를 여자(陰)로 하여 궁희(穹姬)와 소희(巢姬)를 낳았다. 원래 신과 인간이 분리가 아닌 신인합일(神人合一)을 근간으로 한 천지인(天地人)삼원(三元)사상이 동양문화권의 원형이다. 하늘과 땅과 사람이 서로 조화를 이루며 살아야 한다는 삼원론(三元論)적인 동양문화권 속에서 한국의 신선도를 비롯하여 선교, 도교, 불교, 유교 등이 나왔다.

◆ **마고성과 에덴동산의 관계성을 알아 종교의 근원을 알아야 한다.**

마고신선(麻姑神仙)사상은 우리 인간에게는 본래 신성(神性)이 깃들어 있으며, 인간이 어떻게 본성을 잃었으며, 본성을 회복하여 다시 이상향으로 되돌아가려 하는 인간 마음의 근원을 다룬 내용과 철학을 다루고 있다. 마고문화의 정통성을 이어온 우리 민족은 민족의 정체성을 확립하여 세계 역사를 재정립하고 전통과 현대가 어우러진 새로운 철학과 사상으로 새로운 문화를 창조해 나가고자 하는 사명이 있다. 아울러 세계가 하나라는 생각을 널리 알려, 세계 평화와 인류의 행복에 이바지해야 한다는 큰 뜻을 품고 있다. 핵무기로 무장한 강대국들과 종교간 갈등으로 전쟁공포에 휩싸여 꿈을 잃어버린 인류에게 마고의 신성사상은 대안이 될 수밖에 없다.

◆ **천지인사상과 최첨단 카오스철학 및 프렉탈사상과의 관계성을 정립해야!**

필자는 마고성의 신선사상과 카오스 우주와의 관계성을 규명한 연구를 해 왔다.

21세기 과학의 3대 혁명을 상대성 이론, 양자역학, 카오스이론이라고 한다. 과거의 과학이론으로 설명이 불가능한 천지인관계를 카오스이론으로 설명할 수 있으며 이 관계를 그림으로 도식화한 것이 프렉탈이다. 프렉탈 도형은 자연의 형상인 소우주와 대 우주의 관계로서 화려하고 신비스러운 아름다움이 있다. 고대의 마고성의 신선사상을 21세기 초 현대의 카오스 철학과 프렉탈 사상으로 확장하여 젊은이들에게 교육시켜야 한다. 경북대학교 교수 시절 1992년부터 카오스 반도체 칩 설계를 연구해 오면서 아름다운 프렉탈 도형을 접하게 되어 카오스아티스트로 작품 전시회도 여러 번 개최했다. 프렉탈 디자인으로 개발한 작품으로 모자에서부터 넥타이, 와이셔츠, 스카프, 신발 등에 적용하게 되면 의식향상이 되어 신인합일(神人合一)에 많은 도움이 될 수 있다.(http://cafe.daum.net/hosun2010)

◆ 2012년 홍익대통령은 대한민국뿐만 아니라 세계적인 정신적 지도자

우리나라는 물론 세계를 구해야 하는 2012년 홍익대통령은 대한민국뿐만 아니라 세계적인 정신적 지도자로서 확고한 철학과 사상, 역사의식을 갖춰야 하겠다. 우선 정직, 성실, 책임감을 갖고 국민들에게 역사의식을 고취시켜 힘과 긍지를 살려야 한다. 그리고 주체적 사상과 철학을 바탕으로 민족화해와 세계평화에 이바지할 수 있어야 한다. 더 나아가 나라의 미래를 밝힐 수 있는 구체적인 비전과 현실적이고 구체적인 통일론이 있어야 한다. 많은 과학자가 세계를 풍요롭게 하고 소수 정예의 정신적 지도자가 지구를 경영할 때이다.

브레이크뉴스(Break News) 칼럼 2011.12.6

52. 디도스 공격, 한나라당 비서 단독 행위라?

사이버(Cyber) 민주주의시대, 국가 기본질서의 근간을 파괴행위

한나라당 최구식 의원 비서가 중앙선거관리위원회 홈페이지를 분산서비스거부(Distribute Denial of Service), 10·26 재보선 당시 중앙선관위 홈페이지를 분산서비스공격(D-DOS·디도스) 공격한 범인이 한나라당 의원 비서라는 경찰 수사 발표를 듣고 국민은 크게 놀랐을 것이다. 이번 디도스(DDoS) 공격을 주도한 사건은 사이버(Cyber) 민주주의시대에 국가 기본질서의 근간을 파괴하는 국기문란 행위이다. 어떻게 국회의원 사무실 직원이 연루되었으며 그 행위의 목적과 배후 등에 관해 철저한 수사를 통해 범죄의 전모가 국민 앞에 명백히 밝혀져야 하겠다.

사건의 성격과 규모, 막대한 소요 자금 등을 감안할 때 단순히 국회의원실 9급 비서의 소행일 수는 없다. 정부와 국회는 한 점 의혹 없이 진상을 철저히 규명해야 한다. 이번 사이버 테러는 대한민국 민주주의 헌정질서를 송두리째 파괴하는 반국가적 범죄행위이자 민주주의의 꽃인 선거에 대한 테러이다.

투표소 찾기, 후보자 정보, 투표 및 개표현황 등 각종 선거정보를 유권자에게 제공하는 선관위 홈페이지에 디도스 공격을 감행한 것은 단순히 공무집행을 방해하는 수준을 넘어 공정한 선거관리를 위협하고 대한민국의 민주적 기본질서에 대한 중대한 도전이다. 2012년 총선과 대선에서 어떤 일이 발생할지 심히 걱정이 된다.

이번 디도스 공격의 진상은 한나라당 의원 비서가 홈페이지 제작업체를 운영하는 고향후배 강 모 씨 에게 공격을 부탁 했고 당시 필리핀에 머물고 있는 강 씨가 한국에 있는 회사직원 2명에게 지시해 200여대의 좀비 PC로 공격을 실행했다고 한다. 중앙선관위 홈피이지는 선거당일 디도스 공격을 받아 오전 6시 15분부터 8시32분까지 2시간이 넘게 마비됐었다.

투표소 안내와 변경 여부 등에 대한 확인이 제대로 이뤄지지 못하면서 야권인 박원순 서울시장후보에게 호의적인 젊은 직장인들의 투표 참여를 방해하기 위하여 누군가가 의도적으로 공격을 감행한 것이 아니냐는 의혹이 사실로 드러난 셈이다. 선거당일 박후보 홈페이지도 오전 1시47분 -59분 과 오전 5시50분 -6시52분 두 차례 디도스 공격을 받아 접속이 월활 하지 못했다고 한다.

야권은 이번 사건에 최 의원이 나 한나라당 이 조직적으로 개입했을 가능성이 있을 것으로 정치 공세를 펴고 있지만 최 의원은 “만약 사건에 연루 됐다면 의원직을 사퇴 하겠다” 는데 그 말이 맞을까? 아무리 기성 정치권이 도덕성과 신뢰가 땅에 떨어졌다 해도 국회의원이 디도스 공격을 지시했다고 믿고 싶지는 않다. 범죄를 전혀 몰랐다고 해서 도덕적 책임까지 면할 수는 없다.

필자도 15대 국회의원직을 4년간 해보았지만 국회의원은 자신이 기용한 보좌관 비서들에게 대해 포괄적 지휘 감독책임을 져야하기 때문에 사건과 무관 할 수는 없다. 공직 선거법 제 265조 에 후보자의 친족뿐 아이라 선거사무장이나 회계책임자가 3000만 원 이상의 벌금형은 선고 받았을 때 후보자의 당선은 무효화 하는 것과 같은 맥락이다.

독자의 이해를 돕기 위해 D Dos 공격에 대해 쉽게 설명해보자. 하루에 수십대의 차량이 통과할 것을 예상하고 만들어 놓은 한적한 2차 도로가 있다. 어느 날 이 도로에 갑자기 수천, 수만 대의 차량이 나타나면 어떻게 될까? 단순 정체를 넘어서 주차장에 가까운 형태가 될 테고 결국은 오도가도 못하는 통행 불능에 빠질 것이다. 이와 같은 현상은 실생활에서 거의 보기 드문 일이지만 온라인에서는 종종 발견된다. 노무현 전 대통령의 생가를 방문 해 본 사람이면 잘 이해가 될 것이다.

디도스 공격은 수십 대에서 많게는 수백만 대의 PC를 원격 조종해 특정 웹사이트에 동시에 접속시킴으로써 단시간 내에 과부하를 일으키는 행위를 뜻한다. 공격자들은 서버나 네트워크 대역이 감당할 수 없는 많은 양의 트래픽을 순간적으로 일으켜 서버를 마비시키는데, 그에 따라 일반 사용자들의 사이트 접근 및 사용이 차단된다.

디도스 공격의 목적은 자료를 유출하거나 삭제하는 것 아니라 단순히 서버를 마비시키는 것이다. 하지만 지속적인 서비스 운영이 필수인 인터넷 쇼핑몰이나 관공서 웹사이트는 서버가 단 몇 시간만 마비돼도 치명적인 피해를 입을 수 있다. 또한 디도스 공격의 특성상 초기 진원지를 추적하기가 어려워 재발 가능성이 있다는 점에서 더 위협적이다.

디도스 공격에는 서버가 마비될 정도로 많은 PC가 필요하다. 하지만 그 많은 PC를 공격자가 일일이 조종하는 것은 아니다. 공격자들은 자동화 프로그램을 통해 한 번에 여러 PC에 명령을 내릴 수 있다. 이를 위해 공격자들은 사전에 몰래 다른 사람들의 PC에 악성코드를 설치해 원격에서 제어가 가능하게 만들어 놓는다. 이 악성코드에 감염된 PC는 주인의 의사와는 상관 없이 공격자들의 명령에 따라 좀비처럼 움직인다고 해서 '좀비 PC'라고 불리기도 한다.

주인 몰래 유입된 악성코드는 PC에 잠복해 있다가 공격자가 활동 명령을 내리거나 특정 날짜가 되면 좀비 PC로 변신하게 된다. 좀비 PC가 되면 CPU 사용율이 일정 부분 높아지기는 하지만 육안으로는 확인하기가 힘들다. 공격자들이 좀비 PC가 크게 느려지지 않는 한도 내에서 공격 범위를 설정하기 때문이다.

이렇게 만들어진 좀비 PC들은 공격자의 명령에 따라 특정 웹사이트를 공격하게 된다. 만일 해당 웹사이트가 높아진 부하를 감당할 만한 장비를 갖추고 있다면 문제가 되지 않겠지만, 그렇지 않다면 시스템이 마비돼 접속이 불가능해진다. 만일 2012년 선거에서 선관위 홈피에 사이버 테러가 발생한다면 투개표가 불가능해 질지도 모른다. 선거가 무효 될지도 모르니 이번 사건을 철저히 규명해서 테러 방지에 기술적으로 만전을 기하기를 바란다.

브레이크뉴스(Break News) 칼럼 2011.12.7

53. 北김정일위원장 유고시 한반도의 운명은?

북한은 중국의 '조선성'으로 편입, 남한은 일본의 경제속국이 될지도!

사람은 언젠가는 이 세상을 하직하게 된다. 아직까지 영생한 삶은 없다. 역사적으로 막강한 권력을 장악했던 사람이 갑자기 세상을 떠날 때 커다란 사건은 터지게 마련이다. 예외 없이 만일 김정일위원장이 서거하게 되면 어떤 일이 벌어질까? 권력 승계를 받지 못하고 북경에서 은둔중인 장남 김정남이 아버지 장례를 치루기 위해 북한에 갈 것이다. 권력을 이어 받은 국내파 김정은 지지 세력과 중국의 비호를 받은 김정남 세력 간에 어떤 일이 벌어질 것인가?

만일 두 왕자들 간의 세력다툼으로 내전이 일어나 극도의 혼란상태가 되어 체제가 붕괴된다면 이명박 대통령은 어떻게 대응할까? 혹시 감나무에서 홍시 떨어지기만을 기다리는 것처럼 남한에 저절로 흡수통일 된다고 생각할지 모르겠다. 과연 그렇게 될까? 혹시 착각을 하고 있는 것은 아닐까? 문제는 중국의 대응이다. 북한에 많은 광물자원권을 가지고 있는 중국은 북한의 내전을 평정한다는 명분으로 압록강 건너에 주둔하고 있는 중국군을 평양에 들어가도록 한다면 우리나라 헌법에 한반도를 우리영토로 규정하고 있어 남한과 미국은 어떻게 대응해야 할까? 우리 정부는 전시작전권을 가지고 있는 미국과 합의하에 남북한 간에 전쟁을 불사할지도 모르겠다.

중국도 북한에서 내부 분쟁이 일어나 붕괴될 것을 예측하면서 무주공산(無主空山)이 될 북한지역을 중국화 하기위해 〈동북공정〉을 추진해 왔다고 많은 한국 지식인들은 생각하고 있다. 현재까지 중국은 5년에 걸쳐 한국의 강단사학의 연구 성과물을 수거하여 조선족 역사학자를 주축으로 〈한국 고구려사, 중국사 편입을 위한 연구〉를 마쳤고, 고구려 유적을 대대적으로 정비하여 왔다. 북한이 고구려를 계승하여 왔으며, 이제 북한이 멸망하였으므로 북한 땅은 당연히 중국에 속하여야 한다는 논리를 펴게 될 것이다.

고구려사를 이어온 북한이 중국에 편입하게 되면 우리의 역사도 중국의 변방역사로 전락하게 된다는 것을 알아야 한다. 신라와 백제를 이어온 대한민국은 저절로 중국의 속국이 되고 변방국가로 자리매김을 하자는 데에 〈동북공정〉의 목적이 있다는 것을 잘 알아야 한다. 우리들의 왕조라고 믿고 있는 치우천왕(환웅 14대왕)을 황제헌원과 염제신농과 함께 공동 시조로 모시고 있지 않는가. 우리나라 강단 사학자들은 환웅시대(18대)를 인정하지 않고 있으나 중국에서는 자기네 역사로 편입시키고 있다. 이명박 정부는 정말 〈동북공정東北工程〉을 제대로 알고 대비하고 있는가 묻고 싶다.

기구하게도 우리 한반도 운명은 지구상에서 가장 문제가 되고 있는 두 개의 화약고, 극동의 주인공인 한반도와 중동의 주인공인 이스라엘과 연계되어 있다. 이스라엘은 이집트, 페르시아, 그리스, 로마라는 지중해권 초강대국들에 둘러싸여 수 없이 밟히며, 때론 오랜 시간 국가가 사라지기도 했지만, 1900년 만에 다시 나라를 세워 중동에서 가장 민주적이고 강력한 나라로서 세계에 영향력을 끼치고 있다.

대한민국은 중국, 몽고, 일본이라는 아시아권 초강대국들에 둘러싸여 수 없이 침략당하며 36년간 국가가 사라진 적도 있지만, 현재 G20 회원국 안에 들 정도의 국력을 자랑하고 있다. 역사나 지리적 상황뿐만 아니라, 두 나라는 건국일도 거의 일치한다. 이스라엘은 1948년 5월 14일에 건국했고, 대한민국은 1948년 8월 15일에 건국했다. 두 나라 사이에는 뭔가 알 수 없는 신비로운 관계가 있는 듯하다.

한반도에서 전운이 감돌고 있는 징후가 포착되고 있다. 올해 8월, 트럭 4000대가 중국에서 북한으로 긴 행렬을 지어 들어가는 모습이 포착되었다. 대부분 6톤 트럭과 100마력짜리 군용 지프로 확인되었다. 군 전문가들은 1차적으로 군 부대들 사이에 식량과 물자를 배분하여 전쟁준비를 완료하기 위함이고, 2차적으로 전시에 육군의 기동성 확보를 위한 포석이라고 한다.

그리고 북한은 고암포 해군 기지를 완공하여 공기부양정 70여대를 배치하였으며 북한 특수부대 3000명이 30~40분 내에 서해 5도 섬들에 침투할 수 있는 전력으로서 현재 우리 군에 매우 큰 위협이 되고 있다고 한다. 북한은 미사일 발사대와 전투기를 남쪽에 이동 배치했으며 북한은 서해에서 폭격기에 의한 공대함 미사일 발사 시험을 했고 해안포 진지구축을 하고 있다는 뉴스가 있었다. 지난 11월 23일 남한의 서북도서 합동군사훈련이 시작되자 북한은 역시 "청와대 불바다"발언으로 도발했다.

한국 정부도 FTA 체결과 함께 미국에 매우 강력한 군사적 원조를 요구했을 가능성이 크다. 지난 10월 이명박 대통령의 미국 국빈 방문 때 대통령은 특이하게도 김관진 국방부장관을 데려갔기 때문이다. 원래 정치적 조율을 위한 일반적 정상회담시에도 외교통상부장관과 같은 외교 전문가들 정도만 대동하는 것이 상례이지만 외견상 국빈접대로 보였던 정상회담에 군사전문가를 대동한 것은 참으로 특이한 일이다.

겉으로는 오바마 대통령과 이명박 대통령 사이의 화기애애한 장면이 연출되었지만, 진정한 핵심에서는 양국의 군사전문가들끼리 매우 중요한 회담이 있었을 것이다. 이미 주한 미군 7공군사령부는 F16 12대를 추가 배치했으며, 부산항에 미군 신형 장갑차 브래들리 100여대가 도착했다고 한다.

최근 국제 정세로 보아 이스라엘과 이란사이에 전쟁이 일어날 가능성이 큰데 김정일 위원장의 서거에 맞춰 한국과 북한 간에도 전쟁이 일어 날 가능성이 있다. 이란과 북한이 전쟁 도발에 대한 사전 협약을 할 가능성도 있는데, 이란에서 전쟁이 나면 미군의 군사력 집중을 무너뜨리기 위해 북한도 전쟁을 일으킬 수 있다는 뜻이다.

만일 이스라엘과 이란 두 나라사이에 전쟁을 하게 되면 미국이 개입을 안 할 수가 없는데, 설상가상으로 이 시기에 맞춰 북한에 내전이 일어나 남북한 간에 전쟁이 일어난다면 미국은 현재의 경제력으론 도저히 양쪽을 모두 도울 수 없을 것이다. 미국은 90년대 까지 중동과 극동에서 동시 전쟁 발발시 양쪽 모두 승리할 수 있는 전략이 있었지만 미국의 쇠퇴와 중국의 급부상으로 이제는 더 이상 불가능해진 같다. 미국은 당연히 한국 보다는 이스라엘에 집중할 것이다.

하지만 남북은 전면전을 일으키지 못하고 한정된 준 전면전 정도로 마무리 지을 것이다. 북한은 남한에 막대한 피해를 입힐 수는 있을지언정 절대 남한을 이길 수 없으며 북한 정권이 무너지게 될지도 모르기 때문이다. 남한 군이 북한을 점령한다든가 북한군이 남한을 정령하다는 것은 불가능하므로, 미국과 중국은 외교채널을 통해 개성공단이 있는 개성시와 금강산 일대를 남한에 양보하도록 하고 휴전을 하도록 종용을 할지도 모른다.

이렇게 되면 서울과 수도권 일부가 폐허가 되고 3개 전자회사가 대파되더라도 남한군은 승리를 했다고 자축할 수도 있으나, 북한은 중국의 네 번째 성인 '조선성'으로 편입될 것이고 일본은 남한의 폐허된 시설을 복구하기위해 자본을 투입하여 경제속국으로 만들지 모른다. 지금까지 남북한은 60년간 평화를 유지해왔다. 한국 국민들은 이 60년간의 평화가 유지 된 것은 기적이며 이 시대가 유일했다는 것을 알아야 한다. 따라서 잎으로 닥쳐올 다양한 국제상황과 외부의 음모를 저지하고 남북이 온전한 평화통일을 이루기 위해 노력해야 한다.

따라서 김정일 위원장이 생존해 있을 때 하루라도 빨리 서로 상생 할 수 있도록 "1국가 2체제 유럽연합(EU)식" 통일을 해야 하겠다. 극동과 중동의 불을 동시에 끌 수 있으며 우리 한민족의 빛나는 혼을 일깨울 수 있는 위대한 국가지도자가 2012년 대선에서 반드시 나와야 하겠다.

브레이크뉴스(Break News) 칼럼 2011.12.9

54. 이명박 장로, 羅州 예수님께 속죄가 살길!

MB정부의 '공정사회' 퇴보 죄, 한국 평화지수 68위 죄

오늘 아침 조간신문(2011.12.9)에서 "국민 65%가 우리사회 부패, 한국평화지수 68위로 지난해보다 16계단 하락", "檢 정권실세.친인척비리 정조준, 靑, 레임덕 가속화할라 속앓이"라는 제목이 눈길을 끈다. 이명박 대통령의 친인척과 측근이 연루된 사건으로 청와대가 곤혹스러워하고 있다는 것이다. 임기 1년2개월을 앞두고 성공적으로 국정을 마무리해야 할 청와대로서는 한나라당의 난파선 까지도 책임져야 할지 모르기 때문에 걱정이 태산이다.

이명박 대통령이 명예로운 퇴임을 위해서 유일한 길은 이명박 장로로서 전라남도 나주(羅州) 예수님과 성모님께 기도하면서 속죄하는 것이라 생각한다. 개신교 신자로서 천주교와 화합하고 소통한다는 의미도 있지만 신앙의 대상으로서 같은 예수님, 같은 성모님이기 때문에 전혀 문제가 없다고 본다. 자세한 것은 홈페이지를 참조하면 될 것이다. (www.najumary.or.kr)

프랑스 남부 가톨릭 성지(聖地)인 성모 발현(發顯)의 마을 루르드(Lourdes)처럼 나주에서도 '기적의 샘물'로 침수를 할 수 있으니 찬물로 침수한다면, 예수님께서는 모든 것을 용서 해주시고 성모님께서는 따뜻한 어머니의 미소로 몸을 닦아 주시리라 생각한다. 필자는 나주가 고향이며 1998년 국회의원 시절 나주성모님께서 지어주신 아브라함이라는 세례명으로 영세를 받았으며 나주 성수로 몹시 아픈 왼쪽 눈의 치유은사도 받았다.

프랑스 루르드 성지에는 지난해 한국에서만 3만5000명이 이곳을 찾았으며, 전세계적으로 해마다 600만 명, 매주 10만 명의 순례 객들이 찾아와 '기적의 샘물'도 마시고 몇 리터씩 담아가기도 한다고 한다. 필자도 1976년 프랑스 유학시절 프랑스 친구를 따라 이곳 성지에 가서 물을 마신 적이 있다. 실제로 성모 발현 동굴 위에는 환자들이 치유가 된 후 짚고 다녔던 목발이 무수히 많이 쌓여 있었다.

루르드 성지 역사를 살펴보면 1858년 2월11일부터 7월16일까지 18회에 걸쳐 루르드의 가브강변 마사비엘동굴에서 144㎝의 작은 키에 찢어지게 가난하고 병약했던 14살의 신심 깊은 베르나데트 앞에 성모 마리아가 나타났었다. 마리아는 소녀를 향해 "나는 원죄 없이 잉태됐다"고 하면서 소녀에게 "샘에 가서 마시고 씻으라"고 했고, 이 물을 마신 이들 가운데 불치병 등을 치유하는 효과가 나타나면서 '기적의 샘물'이라는 이름이 붙여졌다.

그녀는 모두 18차례 성모 발현을 경험했으며 성모 발현 이후 수난도 당했지만 신심을 잃지 않고 수녀원에 들어가 조용히 살다가 35세에 임종했다. 1862년 교황청이 성모가 베르나데트에게 발현했음을 공인함에 따라 루르드는 '기적의 땅, 치유의 땅'으로 유명해졌다. 베르나데트에게 성모가 던진 메시지는 자유주의 사상이 팽배해 지식층이 교회를 떠나는 시기에 회개를 촉구하고 신앙의 불꽃을 지피기 위해서였다.

현재 우리 사회의 가장 큰 문제점은 물질만능주의와 자유방임주의로 화려한 겉모습에 치우친 나머지 영성을 잃어가는 것이다. 오늘날 목회자와 신자들에게 경종을 울리기 위해 나주에 예수님과 성모님이 발현하여 죄인들이 회개하여 새로운 부활의 삶을 살아가도록 이제까지 이 세상 그 어디에서도 보여주지 않았던 전대미문의 기적들을 보여 주었다.

나주 율리아 자매가 모시고 있던 성모상에서 1985년 6월 30일 밤 11시 55분경에 처음으로 눈물이 흘러 내렸다. 죄인들의 회개와 불쌍한 이들을 위하여 묵주기도를 바치는 도중 성모님의 볼에 물방울이 맺혀 있는 것을 발견하였다. 맨 처음 눈물 흘리신 곳은 '정미용실'이었다. 그 뒤 '수강아파트'에서 그리고 현재 모셔진 경당 성모님의 집에서 계속 눈물을 흘리셨으며 1992년 1월 14일까지 700일 동안 성모님은 눈물과 피눈물을 흘려주시며 우리들을 안타까이 부르셨다.

만일 이명박 대통령께서 용기를 내셔서 나주를 방문하신다면 천주교와 개신교가 화합하는 것은 물론, 나주도 프랑스 루르드처럼 세계적인 성지로 인정받아 매년 수백만 명의 순례 객들이 올 것이며, 일자리 창출은 물론 우리 경제에 큰 보탬이 될 것이다. 아래 메시지는 금년 두 차례 예수님과 성모님께서 주신 내용으로 아주 중요하기에 전체 내용을 그대로 인용하였다.

<2011년 예수님과 성모님의 사랑의 메시지 전문>

2011년 3월 10일

성시간 도중 장부로부터 “갈바리아 예수님 십자가상 있는 곳에 성모님께서 젖을 많이 내려주셨다는 전갈을 받았는데 성시간 끝나고 가보면 어떻겠느냐?”는 연락이 왔다. 나는 주님과 성모님께서 부르신다는 강한 느낌을 받고 바로 두 신부님과 장부와 협력자들 몇몇과 함께 즉시 성모님 동산으로 갔다.

갈바리아 동산에 올라가 가까이 가서 보니 십자가 예수님 상을 보호하기 위해 삥 둘러 설치한 아크릴 벽 안쪽에 많은 젖이 내려와 있었는데 우리가 살펴보고 있는 중에 향유가 투명 아크릴 벽 안팎의 여기저기에 막 내려오셨다. 그 광경에 신부님들도, 협력자들도, 나도 거의 동시에 “어! 여기도~, 어! 저기도~” 하고 감탄사를 연발하며 환호하였다.

십자가 상 예수님을 바라보니 오른쪽 눈에 눈물이 맺혀 조금 흐르고 옷자락에도 흘리신 진액이 방울져 맺혀 있었다. 그 때 예수님께서 안타깝게 그러나 아주 다정하게 말씀하셨다.

예수님 :"극악무도한 죄인들의 회개를 위해서도 단말마의 극심한 고통을 아름답게 봉헌하는 지극히 사랑하는 나의 작은 영혼아! 그리고 나와 내 어머니를 따르며 박해 받는 나의 사랑하는 모든 성직자들과 수도자들과 자녀들아!

대 타락의 위협과 멸망의 위험에 처하고 있는 이때 하느님 아버지의 의노는 하늘 높이 치솟아 벌이 내려지기 직전이기에 나의 작은 영혼의 두벌죽음에 이르는 고통은 더욱 심화되어가는 것이다.

나와 내 어머니 마리아께서는 죄인들이 회개하여 새로운 부활의 삶을 살아가도록 이제까지 이 세상 그 어디에서도 보여주지 않았던 전대미문의 기적들을 나주에서 위대한 역할에 불림 받은 내 작은 영혼의 사랑에 찬 탄원과 희생이 따른 보속 고통을 통하여 끊임없이 보여 주었다.

그러나 기름 부어 세운 목자들까지도 대다수가 깨어있지 못한 채 많은 양떼들을 지옥의 길로 인도하고 있으니 나도 더는 그냥 볼 수가 없구나. 그러나 너희의 하느님 아버지이신 성부의 노여움까지도 다른 데로 돌릴 수 있으신 내 어머니의 청을 내 어찌 거절할 수가 있겠느냐.

물질문명은 고도화로 발달되고 있지만 영적으로는 이미 만신창이가 된 인류는 불모의 황야에서 살고 있는 위험과 피할 수 없는 재난에 처했으면서도 태평세월을 노래하며 안일하게 생활하고 있다.

그러나 소돔과 고모라의 시대와 노아의 홍수 때처럼 멸망되어서는 안 되니, 교만해질 대로 교만해져 제 2의 바벨탑을 쌓지 않도록 나와 내 어머니를 안다고 하는 너희만이라도 알곡으로 뽑혔다는 것을 잊지 말고 늘 깨어 생활의 기도로 무장하여 만건곤한 분열의 마귀를 처단할 수 있도록 최후만찬의 빠스카 신비와 부활의 빠스카 신비를 영속시키도록 하여라.

나 항상 나와 내 어머니를 위하여 희생하고 보속하며 일하는 너희의 일거수일투족을 지켜주고 보호하여 일촉즉발의 위기에서 조수불급할지라도 안전하게 구해내어 다치지 않게 하리라."

예수님의 말씀이 끝나시자 성모님께서 다정하면서도 슬픈 어조로 말씀 하셨다.
성모님 : "죄인들이 회개하기만을 바라며 고통을 받아야하는 사랑하는 나의 딸아! 닥쳐올 재난을 면하기 위해서 특별히 불림 받은 네가 잔혹하게 경멸당하고 모욕을 당하며, 심장을 찌르고 사지를 뒤트는 무서운 고통 속에서도 아름답게 봉헌해 주었기에 너를 따라 나주에 작은 영혼들이 모여 기도하지 않느냐. 그래서 하느님께서 의노를 늦추고 계시는 것이다.
순간순간마다 두벌주검에 이르는 순교자적 고통으로 바쳐진 내 작은 영혼아! 그래서 너에게 고맙고 또 미안하게 생각 한단다. 그런데 죄인들의 회개를 위하여 순교할 자녀가 과연 몇이나 될 거나. 그러니 어찌 하겠느냐.

내 아들 예수와 내가 나주에서 행하고 있는 전대미문의 기적들이 성교회에서 받아들여질 때 내 아들 예수와 나의 사랑은 활활 불타올라 초토 위에서라도 새싹이

돋아날 것이며, 하느님의 진노의 잔 대신에 축복의 잔이 내려질 것이기에그날을 위해 네가 그렇게 극심한 고통을 받는 것이니 더욱 아름답게 봉헌해 주기 바란다.

사랑하는 세상의 모든 자녀들아!

세상은 대 타락으로 더욱더 죄악이 팽배해져 멸망의 위험에 처해 있기에 내 작은 영혼을 통하여 불러 모은 너희의 희생과 사랑의 기도가 절실하게 필요한 지금은 전투에 들어갈 때이다.

회개하여라. 하느님의 의노를 무서워하지 않고 내 아들 예수와 내가 주는 사랑의 메시지를 받아들이지 않고 재난에 대한 경고를 무시한다면 하느님의 분노로 무서운 재앙이 내릴 것이니 재앙이 내리지 않도록 매일 매순간 생활의 기도로 무장하여라.

지금 이 세상은 죄악으로 가득 차 벌이 내리기 직전인데도 불림 받은 나의 사제들과 자녀들까지도 회개하기는커녕 사랑에 찬 나의 호소와 경고에도 오히려 오류와 불의에 타협하고 하느님을 촉범하고 있으니 차마 눈뜨고는 볼 수 없어 내 아들 예수와 나의 마음은 활활 타올라 활화산이 된 것이다.

지금 세계 여러 곳에서 계속 일어나고 있는 수많은 재난에 대한 구제책이 무엇인지를 전대미문의 수많은 징표들을 보여주며 중언부언해가면서까지 그렇게도 수없이 말했건만 광주대교구에서는 인준은커녕 여러 가지 경고도 무시한 채 조사할 생각은 전혀 하지 않고 오히려 악성 유언비어를 강변식비(强辯飾非)하면서 유다와 카인의 몫을 겸비하고 있으니 어찌 하느님이 노하지 않으시겠느냐.

그들이 입을 다물면 돌들이 소리를 지를 것이니 어서 내 아들 예수와 공동구속자인 이 엄마의 말을 그들이 받아들여 세상 구원을 위하여 개선광정(改善匡正)하여야한다.

이미 하느님의 진노의 잔이 넘치고 있는 아주 중대한 이 시기에 불림 받은 너희들은 세상 구원을 위한 마지막 노력으로 애타는 이 어머니의 뜻을 온 세상의 성직자들과 자녀들이 받아들일 수 있도록 순교의 정신을 발휘하여 사랑의 메시지를 용감하게 전해야한다.

사랑하는 내 딸을 통하여 전하는 내 아들 예수와 나의 사랑의 메시지를 받아들여 실천할 때 영혼 육신이 치유되어 천국으로 가는 지름길이 될 수 있는데도 나를 따르는 성직자와 자녀들이 극소수에 지나지 않으니 모든 영혼들을 멸망으로 이끌고자하는 사탄이 냉혹하게 원하는 아비규환의 대재난이 끝이 없구나.

그러나 나주가 인준이 되어 세상 모든 성직자들과 자녀들이 내 작은 영혼에게 준 사랑의 메시지를 받아들여 실행만 한다면 하느님의 진노의 잔은 멈출 것이며 새로운 여명이 동트게 되어 주님의 나라가 오게 될 것이다.

사랑하는 나의 모든 자녀들아!
지금은 하느님의 진노의 잔이 흘러넘치고 있기에 하느님의 준엄하신 경고가 가까운 시일 내에 내려져 많은 사람이 벌벌 떨게 될 것이다. 이제는 더 이상 주춤하며 머뭇거릴 시간이 없다는 것을 명심하여라.

하늘과 땅과 바다에서 일어나는 중대한 재앙들이 여기저기에 내리고 있는 지금 아멘으로 응답한 너희는 자유의지까지도 내게 온전히 종속시켜 예수성심과 내 성심 안에 침잠하여 온전히 용해되어 일치하여 일하기 바란다.

내 아들 예수와 나를 따르는 너희는 걱정하지 말고 더욱 사랑의 힘을 발휘하여 영웅적으로 충성을 다하여라.

친자녀로 불림 받은 너희는 뒤돌아서지만 않는다면 어떠한 천재지변이 일어난다고 하여도 내 아들 예수와 나의 망토 안에서 보호받고 지킴 받아 마지막 날 기쁨과 사랑과 평화만이 가득한 주님의 나라 천국에서 천사들의 옹위를 받으며 영원한 행복을 누리게 되리라."

* 강변식비(強辯飾非) : '억지로 말을 교묘하게 하여 거짓을 꾸미다.'라는 뜻*
개선광정(改善匡正) : 새롭게 잘못을 고치고 바로잡음

2011년 4월 22일

어제 밤부터 계속된 고통으로 몸부림 하던 중 머리에서 피가 주르르 흐른 것 같아 만져보면 피는 나오지 않았다. 늦어도 오늘은 오후 2시 30분까지 도착하겠다고 했는데 3시가 넘어서야 성모님동산에 도착했다. 차에서 내리자마자 고통은 극심하게 시작되었는데 부축을 받아 한참 걸어가던 중 가시관 고통이 시작 되어 이마에서 피가 흐르기 시작했으며, 성혈조배실 앞에서는 극심한 편태고통이 시작되었다.

예수님의 고통에 동참하면서 십자가의 길을 올라가는데 가시관 상처에서 더 많은 피가 줄줄 흘러내려 앞을 볼 수가 없게 되자 많은 분들이 더 이상 십자가의 길을 오를 수 없다고 하였다. 그러나 교회의 반석인 베드로의 후계자이신 교황님을 위함과 이 세상 모든 성직자님들이 주님의 대리자로서의 본분을 다할 수 있도록 고통을 봉헌하며 또한 그곳에 모인 순례자들과 죄인들의 회개를 위하여 기쁘게 봉헌하며 가시관을 쓰고 십자가를 짊어졌다.

제 3처에서 넘어질 때 가시관의 가시에 깊이 찔렸지만 편태고통이 워낙 극심했기에 그 고통은 느끼지도 못할 정도였는데 12처에서는 온 몸의 힘이 다 빠져나가 죽음을 직감하고 '아버지, 제 영혼을 받아주십시오. 제가 죽음으로 인하여 나주가 하루빨리 인준이 되어 온 세상 자녀들이 구원받게 해 주소서. 특히 교황성하 및 이 세상 모든 성직자님들의 성화를 위하여 이 몸 맡겨드리나이다.' 하면서 정신을 잃었다. 이때 찬란한 빛이 비추어지면서 어렴풋이 군악소리가 들렸는데 나는 어느 사이 성부이신 하느님 앞에 서있었다.

성 부 : "얘야! 어찌 그 혹독한 수난의 잔을 물리치지 않고 목숨을 내어놓으면서까지 고통을 받을 수 있었느냐?"

율리아 : "보잘것없는 이 죄녀, 응당 해야 할 일을 했을 뿐입니다."

성 부 : "아기야! 죄로 가득 찬 이 세상에 징벌을 내리고 싶어도 목숨까지도 아낌없이 내어 놓은 너와 같은 작은 영혼이 있기에 높이 쳐든 내 정의의 손을 내릴 수가 없구나."

율리아 : "아버지시여, 저는 부족할 뿐이옵니다. 부디 성직자님들이 주님의 대리자로서의 본분을 다하여 길 잃어 헤매는 양떼들을 바른길로 이끌어 온 세상이 회개하기를 바랍니다."

성 부 : "자, 그렇다면 네가 다시 세상에 나가 외치거라. 너와 같이 내게 진충갈력한 작은 영혼이 세상에 없다면 칠흑 같은 어둠으로 가득 찬 이 세상은 잿더미로 변하게 될 것이니 한 번의 기회를 더 주겠다. 어서 나가 외쳐라." 하시며 나에게 입김을 불어 넣어주시고 세상을 향해 손을 뻗쳐 강복을 해주시는 모습을 보았다. 그 순간 나는 정신이 돌아왔는데 하늘의 검은 휘장이 걷히고, 기도하는 이들과 성모님동산 전체에 찬란한 빛이 햇살처럼 내려왔다. 나는 속으로 외쳤다. '오, 나의 주님, 나의님이시여! 당신께서 흘려주신 성혈 한 방울만으로도 온 세상을 구원할 수 있으시나이다. 저는 오로지 당신의 것이오니 당신의 뜻대로 저를 사용하소서. 제가 받아내는 이 작은 고통들이 하나도 헛되지 않도록 주님께서 알아서 써 주시어요.' 하자 예수님의 다정하고도 친절한 음성이 들려왔다.

예수님 :"그러엄~ 그러고말고! 심열성복하는 내 사랑하는 작은 영혼아! 인류구원을 위하여 분골쇄신하는 나의 고통에 동참하느라고 수고하였구나. 부패될 대로 부패 되어 하느님 아버지의 엄위까지 촉범한 이 세상은 활활 타오르는 유황불의 재앙을 면할 수 없겠으나, 너와 같이 고심혈성 하는 작은 영혼을 따라 함께 기도하는 영혼들의 기도소리가 하늘 높이 치솟아 올랐기에 하느님 아버지께서 의노의 잔을 늦추시는 것이다.

지극히 사랑하는 나의 작은 영혼아!

나의 고통에 동참하여 진정한 하느님 백성으로서 학대 받는 길을 택한 내 사랑하는 아기야!

늘 부족한 죄인이라고 고백하며 달아드는 너의 고심혈성으로, 하느님 아버지의 상한 마음 그리고 활화산이 되어 소혼단장했던 나와 내 어머니의 마음을 촉촉이 적셔주는 단비가 되어주었구나. 나 항상 내 어머니와 함께 너를 지키고 보호하리니, 어떤 상황에서도 용기 잃지 말고 당황해 하거나 불안해하지도 말고 신뢰로써 나와 내 어머니께 온전히 의탁하여라. 그러면 너의 일거수일투족을 아무도 침범하지 못하도록 지켜주고 보살펴줄 것이다.

나와 내 어머니의 부름에 아멘으로 응답하여 달려 온 사랑하는 내 사제들과 자녀들아!

이천 년 전 나를 죽이기 위한 목적으로 온갖 죄명을 씌웠던 대사제들의 비방수호와 같은 광주교구의 파부침선은 마쏘네와 합세하여 나를 두벌주검으로 몰아가고 있다. 그러니 나를 아는 너희들만이라도 표선처럼 탕요하지 말고 대오철저하여 내가 간택한 작은 영혼을 도와 이제 얼마 남지 않은 내 어머니 마리아의 승리를 위하여 고심혈성으로 대처하여라.

지금 내가 친히 기름 부어 세운 목자들까지도 패망할 마귀의 주구로 전락하여 그들의 타락은 날로 심해져 배교와 불충의 시각들이 다가와 내가 세운 교회조차 벼랑 끝까지 와 있다.

영적으로 깨어 있지 못한 그들은 분열의 마귀와 합세하여 사람들을 현혹하고, 교언 이설로 거짓을 진실인양 호도하며 견강부회 하고 있으나, 그들의 억지가 배수차신이었음이 곧 드러나게 될 것이고, 모순당착한 위세도 엄이도령이었음이 반드시 드러나게 될 것이다.

그런데도 그들이 끝내 나와 내 어머니를 받아들이지 않고 거부 한다면 마지막 날 나도 그들을 모른다 할 것이다. 그러니 그들을 위하여 기도하여라.

그들이 이토록 스스로 파멸을 자초 하고 있을 때 너희는 그들의 말에 귀 기울이지 않고 이렇게 모여와 함께 희생하며 보속하는 마음으로 기도하고 있으니 참불인견 하도록 갈기갈기 찢긴 성심을 기워주는 사랑의 재봉사가 되어주었구나.

지극히 사랑하는 나의 대리자와 모든 자녀들아!

너희는 나와 내 어머니가 마련한 이 거룩한 도성을 찾는 귀여운 자녀들이니 오래지 아니하여 너희의 주 하느님을 뵙게 되리라. 그 날에는 동산마다 새 포도주가 흘러내리고 언덕마다 젖과 꿀이 흘러넘치게 하여 영원무궁토록 너희와 함께 할 것이다.”

말씀이 끝나시고 눈을 뜨자 어두웠던 하늘이 밝아지며 구름이 걷히고 태양이 찬란한 빛을 비추고 있었다.

* 진충갈력(盡忠竭力) : 충성을 다하고 있는 힘을 바침, 온 힘을 다해 노력함을 이르는 말.
* 소혼단장(消魂斷腸) : 근심과 슬픔으로 넋이 빠지고 창자가 끊어지는 듯한 괴로움을 비유하는 말.
* 고심혈성(苦心血誠) : 마음과 힘을 다하는 지극한 정성.
* 파부침선(破釜沈船) : 죽을 각오로 싸움에 임함을 비유적으로 이르는 말.
* 참불인견(慘不忍見) : 너무도 참혹하여 차마 볼 수가 없음.

(예전 메시지에 나왔던 낱말)

* 심열성복(心悅誠服) : 마음속으로 기뻐하며 성심을 다하여 순종함
* 비방수호(非放水湖) : 물이 흘러들기만 하고 흘러나가지 않는 호수
* 탕 요(蕩 搖) : 흔듦 또는 흔들림
* 대오철저(大悟撤底) : 크게 깨달아서 번뇌와 의혹이 다 없어짐
* 견강부회(牽强附會) : 가당치도 않은 말을 억지로 끌어 다 대어 조리에 닿도록 함.
* 배수차신(杯水車薪) : 한 잔의 물을 한 달구지의 장작불에 끼얹는다는 말. 되지도 않는 일을 무모하게 한다는 뜻. (속담 : 달걀로 바위치기)
* 엄이도령(掩耳盜鈴) : ① 얕은꾀로 남을 속이려 하나 아무 소용(所用)이 없음을 이르는 말. 방울 소리가 제 귀에 들리지 않으면 남의 귀에도 들리지 않으리라는 어리석은 생각을 이름. ② 귀를 막고 방울을 훔친다는 뜻으로, 모든 사람이 그 잘못을 다 알고 있는데 얕은 꾀를 써서 남을 속이려 함을 이르는 말. 남의 말을 듣지 않으려는 독선적이고 어리석은 사람을 가리키는 말.

브레이크뉴스(Break News) 칼럼 2011.12.12

55. 영성지수(SQ) 높은 국회의원-대통령 뽑자

-디지털(Digital)과 유비쿼터스(Ubiquitous)시대에 맞는 정치인-

12월 13일 부터 19대국회의원 예비후보등록이 시작된다. 이제 새로운 정치 세력이 등장할 준비를 시작하는 것이다. 이명박 대통령의 친형인 이상득 한나라당 의원이 당의 쇄신과 화합에 작은 밑거름이 되고자 하며 2012년 19대 총선에 불출마를 선언했다. 이명박 대통령도 마음이 착잡할 것이다. 지금 무엇을 생각하고 있을까? 2012년에 치를 19대국회의원 선거인 총선(4.11)과 18대대통령선거인 대선(12.19)만을 생각하면서 안전하게 하산할 준비하겠지만, 정말 중요한 것은 이 시대에 걸 맞는 후계자가 대를 이어 갈 수 있도록 도와주는 것이 나라를 살리는 길일 것이다.

이명박 정부를 선택한 국민들은 조선말기의 상황과 비슷하게 4색 당파싸움과 다름없는 한나라당과 민주당의 대립 분열상을 보면서 대한민국이 또다시 망하지 않을까 걱정이 태산이다. 4대 강대국의 전쟁터가 되어 버린 우리 강토에서 또 다른 전쟁이 일어나지 않을까 심히 두려워하고 있다.

도대체 우리나라 배가 어디에서 어디로 가고 있는지 걱정하면서 우리민족의 미래에 대해 불안해하고 있다. 나라를 걱정하는 소리가 하늘을 찌르고 있으며 정말 살아갈 희망을 잃고 절망하면서 절규하고 있다. 사회는 동서갈등, 세대갈등, 남북갈등 서로 상처 내기위한 편 가름하는 정치로 인해 나라는 온통 멍들어 가고 있다. 국민의 소리에 귀 기울이는 진정한 정치인은 과연 몇 명이나 될까?

현재 우리는 한반도에서 천당과 지옥을 연상케 하는 두 가지 영화 대본을 선택해야 하는 절박한 시점에 있다. 하나는 남북한 간에 전쟁을 일으켜 한반도가 초토화되는 것이며, 또 다른 하나는 오순도순 평화롭게 사는 것이다. 만일 전쟁이 일어난다면 서울의 도시가스시설을 비롯하여 삼성과 현대 반도체공장, LG전자공장, 현대

자동차, 포항제철과 같은 산업시설과 원자력 발전소 등이 폭파되어 아비규환의 불바다가 될 것이며, 경제는 파탄이 나고 공든 탑은 무너져 지옥이 될 것이다. 또한 북한은 중국의 변방국가로 편입되고 남한은 일본의 경제속국이 될지도 모른다.

우리 모두 생사의 갈림길은 한순간이다. 매 순간 정시(正視), 정견(正見), 정심(正心), 정도(正道), 정행(正行)을 해야 한다. 특히 국가지도자는 국민의 생명을 지켜야 하기 때문에 더욱더 신중해야 한다. 국민 또한 지도자에게만 의지하지 말고 어느 길이 정당한지 스스로 선택할 수 있는 용기를 가져야 한다.

우리는 지구상에서 아직도 유일한 분단국으로 살아가고 있지만 세계 어느 민족보다도 평화를 갈망하고 있다. 우리는 남북한평화통일을 조속히 이루어 전쟁, 기아, 공해가 없는 동방의 등불국가를 건국하여 평화로운 지상낙원을 이 땅에 건설해야할 막중한 사명을 가지고 있다.

차기 대통령은 아날로그(Analog)에서 디지털(Digital)시대로 시공을 초월하는 유비쿼터스(Ubiquitous)시대에 걸맞게 국민의 의식을 향상시키면서 통일을 제2의 건국으로 생각하고 준비해야 한다. 새로운 국가는 세계 속에 거대한 한국(Grand Corea)을 세워야하며 그 비전은 (1)Genius Corea(똑똑한 국민), (2)Great Corea(위대한 민족), (3)Global Corea(세계적인 한국)를 건국 목표로 한다. 세부 사항으로는 새로운 역사와 문화에 뿌리를 둔 민족국가, 민족의 혼과 정신을 바로 세우는 국가, 세계평화와 우주평화를 선도하는 국가로서 전 세계 모범이 되는 국가의 기틀을 세워야한다.

미래 주역인 초. 중. 고등학생회장단의 통일에 대한 생각을 알아보기 위해 〈남북평화통일에 대한 나의 제안〉 발표대회(2009.5.13, 5.15)를 국회의원회관 대회의실에서 개최한 적이 있다. 이 대회를 통해 느낀 점은 통일에 대한 열망이 점차 식어가고 있으며, 그 이유는 정부와 국회에 있다고 생각했다. 정부가 통일방안을 국민들에게 제대로 설명을 하지 못하고 있으며 각 정당에서도 통일방안에 대한 일목요연한 정책이 없다는 것이다. 많은 학생들은 막연히 독일식 흡수통일 방법을 염두에 두고 “통일되면 북한에서 적어도 300만 명이 남쪽으로 내려온다고 하는데 그들에게 하루 만원씩만 줘도 대략 1년에 10조원이 드는데 그 돈을 어떻게 감당하느냐”며 통일이 싫다는 것이다.

북한은 전쟁이 아니고선 무릎을 꿇고 굴복하지 않을 터인데 휴전선이 없어지겠는가? 결국 휴전선을 없애는 통일을 한다면 전쟁으로 엄청난 피와 돈의 대가를 치러야 하므로 통일문제에 대해 재검토가 필요하다. 통일방안은 크게 휴전선을 없애는 통일과 휴전선을 그대로 두고 하는 통일로 나눌 수 있다. 독일과 베트남처럼 휴전선을 없애는 통일은 피를 흘리던지 천문학적인 돈이 필요해 남북한 모두에게 바람직하지 않다.

휴전선을 존속시키는 평화통일이 돈이 들지 않고 오히려 돈을 버는 상생의 통일이기 때문에 현 시점에서는 이 방법을 선택해야 한다. 이 방법을 마라톤에 비유해 보면 20㎞ 중간지점의 목표를 한 것으로서 유럽연합이나 미국의 합중국 방식인 1국가 2체제를 하자는 것이다. 이 통일방안의 핵심은 외교·국방문제만 통합하여 1국가를 이루고 여타 부처는 독자적인 체제를 유지하는 분권형집정제 연합방식 통일이다.

골드만삭스 사는 지난 2009년 9월 21일 남북이 유럽처럼 연합국가 형태로 통일되면 남한의 자본 및 기술과 북한의 자원 및 노동력이 결합한 시너지효과로 인해 생산성이 향상되고 통화가치가 상승할 것이라는 것이다. 1인당 소득이 2025년에 한국의 1인당 GDP(Gross Domestic Product)는 3만 6813달러, 2050년 한국의 1인당 소득은 8만1462달러로 미국에 이어 세계 2위가 될 것이라면서 아주 희망적으로 평가하고 있다. 또한 국방비를 줄일 수 있으며 모병제를 도입하게 되면 청년일자리가 창출될 수 있다.

삼국통일의 역사를 되돌아 볼 때, 첫 번째 삼국통일은 신라 태종무열왕 김춘추(604~ 661)가 당나라 군사와 연합하여 백제를 멸망시켜 통일을 이루었으며, 두 번째 통일은 고구려출신인 왕건(877~943)이 무력으로 후삼국을 통일하여 고려를 건국하였다. 이제 우리는 백제의 평화정신을 이어받아 전쟁을 하지 않고 평화적으로 세 번째 삼국통일을 이룩해야 할 때이다.

남한과 북한이 공존, 공익, 공생하기 위해서는 체제안정과 경제발전을 최우선으로 하는 평화통일을 이룩해야 한다. 남한의 통일방안은 민족공동체 통일로서 자유민주주의사상, 남북 동시선거, 1국가, 1체제, 1정부를 주장하고 있으며, 한편 북한은 고려연방제통일로서 북한의 김일성주체사상과 1국가, 2체제, 2정부 방안으로서 연석회의 정치협상을 통해 해결하자는 것이다. 이 두 가지 방안을 잘 조정해야 평화적인 통일이 이루어진다.

이와 같은 평화통일을 이룩하기 위한 새로운 통일국가의 사상으로는 천지인 평화사상인 카오스우주적인 홍익생명사상을 기반으로 한다. 국가조직은 1국가, 2체제, 2행정부(서울, 평양)로 하며, 휴전선을 그대로 유지하면서 남북한 분리 동시선거로 1국가의 공동대표인 남북한 영수 2명과 2체제를 유지하기 위한 남북한 수상을 각각 선출한다.

국방과 외교문제를 담당하는 두 명의 영수는 아버지 역할을 하며 두 명의 수상은 내치를 담당하는 어머니로서 남북이 따로따로 현재와 같이 국가예산을 별개로 편성하면서 행정을 주로 담당한다. 평화통일국가의 건국은 2017년을 목표로 하면서 평화통일헌법 제정은 전 세계 한민족에게 국민투표를 실시하여 정하고 새로운 국가상징인 國號, 國旗, 國歌 등은 국민들에게 공모한다.

남북한 경제발전을 위해서는 남한의 기술과 자본으로 북한의 자원을 개발하여 단일국가의 상표로 제품을 생산 국제가격 경쟁력을 높여나간다. 또한 비무장지대 민통선지역(CCZ)을 포함 약 5억 평을 세계평화도시로 선포하여 무비자, 무관세제도를 도입, 동북아 무역중심지역으로 개발한다. 동서로 모노레일과 고속도로, 자전거도로, 상하수도, 통신선로를 건설한다. 인천국제공항과 항구를 연결하여 16개 UN참전국에게 이 지역을 분양한다.

각 나라는 자기 나라 건물양식으로 驛舍와 함께 상품관, 문화관을 짓도록 하고 일류 대학과 최신병원을 건설하도록 한다. 또한 강원도 펀치 볼 근처에 세계평화공원을 건설하여 에펠탑, 자유여신상, 피라미드를 원형 그대로 건설하여 관광지역으로 개발한다. 그리고 판문점 근처에 통일국회의사당과 영수 집무를 위한 화백궁을 건설한다.

남북평화통일을 더욱 확고히 하고 우리나라가 세계 물류중심지가 되기 위해서는 부산에서 대마도를 잇는 50Km정도인 한·일해저터널을 건설하여 중국과 소련의 대륙 세력과 미국과 일본의 해상세력간의 물류 중심지역 역할을 한다. 남북철도개통을 서둘러 중국의 TCR과 소련의 TSR을 연결하여 철의 실크로드를 연결해야 한다.

남북한의 실상과 남북평화통일이 세계평화라는 것을 알리기 위해 매년 UN의 날(10. 24)을 기념하여 전 세계 UN회원국 고등학생 대표 200여명을 초청, 국회에서 세계학생UN총회를 개최할 필요가 있다. 지구촌에서 전쟁, 기아, 공해를 없앨 수 있는 방안을 토론하고 결의문을 채택하여 전 세계 대통령들에게 메시지를 보낸다. 또한 북한지역을 방문하여 분단 상황을 체험하게 하여 남북평화통일과 세계평화를 선도하도록 한다.

이와 같은 분권형 집정제통일이 실현되려면 국민의 공감대 형성이 우선되어야 하며 국회에서 통일정책과 헌법 개정에 대한 활발한 토론이 이루어져야 한다. 정치인은 성숙된 의식으로 적어도 500년의 먼 미래를 생각하면서 통일을 제2의 건국차원으로 생각하고 준비를 철저히 해야 하겠다.

그리고 우리 한민족이 동방의 등불국가를 건국하기 위해서는 국회의사당과 청와대를 옮겨야 한다. 이유는 국회의사당 뒤에는 한강물이 흐르고 있어 배수진을 치고 허구한 날 싸우면서 난장판 국회가 되기 때문이다. 그리고 청와대는 경복궁 뒤 북악산 아래에 있어 옛날부터 무수리들의 무덤 터였으며 지금도 청와대 오른쪽 담벼락 안에 조선조 후궁의 원한이 서린 7궁이 있기 때문이다. 그렇다면 국회의사당과 청와대는 어디로 옮겨야 할까? 남북평화통일을 대비해 판문점 근처 민간통제지역(Civilian Control Zone)으로 이전 준비를 해야 한다. 이렇게 되면 한반도에서 전쟁은 사라질 것이며 스위스의 영세중립국처럼 전쟁 없이 평화로운 한반도가 될 것이다.

위기의 시대일수록 시대는 올바른 지도자를 기다리고 있다. 다음 정권은 과거 신라와 백제, 영호남이 화합하고 통일을 이룩하기 위해서는 분권형대통령제를 도입해야 한다. 글로벌시대에 대통령의 해외 출장이 많기 때문에 대통령의 역할을 나누어야 하겠다. 대통령은 아버지, 국무총리는 어머니역할을 하여 국민을 편안하게 돌보아야 한다. 예를 들어 국무총리에게 세종시로 내려갈 9개 부처의 행정을 전담하도록 한다.

좋은 대통령! 나쁜 대통령!!

2012년 선거에서 과거 신라와 배제를 대표하는 영호남갈등을 해소하고 평화적인 남북통일을 하기 위해 대통령과 국무총리를 동반후보로 미리 내세운다면 쉽게 승리할 것이다. 유명한 역술인과 무속인들 사이에선 2012년 선거에서 대통령(남성)과 국무총리(여성)후보 예상자들의 당선을 예언하면서 앞으로 상상을 초월한 선거 결과가 나오리라고 예언하고 있다.

하여튼 이제 2012년 선거에서는 700만 해외 동포와 함께 지성과 지혜를 겸비하면서 영성지수(SQ)가 높은 국회의원과 세종대왕과 같은 대통령(홍익대통령, 통일대통령, 과학대통령, 문화대통령, 영적대통령)을 선출하여 세계가 부러워하는 동방의 등불 국가, 위대한 대한민국 Grand Corea를 건국하자. 새하늘 새땅에 새나라를 건국하자.

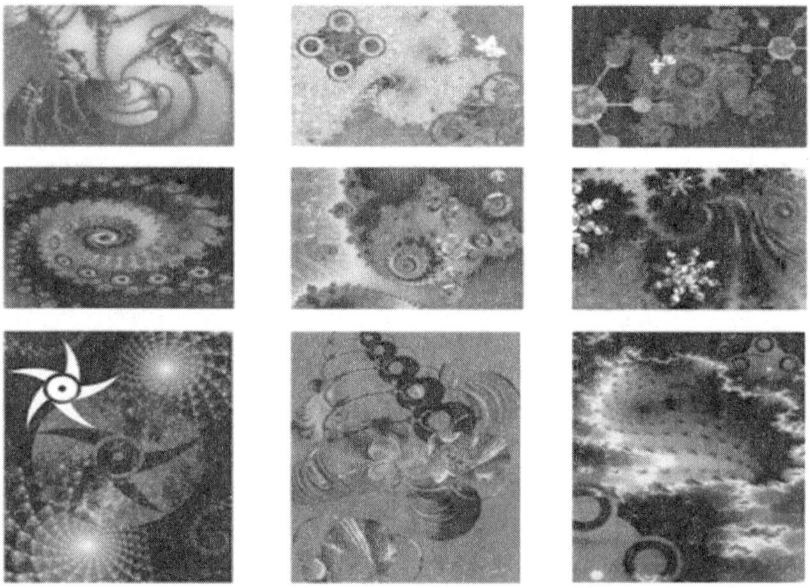

브레이크뉴스(Break News) 칼럼 2011.12.14

56. 정치인들의 영성지수(SQ)높이기! 어떻게?

-자아(自我)를 발견하는 우아일체(宇我一體) 심성수련을 해야!-

최근 정치권이 한치 앞을 내다 볼 수 없을 정도로 혼탁하여 국민들은 대단히 불안해하고 있다. 그 원인은 어디에 있는가? 의식 수준 즉, 영성지수(SQ:Soul Quotient)가 낮은 정치인들이 정치를 하기 때문이다. 따라서 필자는 브레이크 뉴스 기고문(2011.12.12)에 "영성지수(SQ) 높은 국회의원-대통령 뽑자"라는 칼럼을 썼다. "의식혁명"이라는 책에서는 의식수준의 레벨을 평가하는 영성지수(SQ)를 빛의 밝기를 표시하는 룩스(LUX) 단위로서 20룩스에서 1000룩스까지 17단계로 분류하고 있다.

〈영성 레벨〉

	LUX	의식수준	감정	행동
	700~1000	깨달음	언어이전	순수의식
	600	평화	하나	인류공헌
	540	기쁨	감사	축복
POWER	500	사랑	존경	공존
	400	이성	이해	통찰력
	350	포용	책임감	용서
	310	자발성	낙관	친절
	250	중용	신뢰	유연함
	200	용기	긍정	힘을주는
	175	자존심	경멸	과장
	150	분노	미움	공격
	125	욕망	갈망	집착
	100	두려움	근심	회피
FORCE	75	슬픔	후회	낙담
	50	무기력	절망	포기
	30	죄의식	비난	학대
	20	수치심	굴욕	잔인함

의식수준이 최하단위인 20룩스는 발가벗은 어린이처럼 수치심 정도는 느낄 줄 알고 굴욕적인 감정과 잔인한 행동을 주로 하는 사람들이다. 중간 레벨은 200룩스로서 용기가 있고 긍정적인 감정을 가지며 어깨에 힘을 주는 행동을 하는 사람들이다. 최고 레벨은 세계 4대 성인 수준인 깨달음의 경지에 드는 사람으로서 언어이전의 감정으로서 순수의식을 가진 레벨이다. 현 국회의원과 대통령을 평가해 본다면 어느 정도일까? 200룩스 이상은 될까? 이정도만 되어도 정치판이 이러지는 않을 텐데!!! 정치를 개혁하기 위해서는 의식 수준이 높은 정치인을 뽑는 수밖에 없으며, 정치인은 심신 수련을 통해 적어도 500룩스 이상의 영성레벨은 되어야 하지 않겠는가?

필자는 15대 국회의원(1996~2000)시절에 국회의사당 내 국선도 수련장에서 기(氣)수련을 한 적이 있으며, 또한 여의도 단학 수련장에서 심신수련을 했었다. 2000년 이후 부터는 천부경(天符經)사상과 마고(麻姑)문화 공부를 비롯하여 우리 역사, 문화, 사상, 철학에 눈을 뜨게 되었으며 기천문 수련을 하기도 했다. 최근 한 달 전부터 다시 여의도 단월드 센터를 찾아가 등록을 하여 심신 수련을 하고 있다. 지난 주말에는 2일간 수원시 단월드 수련장에 가서 자아(自我)를 발견하여 우주와 하나가 될 수 있는 단월드 심성수련(心性修鍊)을 다녀오기도 했다. (www.dahnworld.com)

자신의 실체에 대한 깊은 자각과 명확한 현실을 인식하여 새로운 삶을 창조할 수 있도록 도와주는 수련 과정이다. 홍익철학과 의식수준 향상의 원리를 배우고 실행하면서 스스로의 모습을 있는 그대로 바라보고, 관점과 의식을 이동하면서 그동안 자신을 가두고 있던 고정된 생각과 관념에서 벗어나는 강도 높은 수련을 받았다. 그리고 무아를 체험하고 뇌간에 있는 무한한 능력을 활용하여 자신의 인생을 재창조할 수 있는 방법도 터득하였다. 아주 유익한 수련이었다.

일상적으로 우리가 스트레스에 쌓여 있을 때 우리의 몸은 말초적인 외부의식에만 반응하게 되어 뇌에서는 긴장 상태의 뇌파인 베타파(beta wave, 13~30 사이클/초)를 방출하지만 이완과 깊은 명상에 들어가게 되면 뇌는 편안하고 안정된 알파파(alpha wave, 8~13 사이클/초)를 거쳐 지각과 꿈의 경계상태는 세타파(theta wave, 4~8 사이클/초)상태로 되어 내부의식 깊은 곳을 바라 볼 수 있게 된다. 따라서 스트레스를 해소해 주고 집중력을 높여주며 몸과 마음을 평온하게 만들어주는 상태가 된다. 이 때 원하는 것을 상상하고, 몸의 안 좋은 부위를 바라보면 우주의 근원 에너지인 기(氣) 에너지가 빛과 파동형태로 생각하는 곳에 전달이 되어 정신과 육체가 치유하게 되어 점점 의식 수준이 높아진다.

과학자의 연구발표에 의하면 우주의 구성 물질은 대략 65%의 암흑에너지(dark energy), 30%의 암흑물질, 4% 정도의 수소와 헬륨 그리고 별은 0.5% 정도의 체적을 차지하고 있다고 한다. 사람은 우주에너지(dark energy)를 받아들이면서 살아가고 있는데 태풍의 모양, 회오리바람, 블랙홀과 같은 나선형 형태의 지문, 머리의 가르마, 귀의 달팽이관, 배꼽 등을 통해 받아들인다. 물과 공기가 없으면 한 순간도 살아 갈 수 없듯이 우주로부터 무한한 공짜 에너지인 기를 받아야만 살아갈 수 있다. 하지만 어른이 되면서 의식이 막혀 기 에너지를 제대로 받지 못하는 사람들이 많다.

우리의 몸은 60여 조개의 세포로 구성되어 있으며, 사람은 지구의 세포, 지구는 우주의 세포로서 소우주와 대우주의 관계로 구성되어 있다. 결국 사람은 하늘과 땅 사이에 연결되었으며, 21세기 최첨단 카오스(chaos)이론을 바탕으로 설명하면 프랙털(fractal)구조로 되어 있다고 볼 수 있다. 지구가 5대양 6대주로 구성된 것처럼 사람은 5장6부로 되어 있고 여성과 남성도 달과 태양처럼 음양의 조화를 이루면서 살아가고 있다.

사람의 경락과 혈에 흐르는 기(氣)는 지구와 우주의 기로 연결되어 흐르며 몸속의 기 에너지는 물질적인 몸과 정신적인 마음 사이를 연결해 주고 있다. 따라서 마음의 변화는 몸과 물질에 영향을 미치므로 마음은 에너지를 생성하기 때문에 모든 에너지는 마음의 표현이라고 해도 과언이 아니다. 우리는 마음이라는 스위치를 통해 우주의 충만한 기 에너지인 생명에너지를 끌어올 수 있다.

좋은 기 에너지는 치유와 창조력을 극대화시키는 놀라운 힘을 갖고 있다. 심기혈정(心氣血精)의 원리는 마음이 있는 곳에 기(氣)가 통하고 피 속에 있는 산소와 영양분을 세포에 전달하여 활성화 된다. 우리 민족의 생활 속에 자연스럽게 녹아있는 기(氣)는 눈에는 보이지 않지만, 어떻게 쓰느냐에 따라 놀라운 현상을 창조하는 우주 만물의 실체이자 생명력이다.

따라서 진정한 건강은 마음에서부터 시작된다. 심성프로그램을 통해 자기 자신이라고 믿고 있던 습관, 생각, 행동, 관념 너머에 존재하는 순수한 '참자아'를 발견해야 한다. 우리 뇌에는 원하는 것을 창조할 수 있는 무한한 잠재력이 내재되어 있다. 이 생명에너지로 자신의 건강, 행복, 성공을 이루는 것은 자신의 뇌를 어떻게 활용하는가에 달려있다. 생명에너지의 파워를 가장 강력하게 느끼고 체험하는 방법은 이완과 집중, 호흡에 있다. 즉 우리 선조들의 수련 방법인 지감(止感), 조식(調息), 금촉(禁觸)을 기본으로 하는 명상수련을 통해서 가능하다.

명상을 하게 되면 뇌파안정과 심신안정으로 몸의 자연치유력이 극대화되고, 습관과 생각이 긍정적으로 변하게 되고, 자신과의 깊은 교류를 통해 삶의 근원적인 해답을 얻게 되어, 의식 수준이 높아져 영성지수가 향상되어 홍익인간으로 깨어날 수 있다. 그래서 명상으로 삶의 해답을 얻는 사람들은 자기 자신은 물론 주변을 치유하고 조화롭게 변화 시킨다. 따라서 의식수준이 낮은 심각한 정치 문제와 그로 인한 전쟁 문제를 해결할 심성 수련을 받을 필요가 있다.

단월드에서 실시하는 뇌교육 명상법에는 한국정신인 홍익정신인 있어 세계화 할 수 있다고 본다. 교육 수입국이 아닌 교육 수출국으로서 한국의 지위를 당당히 바꿔 새로운 도약을 할 수 있으며, 브레인트레이너 및 뇌교육 전문 강사를 양성·관리하고 세계 각국에 파견, 교류하는 역할을 수행한다면 정신문화산업인 미래 영성산업으로 크게 발전시킬 수 있다고 본다.

단월드의 명상수련을 통한 자아발견 수련 프로그램을 요약하면 다음과 같다.

1. 자신의 모습을 바라보며 현재를 느끼는 과정
2. 자신의 의식과 관념을 바라보는 과정
3. 관념 속의 나와 참 나를 분리하여 통찰하는 과정
4. 참 나를 만나는 과정
5. 내가 원하는 나를 위한 새로운 결심과 출발

앞으로 2012년 총선과 대선에 출마할 정치인은 자신의 심신 건강은 물론 정치를 개혁하기 위해서라도 자아(自我)를 발견하고 우아일체(宇我一體)가 될 수 있는 심성수련을 먼저 해야 하겠다. 정심(正心), 정도(正道), 정행(正行)의 홍익인간의 자세로 긍정적이면서 이타적인 생각으로 정치를 해야만 나라가 안정 되고 국민이 행복하게 살아갈 수 있는 이화세계를 건설할 수 있기 때문이다.

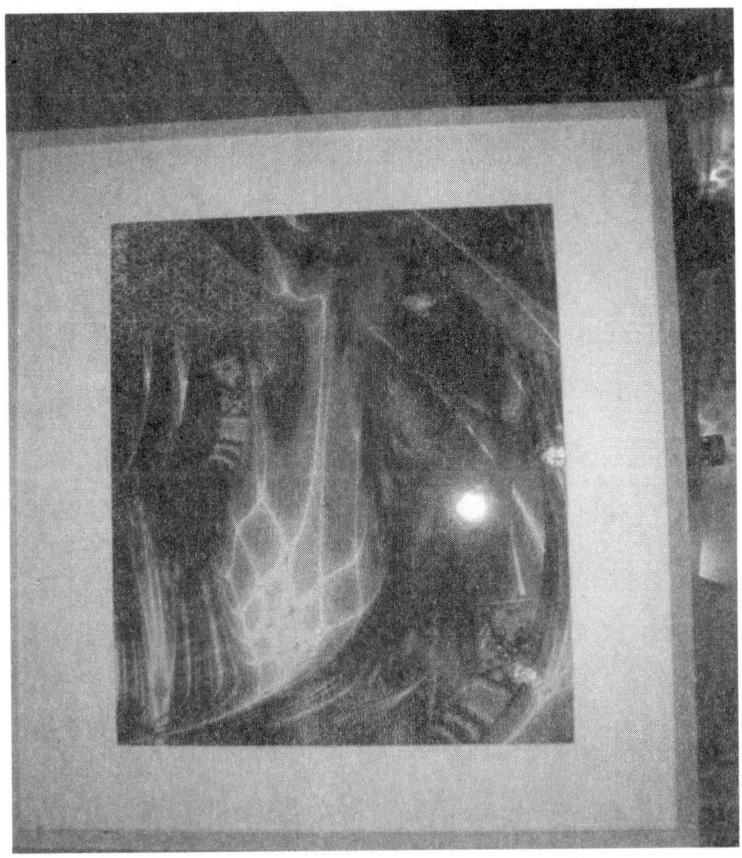

브레이크뉴스(Break News) 칼럼 2011.12.15

57. 이명박 최대 실책, 과기부-정통부 폐지다?

-차기대통령, 과학기술 중심국가로 청년에 희망을! 국민에게 행복을!-

이명박 대통령의 최대 실책은 과학기술부와 정보통신부를 폐지하여 타 부처에 분산시켜 버린 것이다. 필자는 18세에 해군에 입대하여 무선통신기기와 타자기를 사용하여 정보를 입수하는 통신병으로 근무하면서부터 대학, 대학원, 박사과정에서 전자공학을 공부했다. 직장으로는 동양TV방송국에서 기술감독, 경북대학교에서 전자공학과 교수를 20년 역임하였으며 15대 국회에서 과학기술-정보통신위원으로 활동을 해왔다. 돌아가진 김대중 대통령이 필자를 나주에 전격적으로 공천해 준 것도 과학기술, 정보통신 대국을 건설해 보자는 뜻에서 이루어 졌다. MB정부 인수위원회에서 과기부와 정통부를 없애려 한때 선봉에 서서 반대 서명을 벌리고 탄원서도 내고 했었지만 결국 그 뜻을 이루지 못했었다.

중국의 정치지도자인 후진타오와 원자바오가 이공계출신으로서 비약적인 과학기술로 G2국가경제발전을 이루는 것을 보면서 위협을 느낀 과학기술인들이 이래서는 안 되겠다는 생각이 일치되어 각성 대회를 가졌다. 지난 12월 13일 강남역 근처 과학기술단체총연회 회관에서 과학기술관련 17개 단체가 모여 '대한민국과학기술대연합(대과연)' 출범식을 갖고 과학기술 중심사회 구축 의지를 천명하는 대회를 열었다.

'대과연'은 국내 과학기술계 전반의 정치·사회적 역량을 집중하고 그 의지와 결속력을 확인, 천명하기 위해 국내 최대의 범과학기술계 연합단체로 출범하였다. '대과연'에는 △한국과학기술단체총연합회 △한국과학기술한림원 △한국공학한림원 △한국엔지니어클럽 △한국기술사회 △대한변리사회 △대한민국의학한림원 △한국여성과학기술단체총연합회 △한국과학문화교육단체연합회 △과우회 △바른과학기술사회실현을위한국민연합 △대한여성과학기술인회 △대한민국명장회 △출연연연구발전협의회 △대덕클럽 △한국공학기술단체연합회 △벤처기업협회 등 국내 17개 주요 과학기술단체가 참여하였다.

이날 출범식에서는 '청년에게 희망을! 국민에게 행복을!' 이라는 캐치프레이즈를 내걸고 17개 단체장을 비롯하여 500여명의 과학기술인 들이 참석한 가운데 개최되었으며, 부산·대구·대전·광주 4개 지역에서도 동시에 출범식을 가졌으며, 생중계를 통해 지역의 목소리를 한데 모았다. 출범식 행사는 △김태유 서울대 교수의 '국가발전의 기본원리'와 민경찬 과실연 대표의 '대과연 출범의 의미' 라는 주제발표와 △사회 각계각층 대상의 '우리의 바람' 인터뷰 영상을 상영했으며, △대한민국 과학기술인 선언문을 채택하였다.

박상대 과총 회장은 이날 환영사에서 "앞으로 모든 과학기술계 단체가 국가 발전에 있어 과학기술인들의 참여와 역할 강화라는 공동의 목적을 가지고 나아가자" 고 했으며, "과학기술인의 역할을 되새기며 보다 적극적인 참여가 있길 바란다." 고 했다.

민경찬 과실연 상임대표는 이번 행사의 의미를 다음과 같이 주장했다. 작년 11월 월스트리트저널은 이미 '한국의 기적은 지나갔다'며, 한국이 지속적으로 성장하려면, 어렵겠지만, 근본적인 변화를 선택해야만 한다고 경고했다. 사실 우리의 산업은 주변국들로부터 전 방위적으로 압박을 받고 있다. 특히 글로벌 금융위기와 G2 국가가 된 중국은 우리에게 커다란 위협으로 다가오고 있으며, 양극화, 청년실업, 복지, 저 출산·고령화 등 사회적 현안은 갈수록 우리 사회를 어려운 상황으로 몰아가고 있다.

역사적으로 볼 때 한 국가가 부강한 시대는 바로 과학기술이 크게 발전할 때이다. 대한민국도 지난 반세기 만에 국민소득 60달러의 최빈국에서 세계 10위권의 경제대국으로 성장하였는데, 그 이면에는 이공계에 열정을 쏟아온 우수한 인재들과, 산업 현장에서 묵묵히 불철주야 땀을 흘려온 엔지니어들이 있었다. 결국 오늘의 위기적 상황도 국가의 새로운 성장 동력을 필요로 하는 것이며, 바로 과학기술이 그 중심에 있어야 한다. 이는 우리의 경험이요, 역사적 방증이다.

그런데 1997년 IMF 외환위기 이후 구조조정을 겪으며 이공계 인력은 가장 먼저 퇴출되는 대상이 되었고, 이러한 현실은 현장의 연구자들을 불안하게 만들었으며, 청소년들의 이공계 기피현상으로 이어졌다. 열정과 자긍심을 가지고 연구개발에 몰입해야 할 연구자들은 정부 정책의 작은 변화에도 불안한 마음으로 예민하게 반응하기도 한다. 정권이 바뀔 때마다 정책이 크게 바뀌며 현장이 심하게 흔들리곤 했기 때문이다.

갑자기 과학기술, 정보통신 부처가 사라지기도 하고, 출연(연)의 사명과 역할이 종종 왜곡되기도 하였다. 경우에 따라, 과학벨트와 같이, 과학기술 정책이 정치적, 지역적 이슈로 변질되기도 했다. 과학기술 연구개발에 대한 국가 차원의 컨트롤타워는 부처 이기주의에 막혀 기능을 제대로 펼치지 못하고 있으며, 과학기술에 대한 주요 이슈들이 제대로 공론화되지도 못했다.

우리의 과학기술 현장이 왜 이렇게 되었는가? 무엇이 근본적인 문제였을까? 이는 첫째, 과학기술이 국정의 중심에 서있지 않았기 때문이고, 둘째, 과학기술 관련 주요 정책 결정과정에 과학기술에 대한 폭넓은 식견을 가진 전문가들의 목소리가 없었고 참여가 부족했기 때문이다.

이제 과학기술도 국정의 중심에 서 있어야 한다. 과학기술이 단순히 경제 발전을 위한 도구가 아니다. 정치, 경제, 외교, 사회, 문화, 국방 등 국정 전반의 경쟁력이 과학기술에 달려있다. 기후변화, 환경, 에너지 등 인류가 직면하고 있는 글로벌 이슈들의 해결도 과학기술에 달려있다. 국민의 삶의 질을 높이고, 안전하고 행복한 사회를 만드는 것도 과학기술에 달려있다.

어려운 환경에서 자라나는 어린 학생들에게 과학적 재능을 나눔으로 이들에게 꿈과 희망을 주는 따뜻한 과학기술도 요구된다. 우리 사회의 양극화, 진보-보수, 세대 간, 지역 간이라는 이분법적 사고의 갈등도 과학적 사고, 합리적 사고로 풀어가야 한다. 이와 같이 과학기술과 과학기술인의 사회적 역할은 확대되어야 하며, 이는 시대적 요청이자, 사명으로 받아들여야 한다.

그러므로 국정에 대한 의사결정을 정치권이나 정부에만 맡길 수 없고, 국가 경제를 경제계에만 맡겨둘 수 없는 환경이 되었다. 과학기술인들도 이들과 함께 사명감을 가지고 국정운영과정에 적극 참여하고 목소리를 내야 한다. 오늘의 〈대한민국 과학기술 대연합〉 출범의 정신은 바로 여기에 있다. 갈수록 어려워지고 불확실한 시대에 과학기술의 사회적 역할을 시대적 사명으로 인식하는 것이다. 그리고 이 시대적 사명을 잘 감당해나가도록 과학기술인이 모여 함께 다짐하자는 것이다.

앞으로 우리는 총선, 대선을 포함하여 사회에 영향을 미치는 주요이슈에 대해 전문가로서 결집된 의견을 적극 표명하고 대안을 제시하겠다. 더 나아가 우리는 글로벌 시민으로서 높은 수준의 윤리의식과 도덕성을 가지고, 국가의 연구력을 극대화하며 국민들의 신뢰와 기대를 높여나갈 것이다. 이번 〈대한민국 과학기술 대연합〉을 계기로 젊은이에게는 꿈과 희망을, 국민에게는 행복을 드리는 과학기술, 과학기술인이 될 것을 이 자리에 모인 모든 분들과 함께 다시 한 번 다짐하자고 강하게 역설했다.

대한민국 과학기술인 선언문에서는 다음과 같이 행동하기로 다짐했다. 과학기술은 인류번영과 국가발전의 중심 축(軸)이며, 국력의 상징이다. 또한 합리성과 가능성의 기반이며 민족적 저력의 원천이다. 우리는 일제의 침탈과 6.25 전쟁의 폐허 속에서 여직공의 손길과 근로자의 피땀으로 경제성장의 귀한 새싹을 틔웠다.

그 후 "기술입국"의 기치 하에서 과학과 공학으로 무장한 과학기술자들에 힘입어 이제 반도체, 핸드폰, 조선, 자동차 등 첨단산업 분야에서 세계 최고의 산업기술 경쟁력을 확보하였다. 대한민국은 국민 소득 2만 불($)의 예비 선진국으로, 또한 원조를 받는 나라에서 원조를 하는 나라로, 지구촌의 동반 성장을 선도하는 모범국가로 자리매김 하였다.

그러나 현재 대한민국은 다시 흥망성쇠의 선택의 기로에 서 있다. 극렬한 이념논쟁은 국민 간에 갈등과 반목을 조장하고 정치인들의 포퓰리즘은 피땀 흘려 쌓아온 국부를 탕진하고 있다. 우수한 인재들은 과학기술을 기피하고 또 산업현장을 떠나고 있다. 청년은 실업으로 절망하고, 중산층은 빈곤으로 내몰리며, 노인과 소외계층을 위한 복지재원은 고갈되고 있다.

오늘 대한민국 과학기술자들이 연구와 실험을 잠시 미루고 이곳에 모였다. 엔지니어와 기능 명장도 생산현장을 두고 여기 함께 하였다. 왜냐하면 청년의 아픔을, 국민의 고통을 더 이상 두고 볼 수만 없기 때문이다. 공허한 이념논쟁으로 대립과 분란을 초래하는 이들에게 국가의 장래와 민족의 운명을 모두 맡겨둘 수만은 없기 때문이다.

이에 우리 과학기술인들은 구국의 심정으로 500만 과학기술인의 마음을 한데 모아 다음과 같이 선언한다.

첫째, 우리는 인류문명과 국가의 흥망에 대한 이론과 역사적 사실을 기반으로 국민의 행복과 겨레의 미래를 위해 과학기술을 국정운영의 최우선 순위에 둘 것을 촉구한다.

둘째, 우리는 과학기술과 기술혁신을 기반으로 하여 고용 확대, 미래 성장동력 창출, 복지 증진 등 국가 현안과 미래를 위한 국정운영의 모든 과정에 적극 참여하고자 한다.

셋째, 우리는 과학적 합리성을 통해 땀 흘린 만큼 보상받는 정의로운 사회, 오늘 보다 나은 내일을 위한 희망의 사회를 만들기 위해 노력할 것을 다짐한다.

넷째, 우리는 과학적 지식의 증진과 첨단 기술의 개발을 촉진하여 국가의 발전과 국민의 삶의 질을 향상시키고 궁극적으로 인류번영에 이바지하고자 한다.

다섯째, 우리는 과학기술인으로서의 본분과 소임에 더욱 충실할 것이며, 나눔과 실천을 통해 국민과 항상 함께 할 것을 약속한다.

필자는 이 자리에서 2012년 총선과 대선에서 적어도 과학기술을 전공하고 이해하는 국회의원과 과학대통령이 당선되어야 이 나라를 과학기술 선진국으로 발전시켜 경제대국을 이룰 수 있다는 생각을 더욱 굳게 했다. 청년에게 희망을 줄 수 있고 국민에게 행복을 보장할 수 있는 정치인을 배출해야겠다는 다짐을 했다. 최우선적으로 이명박 대통령이 없애버린 과학기술부와 정보통신부를 부활시켜 국가행정을 과학적사고와 정보통신기술로 투명한 행정을 펼쳐 나가야겠다는 내면의 약속을 했다. 과학기술, 정보통신 정치인으로서 필자가 앞장서고 싶다. 과학기술인들의 꿈을 실현해 주고 싶다. 동방의 등불 국가를 건국하고 싶다.

브레이크뉴스(Break News) 칼럼 2011.12.19

58. 통일당, 北김정일위원장 사망-조문가기로!

-세 번째 삼국통일을 위한 남북평화통일 및 민족통일의 기회-

북한 김정일 국방위위원장의 사망(2011.12.17) 소식에 우리나라는 물론 전 세계가 신경을 곤두세우고 있다. 통일당도 긴급히 주요 당직자회의를 열고 우선 애도의 뜻을 표하기로 하고 남북통일, 민족통일, 천하통일을 표방하는 정당으로서 남북한 정부의 허가를 받아 김정일위원장의 장례식에 참석하기로 결정했다, 우리 한민족 역사상 아주 중요한 사건이므로 슬기롭게 대처해야 하기 때문이다.

주요 언론들은 북한내 권력 투쟁은 사실상 끝난 것으로 보도하면서 북한은 후계체제를 그의 아들인 김정은(28)을 중심으로 이동하였다고 논평하고 있다. 조선중앙방송은 19일 김 위원장의 사망 소식을 발표하면서 “존경하는 김정은 지도자의 영도를 충직하게 받들자”고 말해, 그의 아들인 김정은 중앙군사위원회 부위원장이 사실상 후계자로 지명됐음을 시사했다.

김정일의 세째 아들인 김정은은 지난해부터 공석을 모습을 드러내기 시작해 노동당 중앙위원회 위원, 노동당 중앙군사위 부위원장, 인민군 대장으로 기용되며, 후계자로서 입지를 굳혔다. 아버지 김정일과 어머니 고영희 사이의 세째 아들로 태어난 김정은은 큰 형인 김정철, 작은형인 김정남을 제치고 지난해부터 후계자로 급속히 부상했다. 그는 특히 할아버지 김일성 전 주석을 빼어닮은 용모로 큰 관심을 끌었다.

그러나 필자는 약간 생각을 달리하고 있다. 김정은 체제를 좀 더 확고히 한 후 4~5년 후에 김정일 위원장이 사망 했더라면 별 일이 없겠지만 중국의 보호를 받고 있는 김정남이 장례를 치루기 위해 북한에 갈 것이므로 김정은 세력과 다툼이 일어나지 않을까 걱정이 된다. 별첨 기사를 참조하기 바란다.

<별첨 참조 기사>

〈北김정일위원장 유고시, 한반도의 운명은?〉

북한은 중국의 '조선성'으로 편입, 남한은 일본의 경제속국이 될지도!

사람은 언젠가는 이 세상을 하직하게 된다. 아직까지 영생한 삶은 없다. 역사적으로 막강한 권력을 장악했던 사람이 갑자기 세상을 떠날 때 커다란 사건은 터지게 마련이다. 예외 없이 만일 김정일위원장이 서거하게 되면 어떤 일이 벌어질까? 권력 승계를 받지 못하고 북경에서 은둔중인 장남 김정남이 아버지 장례를 치루기 위해 북한에 갈 것이다. 권력을 이어 받은 국내파 김정은 지지 세력과 중국의 비호를 받은 김정남 세력 간에 어떤 일이 벌어질 것인가?

만일 두 왕자들 간의 세력다툼으로 내전이 일어나 극도의 혼란상태가 되어 체제가 붕괴된다면 이명박 대통령은 어떻게 대응할까? 혹시 감나무에서 홍시 떨어지기만을 기다리는 것처럼 남한에 저절로 흡수통일 된다고 생각할지 모르겠다. 과연 그렇게 될까? 혹시 착각을 하고 있는 것은 아닐까? 문제는 중국의 대응이다. 북한에 많은 광물자원권을 가지고 있는 중국은 북한의 내전을 평정한다는 명분으로 압록강 건너에 주둔하고 있는 중국군을 평양에 들어가도록 한다면 우리나라 헌법에 한반도를 우리영토로 규정하고 있어 남한과 미국은 어떻게 대응해야 할까? 우리 정부는 전시작전권을 가지고 있는 미국과 합의하에 남북한 간에 전쟁을 불사할지도 모르겠다.

중국도 북한에서 내부 분쟁이 일어나 붕괴될 것을 예측하면서 무주공산(無主空山)이 될 북한지역을 중국화 하기위해 〈동북공정〉을 추진해 왔다고 많은 한국 지식인들은 생각하고 있다. 현재까지 중국은 5년에 걸쳐 한국의 강단사학의 연구 성과물을 수거하여 조선족 역사학자를 주축으로 〈한국 고구려사, 중국사 편입을 위한 연구〉를 마쳤고, 고구려 유적을 대대적으로 정비하여 왔다. 북한이 고구려를 계승하여 왔으며, 이제 북한이 멸망하였으므로 북한 땅은 당연히 중국에 속하여야 한다는 논리를 펴게 될 것이다.

고구려사를 이어온 북한이 중국에 편입하게 되면 우리의 역사도 중국의 변방역사로 전락하게 된다는 것을 알아야 한다. 신라와 백제를 이어온 대한민국은 저절로 중국의 속국이 되고 변방국가로 자리매김을 하자는 데에 〈동북공정〉의 목적이 있다는 것을 잘 알아야 한다. 우리들의 왕조라고 믿고 있는 치우천왕(환웅 14대왕)을 황제헌원과 염제신농과 함께 공동 시조로 모시고 있지 않는가. 우리나라 강단 사학자들은 환웅시대(18대)를 인정하지 않고 있으나 중국에서는 자기네 역사로 편입시키고 있다. 이명박 정부는 정말 〈동북공정東北工程〉을 제대로 알고 대비하고 있는가 묻고 싶다.

기구하게도 우리 한반도 운명은 지구상에서 가장 문제가 되고 있는 두 개의 화약고, 극동의 주인공인 한반도와 중동의 주인공인 이스라엘과 연계되어 있다. 이스라엘은 이집트, 페르시아, 그리스, 로마라는 지중해권 초강대국들에 둘러싸여 수 없이 밟히며, 때론 오랜 시간 국가가 사라지기도 했지만, 1900년 만에 다시 나라를 세워 중동에서 가장 민주적이고 강력한 나라로서 세계에 영향력을 끼치고 있다.

대한민국은 중국, 몽고, 일본이라는 아시아권 초강대국들에 둘러싸여 수 없이 침략당하며 36년간 국가가 사라진 적도 있지만, 현재 G20 회원국 안에 들 정도의 국력을 자랑하고 있다. 역사나 지리적 상황뿐만 아니라, 두 나라는 건국일도 거의 일치한다. 이스라엘은 1948년 5월 14일에 건국했고, 대한민국은 1948년 8월 15일에 건국했다. 두 나라 사이에는 뭔가 알 수 없는 신비로운 관계가 있는 듯하다.

한반도에서 전운이 감돌고 있는 징후가 포착되고 있다. 올해 8월, 트럭 4000대가 중국에서 북한으로 긴 행렬을 지어 들어가는 모습이 포착되었다. 대부분 6톤 트럭과 100마력짜리 군용 지프로 확인되었다. 군 전문가들은 1차적으로 군 부대들 사이에 식량과 물자를 배분하여 전쟁준비를 완료하기 위함이고, 2차적으로 전시에 육군의 기동성 확보를 위한 포석이라고 한다.

그리고 북한은 고암포 해군 기지를 완공하여 공기부양정 70여대를 배치하였으며 북한 특수부대 3000명이 30~40분 내에 서해 5도 섬들에 침투할 수 있는 전력으로서 현재 우리 군에 매우 큰 위협이 되고 있다고 한다. 북한은 미사일 발사대와 전투기를 남쪽에 이동 배치했으며 북한은 서해에서 폭격기에 의한 공대함 미사일 발사 시험을 했고 해안포 진지구축을 하고 있다는 뉴스가 있었다. 지난 11월 23일 남한의 서북도서 합동군사훈련이 시작되자 북한은 역시 "청와대 불바다"발언으로 도발했다.

한국 정부도 FTA 체결과 함께 미국에 매우 강력한 군사적 원조를 요구했을 가능성이 크다. 지난 10월 이명박 대통령의 미국 국빈 방문 때 대통령은 특이하게도 김관진 국방부장관을 데려갔기 때문이다. 원래 정치적 조율을 위한 일반적 정상회담시에도 외교통상부장관과 같은 외교 전문가들 정도만 대동하는 것이 상례이지만 외견상 국빈접대로 보였던 정상회담에 군사전문가를 대동한 것은 참으로 특이한 일이다.

겉으로는 오바마 대통령과 이명박 대통령 사이의 화기애애한 장면이 연출되었지만, 진정한 핵심에서는 양국의 군사전문가들끼리 매우 중요한 회담이 있었을 것이다. 이미 주한 미군 7공군사령부는 F16 12대를 추가 배치했으며, 부산항에 미군 신형 장갑차 브래들리 100여대가 도착했다고 한다.

최근 국제 정세로 보아 이스라엘과 이란사이에 전쟁이 일어날 가능성이 큰데 김정일 위원장의 서거에 맞춰 한국과 북한 간에도 전쟁이 일어 날 가능성이 있다. 이란과 북한이 전쟁 도발에 대한 사전 협약을 할 가능성도 있는데, 이란에서 전쟁이 나면 미군의 군사력 집중을 무너뜨리기 위해 북한도 전쟁을 일으킬 수 있다는 뜻이다.

만일 이스라엘과 이란 두 나라사이에 전쟁을 하게 되면 미국이 개입을 안 할 수가 없는데, 설상가상으로 이 시기에 맞춰 북한에 내전이 일어나 남북한 간에 전쟁이 일어난다면 미국은 현재의 경제력으론 도저히 양쪽을 모두 도울 수 없을 것이다. 미국은 90년대 까지 중동과 극동에서 동시 전쟁 발발시 양쪽 모두 승리할 수 있는 전략이 있었지만 미국의 쇠퇴와 중국의 급부상으로 이제는 더 이상 불가능해진 같다. 미국은 당연히 한국 보다는 이스라엘에 집중할 것이다.

하지만 남북은 전면전을 일으키지 못하고 한정된 준 전면전 정도로 마무리 지을 것이다. 북한은 남한에 막대한 피해를 입힐 수는 있을지언정 절대 남한을 이길 수 없으며 북한 정권이 무너지게 될지도 모르기 때문이다. 남한 군이 북한을 점령한다든가 북한군이 남한을 정령하다는 것은 불가능하므로, 미국과 중국은 외교채널을 통해 개성공단이 있는 개성시와 금강산 일대를 남한에 양보하도록 하고 휴전을 하도록 종용을 할지도 모른다.

이렇게 되면 서울과 수도권 일부가 폐허가 되고 3개 전자회사가 대파되더라도 남한군은 승리를 했다고 자축할 수도 있으나, 북한은 중국의 네 번째 성인 '조선성'으로 편입될 것이고 일본은 남한의 폐허된 시설을 복구하기위해 자본을 투입하여 경제속국으로 만들지 모른다. 지금까지 남북한은 60년간 평화를 유지해왔다. 한국 국민들은 이 60년간의 평화가 유지 된 것은 기적이며 이 시대가 유일했다는 것을 알아야 한다. 따라서 잎으로 닥쳐올 다양한 국제상황과 외부의 음모를 저지하고 남북이 온전한 평화통일을 이루기 위해 노력해야 한다.

따라서 김정일 위원장이 생존해 있을 때 하루라도 빨리 서로 상생 할 수 있도록 "1국가 2체제 유럽연합(EU)식" 통일을 해야 하겠다. 극동과 중동의 불을 동시에 끌 수 있으며 우리 한민족의 빛나는 혼을 일깨울 수 있는 위대한 국가지도자가 2012년 대선에서 반드시 나와야 하겠다.

브레이크뉴스(Break News) 칼럼 2011.12.21

59. 이명박대통령-박근혜의원, 통 큰 정치하길!

각 정당 대표들과 형제의 나라, 북한을 방문하여 조문하고 와야!

지구라는 어느 시골 마을에 200여 호의 가구가 옹기종기 살고 있다. 이 마을엔 힘 센 부잣집도 있고 힘없는 가난한 집들이 함께 살고 있는데 힘 센 사람들이 가난한 집 사람들의 땅을 빼앗기도 하고 전쟁놀이를 하면서 괴롭히고 협박과 공갈을 치기도 한다. 보물이 탐나면 괜히 트집을 잡으면서 집에 처 들어가 빼앗기도 한다. 마을 한쪽 귀퉁이에 네 집이 이웃하면서 살고 있는데 이 중에 대궐 같은 큰 집에 살고 있는 중(中)씨, 장사를 아주 잘해 부자가 된 일(日)씨, 원래 부지런하고 마음씨가 착한 한(韓)씨라는 두 형제가 함께 살고 있었다.

한 씨라는 두 형제는 이 마을에서 힘센 몇몇 부자들의 횡포에 의해 머슴살이도 하고 종노릇도 하면서 억울하게 살다가 강제로 분가해서 살게 되었다. 화목하게 살아야 할 두 형제는 몇 마지기 되지도 않은 땅 때문에 맨 날 싸우면서 이웃들의 조롱거리가 되면서 살아가고 있다. 그나마 큰 형은 열심히 일해 조금 부자가 되었으나 동생은 성질이 포악해 식구들이 기를 펴지 못하고 밥도 제대로 못 먹으면서 살아가고 있다.

동생은 형이 도와주지 않는다고 칼을 들고 협박도 한 적이 많다. 그렇지만 형은 넓은 아량으로 누구보다 먼저 굶고 있는 조카들을 생각해서라도 도와주어야 함이 마땅함에도 버릇을 고치겠다고 냉정하게 대하면서 살아 왔다. 형은 의젓한 형답게 다른 이웃들이 동생을 미워하더라도 같은 핏줄이기 때문에 동생 편을 들어야 한다.

그런데 이번에 포악한 동생이 갑자기 심장마비로 죽어 버렸다. 동생이 밉지만 이미 죽어 버렸으니 용서도 하고, 20대 젊은 조카가 뭘 잘 몰라 우왕좌왕 하니 불쌍한 것은 물론, 이웃집 체면을 생각해서라도 장례식에 가야 함에도 불구하고 가지 않겠다고 하는데 말이 되는가? 손님접대는 물론 음식 장만하라고 넘쳐나는 곳간에 쌀도 좀 퍼 주면 아니 되겠는가? 더욱 괘씸한 것은 조카들끼리 조문 왕래도 못하게 하니 과연 형이라고 할 수 있는가? 교회 장로면 뭐하나 사랑의 진정한 의미도 모르니! 절에 다닌 누나라도 오빠를 달래서 자비심을 베풀어 도와주라고 해야 되지 않겠는가?

동생 집 조카는 할 수 없이 식구들을 먹여 살려야 하니 중씨 집에 머슴살이를 하더라도 큰아버지하고는 담을 쌓겠다고 하고 중씨는 이번에 확실하게 동생 집 족보를 없애고 양자로 입적하려 하고 있다. 그러면서 중씨는 조카의 마음을 사로 잡기위해 도와주면서 통 큰 정치를 한다. 만일 장례식 후에 조카들이 큰아버지 집에 언제라도 쳐들어온다면 제대로 잠이나 잘 수 있겠는가? 동네에서는 얼마나 손가락질을 하겠는가?

지금까지 중국은 수년에 걸쳐 한국의 강단사학의 연구 성과물을 수거하여 조선족 역사학자를 주축으로 〈한국 고구려사의 중국사 편입을 위한 연구〉를 마쳤고, 고구려 유적을 대대적으로 정비하였다. 동북공정을 밀어붙여 온 중국이 김정일 사망을 계기로 지린성(吉林省)·랴오닝성(遼寧省)·헤이룽장성(黑龍江省) 등 동북 3성에다 북한을 조선성(朝鮮省)으로 편입시켜 동북 4성 체제를 구축하려는 저의를 이명박 대통령과 박근혜 대표는 알고 있는가?

이번 사건을 계기로 중국이 장남인 김정남을 옹립, 후계자인 김정은을 제거하려는 계획을 세울 수도 있다는 것을 정치권은 염두에 두어야 한다. 만에 하나 이번 기회에 북한의 역사를 중국의 역사로 편입시키기 위해 북한에 대해 어떤 획책도 꾀할 수 있다는 것을 이명박 대통령과 박근혜 대표는 알아야 할 것이다.

이명박 대통령은 19일 김정일 북한 국방위원장 사망 발표 이후 미국 일본 러시아 정상과 잇따라 전화통화를 갖고 향후 대응에 긴밀히 협력하기로 했다고 한다. 그러나 한반도를 둘러싼 주변 4강 중 유일하게 중국과는 정상 간 통화가 이뤄지지 않았다고 한다. 비상상황에서 북한에 가장 영향력이 큰 중국과의 대화가 안 된 것은 심각한 문제이다. 후진타오 주석이 이명박 대통령의 전화를 받지 않은 것은 이미 우리를 무시하고 자기 나름의 프로그램을 진행시키고 있다는 것을 간파해야 한다.

후진타오 중국 국가주석은 이 대통령의 전화 요청엔 응하지 않은 채 20일 오전 베이징의 북한대사관에 차려진 빈소를 방문해 조의를 표명하는 것은 북한에 대해 혈맹 관계를 적극적으로 과시한 것이다. 후 주석이 북한대사관을 찾아 조문함으로써 중국의 다른 지도자와 주요 인사들도 대사관을 방문해 조문 할 것으로 예상된다. 해외방문 중인 원자바오(溫家寶) 총리, 시진핑(習近平) 부주석, 외교담당 국무위원 다이빙궈(戴秉國) 등도 귀국 후 북한대사관을 찾을 것으로 보인다.

정부는 조문단을 보내지 않기로 했다면서 다만 故 김대중 전 대통령과 故 정몽헌 현대그룹 회장의 유족에 대하여 북측의 조문에 대한 답례로 방북 조문을 허용할 방침이라고 하는데 이참에 이명박 대통령과 박근혜대표가 앞장서서 각 정당 대표들과 북한을 방문하여 조문하는 통 큰 정치를 하면 어떨까?

만일 중국의 비호를 받은 김정남 세력과 김정은의 국내 세력 간에 내란이 일어나 날 경우 압록강 건너에 있는 중국군이 북한 내 중국의 자원을 보호하기 위해 북한으로 진입한다면 미국과 일본 및 남한에서도 이를 저지하기위해 일전도 불사하게 되어 전쟁이 일어 날 수 있다. 이렇게 되면 북한의 포격으로 서울은 불바다가 될 것이며, 삼성전자, LG전자, 현대전자의 시설이 파괴될 것이다. 일본은 한국의 전자회사가 파괴되는 것을 반가워할지도 모른다. 한반도를 침탈하려는 4대 강대국의 움직임이 결코 간단치 않은 현 상황이다. 전쟁은 결단코 막아야 한다.

지난 1994년 김일성 주석 사망 당시 미국은 정부 차원의 조의를 표명으로서 빌 클린턴 대통령은 직접 조의 성명을 발표했고, 갈루치 차관보를 제네바 현지 북한 대표부에 보내 조문했다. 그 결과 석 달 만에 제네바 합의가 도출되지 않았는가? 우리는 다른 나라와 달리 같은 형제의 나라가 아닌가? 그리고 남북평화통일을 이룩할 수 있는 좋은 기회가 아닌가? 아직 결정할 시간적인 여유가 있다. 한민족의 운명이 달린 중요한 시점이다. 부디 이명박 대통령은 하나님께 기도를 하고, 박근혜 대표는 부처님께 지혜를 얻어 현명하게 대처하길 바란다. 나중에 후회 한들 무슨 소용이 있겠는가? 역사에 죄인이 되는 수밖에..................

브레이크뉴스(Break News) 칼럼 2011.12.22

60. 南北역사학자, 표준 역대제왕표 만들어야!

우리민족의 뿌리를 올바르게 알아야 평화통일을 할 수 있어!

이명박 대통령이 김정일 북한 국방위원장 사망 이후 추진해온 후진타오(胡錦濤) 중국 국가주석과의 '전화 정상회담'이 끝내 무산된 것은 한반도에서 대단히 큰 문제가 일어날 소지가 있음을 예고 한 것이다. 중국에 의해 '북한의 새 판짜기'가 시작된 것으로 봐야한다. 특히 '이명박식 외교 · 안보'는 중대 위기를 맞게 됐다. 이 대통령과 후 주석의 전화통화를 사흘간 추진했으나 중국이 불응해 결국 실패했다고 한다. 주변 4강(미국 · 중국 · 일본 · 러시아) 중 상대적으로 북한에 대한 정보력과 영향력이 가장 많은 것으로 평가되는 중국과의 관계에서 이명박 정부 외교력의 부재가 드러난 셈이다.

중국은 수년에 걸쳐 한국의 강단사학의 연구 성과물을 수거하여 조선족 역사학자를 주축으로 〈한국 고구려사의 중국사 편입을 위한 연구〉를 마쳤고, 고구려 유적을 대대적으로 정비하였다. 동북공정을 밀어붙여 온 중국이 김정일 사망을 계기로 지린성(吉林省)·랴오닝성(遼寧省)·헤이룽장성(黑龍江省) 등 동북 3성에다 북한을 조선성(朝鮮省)으로 편입시켜 동북 4성 체제를 구축하려는 저의를 이명박 대통령은 정확히 알고 한·중외교를 추진해야한다.

후 주석이 이 대통령의 전화를 일부러 받지 않으면서 20일 당 서열 2위 우방궈(吳邦國) 전국인민대표대회 상무위원장(국회의장 격), 5위 리창춘(李長春) 당 중앙정치국 상무위원, 6위 시진핑(習近平) 국가부주석을 대동하고 중국 베이징의 주중 북한대사관에 설치된 분향소를 찾았다는 것이 그 증거이다.

필자는 12월 15일 몹시 추운 날 몇 년 만에 '국립경주박물관'에 가서 유물을 관람한 후 이영훈 박물관장실에 가서 따뜻한 차를 한잔을 마시면서 박물관에 대한 소개를 듣고 몇 가지 궁금한 점에 대해 질문을 하고 왔다. 국립경주박물관의 역사는 경주고적보존회라는 단체가 1913년 동부동에 있는 조선시대 경주부의 관아 건물을 이용하여 진열관을 열었으며, 1926년 조선총독부박물관 경주분관으로 바뀌어 광복 전까지 유지되다가 1945년에 국립박물관 경주분관으로 출범하였다고 한다.

1975년 국립경주박물관은 큰 획을 긋게 되었는데 현재 위치인 인왕동에 건물을 새로 짓고 박물관 전체를 옮겼다고 한다. 당시 동부동에서 인왕동으로의 박물관 이전은 경주에서 하나의 문화적 사건이었으며, 특히 성덕대왕신종의 이전은 많은 시민들이 직접 참여한 행사로 유명했다. 1975년 당시에는 본관(지금의 고고관)과 별관(지금의 특별전시관) 그리고 성덕대왕신종을 위한 종각이 지어졌다. 이희태(1925~1981)가 설계하였으며 외부에 기둥들을 일정한 간격으로 세운 누각 형태의 본관은 경복궁의 경회루에서 영향을 받은 것으로 본다고 하였다.

1982년에는 김수근(1931~1986)의 설계에 따라 안압지 출토품을 전시하기 위한 제2별관(지금의 안압지관)을 지었다. 벽돌과 나무로 된 벽에 기와를 올린 단순한 외관은 전통적인 창고에서 이미지를 따온 것으로 알려져 졌다. 2002년에는 이상은(1954~현재)의 설계로 미술관을 신축하였으며 전시와 더불어 박물관 교육과 연구 관리 공간으로 이용하고 있다고 한다. 최근에는 주변 부지를 확보하여 정문의 남쪽 이전 등 박물관 영역을 넓혀 나아가는 계획을 추진하고 있으며 국립경주박물관을 경주역사문화관광의 관문인 웰컴 센터로 만드는 게 꿈이라고 한다.

처음 고고관을 들어서자 우리나라 역사를 한눈에 볼 수 있는 우리 한민족 역사 주요 연대표가 보였다. 한반도에서 인류 출현은 약 70만 년 전에 시작되어 돌을 떼어 사용하였다고 해서 뗀 석기 즉, 구석기시대로 구분하였으며, 기원전 약 8000년 전부터 돌을 갈아서 사용하였다 하여 간석기, 즉 신석기 시대로 구분하는데 토기를 사용했다고 한다. 그리고 청동기시대와 철기시대로 이어지는데 고조선은 기원전 2333년에 건국하여 B.C108년에 멸망하였으며 신라가(B.C57~A.D676)로 이어 진 것으로 설명하고 있었다.

박물관장한테 질문을 하였는데 필자는 전자공학을 해서 잘 모르지만 최근 우리 역사를 공부해보니 고조선 이전에 환웅시대(18대 왕), 환인시대(7대 왕)를 거슬러 올라가 약 13000년 전 마고 시대까지 있었다고 하는데 어떻게 생각하느냐고 했다. 자기는 고고학자라 확실하게 대답은 할 수 없지만 '국사편찬위원회(위원장 이

태신)'에서 표준 역사연대표를 제작하여 우리 국민은 물론 전 세계에 알려야 한다고 했다. 중국과 일본은 연대표를 책으로 발간하여 보급하고 있는데 우리나라에는 표준 연대표가 없어서 외국의 한국역사 전시실에서도 연대표가 서로 다르게 설명하고 있어 혼란스럽다고 했다.

필자는 대한신보(http://www.daehansinbo.com) 발행인이신 박병역 역사가를 중심으로 제작한 "대한민국역대왕조표"(http://www.coreaspirit.com)를 필자의 사무실에 걸어 놓고 매일 보고 있는데 하루 빨리 남북역사학자들은 통일된 우리 민족 역대왕조표를 제작하여 올바르게 역사를 가르치고 전 세계에 알려야 평화통일의 물고가 트일 것이다.

북한은 우리와 갈라진 것이 61년 밖에 안 되는 형제의 나라이다. 그리고 이번 사건이 남북평화통일을 이룩할 수 있는 좋은 기회이므로 이명박 정부는 조문에 대해서 너무 인색하게 굴지 말고 맏형으로서 아량을 베풀어야 한다. 그리고 하루 빨리 남북역사학자들이 북한 역사도 포함한 표준 역대제왕표를 만들 수 있도록 대폭 지원해 주어야 한다. 우리민족의 뿌리를 올바르게 알아야 남북한 간 화해도 할 수 있고 평화통일도 이룩할 수 있기 때문이다.

브레이크뉴스(Break News) 칼럼 2011.12.29

61. 선관위, 국회의원 예비후보 '영성 교육'을!

홍익사상과 철학, 홍익민주주의, 홍익국회를 만들기 위해!

필자는 브레이크뉴스 기고문(www.breaknews.com)을 통해 "디지털(Digital)과 유비쿼터스(Ubiquitous)시대에 맞는 정치인을 선출하기 위해 영성지수(SQ)가 높은 국회의원과 대통령을 뽑자(2011.12.12)" 그리고 "자아(自我)를 발견할 수 있도록 우아일체(宇我一體) 심성수련을 통해 정치인들의 영성지수(SQ)를 높이자(2011.12.14)" 고 제안했다.

2012년은 임진년 용(Dragon :龍)의 해로서 60년 만에 맞는 흑룡(Black Dragon)의 해이다. 특히 우리는 60년 전 무능한 왕과 신하들 때문에 치욕적인 임진왜란을 겪은 해로서 더욱 불안해하고 있다. 흑룡은 인간의 불안, 욕망을 부추겨 나쁜 방향으로 몰고 갈 수 있기 때문이다. 2012년에 한국은 총선과 대선이 있고 미국과 러시아는 대통령 선거가 있으며 중국도 정치지도자가 바뀌고 북한은 이미 바뀌었다.

국민들은 이와 같은 혼란의 시대에 우리나라 배가 어디에서 어디로 가고 있는지 심히 걱정하면서 우리민족의 미래에 대해 불안해하고 있다. 나라를 걱정하는 소리가 하늘을 찌르고 있으며 정말 살아갈 희망을 잃고 절망하면서 절규하고 있다. 사회는 동서갈등, 세대갈등, 남북갈등 서로 상처 내기위한 편 가름하는 정치로 인해 나라는 온통 멍들어 가고 있다.

하지만 정치권은 한치 앞을 내다 볼 수 없을 정도로 혼탁하여 국민들은 대단히 불안해하고 있다. 이명박 정부를 선택한 국민들은 조선말기의 상황과 비슷하게 4색 당파싸움과 다름없는 여야의 대립 분열상을 보면서 대한민국이 또다시 망하지 않을까 걱정이 태산이다. 4대 강대국의 전쟁터가 되어 버린 우리 강토에서 또 다른 전쟁이 일어나지 않을까 심히 두려워하고 있다. 국민의 소리에 귀 기울이는 진정한 정치인은 과연 몇 명이나 될까?

그 원인은 어디에 있는가? 의식 수준 즉, 영성지수(SQ: Soul Quotient)가 낮은 정치인들이 정치를 하기 때문이다. 이제 새로운 정치 세력이 등장해야 한다. 2012년에 치를 19대국회의원 선거인 총선(4.11)과 18대대통령선거인 대선(12.19)이 있다. 2011년 12월 13일부터 제19대 국회의원 선거(2012.4.11) 예비후보자 등록 신청이 시작되었다.

12월 26일 현재 전국 국회의원 245개 선거구에 예비후보 등록을 한 후보는 총 874명 중에서 한나라당이 279명, 민주통합당이 342명 무소속이 88명, 기타 정당 순으로 발표되고 있다. 누구나 당선되기 위해 다양한 방법과 기발한 기법을 사용하겠지만 이번 선거에서는 예측불허의 후보들이 당선되리라고 본다. 하늘의 뜻에 부합되고 땅의 기운을 받은 것은 물론, 민족혼을 살려 남북 평화통일에 앞장서는 후보들이 대거 당선될 것이다.

앞으로 2012년 총선과 대선에 출마할 정치인은 자신의 심신 건강은 물론 정치를 개혁하기 위해서라도 자아(自我)를 발견하고 우아일체(宇我一體)가 될 수 있는 심성수련을 먼저 해야 하겠다. 정심(正心), 정도(正道), 정행(正行)의 홍익인간의 자세로 긍정적이면서 이타적인 생각으로 정치를 해야만 나라가 안정 되고 국민이 행복하게 살아갈 수 있는 이화세계를 건설할 수 있기 때문이다. 이 시대에 걸 맞는 후계자가 대를 이어 갈 수 있도록 국민이 현명하게 선출하여야 나라를 살릴 수 있다.

하늘의 뜻에 따라 땅에서도 이루어지도록 하기 위해 참신하고 정직하면서 성실한 사람이 2012년 국회의원에 99% 당선될 수 있도록 "홍익정치인추대연대"를 결성하기로 했으며 그 목적 및 취지는 다음과 같다. 첫째, 의식 수준이 높은 정치인을 추대하여 민족과 국가를 위한 정치를 구현한다. 둘째, 홍익정신을 살려 남북평화통일과 한민족이 화합하여 홍익통일국가를 건국한다. 셋째, 홍익정치인들이 공천과 경제로부터 자유롭도록 홍익자원봉사자들이 적극 지원한다.

홍익정치인의 조건은 첫째, 경제력과 조직이 약하지만 좋은 정치를 하실 분, 둘째, 우리나라 역사와 문화를 발전시키실 분, 셋째, 지역 내 소상공인의 사업홍보를 위해 인터넷카페를 적어도 1000개 이상 만들어 주실 분, 넷째, 홍익정치 아카데미에 참여하여 우리민족의 역사와 문화를 배우고 민족혼을 일깨우실 분, 다섯째, 245개 지역구에서 홍익정치인 후보 1명씩을 선발하여 서로 연대에 참가하실 분으로 한다.

홍익정치 아카데미는 2월 중에 2~3회에 걸쳐 주말에 천안시 국학원 수련장에서 실시 하고자 한다. 프로그램 내용은 심성수련과 상고사와 IT교육, 국가 정책 및 SNS선거방법 등 다양하게 준비하고 있다. 홍익국회의원 후보로 추대되면 홍익정치 자원봉사자들이 다음과 같은 자원봉사활동을 하면서 지원한다.

첫째, 소속단체회원들에게 알리고 자원봉사자 차원에서 On-Off라인 상에서 적극 지원한다. 둘째, 지역 소상공인의 카페제작 지원과 소상공인의 사업을 인터넷 상에서 홍보해 준다. 셋째, 카페와 홈페이지 및 SNS에 선거소식을 홍보해 준다. 넷째, 전국 100만 명의 참가 자원봉사회원을 통합하기위해 카페와 홈페이지를 제작 운영한다.

앞으로 "홍익정치인추대연대"의 취지에 동감하는 홍익단체, 민족단체, 통일단체 등 NGO단체들이 대거 참여할 것이다. 민족혼을 살리는데 앞장서는 홍익정치인으로서 추대를 받은 전국 245명의 홍익후보가 연대하여 최선을 다한다면 2012년 총선에서 국회의원에 99% 당선될 것이다. 나머지 1%는 하늘이 채워 주실 것이다. 2012년 선거 바람은 홍익과 통일이다. 심안과 혜안이 열리는 자만이 알 것이다. 위기의 시대일수록 시대는 올바른 지도자를 기다리고 있다.

역사의 좋은 면과 소중함을 깨닫는 영적승화(soul healing)가 필요한 해이다. 역사에서 좋은 면을 공부하는 사람에게 운(運)이 따르는 법이다. 역사 속에서 존속시켜야 할 올바른 전통과 정신은 승화, 발전시키면서 그러한 아름다운 가치를 정치도자와 함께 국민전체가 공유하고 신뢰하는 힘이 중요하다.

우리 민족만이 가지고 있는 홍익사상과 철학을 바탕으로 홍익 민주주의를 실현시켜 홍익국가를 건설하기 위해 국회의원 예비후보들의 영성(SQ)교육을 시키고 평가하자. 홍익국회의원을 추대하여 좋은 나라를 만드는데 동참하자. 행정공무원과 사법연수생들의 교육처럼 국회의원예비후보 영성(SQ)교육 행사에 중앙선거관리위원회에서 후원해 주기 바란다.

브레이크뉴스(Break News) 칼럼 2012.1.3

62. 4월 '재향군인회-국회의원' 선거 민중혁명

갈등이 없는 사회, 전쟁이 없는 한반도, 남북평화통일을 다짐

필자는 새해 첫날 '선진화시민포럼' 김병관 회장과 함께 동작동 국립묘지에 참배하러 갔었다. 국가와 민족을 위해 희생하신 영령들께 더 좋은 세상을 만들겠다는 각오와 다짐을 하였다. 오늘은 특히 김 회장의 안내로 해군 159기(1973.12.31 입대) 중에서 해난사고로 숨진 159명의 후배 영혼들을 위로해 주고 왔다. 1974년 2월 22일 충무공 이순신 장군 사당에 참배하고 오던 중 진해 앞바다에서 해난사고로 함께 숨졌다고 한다. 묘비 앞에서 묵념을 하는 동안 갑자기 흰 눈이 내리면서 묘지의 잔디도 우리를 반갑게 맞이하는 인사를 하는 것 같아 마구 눈물이 쏟아졌다.

필자도 해군 97기(1962.5.21~1965.5.20) 출신으로서 훈련이 얼마나 고되고 동지애가 뜨겁다는 것을 잘 알고 있다. 만일 전쟁이 없다면 이런 희생은 없었을 텐데! 당시 159기였던 김병관 회장으로 부터 자초지종의 상황의 설명을 듣고 참으로 운명이 기구하다는 것을 알게 되었다. 김 회장은 구사일생으로 목숨을 건져 자기 동기생들을 항상 잊지 못하고 그들의 명예를 위해 최선을 다해 왔다고 한다.

1974년 2월 22일을 김 회장은 잊을 수가 없었다고 한다. 오전 11시경, 그날따라 매섭고 거센 해풍이 몰아치고 있었다. 충무공 사당을 참배한 삼백여 명의 해군 훈련병은 YTL이라고 하는 군함 견인 선에 마치 짐짝처럼 실려 모함인 LST(상륙작전용 군함)을 향해 한참을 달리고 있었다.

워낙 군함이 웅장하여 부두에 진입할 수 없는 관계로 외항에다 엥카를 이용해 정박하고 있던 모함이 아득히 시야에 들어오던 순간, 어처구니없게도 장병들이 탄 YTL견인선이 느닷없이 뒤집혔다. 순식간의 사태였다. 배가 기우는 쪽 난간에 쪼그리고 앉아 있던 김 회장은 제일 먼저 한 겨울 바닷물에 내동댕이쳐졌다. 강가에서 자란 덕분에 개구리헤엄 정도는 가능했지만 날벼락 같은 사태엔 허둥댈 수밖에 없었다고 했다,

그 와중에서도 섬광처럼 스치는 생각이 들었다고 한다. 배가 뒤집힐 때는 그 부력에 의해 내 몸이 배 밑바닥에 깔리는 날에는 꼼짝없이 죽는다는 생각이 떠올랐다. 어떻게 하든 전복된 배와 멀리 떨어지려고 사력을 다해 반대쪽 바다 속으로 도망쳐 들어갔다. 가슴이 터질 것만 같았다. 숨이 막혔다. 바닷물을 정신없이 들이키는 순간 바다 밑 개펄이 손에 닿았다.

일단 선체 밑을 벗어났을 거라는 안도와 더는 견딜 수 없는 숨 막힘에 수면 위로 급히 떠올라와 보니 전복된 배 주위는 온통 지옥을 방불케 하는 아비규환 그대로였다고 했다. 어디에도 희망이라곤 보이지 않았다. 이것으로 끝이구나 싶어 짧은 순간이지만 온갖 생각이 교차했다. 죽는 것이 무슨 장난 같다는 생각이 들면서도 인생의 참뜻을 모른 채 무력하게 죽어야 한다고 생각하니 너무 억울하지 않느냐는 것이었다. 그 경황 중에도 고향생각이 간절했다고 했다. 연로하신 할머님을 비롯해 어린 아우들을 눈앞에 떠올리노라니 그저 어떻게든 살아야 한다는 강한 일념이 솟구쳤다고 했다.

그러나 두 발에는 묵직한 워커가 신겨져 있었고, 겹겹이 껴입은 겨울 군복은 물에 젖어 지쳐가는 몸을 더욱 무겁게 했다. 설상가상으로 날씨마저 태풍권에 접어들고 있어 파도는 미친 듯이 포효하기 시작하여 짠물이 연신 입과 코로 들어왔다. 사방을 둘러보아도 구조선 한 척 보이지 않았다. 생존의 공포와 추위로 거의 실신상태에 이르렀을 때에 마치 신기루 같은 기적의 빛 하나가 다가왔다.

태풍 경보를 접한 고깃배들이 항구로 귀향하던 중 우연히 사고 현장을 목격한 것이다. 그들의 도움으로 김 회장은 구조되었다. 이 사고는 세계 역사상 비 전투시에 가장 많은 군인이 순직한 사례가 되어 기네스북에 올라있다고 한다. 해군신병 159기 YTL사건 이라 명명된, 이 대참사는 우연이라 믿기엔 너무도 기이한 일치를 이룬 159명이라는 희생자를 남긴 채 역사의 뒤안길에 묻혀 졌다.

젊은 159명의 영혼은 지금 어디에 머물고 있을까? 같은 날 같은 배를 탔던 김회장은 여기 이 비석들 앞에 설 때마다 살아있는 자의 아픔과, 또한 무엇인가를 해야 할 어떤 채무를 동시에 느낀다고 했다. 시간의 끈을 붙들고 이 세상에 나와 중도에서 그만 그 끈을 놓쳐 버린 사랑하는 전우들, 지금쯤 이 시대의 주역들이 되어 있어야 할 그들이 못 다한 몫이 과연 무엇일까를 생각하게 한다고 했다.

그래서 김병관 회장은 자기도 모르게 해군 병장으로서 대한민국재향군인회 서울 지회장을 두 번이나 하면서 부도위기까지 내몰린 문제가 많은 재향군인회를 개혁해야겠다는 생각이 들었는지도 모른다. 이번 대한민국재향군인회 34대 회장선거에 예비후보로 등록하여 금년 4월 6일 선거를 준비하고 있다. 지금까지 재향군인회 회장은 장군들이 역임해 왔는데 김 회장은 해군 병장 출신으로서 사고를 당한 자기 동기생들을 생각하면서 지혜와 용기를 가지고 별들에게 대담하게 도전하고 있다.

부디 동기생들의 원한을 풀어주는 뜻에서라도 회장에 당선되기를 선배로서 기도해 본다. 금년 4월에는 4.19혁명처럼 재향군인회 선거와 국회의원 선거에서 민중의 혁명이 일어나 갈등이 없는 사회, 전쟁이 없는 한반도, 살기 좋은 지구촌을 만들어 보자고 찜질방에서 굳게 다짐을 했다.

브레이크뉴스(Break News) 칼럼 2012.1.5

63. 19대 대선, 제2의 세종대왕을 꿈꾸는 자에게!

과학기술부와 정보통신부 복원, 제2의 세종대왕의 첫 걸음

필자는 몇 년 전 KBS의 "세종대왕"드라마를 즐겨 보았다. 세종대왕이 역사적으로 가장 훌륭한 왕이라는 것은 누구도 부인하지 않는다. 그 이유는 무엇일까? 과거의 잣대로 현재를 재는 것은 미래가 없어 미래를 내다보고 혁신적인 정책을 폈기 때문이라고 본다.

책벌레라는 별명을 들을 정도의 학구파, 만백성을 사랑하는 휴머니스트, 특히 과학을 중시하고 과학자를 우대하는 정책을 펴는 왕이었다. 하늘을 관측하는 천문의기를 개발하기 위해 신하들의 반대에도 불구하고 관노인 장영실을 정5품에 해당하는 상의원의 관직을 주면서 고집을 꺾지 않는 소신을 보고 과학자의 한사람으로서 눈물이 날정도로 감명을 받았다.

여기 재미있게 읽었던 '세계적 미래학자 10인이 말하는 미래혁명'이라는 책을 한권 소개하고자 한다. "미래는 기회를 잡는 사람이 주도한다."라는 저자의 글귀가 마음에 와 닿는다. 그러면 기회를 어떻게 잡아야 할까? 기회는 뒤에서 잡을 수 없고 미리 준비 해두었다가 앞에서 잡아야 한다. 세상을 미리 준비하기 위해서는 사회가 지금 어떻게 변화하고 있으며 앞으로 어떻게 변화할 것인지 미리 가서 들여다보고 예측을 해야 한다.

필자는 농업계 고등학교인 "호남원예고등학교"를 졸업하고 가정형편이 어려워 대학에 진학을 바로 하지 못하고 1962년 18세에 해군에 자원입대하여 통신병으로 근무하게 되면서 전자공학에 눈을 뜨게 되었다.

단파수신기로 북한의 "모르스" 신호를 감청하여 내용을 타이프라이터로 치는 것이었다. 3년간 군대 생활을 하면서 틈틈이 혼자 이공계 입시공부를 해서 인하대학교 전기과에 입학하고 서울대학교 대학원 전자과를 거쳐 프랑스 정부 유학생으로 전자공학박사학위를 받게 되었다. 지금 생각하면 힘든 군대생활과 사회생활이 나의 인생의 큰 전환점이 되어 퍽 다행스러웠다.

1968년 동양TV방송국에 입사하여 8년간 근무 후 경북대학교에서 전자공학과 교수를 20여년 봉직하고 1996년 15대 국회의원으로 활동하게 되었다. 국회에 입성하자마자 국회를 정보화로 개혁하고자 김대중 총재님을 비롯하여 주요 당직자들에게 인터넷교육을 시키면서 국회 본청에 노트북을 처음 들고 들어갔다. 본청 경비원들의 저지는 물론 김수한 국회의장까지 노트북 출입을 막았지만 저의 고집을 꺾지는 못했다. 지금은 어떤가?

국회의원 활동을 하면서 엘빈토플러, 빌게이츠, 손정의 등을 국회에 초청하여 특강을 듣고 김대중 대통령의 정책특별자문을 하도록 했다. 테헤란로에 벤처 붐이 일어나 오늘의 정보대국이 되었지만 현재는 어떤가? 강남사람들이 내정하게 평가해야 될 것이다.

필자는 또한 사이버정치시대를 예견하면서 사이버국회를 2년간 준비하여 2000년 8월 25일 "대한민국사이버국회" 창립총회를 하고 사이버민주주의 시대를 열었다. 현실국회는 주민의 투표로 대표를 뽑아 대의민주주의를 하고 있는데 법률을 제정하고 중요 국정을 결정할 때 주민의 뜻보다는 중앙당의 결정이나 대통령의 뜻에 따라 투표하기 때문에 거수기 노릇을 할 때가 많이 있다.

따라서 사이버국회를 활성화시켜 전 국민이 인터넷상에서 전자투표를 하여 주요 국정현안들의 결정에 주민이 직접 참여하자는 것이었다. 그래서 사이버국회에서는 '보통민주주의'에서 한 차원 진화된 '지성민주주의'를 새로 시도하기 위해 직접민주주의, 참여민주주의, 양방향민주주의를 구현하여 정치 선진화를 이룩하도록 하고자 했다. 미래에는 거대한 사이버 세상이 가장 강력한 권력이 될 것이며 거기에 접속하는 개개인들의 발언권이 강해 질 것을 예견했었다. 지금 SNS시대가 온 것이 그 단적인 예이다.

앞으로 정치, 경제, 교육, 종교에 이르기까지 사이버혁명이 일어 날 것이며 은행, 증권, 보험 등의 건물과 자동차 판매전시장, 대학 건물, 대형 교회가 사라질 것이다. 그 대신 3차원 아바타 또는 홀로그램 기술이 발달되어 가상공간에서 서로 대면을 하면서 공부하고 예배보고 안내하면서 업무를 처리하게 될 것이다. 당연히 사이버 데이트도 보편화 될 것이다.

첨단과학기술이 미래 세상에 큰 영향을 행사할 것이며 사회를 주도하게 될 것이다. 인류는 오래전부터 인간을 닮은 지능 로봇을 만들고자 하는 욕망이 있었다. 앞으로 인간과 기계의 지능이 하나로 합쳐져 인조인간이 탄생한다. 전 세계 모든 책을 한 개의 시스템인 컴퓨터에 입력하여 공동으로 활용하면 집단지성, 집단 지혜는 급속히 발전되어 인류의 대 문화혁명이 일어 날 것이다.

필자는 2000년 국회의원직을 마치고 대학으로 돌아가지 않고 퇴직금을 일시에 받아 축산 농가를 돕겠다고 동료들과 10억 원 규모의 생명복제회사를 나주에 설립했다. 전 서울대 황우석 교수의 소 복제 기술을 널리 보급하여 농촌을 살리려 했다. 황우석이 제2의 장영실이 되도록 하려했다.

정보화시대와 생명공학시대가 미래를 주도할 것을 예측하고 필자의 큰 아들은 전자공학을 전공하게 하여 SK그룹사에서 소프트엔지니어로 활동하고 있으며, 둘째아들은 포항공대에서 유전공학 박사과정을 이수하도록 하여 새로운 IT-DNA융합시대를 준비하고 있다.

앞으로 DNA기술이 발전하면 DNA성형수술과 복제 장기수술이 보편화 되고 부모로부터 원죄격인 유전병 인자를 DNA차원에서 제거한 후 맞춤아기를 탄생시키는 산부인과 병원이 생길 것이다. 인간 복제를 한 후 두뇌에 있는 기억과 영성을 옮기게 되면 영생과 부활문제도 해결 될 것이다.

국가 지도자는 미래혁명이라는 책을 꼭 읽어보고 적어도 10년 아니 20년을 내다보면서 정책을 세우고 비전을 제시하길 바란다. 차기 대통령은 이명박 대통령이 없애버린 과학기술부와 정보통신부를 복원시켜야 제2의 세종대왕이 되는 첫 걸음을 내 딛게 되는 것이다.

브레이크뉴스(Break News) 칼럼 2012.1.5

64. 차기 대통령은 麻姑 신선사상을 공부해야!

남북평화통일과 세계평화를 위한 해법을 찾기 위해서!

인간의 본성을 잃게 된 원인과 이를 회복하기위한 방법을 알아야 전쟁을 막을 수 있다. 지구인 우리는 언제, 어디에서 비롯되었으며 어떻게 흩어져서 어디로 옮겨 살았는지 알 필요가 있다. 세계전쟁의 불씨인 종교나 사상의 분쟁을 종식시키기 위해서는 전 세계가 한 뿌리인 세계의 역사와 문화 및 얼의 뿌리를 찾아야 한다.

지구상에는 인류 시원(始原)에 관한 두 가지 이야기가 있다. 하나는 서양사상의 근원인 에덴동산의 이야기이고 다른 하나는 동양사상의 대표 격인 마고성(麻姑城)의 이야기이다.

지구상에서 기장 아름다운 에덴동산에서는 부성(父性)을 가진 하느님이 아담과 이브를 창조하였고 선악과(善惡果)라는 금기를 만들어 인간의 순종을 강요한다. 신이 인간을 창조함으로써 신과 인간을 서로 분리시켜 지구를 배제한 채 오직 하늘과 인간만의 관계인 천인(天人)사상이 서양문화권의 원형이다.

카인과 아벨, 이삭과 이스마엘의 이야기처럼 축복과 저주라는 양날의 칼인 이원론(二元論)적인 사상이 서양문화권의 원형이다. 여기서 야훼신과 알라신이 나왔고 유대교, 기독교, 천주교, 이슬람교 등이 나왔다.

한편 지구상에서 가장 높은 마고성에서는 신인(神人)이면서 모성(母性)인 마고(麻姑)가 지구생성 이전의 우주 즉, 시. 공간을 뜻하는 선천(先天)인 하늘을 남자(陽)로 지구생성 후 지구 대기권 내의 하늘을 뜻하는 후천(後天)인 지구를 여자(陰)로 하여 궁희(穹姬)와 소희(巢姬)를 낳았다고 한다.

신과 인간이 분리가 아닌 신인합일(神人合一)을 근간으로 천지인(天地人)사상이 동양문화권의 원형이다. 즉, 하늘과 땅과 사람이 서로 조화를 이루며 살아야 한다는 삼원론(三元論)적인 동양문화권 속에서 한국의 신선도를 비롯하여 선교, 도교, 불교, 유교 등이 나왔다.

마고성(麻姑城)에 기반 한 마고신선사상은 우리 인간에게는 본래 신성이 깃들어 있으며, 인간이 어떻게 본성을 잃고 또 다시 본성을 찾아서 이상향으로 되돌아가려 하는지에 대한 인간 본성을 다룬 내용과 철학을 내포하고 있다.

마고문화의 정통성을 이어온 우리는 우리 민족의 정체성을 확립, 세계 역사를 재정립하고 전통과 현대가 어우러진 새로운 문화를 창조해 나가야 한다. 아울러 세계가 하나라는 생각을 널리 알려 세계 평화와 인류의 행복에 이바지해야 한다. 핵무기로 무장한 강대국들과 종교간 갈등으로 전쟁공포에 휩싸여 꿈을 잃어버린 인류에게 마고의 신성사상은 하나의 대안이 될 수 있다.

신라시대 박제상(朴堤上)선생이 쓴 『부도지(符都誌)』는 우리 민족이 세계에 자랑할 만한 가장 오래된 사서(史書)로서 세계 어느 나라에서도 찾아볼 수 없는 독특하고 뜻 깊은 창세(創世) 기록이다. '부도'(符都)라는 말 자체가 하늘의 뜻에 부합하는 나라, 또는 그 나라의 수도를 가리키므로 21세기에 부활한 마고신화는 세계 인류가 희망하는 낙원으로서 '부도의 꿈'이 실현 될 수 있음을 뜻한다.

부도지에 의하면 선천과 후천의 중간인 짐세시대에 하늘에서 들려오는 8려음(呂音)으로 파미르고원의 마고성(麻姑城)에서 마고가 태어났다. 천지창조의 주인공은 율려(律呂)이고 율려가 몇 번 부활하여 별들이 나타났고 지구의 어머니인 마고(麻姑)를 잉태했다.

마고는 홀로 선천(先天)을 남자로 하고 후천(後天)을 여자로 하여 배우자 없이 궁희(穹姬)와 소희(巢姬)를 낳고, 궁희와 소희도 역시 선천과 후천의 정을 받아 결혼하지 아니하고 각각 황궁과 청궁, 그리고 흑소와 백소를 낳았다.

마고성의 위치는 파미르고원으로서 동북으로 천산산맥을 통하여 알타이산맥에 이어지고, 동남으로는 쿤룬 산맥과 히말라야산맥을 통하여 중국과 인도대륙에 접하고 있으며, 서남으로는 술라이만산맥과 이란고원을 통하여 메소포타미아에 연결되고 북쪽으로는 아랄 해, 발라시호, 카스피 해와 키르키츠 초원에 이른다.

우리 한민족의 역사일 뿐만 아니라 세계사적인 고대 역사와 문화로서 철학과 사상의 원형(元型)을 담고 있으며 전 세계로 퍼져나가는 문화의 전파 경로를 보여주는 파격적인 내용이다.

마고(麻姑)라는 말의 기원은 마구, 우마이, 할미 곧 창조주를 의미한다. 중앙아시아의 고대 투르크의 여신 우마이(땅을 관장하는 생명의 여신)에서 기원 되었으며, 몽골북부 흑해 바이칼호수의 여성무당인 어마이, 오마이, 우다간에서 왔으며 우리말은 할미에 해당한다.

삼베를 만드는 마(麻)는 마고성의 중요한 식물 중 하나여서 [마]라는 이름이 붙었는지 모른다. 지금도 한국에서는 사람이 죽으면 수의로서 삼베옷을 입혀 매장하는 전통이 있는데 여기서 나온 것이 아닌가 한다. [麻(마)]자의 고대한자의 형상은 두루마기를 입은 지도자 의 형상으로 그 지도자가 입은 옷이 삼베옷 이었던 듯하다.

인류역사학자에 의하면 약 1만 3천 년 전 한차례 기상 대이변 이후로 모든 생명이 사라졌으며 마고이외에는 생명이 존재하지 않았다고 한다. 마고의 뜻은 하늘과 땅을 이어주는 신과 같은 사람, 약 일만 년 전 요하강과 동북아의 문화를 꽃피웠던 주인공인 우리 동이족의 어머니이다.

이상세계에 사는 마고성 사람들은 우주의 기와 지구 어머니의 젖인 지유(地乳)를 먹고 살면서 의식주의 걱정이나 어떠한 욕망도 없이 오직 본성만을 가지고 신성으로 생활하면서 마고의 생명창조에 동참하였다. 그러나 이브의 사과사건처럼 백소씨족(白巢氏族)의 지소(支巢)씨가 포도사건을 일으켜 마고성을 떠나게 되었다.

어느 날 여러 사람과 함께 젖을 마시려고 유천(乳泉)에 갔었는데 사람은 많고 지유가 충분치 않아 양보의 미덕으로 제대로 마시지 못하고 소(巢)에 돌아오게 되었다. 배가 하도 고파 포도를 따먹게 되어 다섯 가지 맛이 있는 포도의 오미(五味)의 맛을 알게 되었으며 다른 사람들에게까지 알려져 소위 타락이 시작되었다.

열매를 따먹은 사람들은 다른 생명을 헤치면서 살았기 때문에 모두 이(齒)가 생기고 침은 뱀의 독(毒)과 같이 되어 버렸다. 따라서 사람들의 피와 살은 탁(濁)하게 되고 심기(心氣)가 독해져서 마침내 천성을 잃게 되었고 하늘의 소리를 들을 수 없게 되었다.

그리고 태정(胎精)이 불순하여 짐승처럼 생긴 사람을 낳게 되었으며 수명이 단축되었다. 타락하면서 신성이 사라지고 신과 분리되어 불완전한 인간이 되어 갔으며 몸과 마음과 영혼을 서로 분리시켜 생각하게 되었다.

타락한 사람들이 마고성에서 살 수 없게 되자 제일 장자격인 황궁씨는 풀로 된 흰 띠를 가리키는 백모를 머리에 묶고 마고 앞에 사죄하면서 포도로 인한 오미의 책임을 스스로 짊어지고 복본을 서약하였다. 모든 족속들에게 의견을 물어 분거하기로 합의를 하고 황궁씨가 천부(天符=천부삼인)를 신표로 나누어 주고 칡을 캐서 식량 만드는 법을 가르쳐 주어 사방에 분거할 것을 명하였다.

네 분의 황궁, 청궁, 백소, 흑소의 신인(神人)들은 이들을 거느리고 마고성의 동서남북 문을 떠나 사방으로 흩어져 떠났다. 황궁씨는 타락한 사람들을 다시 마고성으로 되돌아가도록 하기 위해 부도의 법을 펼쳤다. 천손국의 후예인 우리 조상은 환인국과 환웅국을 거쳐 고조선까지 이어졌다.

부도지 이야기는 성경의 에덴동산과 그 내용이 흡사하지만 훨씬 깊고 넓다. 성경에서 말씀의 주체는 창조주 하느님이다. 말씀이란 하는 사람이 있고, 그것을 듣고 따르는 사람이 있다. 그러나 부도지에서 율려의 주체는 특별히 정해져 있지 않다. 생명의 근원이기 때문에 모든 사람이 율려의 주체가 될 수 있다.

마고성이 지상에서 가장 높다는 말은 하늘과 가장 가깝다는 말이고 이는 하늘의 뜻에 가장 충실하게 이행하는, 즉 본성으로서 살아가는 세상을 말하는 것이다. 우리나라 전통사상에는 원래 인간에게 본래 신성이 있어 동학에서는 이를 인내천(人乃天)이라 하였다.

이제 금년에 선출될 국회의원과 대통령은 의식이 한 차원 높아야 하겠다. 따라서 인간이 어떻게 하여 본성을 잃게 되었으며 본성을 회복 하기위해서는 즉, 다시 마고성(理想鄕)으로 복본하기위해서는 어떻게 해야 하는지에 대해 깊은 성찰이 있어야 하겠다. 그래야만 남북한 간의 전쟁을 막을 수 있으며 세계적인 종교나 사상의 분쟁을 종식시킬 수 있다.

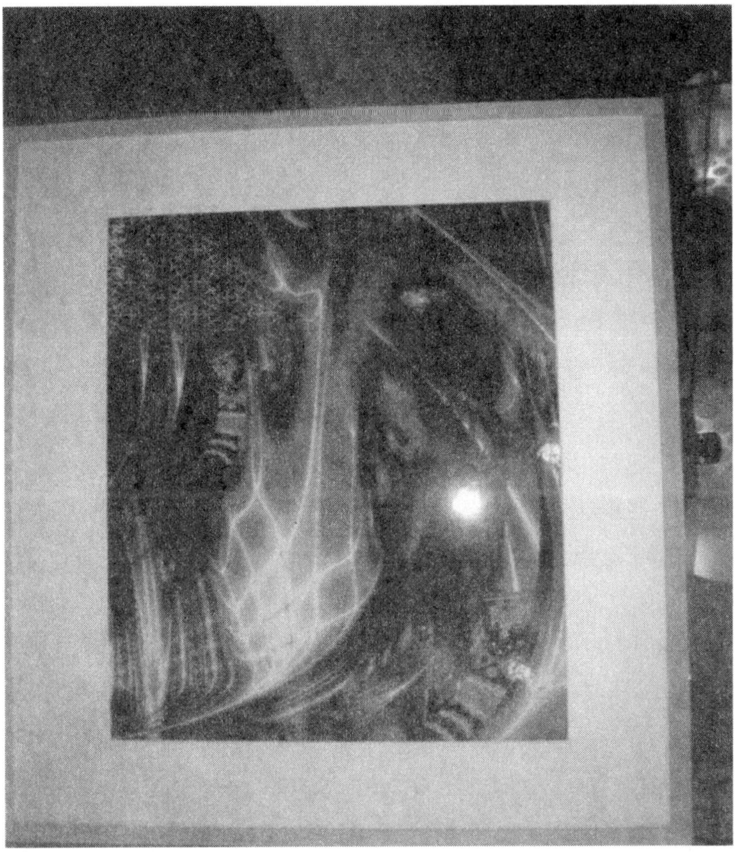

브레이크뉴스(Break News) 칼럼 2012.1.9

65. '홍익민주주의-홍익대통령'시대를 열자!

국민이 행복한 사회, 세계에 자랑스러운 한민족을 위해!

현 우리나라는 고려와 조선말의 정치상황과 다를 바 없이 패거리정치, 그들만의 정치, 국민들과 거리가 먼 정치로서 큰 위기를 맞고 있습니다. 로마제국이나 통일신라가 멸망한 것은 외부의 침략 때문이 아니라 국민들에게 희망찬 비전을 제시하지 못했기 때문이었습니다.

현재 우리 국민들은 '일자리가 없다', '세금 때문에 못 살겠다', '먹고살기 힘들다'고 아우성입니다. 또한 '청년일자리를 만들어 달라', '반값 등록금을 해결해 달라', '기업하기 좋은 나라를 만들어 달라', '불확실한 노후 대책을 세워 달라', '서민들이 살 집을 지어 달라', '여성 차별 없는 사회를 만들어 달라', '아이를 양육할 수 있는 여건을 만들어 달라', '학생들이 마음 놓고 공부할 수 있도록 해 달라', '공교육을 제대로 살려 사교육비를 줄여 달라', '정직하고 신뢰 받는 사회를 만들어 달라'는 원성이 하늘을 찌르고 있습니다.

이제 과거 낡은 틀을 버리고 21C 새 시대의 흐름을 알아 국민의 염원을 해결해 줄 수 있는 홍익대통령이 나와야 하겠습니다. 시대는 올바른 지도자(救世主, 彌勒佛, 鄭道領)를 기다리고 있습니다. 세계에서 IQ가 제일 높은 명석한 두뇌, 섬세한 손재주, 창의적인 과학기술과 예술성, 뛰어난 스포츠 능력 등 무궁무진한 잠재력을 발휘하도록 해야 하겠습니다.

차기 홍익대통령은 새로운 종교관, 세계관, 우주관을 근간으로 세계적인 전략과 비전을 가지고, 사상과 이념을 초월하여 남북한이 상생의 통일을 이룩할 수 있도록 올바른 통일관과 국가관을 제시하고, 전 세계 정치와 종교 지도자를 아우르면서 전 지구인이 하나가 되도록 세계평화적인 리더십을 발휘해야 하겠습니다.

차기 홍익대통령의 7대 조건은 화합대통령, 역사대통령, 통일대통령, 과학대통령, 문화대통령, 외교대통령, 영적대통령이어야 합니다. 차기 국무총리의 3대 충분조건은 첫째, 모든 국민의 눈물을 닦아줄 수 있는 어머니의 마음과 같은 모정의 국무총리, 둘째, 국민 누구나 원하는 일자리를 만들어 줄 수 있는 적극적인 국무총리, 셋째, 국민의 의식주와 평생교육 및 건강을 책임지겠다는 철학을 가진 국무총리이어야 합니다.

과거 20세기 Analog시대적인 정치인들은 철학, 종교, 과학이 서로 상극이라고 생각하고 있으며, 주로 부정적인 의미의 3D(Difficult, Danger, Dirty)와 3S(Sex, Sports, Screen)속에 파 묻혀 있었습니다. 하지만 21세기 새로운 Digital시대 정치인들은 철학, 종교, 과학이 서로 상생한다는 것과 3D(Digital, Design, DNA)와 3S(Space, Spirit, Soul)시대이며 하나의 지구별 시대라는 것을 이해해야 합니다.

다음 과학대통령은 컴퓨터를 이해해야하며 일자리를 창출하기위해 '디지털 뉴딜' 정책을 추진하고 디지털 문화 르네상스 시대를 열어 IT강국·콘텐츠강국·인재강국을 만들어 세계 인류 앞에 자랑스러운 민족이 되도록 해야 합니다.

또한 통일대통령은 홍익사상인 카오스우주철학과 프렉탈생명사상을 근간으로 1국가 2체제 유럽연합방식의 분권형집정제 통일을 이룩하여 한민족의 숙원을 풀어야 합니다. 골드만삭스(Goldman Sachs)사는 이와 같은 통일을 하게 된다면 북한의 자원과 노동력, 남한의 기술과 자본이 상생 결합하여 2025년에 한국의 1인당 GDP(Gross Domestic Product)는 3만 6813달러, 2050년에는 8만1462달러로 미국에 이어 세계 두 번째로 잘 살 것이라고 했습니다.

국제투명성기구에서 발표한 우리나라 부패인식지수 순위는 세계 180개국 중 43위입니다. 또한 우리나라 행복지수는 세계 178개국 중 102위로 우리는 불행하다고 생각합니다. 서민의 삶은 팍팍한데 고위층의 부정부패 뉴스가 연일 터져 나오는데 행복하겠습니까? 차기 대통령은 "전자화폐추진위원회"를 만들어 고액권(1만원, 5만원)을 없애고 5천원 소액권과 동전 및 전자화폐를 사용하여 전 세계에서 가장 투명한 국가, 부정이 없는 나라를 만들어 국민들의 벌래먹은 영혼을 치유해야 합니다.

우리에게는 성경에서 말한 작은 책, 세계인이 가장 부러워하는 대표적인 경전, 국보 1호격인 천부3경 즉, 천부경(81자)과 삼일신고(366자) 및 참전계경(13,200자) 그리고 수많은 지혜의 이야기가 수천 년 전부터 전해 내려오고 있으나 위정자들의 잘못으로 제대로 전해지지 못하고 있습니다.

다음 홍익사회는 지식과 지혜를 기반으로 한 지성 민주주의와 영성시장경제 체제로서 전자국가, 디지털국가를 건설, 천손장자의 DNA를 지닌 전 세계 한민족이 하나가 되는 'Grand Corea' 를 건설하여 ▲남북통일 ▲민족통일 ▲천하통일을 이루도록 크고 넓게 생각해야 하겠습니다.

이 난세에 조선을 건국한 것처럼 국가와 민족을 구할 제2의 건국 팀(이성계, 정도전, 무학대사)과 같은 출중한 인물들이 나타나기를 국민들은 기대하고 있습니다. 이제 우리 모두 세종대왕보다 더 훌륭한 대통령을 선출하여 신라 김춘추대왕, 고려태조 왕건에 이어 세 번째 삼국통일을 이룩할 통일 대통령과 함께 대 고려국연합(Grand Corea Union)의 홍익국가를 2017년 10월 3일에 건국합시다. Cleanliness(청렴), Honesty(정직), Sincerity(성실)한 정치인을 발굴하여 국가와 민족의 미래를 위해 열심히 매진합시다.

브레이크뉴스(Break News) 칼럼 2012.1.11

66. 수명다한 한나라당, 천부경부터 공부해야!

천부경(天符經)은 천지인의 조화와 운행의 원시반본(元始反本)원리

필자는 〈브레이크뉴스 칼럼(2012.1.6)〉에서 "차기 대통령은 마고(痲姑) 신선사상을 공부해야!"라는 글을 썼다. 정두언의원은 자신의 트위터에 한나라당은 수명을 다했다면서 제대로 된 보수주의 정당을 세우자고 했다는데 진짜 보수는 친미 우파가 아니고 옛것을 배우고 지키는 것이라고 생각한다. 한나라당을 재건하기 위해서는 우선 마고사상과 천부경의 원리부터 공부하여 우리민족의 13,000여년의 역사를 알고 철학과 사상을 정립해야 한다.

신라시대 박제상(朴堤上)선생이 쓴 『부도지(符都誌)』는 우리 민족이 세계에 자랑할 만한 가장 오래된 사서(史書)로서 세계 어느 나라에서도 찾아볼 수 없는 독특하고 뜻 깊은 창세(創世) 기록이다. 부도지에서는 음(音)이 우주 삼라만상을 만드는 재료로 사용되었다는데 그 의미는 무엇인가? 음이란 파장이다. 율여(律呂)에서 율이란 상승파장으로서 상생의 힘을 말하는 것이고 여라는 것은 하강파장으로 상극의 힘을 말하는 것이다.

그래서 사물의 양(陽)적인 부분에서는 이들이 팽창과 수축을 통하여 생로병사(生老病死)를 겪으면서 변화를 하나 이들의 내면 즉, 음(陰)적인 부분에서는 오욕칠정(五慾七情)의 영향을 받아 사물의 변화를 주도하게 되는 것이다. 그리하여 마고성 사람들이 땅에서 나는 지유를 먹으면서 실달성과 허달성의 중간인 물질세계와 정신세계의 사이에서 육체를 가진 인간의 형상과 신성을 동시에 가지고 창조에 동참을 하니 이는 기독교의 에덴동산이요, 그리스신화의 황금의 시대와 견줄 수 있다.

부도지에서 오미(五味)의 화란 과연 무엇을 말하는 것일까? 왜 많고 많은 것 중에서 하필이면 포도를 먹었을까? 성경에서는 사과(선악과)를 먹었다는데 이 차이점은 뭘까? 왜 이것 때문에 마고성에서 나와야 했고 에덴동산에서 쫓겨나야 했을까? 땅에서 솟아나는 지유를 먹었다 함은 힘들여 먹을 것을 탐할 필요도 없었으며 먹기 위해서 일을 할 필요가 없었다. 의식주 문제로 고민을 할 필요가 없었기에 노동이 없었고 욕망이 없었다. 이를 그리스신화에서는 황금의 시대. 성경에서는 에덴동산, 우리 신화에서는 마고성 시대이다.

포도를 먹었다 함은 무엇을 말하는가? 그것은 다섯 가지 맛을 알게 되었고 식욕에 대한 욕망을 느끼게 되었다는 것이다. 많은 학자들은 식욕과 성욕을 같은 개념으로 본다. 결국 식욕과 성욕을 중심으로 성취욕, 명예욕, 인정에 대한 욕구 등 각종 욕망이 나오게 되는 것이다. 포도에 달린 이 수많은 알갱이가 수많은 욕망을 상징화 시킨 것이라고 볼 수 있다.

결국 이 욕망에 의해 관념(선악과)이 생겨나고 이 관념으로 인해 여러 가지 피해의식이 생겨나고 결국 본성이 가려져 신성을 잃어버리게 된 것이다. 마고성 시대에서는 욕망이 없는 본성만이 있었던 시대였기에 법이라는 것이 필요 없었다. 황궁씨는 욕망의 시대에서 다시 본성을 찾아 마고성으로 복본(復本)하려는 사명을 갖고 법을 세우고 이 법으로써 백성을 이끌게 되었으며 이 법과 하나가 된 시대가 고열가 단군시대까지였다. 삼일신고를 통해 지감, 조식, 금촉의 법으로 본성을 보호할 수 있는 방법을 제시한 것이다.

<천부삼인(天符三印) : 칼, 거울, 북>

황궁씨는 마고성으로의 복본을 위해서는 사람들을 흩어지지 않게 묶어 줄 수 있는 법의 필요성을 느꼈다. 본성을 가리는 욕망을 제어해야 다시 마고성(본성)으로의 복본이 가능함을 알기에 천부삼인의 가르침을 내려 바른 길로 인도하고 스스로의 모범을 보였다.

마고성을 떠날 때 징표로서 천부삼인(天符三印)인 검과 거울과 북을 나누어 주었다. 칼로 본성을 가리는 욕망을 끊고, 거울로 태양과 같이 마음을 밝게 비추고, 북으로 진리를 온 세상에 널리 알리라는 뜻이다. 지금까지도 무속인들은 천부삼인을 사용하여 굿을 한다.

필자가 일본 구마모토현의 한 신궁을 방문하였을 때 한 중앙에 거울을 모시고 칼과 북을 함께 신성시하는 것을 깜작 놀랐다. 천부삼인의 전설과 환웅과 웅녀의 이야기는 지손족인 웅녀가 신성을 깨달아 신인합일이 되어 천손족인 환웅과 결혼하여 단군을 낳게 되어 우리가 천손민족임을 알리는 증거이다.

<환국시대 7대(3301년), 배달국시대 18대(1565년), 단군시대47대(2096년)>

환국(桓國)은 시베리아(사백력, 斯白力) 하늘 밑 바이칼 호수의 동쪽으로 흐르는 흑룡강(黑龍江, 龍江, 天河, 天海)을 중심으로 남북이 5만리요, 동서가 2만리의 거대한 제국이다. 환국(桓國)의 환이란 밝다는 말이며 7대 환인(桓因)이 3,301년 동안 나라를 이뤘다.

환웅천왕의 배달국은 천손족과 지손족이 결합한 최초의 국가이다. 한(桓)이란 하늘을 말하는 것이고 웅(雄)이란 땅을 말하는 것이니 한웅(桓雄)이란 천손족과 지손족을 아우르는 말이다. 이때를 배달국시대라 하며 18대(1565년)동안 다스리면서 최초로 하늘(천손족)을 열어 땅(지손족)을 받아 들였다 하여 개천(開天)이라 하는 것이다.

단군조선은 47대 2096년 동안 이어졌으며 지손족 중에 왕이 출현을 하여 이 무리들 중에 왕이라는 뜻에서 임검(壬儉)이라 하였고 이가 바로 단군왕검이다. 지손족이 하늘로부터 나라를 물려받아 세워 하늘이 주신 땅이라 하여 '쥬신'이라 불렀고 '쥬신'의 이두식 표기가 조선(朝鮮)이다.

중국 요와 순의 오행의 화로 인해 조선이 문화 침투를 당하여 42대 단군이후로는 지방 각지에서 반란이 일어나 결국 47대 단군 고열가 단군께서 부도의 법을 닫고 폐관을 하기에 이른다. 오행의 화란 하늘에 대한 인간의 반란으로 인간의 욕망이 자연의 흐름을 바꿔 놓았고 결국 그것이 조선의 막을 내렸으며 부도의 법이 끊어지는 계기가 된 것이다.

우리 민족의 3대 경전(三大經典)은 천부경(天符經)(81字), 삼일신고(三一神誥)(366字), 참전계경 (13200字)이며 마고사상의 핵심인 천부경(天符經)은 천지인 만물의 조화(造化)와 운행(運行)과 원시반본(元始反本)을 뜻하며 천부경의 원본은 다음과 같다. 국회의장실과 의원회관에서 천부경을 외우는 소리가 울려 퍼질 때 올바른 정치가 펼쳐지게 될 것이다. 우리 모두 한번 암송해보자. 세상이 달라질 것이다.

천부경(天符經)

一始無始一 析三極 無盡本 天一一 地一二 人一三 一積十鉅 無匱化三
일시무시일 석삼극 무진본 천일일 지일이 인일삼 일적십거 무궤화삼

天二三 地二三 人二三 大三合六 生七八九 運三四 成環五七
천이삼 지이삼 인이삼 대삼합육 생칠팔구 운삼사 성환오칠

一妙衍 萬往萬來 用變不動本 本心本太陽 昂明人中 天地一 一終無終一
일묘연 만왕만래 용변부동본 본심본태양 앙명인중 천지일 일종무종일

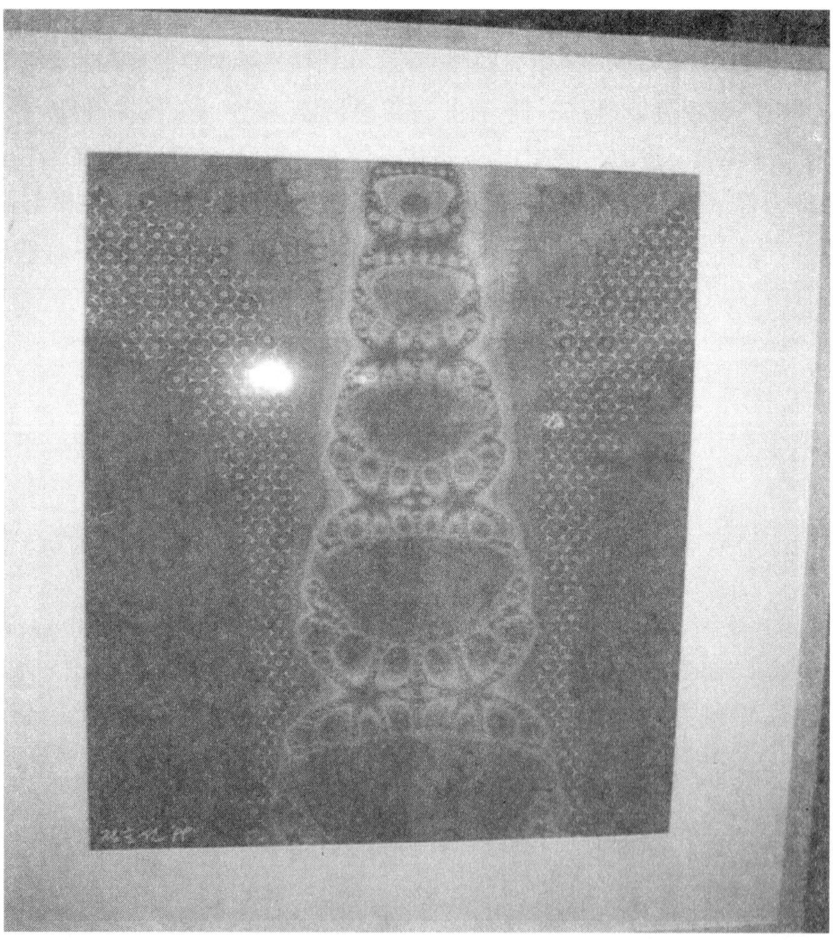

브레이크뉴스(Break News) 칼럼 2012.1.12

67. 마고 신화를 K-Pop 세계적 문화콘텐츠로!

-소녀시대와 카라의 합동 마고 뮤지컬을 기대하면서!-

필자는 브레이크뉴스(www.breaknews.com) 기고문(2012.1.6)에 "차기 대통령은 마고(麻姑) 신선사상을 공부해야!"라는 글을 썼다. 우리민족의 원류를 찾아 올바른 정체성을 세우고 우리역사를 올바르게 가르쳐 후손들에게 우리민족의 우수성을 알리는 것은 물론, 전통과 현대가 어우러진 새로운 문화를 창달하여 세계평화와 인류행복을 추구하기 위해서는 문화로 전해야 한다고 생각했기 때문이다.

만일 대통령과 문화관광부 장관, 방송관계자, 엔터테인먼트 기획사 대표들이 마고사상을 이해하고 이를 작품화 한다면 한류의 바람은 다시 거세게 세계를 강타할 것이다. 예를 들어 우리나라 대표적인 소녀가수인 소녀시대와 카라 팀들이 마고 이야기를 주제로 합동 마고 뮤지컬을 준비하여 전 세계적으로 공연한다면 우리의 차원 높은 문화에 전 세계인들은 열광의 도가니에 빠져들 것이다.

우리 신화에 등장한 마고는 12지파의 후손들이 세계로 뻗어나가 나라를 세우고 번성하여 자신의 역할이 다 끝났다고 생각하여 지리산으로 들어가 산신이 되었다는 전설이 있는데, 지금도 지리산 천왕봉에는 마고성모를 모시는 사당이 있으며 지리산 골짜기, 봉우리마다 할머니의 흔적이 남아 있다. 마고할머니가 가지고 놀았다는 마고할머니의 5층 공기돌 바위, 말 바위와 형제바위, 마고할미가 참았다가 오줌을 누었는데 그 오줌발이 바위를 파서 자취가 남아 있다고 마을사람들은 믿고 있다.

또한 마고가 지리산의 산신이 된 데에는 애틋한 사연이 있다. 마고는 마고성에서 인간을 보살피다가 반야라는 천신과 사랑을 나누지만 반야는 매정하게 천상으로 올라간다. 마고는 오랜 세월 옷을 지으며 반야를 기다렸지만 반야는 오지 않았다.

그러던 어느 날 반야가 어디론가 날아가는 모습을 본 마고는 후손들에게 안녕을

고하고 반야를 쫓아 지리산에 오르지만 반야는 그녀를 외면하며 사라진다. 마고는 명상을 하면서 마음을 다스리고 지리산의 성모신이 되었다고도 전한다.

마고신화를 문화 콘텐츠로 마들기 위해서는 마고성으로 추정되는 지역과 바이칼 호수를 방문하는 다큐멘터리와 소설책을 집필하고 체험 테마여행을 하면서 책, 만화, 캐릭터를 개발하고 세계적인 뮤지컬, 오페라, 드라마, 영화를 준비한다. 또한 역대 왕들의 미니어처를 제작하여 프랙털 옷으로 단장하여 문화상품으로 개발하고 장난감, 인형, 인테리어, 카페 등을 부가산업으로 확장한다.

마고이야기 책과 만화의 기본적인 시나리오의 큰 틀은 마고성의 배경과 마고여신의 등장과 궁희, 소희의 탄생과정 및 황궁, 청궁, 흑소, 백소의 번성과정을 다루며 포도를 먹고 타락하여 신과 인간의 경계가 분리되는 과정을 설명한다.

마고성에서 나온 사성인(四神人)이 타락한 사람들을 데리고 신성회복을 위하여 다시 복본할 때 상징 징표로서 천부삼인인 칼, 거울, 북을 나누어 가지고 마고성 밖으로 나가는 상황을 다룬다. 이어서 12환국으로 분리되는 과정과 우리민족의 조상인 환국, 배달국, 단군조선을 설명한다.

배달국의 마지막 거불단 천황과 웅씨족(熊氏族)의 웅녀(雄女)와 결혼하여 왕검단군(檀君)의 탄생과 개천신시(開天神市)를 여는 장면으로 이어진다. 천부경(天符經)과 태양새(三足烏)가 소개되고 새 중에서 부모에게 먹이를 봉양을 하는 까마귀는 태양을 상징하는 불기운(火)을 가지고 있으며 문명을 펴는 의미로 부각시킨다. 또한 우리민족의 삼대경전(三大經典)인 천부경(81자), 삼일신고(366자), 참전계경(13,200자)과 제천의식을 하는 선녀(仙女)가 등장한다.

이어서 사대성인(四大聖人)의 출현과정으로서 석가모니불(약 3033년 전), 공자(약 2500여 년 전), 예수(약 2008여 년 전), 마호메트(약 1300여 년 전), 아브라함(부인: 사라와 하갈)의 자손들인 이삭과 이스마엘의 종통싸움으로 인류전쟁의 시작을 다룬다.

신인합일(神人合一)과정으로서 불교의 극락세계, 유교의 대동 세계, 기독교의 천국을 소개한다. 그리고 왜곡되고 편협한 종교관에서 빠져나와 종교화합을 이루도록 인류의 보편적 상생(相生) 세계를 펼쳐 나간다. 전 세계 인류가 하나로 통일되는 이상세계(理想世界)의 모델로 심청전을 소개한다. 맹인잔치에서 눈뜨는 심봉사와 심황후가 인당수(印堂水)에 뛰어들어 육안(肉眼), 심안(心眼), 영안(靈眼)이 열려 후천 도인들의 도통세계를 여는 장면을 연상시킨다.

용왕(龍王)과 바다는 후천시대인 음시대(陰時代)를 맞는 상징이며 비로소 원래 천자국(天子國)으로써 위상회복을 하여 우주적(宇宙的)인 사고로 열려가는 인류의 의식(意識)을 고취시키고 지구와 태양계, 은하계를 비롯한 전 우주의 카오스적 관계성을 알린다. 자연의 프랙털 현상 및 인간과 몸속의 세포의 관계를 소개하고 홀로그램기술로 영(靈)과 육(肉)의 관계를 설정한다.

200여개 나라의 등장배우들의 의상은 각 시대별로 문화상을 반영하고 프랙털 무늬의 칼라 옷을 입고 천지율려(天地律呂)로서 진정한 천지의 소리, 음악을 들으면서 신선(神仙)의 웅대한 장면으로 마무리 한다. 이러한 마고성의 문화콘텐츠가 성공한다면 우리 지구인들은 조물주가 만들어 준 지구별에서 싸움이 얼마나 무의미한가를 알게 될 것이다.

설립을 준비하고 있는 '마고문화재단'에서 기획하고 있는 마고문화콘텐츠 개요는 다음과 같다. 관심 있는 분들의 많은 참여를 기다린다. (대표전화 : 010-3067-5053)

우주의 어머니 마고(麻姑)

〈The Great Mother Mago Synopsis〉

* 주요 등장인물 : 마고, 궁희, 소희, 황궁, 청궁, 흑소, 백소, 유인, 환인왕, 환웅왕, 단군왕검, 아브라함, 석가모니, 공자, 예수, 마호메트, 심청황후

〈주요 장면〉

1. 천지창조와 마고등장과 궁희, 소희, 황궁, 청궁, 흑소, 백소 탄생과정
2. 지소의 포도 따먹는 과정과 신과 인간의 경계가 분리되는 장면
3. 四神人(황궁, 청궁, 흑소, 백소) 마고성으로부터 밖으로 나가는 장면
4. 천부삼인(天符三印) : 칼, 거울, 북(방울, 팔주령)
5. 12환국으로 분리되는 과정 (12번째 나라 슈메르국)
6. 환국시대7대(3301년), 배달국시대 18대(1565년), 단군시대47대(2096년)
7. 中國의 시조, 日本의 시조
8. 三大經典 : 天符經(81字), 三一神誥(366字), 참전계경 (13200字)
9. 아브라함(부인: 사라와 하갈의 아들)이삭과 이스마엘 종통싸움
10. 祭天의식 (한국, 중국, 일본) 팔선녀(八仙女) 등장
11. 석가모니(3033년전), 공자(2500년전), 예수(2008년), 마호메트(1300여년)시대
12. 神人合一과정 : 불교(극락세계), 유교(대동세계), 기독교(천국)
13. 이상세계모델 : 심청전 : 肉眼(육안),心眼(심안),영안(靈眼)의 도통세계 장면
    (1) 우주적(宇宙的) 의식(意識)향상 : 카오스철학과 프렉탈 사상의 의상
    (2) 3D 홀로그램과 카오스 기술 : 영(靈)과 육(肉)의 관계
    (3) 전 세계인의 천지율려(天地律呂)의 춤과 소리

브레이크뉴스(Break News) 칼럼 2012.1.16

68. "정신과학 육성법" 제정해 기(氣)산업 육성

천지인의 기(氣) 작용원리 규명과 미래 산업원동력으로 육성해야!

우주에는 5가지 힘(중력, 전자기력, 약력, 강력, 소용돌이력)이 존재하여 실재 활용되고 있지만, 현대 물리학에서는 물체가 어떻게 형상을 유지하는지 그 힘은 어디서 오는지 설명을 못하고 있다.

필자는 평소 기(氣)에너지에 대한 관심과 기의 정체를 밝혀보고자 많은 기 연구자들과 대화도 하고 수련을 받아 보기도 하면서 15대 국회의원시절 사람의 소프트웨어인 정신, 영혼, 마음, 기에 관련된 "정신과학육성법"을 제정하려다 과학과 미래를 예측 못한 동료의원들의 반대에 부딪혀 이 법을 통과 못 시킨 것이 지금도 가장 아쉽게 생각하고 있다.

인체에는 전자기기에서 전기처럼 누구에게나 기가 흐르고 있다. 다만 기가 잘 순환되지 못해 기가 약한 사람, 혈기왕성한 사람으로 구분할 따름이다. 이 기(氣)는 혈액이 몸 안에서 병원균과 싸우고 노폐물을 청소하고 세포를 복구할 수 있도록 영양분과 산소를 운반해주는 힘에 해당된다고 볼 수 있다. 대우주를 움직이는 기(氣)는 만물(萬物)의 근원이다.

〈성경〉구절에 "흙으로 사람을 짓고 생기를 코에 불어넣으니 사람이 생령이 되었다" 는 구절이 있다. 여기서 생기(生氣)란 생명의 기를 뜻하는 것으로 기는 생명체를 창조하는데 있어서도 필요한 근원이 되는 것이다. 자연의 요소요소에 기가 모이고 흩어지는 과정을 통해 생명체와 비 생명체는 생성되고 소멸된다.

그래서 불교 교리에 유정(有情)의 생명과 비정(非情)의 생명으로 구분하여 흙 등은 비정의 생명이고 동물, 인간 등은 유정의 생명으로 나누지만, 모든 유정과 비정의 생명에서 기를 완전히 제거하면 물질의 세계는 곧 소멸되고 만다. 다시 말해 기가 없이 물질로만 존재할 수 없다는 것이다.

우주는 하나의 기운으로 구성되어 있으며 원천에너지인 일기(一氣) 또는 영점장(零點場, zero point field)에서 만물이 생성되며 정보인 이(理), 에너지인 기(氣), 물질인 기(機)의 3요소로 나누어진다. 즉, 에너지 흐름이 기(氣)이며 흐름을 제어하는 것이 이(理)이고 에너지 밀집체가 기(機)이다.

만물은 에너지 관점에서 생물이건 무생물이건 살아있는 존재로서 우주 자체가 물질, 에너지, 정보의 3대 요소로 구성된 하나의 생명체이다. 마음(心)이 기(氣)와 결합하여 신(身)이라고 하는 체(體)를 만든다.

현대 과학은 원자들 간의 작용하는 힘들에 대해서는 잘 밝히고 있지만 물질의 형상이 유지 될 수 있도록 하는 작용력에 대해서는 많이 연구되어 있지 않다. 우리가 잘 알다시피 에너지 밀집체는 작은 밀집체 끼리 결합하여 좀 더 큰 밀집체로 구성을 한다.

예를 들어, 물질의 최소 단위인 쿼크가 첫 번째 에너지 밀집체라면 이에 흐르는 기(氣)에 의해 쿼크라는 기(機)가 만들어 지고 기(氣)가 계속 흘러 쿼크가 존재한다. 쿼크들의 결합에 의해 전자나 양성자가 생성되고 이어서 수소, 헬륨이 이루어지며, 이러한 과정이 계속 반복되면서 만물이 형성된다. 상위 차원으로 갈수록 크기가 커지고 파장이 길어진다.

필자는 우주의 기를 체험, 체득한 경험을 살려 기(氣)의 정체는 무엇이며 우리가 어떤 메커니즘으로 기를 느끼는가를 설명해보고자 한다. 기의 흐름은 맥동이나 회전운동 하는 형태 즉, 소용돌이치는 움직임 자체라고 보며 회전 방향에 따라 그 특성이 달라진다고 본다.

기(氣)는 단순한 에너지 개념과는 다르다. 에너지는 강약의 양적 개념만 있지만 기는 청탁(淸濁)이라는 질적 개념이 포함된 에너지이다. 질은 양과 달리 정보의 함량이 많다. 질적인 정보는 운동의 방향과 관계가 있다.

상하사방이 없는 우주공간에서 서로 구분이 되는 운동은 나선운동밖에 없으며, 나선운동은 원운동과 직선운동이 결합되어 진행방향이라는 기준이 있다. 오른나사방향과 왼나사방향운동을 하는 소용돌이장(Torsion Field)은 비틀림장 이라고도 하며 기의 작용을 설명하는데 유용하다.

소용돌이 장은 팽이가 약간 기운상태에서 회전축이 천천히 원을 그리면서 도는 것과 같은 각운동(角運動)으로서 스핀상태의 각운동 자체에서 발생하는 힘이다. 지구도 세차운동이라는 각운동을 하는데 23.5도 기울어져 자전하고 있으며 25,800년을 주기로 자전축이 한 바퀴 돈다고 한다.

우주에는 은하계나 태풍의 눈처럼 소용돌이 모양이 많이 있으며 기 에너지인 우주초원력도 나선모양을 하고 있다고 볼 수 있으며, 또한 나선 모양을 하고 있는 손금이나 머리의 가마 등으로 기가 들어온다고 볼 수 있다.

이 소용돌이장의 입체적 모양은 원추형 형태로서 이탈리아 수학자 레오나르도 피보나치(Leonard Fibonacci. 1170~1240)의 수열에 의한 황금비(golden ratio) '1.618'에 근접하고 있다. 몸에서 나가는 기는 시계방향으로 회전하면서 나가고 들어오는 기는 반 시계방향으로 회전하면서 들어온다고 볼 수 있다. 이 피보나치수열은 중학교 때 배운 간단한 수열이지만 꽃이나 잎의 배열에 숨어있어 마치 "자연은 신이 쓴 수학책이다"는 갈릴레오의 말이 실감날 정도이다.

사람, 지구, 하늘과 연결된 우주의 기 에너지는 현대과학으로 아직 명쾌하게 풀려지지 않는다. 앞으로 정부는 기(氣) 분야 연구자들에게 많은 지원을 해주어 미래 산업의 원동력으로 발전시켜야 하겠다.

브레이크뉴스(Break News) 칼럼 2012.1.17

69. "종이돈폐지-전자화폐" 부정부패 척결!

종이돈은 지옥을 만들어내고 전자화폐는 천국을 만들어 낼 것이다!

요사이 대다수 국민들의 분노를 사게 하는 사건들의 주역은 국가와 국민을 위해 일해야 할 거물 정치인과 기업인들이다. 경제선진국 구호가 무색할 정도로 부정부패가 만연되어 국가기강 해이가 그야말로 가관이다.

이러한 부정부패로 국제투명성기구에서 발표한 몇 년 전 우리나라 부패인식지수 순위는 세계 180개국 중 43위이다. 또한 우리나라 행복지수는 세계 178개국 중 102위로 우리는 불행하다고 생각한다.

서민의 삶은 팍팍한데 고위층의 부정부패 뉴스가 연일 터져 나오는데 국민들은 행복하겠는가? 한국은행에서 5만 원 권을 발행한 이후 부정부패는 더욱 더 만연되었다. 고액권을 발행하게 되면 고액현금거래로 탈세, 불법자금수수는 더욱 더 용이하기 때문이다.

2012년 1월 16일 한국은행에 따르면 물가가 오름에 따라 지난해 훼손된 4억 8500만장의 돈을 폐기하고 재발행하는 데 든 비용이 1018억 5000만 원 정도 들었다고 한다. 지난해 지폐 한 장당 제조원가는 210원으로 전년도의 170원에 비해 23.5% 올랐으며, 동전 한 개당 제조원가도 110원으로 전년의 100원에 비해 10% 올랐다고 한다.

동전은 비철금속 값이 크게 올라 발행비용이 커졌고, 지폐의 경우 위폐 방지 장치가 많아 상대적으로 비싼 5만 원권이 1억1000장 넘게 발행되면서 제조단가가 크게 높아졌다고 한다.

이명박 대통령은 부패지수를 낮추어 투명국가를 반드시 만들어야 한다. 서민이 못살고 서민에게 기회가 주어지지 않는 것은 바로 투명하지 않기 때문이다. 불투명성은 강자에게 편리하고 특권층에게 유리하다. 투명국가를 가로막는 부정부패의 원흉은 무엇인가? 검은 돈, 현금거래이다.

그러면 원인을 제거하기위해서는 "종이돈"을 없애 버리고 전자화폐를 사용하면 가능하지 않겠는가? 종이돈 없이 생활할 수 있겠는가? 교통편은 교통카드를 사용하고 물건을 구입할 땐 체크카드와 신용카드를 사용하면 가능하다. 교통 카드와 같은 선불카드와 은행카드와 같은 후불카드로 모든 결재를 할 수 있도록 전자화폐제도를 전국적으로 도입하면 모든 것은 해결가능하다.

현재 국내 전자지불 및 IC카드 산업은 획기적인 발전을 하여 전자주민증, 전자여권 등을 포함시킬 수 있는 기술이 준비되어 있으며, 이동통신을 이용한 무선 결제 서비스도 준비되어 있다고 본다.

머지않아 다양한 수단을 기반으로 언제 어디서나 자유롭게 결제할 수 있는 유비쿼터스지불 시대를 앞두고 있다. 법적인 뒷받침을 하기위해 "전자금융거래법"(2006.4.28 법률 제7929호, 시행일 2007.1.1)도 이미 제정되어 시행되고 있다.

전자화폐는 IC가 들어 있는 플라스틱 카드(IC칩형)로서 미리 일정액의 돈을 저장해 놓은 뒤 물건을 살 때마다 돈을 꺼내 쓰는 선불(先拂)방식이다. 반면 신용카드는 은행카드나 백화점카드처럼 후불(後拂)로 일종의 외상거래를 하는 셈이다.

전자화폐는 보다 편리하게 돈을 쓰는 방법으로 지폐나 동전을 가지고 다니는 불편을 없애기 위한 것이며, 특히 인터넷 보급이 확대되면서 전자화폐의 필요성이 더욱 커졌다. 현재 여러 회사에서 많은 종류의 전자화폐를 발행하고 있어 중복투자 방지와 호환성을 갖도록 국가에서 표준화를 서둘러야 한다. 한국은행에서는 신권발행을 중지하고 주도적으로 전자화폐정책을 펼쳐야 하겠다.

전자화폐의 사용방법은 네트워크형과 IC칩형이 있다. 네트워크형 전자화폐는 발행 회사와 제휴를 한 은행이나 PC방 및 편의점 등에서 살 수 있으며 비밀번호가 필요하다. IC칩형 전자화폐도 은행이나 카드사에서 구입할 수 있지만 비밀번호가 필요 없다.

대신 IC칩형은 전자화폐 칩을 읽어내는 단말기가 있는 곳에서만 쓸 수 있으며 돈이 떨어질 때 충전하는 것도 단말기에서 해야 한다. 최근엔 IC칩을 휴대전화에 넣기도 하여 휴대전화의 무선 통신망을 이용하므로 단말기가 없어도 전자화폐를 쓸 수 있다.

부패인식지수에서 부패 없는 나라 1위인 핀란드, 아이슬란드, 뉴질랜드, 스위스 사람들은 “현금을 내밀면 이상하게 생각할 정도"로 대부분의 상거래를 신용카드로 한다.

전자화폐를 사용하게 되면 모든 거래가 온라인상에서 이루어지므로 탈세가 어렵고 지하자금이 나오게 되어 경제가 활성화 될 것이다. 또한 우리나라가 최초로 시행한다면 개발된 시스템을 다른 나라에 수출할 수 있으며 세계 화폐가 전자화폐로 통일 될 것이다.

종이돈은 어디를 가도 지옥을 만들어내고 전자화폐는 어디를 가든 천국을 만들어 낼 것이다. 지혜 있는 자는 모든 것을 천국으로 변형시키는 비밀을 알고 우둔한자는 모든 것을 아름답게 만드는 비밀을 모를 뿐이다. 우리 모두 차기대통령을 지혜가 충만한 좋은 대통령으로 세워 좋은 나라를 세워보자.

이명박 대통령은 우선 “전자화폐추진위원회”를 만들어 퇴임 전에 종이돈을 없애고 전자화폐를 사용하여 재발행 비용을 어려운 학생 장학금으로 사용하는 것이 좋으리라 본다. 그리고 전 세계에서 가장 투명한 국가, 부정이 없는 나라를 만들어 부패한 사람들의 벌래먹은 영혼을 치유해 주기 바란다.

브레이크뉴스(Break News) 칼럼 2012.1.21

70. 이명박 대통령, 남북정상회담 추진 정국돌파!

남북 상생의 단계적인 분권형집정제 통일을 추진하길 바란다.

새해 들어 이명박 대통령의 심기를 건드린 말들이 부쩍 많아지고 있다. 특히 한나라당을 탈당하라는 건의는 너무 심하지 않은가? 이명박 대통령만큼은 다른 대통령과는 달리 탈당하지 않고 임기를 마칠 줄 알았는데.... 2000년 6월 15일 김대중 대통령에 이어 2007년 10월 2일 노무현대통령과 김정일 국방위원장 간의 남북한정상의 만남은 평화통일로 성큼 다가서는 아주 중요한 회담이었다.

이제 이명박 대통령도 역사에 길이 남도록 남북정상회담을 공개적으로 추진하여 꼬인 정국을 돌파하는 것이 좋으리라 생각한다. 금강산 사건, 천안함사건, 연평도 사건은 모두 김정일과 관계되는 것이었으므로 새롭게 김정은과 제일 먼저 정상회담을 하는 것은 아주 의미가 있다고 본다.

남북정상회담은 한반도 평화가 세계평화라는 것을 인식시키고 세계인이 깜작 놀랄 만한 큰 회담 결과를 이루어 내어 역사에 길이 빛날 훌륭한 대통령으로 기억되길 국민과 함께 간절히 기원해 본다.

우리는 북한이 핵을 포기하고 상생의 통일을 할 수 있도록 북한이 요구하는 명분 즉, 체제안정과 경제발전이 무엇인가를 잘 알아야한다. 이 두 가지를 만족시킬 수 있는 방안은 베트남식 적화통일도 아니고 독일식 흡수통일이 아닌 우리 한민족식 천부(天符)사상을 기반으로 한 평화통일이다.

천부평화통일 방안은 2단계 통일방안으로서 휴전선을 그대로 유지하면서 외교와 국방만을 통일하는 분권형집정제 통일 즉, 1국가, 2체제, 3행정부 연합국가 체제이다. 국가 체제는 현 남북한 체제를 그대로 인정하고 휴전선을 그대로 유지하자는 것이다.

1국가의 대표는 아버지 역할인 영수회의(남북대표)가 외교, 국방, 통일을 담당하며 의사결정은 화백회의체제로 한다. 또한 3행정부는 남한(공주)과 북한(평양) 제주에 별도로 세 개의 행정부를 두고 어머니 역할로서 각각 수상이 행정을 담당하며 국가의 예산과 행정은 두개의 법률체제로 한다.

또한 국회는 상하 양원제를 채택하고 남북한의 중심인 판문점에 국회의사당과 화백궁(영수들의 집무실)을 새로 지어 새로운 정치도시를 건설한다. 영수 및 수상과 상. 하 국회의원선거는 남북한 분리 동시 선거를 실시한다. 휴전선을 그대로 두고 통일을 하므로 난민문제가 해결되고 경제협력을 하게 되므로 오히려 돈을 버는 통일이 된다.

한민족평화통일을 가능한 빨리 이룩하여 위대한 한민족국가(Grand Corea)를 건설하기 위해 천부평화통일 방식의 통일헌법을 2012년부터 논의하여 19대 국회의원 임기 4년 내에 제정하여 2017년에 통일 국가를 건국하면 된다.

이렇게 하면 북한에서 제조한 남한의 상품이 Made in Corea가 되어 하나의 국가 상품으로 인정되어 북한은 체제안정과 경제발전이 동시에 이룩되고, 남한도 통일국가로서 신용도가 올라가 많은 해외 자본이 유치될 것이며 국민 소득 3만 불 시대가 쉽게 열려 동북아 중심 국가가 될 것이다.

우리는 하늘의 뜻에 따라 이미 통일열차를 타고 있으며 순천자(順天子)는 흥하며 역천자(逆天子)는 망하게 됨을 분명히 알아야 한다. 차기 동계 올림픽을 남북이 공동 주최하고 단일팀으로 출전하게 된다면 스포츠 통일국가의 면모를 세계에 보일 것이다.

통일을 위해서는 북한의 요구를 받아들이는 것이 바람직하며 미리 선수를 5:5로 선발하여 열심히 연습한다면 금메달 권에도 들 수 있을 것이다. 당국자들은 소탐대실(小貪大失)하여 역사에 불명예를 남기지 않길 바란다.

그동안 남북 올림픽 협상 팀은 국민의 의견을 수렴하지 않은 채 북경 단일팀 출전을 위해 국호는 코리아, 단기는 한반도기, 단가는 아리랑으로 결정하였다. 한반도기가 올림픽 행사 내내 사용된다면 우리의 영토는 한반도로 고착될 염려가 있으며 아리랑이 국가(國歌)로서 불리게 되는 것도 재고 해 볼 필요가 있다.

따라서 남북한 국민과 해외 동포는 한마음으로 미래 통일국가로서 큰 비전과 꿈이 깃 들인 국호, 단일기, 단일가를 새로 제정하는데 동참하여야 하겠다. 또한 국회와 민간단체는 새로운 국가상징을 제정하기위해 특별위원회를 결성하여 신속히 일을 처리해 나가야 하겠다.

이명박. 김정은 정상회담에서 최우선적으로 결정할 사항은 앞으로 남북한 체제안정을 유지하면서 평화적인 통일을 이룩하기 위해 남북한 통일협의기구로서 남북 동수 『남북통일민관평의회』를 결성하는 것이다.

둘째, 『남북경제민관평의회』를 결성하여 남북한 경제를 살리는 일이다. 남한도 일본과 중국에 샌드위치 경제상태가 되어 이대로 간다면 5년 내에 철강, 자동차, 선박, 정보통신 분야 제품이 가격경쟁력을 잃어 수출길이 막히게 될 것이다. 이 문제를 타결해 나갈 수 있는 유일한 방안은 북한에서 생산하여 수출하는 길 밖에 없다.

셋째, 민간통제구역(CCZ) 일대를 세계평화지역으로 선포하여 동. 서간 도로, 철로 등 SOC 시설을 하여 한반도 속에 세계를 품을 수 있도록 세계평화공원을 만들어 그 단지 내에 미국의 자유여신상, 프랑스 에펠탑, 피라미드, 만리장성 일부를 건설하여 세계관광지로 개발하는데 남북이 공동으로 참여 할 것을 협의하길 바란다.

이명박 대통령은 남북정상회담을 공개적으로 추진하여 어려운 정국을 돌파하여 국민을 안심시키고 남북 상생의 단계적인 분권형집정제 통일을 추진하여 역사적으로 훌륭한 대통령으로서 길이 남길 바란다.

브레이크뉴스(Break News) 칼럼 2012.1.23

71. 마고 문화재단 설립해, 세계인의 영적성장

마고성 복원하여 무속인 지위향상, 세계 종교화합에 앞장

어느 겨레나 나의 겨레가 언제, 어디에서 비롯되었으며, 어떻게 뭉쳐서 어디로 옮겨 살았는지 알고 싶은 것은 당연한 일로서 우리 한민족의 역사와 문화 및 얼의 뿌리를 찾는 일이 시급하게 요청되고 있다.

신라시대 박제상(朴堤上)선생이 쓴 『부도지(符都誌)』는 우리 민족의 가장 오래된 사서(史書)로서 세계에서 유일하다. 천지창조의 주인공은 율려(律呂)이고 율려가 몇 번 부활하여 별들이 나타났으며 인류의 어머니인 마고(麻姑)를 잉태했다고 전해진다.

마고는 마고성에서 홀로 선천(先天)을 남자로 하고 후천(後天)을 여자로 하여 배우자 없이 궁희(穹姬)와 소희(巢姬)를 낳고, 궁희와 소희도 역시 선천과 후천의 정을 받아 네 천인(天人)과 네 천녀(天女)를 낳았다고 한다.

우리 민족의 역사는 파미르 고원 마고성에서부터 출발하여 궁희, 소희, 황궁, 청궁, 흑소, 백소, 유인, 한인, 한웅, 단군에 이르는 동안 천산, 적석산, 태백산과 청구를 거쳐 만주로 들어왔다고 전해진다. 부도지는 한국 고대 문화와 철학 및 사상의 원형을 담고 있을 뿐만 아니라 문화의 전파 경로를 보여주는 파격적인 내용이다.

마고성(麻姑城) 사람들은 품성(稟性)이 순정(純情)하여 능히 조화(造化)를 익히 알고 지유(地乳)만을 마시므로 혈기(血氣)가 맑았으나 백소(白巢)의 자손인 지소(支巢)가 여러 사람과 함께 지유를 마시러 유천(乳泉)에 갔었는데 사람들이 많아 양보하다가 배가 고파 쓰러져 독력(毒力)이 있는 포도, 즉, 오미(五味)를 따 먹게 되었다.

이로 인해 다른 생명체를 강제로 먹게 된 사람들은 모두 이(齒)가 생겼으며 태정(胎精)이 불순하여 짐승처럼 생긴 사람을 낳고 침(唾)은 뱀의 독(毒)과 같이 되어 버렸다. 결국, 사람들의 피는 탁(濁)해지고 심기(心氣)가 혹독해져서 마침내 천성(天性)을 잃게 되었다.

양보(讓步)의 미덕으로 오미의 화를 입게 된 그들은 결국 마고성에서 살 수가 없어 권속(眷屬)을 이끌고 성을 나가 살아야만 했다. 이때 모든 사람 가운데 어른인 황궁은 마고 앞에 사죄하며 복본(復本)을 서약하고 천부(天符)의 신표(信標)인 칼, 거울, 북을 나누어 주며 분거(分居)를 명하였다.

천부삼인(天符三印)으로 상징된 칼은 욕망에서 비롯된 관념(觀念)을 끊고, 거울은 자신을 관조(觀照)하고 성찰(省察)하며, 북은 공명하여 널리 울려 퍼지는 사랑의 소리(響象在下)로 천성을 되찾아 마고성으로 복본(復本)하자는 것이었다.

미혹(迷惑)과 어리석음을 스스로 깨닫고 마고성으로 되돌아가기를 맹세한 해혹복본(解惑復本)의 서약은 아직도 우리에게 유효하다. 오늘날처럼 타락한 지구인들에게 천성(天性)을 회복하여 자재율(自在律)과 천품(天稟)을 스스로 완성해야 할 때가 바로 지금이다. 지상의 낙원(樂園)인 마고성으로 되돌아가고자하는 것이 복본사상이다.

이를 위해 마고(麻姑)문화재단(http://cafe.daum.net/mago21)을 설립하여 세계인의 영적성장을 도와주기 위해 마고성을 복원하고 무속인의 지위를 향상시켜 세계종교화합에 앞장서도록 하고자 한다. 우아일체가 된 무속인 들이 타 종교의 성직자와 교류하면서 마고역사와 문화를 이해시켜 전쟁, 기아, 공해 퇴치에 앞장서야 하겠다.

앞으로 마고문화재단에서 추진하고자 하는 사업은 다음과 같다.

1) 마고성(麻姑城)시대로부터 단군시대까지의 시대를 배경으로 우리 인류의 시원인 마고의 역사와 문화를 연구하여 평화적인 남북통일의 사상으로 통일을 이룩하고 우리민족의 자긍심을 고취하고자 한다.
2) 중국의 동북공정과 일본의 독도영유권 주장에 대한 문화적 대처방안으로서

마고 문화를 부각시켜 아시아 평화와 세계평화 정착에 기여하고자 한다.

3) 기존의 마고 관련 자료를 기반으로 국내외 역사탐방을 하면서 다큐멘터리 제작, 마고소설, 애니메이션, 만화, 게임, 드라마, 영화, 오페라, 뮤지컬 등 마고문화콘텐츠를 전 세계로 알리고자 한다.
4) 마고성을 복원하여 전 세계 토템을 모아 소개하고 마고대학, 오컬트 및 해혹복본 수련장을 건설하고 마고 학술 세미나를 하고자 한다.
5) 우주의 생성원리인 카오스(Chaos)이론과 프랙털(Fractal)도형을 연구하여 의상의 패턴디자인을 연구하고 마고 캐릭터, 태양새(삼족오)와 천부경 도형, 마고, 궁희, 소희 브로마이드를 제작을 한다.
6) 우주의 약 65%를 차지하고 있는 암흑의 에너지와 30%의 암흑물질에 대해 연구하여 육체의 건강과 정신 및 영적 치유를 위해 "천부마고신종"을 설립하고 "세계종교유엔"을 창설하고자 한다.

브레이크뉴스(Break News) 칼럼 2012.1.26

72. 한국 최초 <오컬트 장편소설> 'The Great Mother MAGO'

인간구원과 해혹복본을 실현할 수 있는 세계적인 문화콘텐츠로 기대!

필자는 본지에 세 차례 즉, "차기 대통령은 麻姑 신선사상을 공부해야!(2012.1.6), 마고 신화를 K-Pop 세계적 문화콘텐츠로!(2012.1.12), 마고 문화재단 설립해, 세계인의 영직싱장(2012.1.23)"이란 주제로 마고관련 글을 씼다. 대한민국 최초의 〈오컬트 장편소설〉 'The Great Mother MAGO(마고)'가 노중평과 정호선 공저로 곧 출간된다. 소설가 노중평(노석태) 작가는 1985년 한국문인협회 월간문학지 단편소설 '정선아리랑' 당선, 강북문화원 조선시대 삼성제례를 복원하여 시행하였으며, 수상내역은 2005 서울 강북구민 문화예술부문 대상, 1998 제14호 서울특별시장표창, 1990 제3회 전쟁문학상, 1984 대통령표창, 1978 옥조근정훈장, 1975 근정포장 등 수상을 했다.

작품의 개요를 소개하면 다음과 같다. 이 소설의 화자인 나는 오컬트를 통하여 마고대신麻姑大神과 만나게 되면서, 단군왕검시대에 사법집행관이었던 환부鰥夫로 임명받는다. 환부의 직을 수행하는 도중에 마고대신이 갖고 있는 인류에 대한 고민을 알게 된다. 마고대신은 인류의 조상이다. 마고성에서 문명인류와 공생하다가 뜻밖에 '오미五味의 반란'에 직면하게 된다. '오미의 반란'은 인간을 극도로 패악하게 만든다. 마고대신은 마고성 밖으로 인류를 추방하고 폐쇄한다. 일정한 세월이 흐른 후에, 예수·마호메트·석가·공자·노자 등의 성인을 보내어 남자를 교화하고 구원하려다가 사악한 인간들의 농간으로 실패한다.

나는 법집행관으로서, 인류에게 별 볼일이 없게 된 성인들과 마고대신과의 유대를 만들어 간다. 세상에 알려지지 않은 '마고대신의 비의(秘義)'가 실현되어, 여자들이 구원받는 세상을 만들고자 하는 것이다. 그래야 여자들이 마고성으로 돌아갈 수 있기 때문이다. '마고대신의 비의'는 경서(經書)나 역사에 기록되지 않은 비전(秘傳)으로, 이 비전은, "〈단군신화〉에 나오는 웅녀가 딸 둘을 낳는데, 딸 하나는 극동에서 래이족萊夷族의 조상이 되고, 다른 딸 하나는 유다족 12지파에 들지 않는 레위족(셈족)의 조상이 되어, 레위족의 후손 아브라함의 자손에서 예수가 태어나 남자들을 구원하려다가 실패하고, 극동의 래이족(萊夷族)(단족(檀族))에게서 흠결 없는 여자들인 바리데기와 심청이 태어나, 여자들을 구원하여 마고성으로 인도한다."는 내용으로 되어 있다. 그러나 언제 여자들에게 복본復本이 실현될지 아는 사람이 없다.

이 소설은 우리 상고시대 신화와 역사를 기록한 〈부도지(符都誌)〉의 내용 중에서 마고대신과 관련이 있는 내용의 일부를 제재로 하여 쓴 본격적인 오컬트 소설이다. 오컬트라는 영적인 터미널을 통과하여 영의 세계로 접근하고자 하는 것은 인류가 꿈꾸어 온 오랜 숙원이었다. 이 숙원의 밑바닥에는 인류가 멸망할 것이라는 2012년의 불안이 깔려 있다. 이 소설은 125,00년 전인 마고시대에 시작하여 내가 사는 현대에 이르기까지 시공을 초월하여 이야기된다. 이들 초고현대超古現代의 이야기가 우리의 현실과 아직 우리의 역사에 나타나지 않은 미래로도 연결된다.

본 소설이 어느 한 시대의 짧은 이야기들을 그 시대를 살다 간 인물을 중심으로 장구한 세월에 걸쳐 연결시켜 기술하다 보니, 오컬트류의 판타지가 시도 때도 없이 이어진다. 오컬트가 과거의 오컬트를 현실의 오컬트로 연결해 간다. 이렇게 이 소설의 전개는 오컬트에서 오컬트로 넘어간다. 그래서 비현실적이기도 하고 황당무계하기도 하다. 다만 판타지 소설과 다른 점은 판타지가 공중에 떠있는 이야기인 데 반해 오컬트가 현실에 깊이 뿌리 밖고 있는 이야기라는 것이다.

그러나 오컬트의 껍질을 벗겨보면, 그것이 우리의 현실을 오컬트를 빌어서 이야기하고 있다는 점에서, 진술 방식이 다른 현실 이야기임을 시인하지 않을 수 없게 된다. 이 소설에서는 인류의 최고신이요 최고조상이라는 이중적인 의미를 가진 마고대신이 '신적(神的)인 섭리(攝理)'로 등장하여 이야기를 이끌어 간다. 그가 섭리로 등장하는 이유는 그가 후손들에게 신적인 존재로 각인되어 있기 때문이다.

그러나 인간으로서 존재의 이중성을 가지고 있기 때문에, 인간이라면 누구나 가지고 있는 인간조건을 극복하지 못하는 모순을 내포하고 있다. 그래서 신의 세계에 있지 못하고 자주 인간세계에 하강하여 환부인 나를 매개로 하여, 인간구원(人

間救援)과 해혹복본(解惑復本)이라는 근원적인 문제의 해결자(解決者)로 인간세계에 관여한다.

그는 〈부도지〉에서 이야기되는 환부를 끄집어내어 화자로 등장시켜, 마고미션을 부여하여, 마고대신의 비의에 속하는 신화와 역사와 종교와 철학과 사상과 천문의 미스터리를 풀어가도록 지휘하고 감독한다. 마고대신은 환부에게 마고대신의 비의를 기록한 〈환부일지(鰥夫日誌)〉를 주어 환부직 수행을 돕는다. 〈환부일지〉를 통하여 화자인 나와 역사적, 신화적, 전설적 사건들의 연결고리를 찾는 것이 나에게는 관심사가 된다.

이 소설의 초반에는 마고대신이 누구이며 어떠한 존재냐 하는 존재성을 해명하는 기록으로 채워져 있다. 화자인 나는 〈부도지〉에 기록된 마고의 존재성이라는 불가사의한 신학적, 철학적, 천문학적 의문을 풀어 나간다. 이 소설은 세계의 모든 종교가 마고의 유시인 천부삼인(天符三印)에서 시작된다고 주장한다. 본 소설에서는 천문학적인 관점에서 본 천부삼인은 〈부도지〉에 기록된 칠보옥으로 해·달·북두칠성을 새긴 옥돌이다.

천부삼인에 대하여 관점에 따라서 이론적인 반론이 있을 수 있다. 그러나 마고를 대표하는 마고교, 즉 본 소설에서 미래의 대안종교로 제시되는 선仙이 다른 여타의 종교보다 무려 1만 년 전에 세상에 출현하였다가, 인간의 사악한 농간으로 사라진 종교라는 점에서, 역사성과 신화성과 종교성을 확보하고 있다는 원초성으로 인하여 반론의 여지가 없게 된다. 인류에게 가장 근원적이고 원초적인 종교가 선이기 때문이다.

〈부도지〉에 따르면, 인간은 벡소족白巢族에서 일으킨 '오미의 반란'을 마고에게 용서받지 못하고 마고성에서 추방당한다. 그 후로 인류는 타락하게 되고, 그래서 마고성에 복귀하기 위하여 구원이 필요하게 된다. 〈부도지〉는 인간구원을 해혹복본이라는 말로 표현하였다. 본 작품에서는 기성종교에서 논의되어 온 실패한 남성영혼구원론(男性靈魂救援論)에서 탈피하여 여성영혼구원론(女性靈魂救援論)으로 시점을 달리하여 이야기를 확장하였다.

남성영혼구원이 이미 2,000년 전에 마고대신이 보낸 예수가 십자가에 못 박혀 사망함으로서 실패하였다고 보았기 때문이다. 필자의 개인적인 생각이지만, 기독교의 〈이단론〉과 〈원리주의〉는 기독교가 인간영혼구원에 실패한 종교임을 입증하는 한 예로 본다.

불교 또한 기독교처럼 실패한 종교라는 것이 필자의 생각이다. 난마처럼 얽혀있는 불교의 이론들은 불교가 인간의 마음을 바로잡아 주지 못하고 공리공론에 빠진 증거로 볼 수 있다. 불교는 이미 원효스님이 불교이론을 정리한 〈대승기신론소(大乘起信論疏)〉을 발표함으로써 불교의 공리공론성을 입증하는 계기가 되었다고 생각한다.

유교도 인간의 정신을 바로잡으려 하였지만 이 역시 실패한 종교임이 성리학국가인 조선이 멸망함으로서 입증되었다고 볼 수 있다. 아이러니하게도 공자가 출현하여 유교를 펼친 중국에서도 공산당의 등장으로 유교는 여지없이 실패하였다. 노자는 불교와 유교에서 허황된 공리공론성을 꿰뚫어 보고 무無의 도道를 실천하려 하였다. 그러나 도교라고 공리공론이 없는 것은 아니다. 도교의 방대한 경전들이 불교를 비난할 처지가 되지 못한다는 것을 알 수 있다.

우리나라는 오랜 세월을 선을 숭상해 왔다. 이 선의 맥을 이어 온 사람들이 지금은 그 존재조차 사라진 마고선파와 동방선파였다. 이들은 생존을 위하여 각 시대마다 다른 종교를 받아들였다. 그래서 우리나라가 불교, 유교, 도교, 기독교를 속수무책으로 받아들여 종교의 중병을 앓게 되었다.

지금 한국의 일각에서는 국가철학으로 〈천부경〉을 제시하고, 국가사상으로 〈홍익인간주의〉를 주장한다. 〈홍익인간주의〉는 천부삼인 삼신사상을 기초로 한 선사상仙思想의 결실, 즉 마고사상의 결실로 볼 수 있다. 일찍이 고원 최치원 선생은 그가 쓴 〈난낭비서문〉에서 "유불도가 선에서 나왔으나 다시 선으로 통일될 것"을 예언하였다. 지금이 그러한 논의를 시작해야 할 때라고 마고주의자들은 보고 있다.

본 소설은 인류의 어머니인 마고대신이 성인들을 지구로 보내 그가 추방한 인간을 교화하여 구원시키려 하였다고 이야기한다. 예수를 보내서 영을 교화시키려 하였고, 석가를 보내어 마음을 교화시키려 하였고, 공자를 보내어 정신을 교화시키려 하였고, 단군왕검을 보내어 혼을 교화시키려 하였다고 말하는 것이다. 그러나 이들 성인들은 모두 패악한 인간을 교화하는 데에 실패하였다. 그래서 이제는 종교와 사상의 무용론이 대세로 가는 시대가 되었다.

현생 종교가 무용하다면 내생을 위하여 대안종교가 필요하다고 볼 수밖에 없게 된다. 그렇다면 무엇을 대안으로 내놓아야 할 것인가? 이 소설에서는 비록 단 한 권의 소설이긴 하지만 감히 마고교인 선 이외에 대안은 없다고 오컬트인 영적 터미널을 왕래하면서 단언하고 있다. 마고라야 인간구원과 해혹복본을 실현할 수 있다고 보는 것이다.

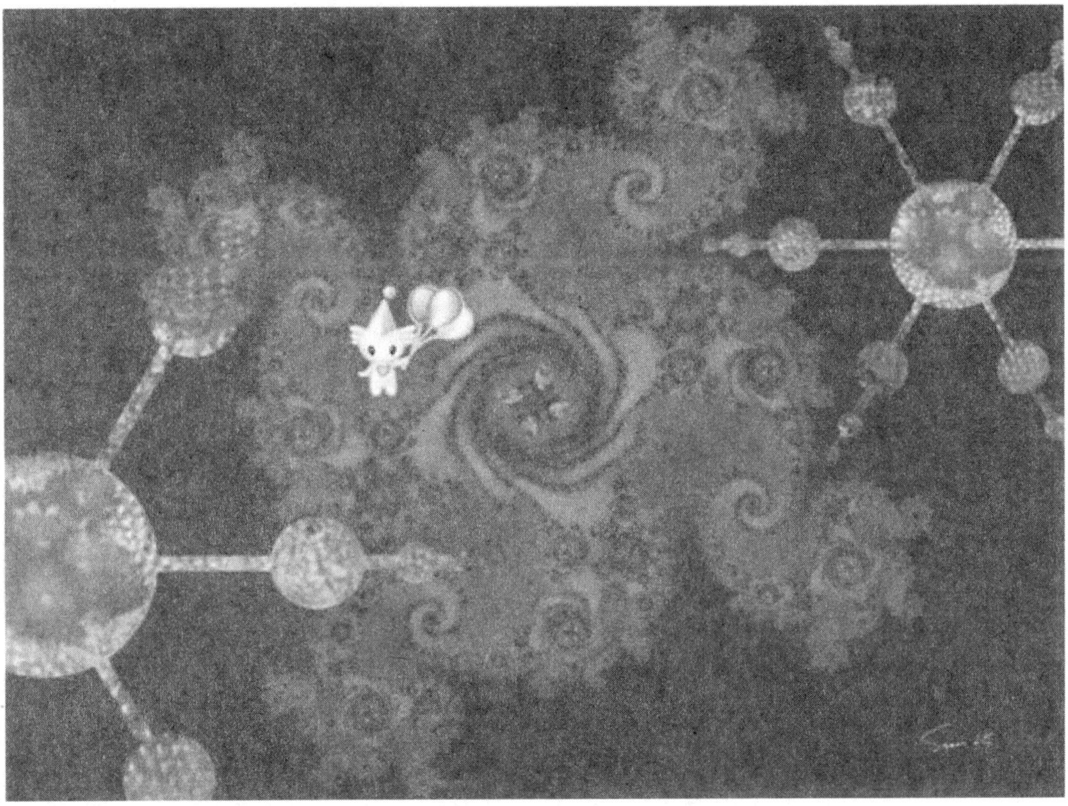

브레이크뉴스(Break News) 칼럼 2012.1.29

73. 'SNS 혁명국회',사이버 국회로 정치 개혁!

국민에 의한, 국민을 위한, 국민의 법을 만들자!

필자는 15대 국회의원(1996~2000)시절 전문성을 발휘하여 김대중 정부의 많은 IT정책을 입안하였으며, (사)한반도정보화추진본부를 설립하여 빌게이츠, 엘빈토플러, 손정의 등을 국내에 초청하면서 왕성한 활동을 하였다. 그 결과 우리나라의 정보화 수준은 급성장 하여 세계 속의 정보강국으로 자리매김한 것은 주지의 사실이다.

그때 정치신인으로서 기성 정치인들의 패거리정치의 패권정치를 보면서 구태의연한 낡은 정치의 틀을 고쳐보겠다고 2년(1998~2000)동안 대한민국사이버국회를 준비하여 2000년 8월 25일 국회헌정기념관에서 각계 전문가 200여명의 사이버국회의원으로 사이버국회를 세계 최초로 개원하였다. 저비용 고효율의 정치발전을 이룩하여 국민들의 기대에 부응하고 사이버정치 종주국이라는 새로운 역사를 창조하기 위해서 처음 시도했다.

인터넷 혁명이 문명의 일대 전환기를 열어 가면서 정치제도에서도 새로운 가능성을 보여 주었다. 현재 시행되고 있는 민주주의가 대의제(代議制)라면 인터넷상에서 구현되는 새로운 형식의 지성 민주주의(知性民主主義)는 과거 도시국가에서나 가능했던 직접민주주의, 참여민주주의, 양방향민주주의로의 새로운 정치제도의 틀이다.

사이버 국회는 아날로그에서 디지털시대로 변하는 대 변혁의 시기에 새로운 정치시스템으로서 현실정치와 더불어 사이버정치가 상호 보완적인 역할을 하면서 국민의 뜻을 반영하여 선진정치를 하자는 것이다. 사이버국회는 정당이 없으므로 여야가 없고, 지역 색갈이 없고 성차별이 없는 국회이다. 현실의 국회가 아버지의 역할을 한다면 사이버국회는 어머니의 역할을 하게 되며, 딱딱한 국회가 아닌 부드러운 국회, 아날로그국회가 아닌 디지털국회로서 현실국회와 상생의 정치를 하고자 한 것이다.

인터넷을 통해 각계각층의 민의를 수렴하고 정책토론 과정을 거쳐 국민에 의한, 국민을 위한, 국민의 법을 만들어 실제 국회를 통해 개정 및 제정하도록 인터넷교육을 시켰다. 사이버 의정활동을 지원해 주기위해 노트북컴퓨터를 준비하고 홈페이지, 전자우편 주소를 개설하여 영상전화를 통해 의원 상호간의 의사소통을 원활하게 하도록 아주 획기적으로 추진했었다. 그러나 사이버국회의원들의 의욕은 앞섰지만 정보화 능력과 재정적인 면 등 여러 가지 여건상 많은 어려움이 뒤따랐다.

이제 SNS기술이 보편화 되어 금년 4월에 개원하게 될 제4대 사이버국회는 'SNS혁명국회'로서 동학혁명, 4.19혁명, 광주시민혁명의 정신을 이어받아 인터넷 강국으로서 정치 선진화를 꼭 이루어 내어 대한민국 사이버국회의 새로운 역사를 창조하고자 한다.

SNS혁명국회가 주로 하고자 하는 일은 첫째, 일자리창출과 양극화해소에 관한 정책을 개발하여 구민의 피부에 와 닿는 법을 만들고자 한다. 둘째, 사이버신문고를 설치하여 국회와 청와대에 청원을 한다. 셋째, 정치현안 및 각종 정책에 대한 여론 조사를 실시하여 좋은 정치인을 발굴 지원 한다. 넷째, 현실 국회의 각종 정보를 인터넷을 통해 국민에게 공지하고 잘못된 정책을 고쳐나간다.

SNS혁명국회 의원 신청 기간은 2012. 2.1~3.31로 하고 의원의 구분은 참의원과 민의원 양원제를 실시한다. 참의원은 원로와 전문인 중심으로 구성하고 민의원은 젊고 참신한 지역출신으로 구성한다.(참조: http://cafe.daum.net/sns2012)

앞으로 사이버국회가 올바른 정치문화를 선도함으로서, 여. 야간의 극한적 대립관계로 민생현안이 외면되지 않도록 여. 야를 떠나 초당적 입장에서 국민의 다양한 의견을 수렴하여 건전한 정치문화가 정착될 수 있게끔 앞장서도록 하고자 한다. 국민 여러분의 많은 참여를 부탁드린다.

브레이크뉴스(Break News) 칼럼 2012.1.31

74. 한반도통일, 통일비용 제로 EU연합식통일!

1국가 2체제 상생통일, 체제안정과 경제발전 두 마리 토끼 잡아야!

이명박 정부는 북한의 급변사태에 대비하기 위해 앞으로 10~15년 기간으로 50조원 규모의 통일세를 걷는 방안을 검토 중이라고 했다. 통일방안에 대한 합리적 청사진을 제시하지도 못하면서 국가부채 규모가 이미 400조원을 넘었으며 가계부채가 1000조원 정도나 되어 국민의 조세부담이 엄청남에도 불구하고, 감나무 밑에서 홍시 떨어지길 기다리는 식의 통일이 벼락처럼 닥칠 수 있으며 자고나면 통일이 저절로 되는 것처럼 주먹구구식으로 접근하고 있는 것이 큰 문제이다.

우선 우리나라 통일역사를 되돌아보면 첫 번째 통일은 신라시대 김춘추 대왕이 했으며 두 번째 통일주역은 고려를 창건한 왕건이다. 이 두 번에 걸친 통일은 많은 백성들을 주검으로 몰아넣은 피의 전쟁이었다, 따라서 이제 세 번째 이루어야 할 통일은 피를 흘리지 않으며 통일비용이 들지 않고 오히려 경제적으로 상호 이익이 되는 평화적인 방법으로 해야 한다.

우리 모두 함께 통일시나리오를 한번 생각해 보자. 통일방안은 크게 휴전선을 없애는 통일과 휴전선을 그대로 두고 하는 통일 둘로 나눌 수 있다. 독일과 베트남처럼 휴전선을 없애는 통일은 피를 흘리던지 천문학적인 돈이 필요해 남북한 모두에게 바람직하지 않다.

휴전선을 없애는 독일식 흡수통일을 하게 된다면 독일 알브레흐트 슈미트 HVB 그룹회장은 막대한 통일비용, 근로생산성의 감소, 단일화폐 도입, 임금폭등과 같은 4대 악재 때문에 경제 성장률은 하락세를 면치 못할 것이라고 했다. 그리고 미국의 랜드연구소도 독일식 흡수통일을 하면 통일비용은 최소 500억(약 50조) 달러에서 최대 6700억 달러에 이를 것이라고 했다.

만약 흡수통일 후 북한에서 300만 명 정도의 난민이 남쪽으로 내려온다고 가정하고 하루에 식대로 1만원을 지급한다면 하루에 300억 원, 1년이면 10조원의 돈이 들어가게 된다. 그들이 살 집과 일자리는 어떻게 마련하겠는가? 그리고 남한에서 살고 있는 1천만 실향민들이 북한으로 올라가서 옛날 자기 소유의 땅을 내놓으라고 한다면 어떻게 처리할 수가 있겠는가?

그리고 베트남처럼 남북전쟁이 일어난다면 북한의 재래식 포탄 수천발의 포격을 받아 서울과 경기도 일대 가정의 도시가스관이 폭파되어 순식간에 불바다가 될 것이다. 또한 삼성과 현대 반도체공장, LG전자공장, 현대자동차, 포항제철과 같은 산업시설과 원자력 발전소 등이 폭파되어 아비규환의 불바다가 될 것이다.

우리의 경제는 파탄 나고 공든 탑은 무너져 지옥이 되겠지만 4대 강대국은 미소를 띠게 될지도 모른다. 무기 팔아서 좋고 IT강국이 무너지게 되면 이웃나라 경쟁국은 얼마나 좋아하겠는가? 그리고 1905년 일본의 가쓰라수상과 미국 테프트장관의 밀약과 같은 휴전협상이 이루어진다면 북한은 중국의 네 번째 성(조선성)으로 편입되고 남한은 일본의 경제속국이 될 것이다.

그렇다면 휴전선을 존속시키면서 하는 상생의 통일을 생각해보자. 이 통일방법은 유럽연합방식으로서 1국가 2체제를 하자는 것이다. 이 통일방안의 핵심은 외교·국방문제만 통합하여 1국가를 이루고 여타 부처는 독자적인 예산체제를 유지하는 분권형집정제 연합방식 통일이다.

세계적인 투자은행 겸 증권회사인 골드만삭스(Goldman Sachs)는 한국이 유럽처럼 연합국가형태의 통일을 하게 된다면 북한의 자원과 노동력, 남한의 기술과 자본이 상생 결합하여 2025년에 한국의 1인당 GDP(Gross Domestic Product)는 3만 6813달러, 2050년에는 8만1462달러로 미국에 이어 세계 2위가 될 것이라고 예측했다.

지금까지 역대 정부에서 논의했던 통일 방안을 검토해보자, 남한의 통일방안은 민족공동체 통일로서 자유민주주의사상, 남북 동시선거, 1국가, 1체제, 1정부를 주장하고 있으며, 한편 북한은 고려연방제통일로서 북한의 김일성주체사상과 1국가,

2체제, 2정부 방안으로서 연석회의 정치협상을 통해 해결하자는 것이다. 이 두 가지 방안을 잘 조정하면 역사에 길이 남을 좋은 방안이 도출될 수 있다.

우선 제일 먼저 통일국가의 사상을 논의해보자. 남북 우리는 같은 민족이고 단군조선이므로 천지인 평화사상인 단군사상을 기반으로 하면 쉽게 합의가 될 것이다. 국가조직은 1국가, 2체제, 3행정부(서울, 평양, 제주)로 하며, 휴전선을 그대로 두고 유지하면서 남북한 분리 동시 선거를 한다. 1국가의 공동대표인 남북한 영수 2명과 2체제를 유지하기 위한 남북한 수상을 각각 선출한다.

두 명의 영수는 아버지 역할로서 국방과 외교문제를 담당하고 세 명의 수상은 남북이 따로따로 현재와 같이 국가예산을 별개로 편성하면서 내치를 담당하는 어머니와 같은 역할을 한다. 평화통일국가의 건국을 위한 평화통일헌법 제정과 국가상징인 국호(國號), 국기(國旗), 국가(國歌)는 전 세계 한민족에게 국민투표를 실시하여 정한다.

2012년 총선과 대선에서는 해외동포와 국민의 열렬한 통일여망에 따라 한나라당과 민주당을 포함 모든 정치권은 통일을 원하는 세력과 반대하는 세력으로 재편될 것이다. 차기 새로운 정부는 북한과 통일에 대한 합일을 이끌어 내어 통일헌법을 제정하고 2017년 총선과 대선을 치루고 2017년 10월 3일에 새로운 통일국가를 건국하여 2018년 동계올림픽에서 세계만방에 위대한 대고려연합국(The Grand Corea Union)을 선포해야 한다.

그래서 금년 선거가 중요하다. 금년 4월 총선과 12월 대선에서는 선거혁명이 일어 날 것이다. 동학혁명, 4.19혁명, 광주시민혁명의 정신을 이어받아 인터넷 강국으로서 ‘SNS혁명’이 일어날 것이다. 금년 4월에 개원될 제4대 대한민국사이버국회는 'SNS혁명국회 (http://cafe.daum.net/sns2012)' 로서 정치개혁에 앞장 설 것이다. 이제 국민은 각성하여 정치권을 탓하지 말고 우리 모두 100만 사이버국회의원 되어 철부지 정치인을 몰아내면 국가와 민족의 미래는 밝아 질 것이다.

브레이크뉴스(Break News) 칼럼 2012.2.1

75. 과학과 종교, 적인가 동지인가?

종교인은 창조론만을 과학자는 진화론만을 주장해서는 안 된다.

그 어떤 칼바람보다도 매섭고 차가웠던 경기불황 사태가 온 나라를 휘감았던 지난 1998년, 소위 IMF 실직자와 노숙자가 거리를 메웠었다. 너나 할 것 없이 다들 살기 어렵고 언제 시련이 닥칠지 모르는 불안감이 있었지만, 그런 중에도 온정의 손길이 우리 사회 곳곳에 미쳤던 걸 생각하면 지금도 마음이 따뜻해져 온다.

그런데 따뜻한 손길의 대부분은 종교계가 베푼 온정이었다. 서울역 앞에 간이 천막을 치고 점심식사를 제공하던 교회와 성당, 부모가 키울 수 없어 버린 아이들을 거두어 준 각 사찰, 경기침체로 봉사의 손길이 뚝 끊긴 시설에 도움을 주던 종교단체들이 없었다면 어땠을까.

살다보면 자신의 형편이 어려운데도 남을 돕고 사회를 위해 애쓰는 이들을 간혹 만나는데 대부분 종교인들이다. 불교든 천주교든 기독교든, 그 어떤 종교든 교리와 교파를 떠나 이렇듯 사랑과 봉사를 실천하는 종교는 모두 가치 있고 아름답다는 생각이 든다. 세상살이가 힘들고 각박할수록, 그래도 우리 인간 사회에 종교가 있다는 것이 얼마나 다행이고 고마운 일인지를 새삼 느끼게 되는 것이다. 그런 의미에서 종교란 우리 인간의 삶에 꼭 필요한 존재이다.

하지만 과학문명이 발달할수록 인간은 신의 존재를 잊기 쉽다. 옛날 농사를 짓고 살던 우리 조상들에게 가장 중요한 것은 '날씨'였다. 날씨에 따라 한해 농사의 성패가 달려 있었다. 비가 오지 않으면 하늘에 대고 기우제를 지내고, 홍수가 날 때는 날씨를 맑게 해달라는 기청제로 기원했다. 오직 하늘만 바라보고 있었던 것이다. 하지만 과학의 발달로 미리 날씨를 예상할 수 있는 기상관측이 가능해지면서 사람들은 '하늘의 뜻' 보다는 '과학의 편리성' 에 관심을 두기 시작한 것이다.

그렇지만 과학의 발달과 종교에 대한 관심이 완전하게 반비례하는 건 아니다. 21세기, 지금 세계의 첨단 과학은 어디까지 와 있는? '인간 게놈 프로젝트'로 미리 질병을 예측해 수명이 연장될 수 있다느니 '인간복제'를 허용해야 하느냐 마느냐의 논쟁이 시작되고 있는 시대다. 그야말로 과학의 발전이 극에 달해 인간의 힘으로 할 수 없는 일이 없는 듯이 보인다.

하지만 현실로 눈을 돌려보면, 인간 한계를 극복하지 못하는 일이 얼마나 많은가. 아직도 세계 곳곳에는 기아와 질병으로 죽어 가는 사람이 아주 많으며 전쟁의 공포는 늘 인간을 불안하게 하고 있다. 오히려 사회가 현대화될수록 사람들의 마음은 더 불안하고 '나는 무엇인가' 하는 정체성의 위기를 더 크게 느낀다. 그래서 아무리 과학이 발달하더라도 종교는 종교대로 그 영역이 줄어들지 않도 있다.

그렇다면 이러한 첨단과학의 발전과 정체성의 위기가 공존하는 21세기에, 과학과 종교의 의미는 무엇일까? 국어사전을 찾아보면 종교란 [신이나 절대자를 인정하여 일정한 양식 아래 그것을 믿고, 숭배하고, 받듦으로써 마음의 평안과 행복을 얻고자 하는 정신문화의 한 체계] 라고 나와 있다. '종교(宗敎)' 라는 한자에 담긴 의미는 "으뜸가는 가르침"이라는 뜻을 갖고 있다.

영어로는 종교를 'religion' 이라고 하는데 "다시 연결한다."는 뜻을 내포하고 있다. 즉, 종교란 불완전한 존재인 인간이 완전한 신의 진리에 도달하기 위한 과정인 것이다. 일상생활에서 사랑과 자비를 실천하고 평화로운 삶을 살 수 있도록 도와주며, 나아가서는 삶과 죽음, 고통과 질병과 같은 인생의 중요한 문제에 나름대로 해답을 제시해 줄 수 있어야 하는 것이 종교의 기능이라면 궁극적으로는 과학의 기능과 같은 것이다.

과학이란 무엇인가. 우주, 지구, 생명체 등 자연현상을 객관적으로 규명하는 학문인 것이다. 과학적으로 규명된 원리를 이용해서 인간의 삶을 보다 풍요롭고 편리하게 하는 게 과학기술이라면 결국 과학과 신앙은 일맥상통하는 면이 더 많다고 본다.

하지만 과학과 종교는 완전히 별개이거나 심지어는 적대적인 관계로 여기는 이들도 많다. 앞으로는 과학자와 종교인이 서로를 배척하면서 '자기만의 길' 만을 갈 것이 아니라 함께 손을 잡아야 한다. 결국 과학이란 신의 뜻으로 인간 세상에 내려주신 보물 상자의 열쇠를 하나씩 열어 가는 학문이기 때문이다.

어쩌면 하늘에 계신 신께서는 우리 인류가 이룩해 놓은 과학의 발전상을 보고 흐뭇한 미소를 짓고 계실지도 모른다. 점점 당신의 나라가 가까이 다가온다고 좋아하고 계실지 모른다는 거다. 무조건 첨단과학의 발전상을 두고 신에 대한 도전이라 하면서 무조건 흐르려는 물줄기를 거스르는 것보다는, 문제점이 있다면 하나하나 개선시켜 나가면서 지금의 과학발달을 막지 않는 것이 옳다고 생각한다.

우리 인류에 공헌하는 바가 훨씬 더 많은 과학의 발전이 종교를 부인하는 일로 받아들여서는 안 된다. 또한 신의 존재를 무시한 채, 오직 이 세상을 객관적이고 과학적인 논리와 주장으로만 일관해서도 안 될 일이다.

그러므로 종교인은 창조론만을, 과학자는 진화론만을 주장하는 것처럼, 종교와 과학이 상호 배타적인 관계에서 벗어나야 한다. 그래서 과학과 종교가 함께 상생의 길로 가야 한다. 그것이 우리 인류가 함께 풀어야 할 숙제인 것이다.

브레이크뉴스(Break News) 칼럼 2012.2.3

76. '새누리당', 새하늘 새땅에 새나라를 건설!

동방의 등불 국가, 위대한 대한민국(Grand Corea)을 건국해야!

한나라당이 14년 3개월 만에 '새로운 세상, 새로운 나라' 의미하는 '새누리당'으로 당명을 바꿨다는 소식이다. 일단 환영한다. 앞으로 어떤 정강정책으로 새로운 나라를 건설할 것인가가 중요한 관점이다.

필자는 "새하늘 새땅에 새나라를 건국하자."는 구호로 작년 2011년 4월 "새나라연대(가칭)를 창당하기위해 뜻을 같이하는 분들과 발기인대회를 거쳐 중앙선거관리위원회에 등록을 했었던 적이 있기에 앞으로 많은 관심을 갖고 지켜보면서 준비한 정책을 제안하고자 한다.

"새나라연대(가칭)창당준비위원회"에서는 국가와 민족을 위해 청렴하고 정직하면서 전문성을 갖춘 인재로서 국민위에 군림하지 않고 다만 헌신할 수 있는 좋은 정치인들을 규합하려 했었다.

2012년은 19대 국회의원 선거(총선, 4. 11)와 18대 대통령선거(대선,12.19)를 20년마다 같은 해에 치르게 되어 정치발전 및 남북평화통일 측면에서 아주 중요한 대 변혁의 해이기 때문이다. 경제적으로는 어렵지만 좋은 정치를 하고자 하는 혁명적인 사상과 철학을 가진 인재들과 함께 창당에서부터 동방의 등불국가를 건국하고자 했었다.

현재 우리 정치지도자들은 무엇을 생각하고 있는가? 우리나라 배는 어디에서 어디로 가고 있는가? 우리민족의 현재와 미래에 대해 걱정하는 소리가 하늘을 찌르고 있다. 국민은 정말 살아갈 희망을 잃고 절망하면서 절규하고 있다. 동서갈등, 세대갈등, 남북갈등 서로 상처 내기위한 편 가름하는 정치로 인해 나라는 멍들어 가고 있다.

국민의 소리에 귀 기울이는 진정한 정치인은 과연 몇 명이나 될까? 4대 강대국의 전쟁터가 되어 버린 우리 강토는 또 다른 전쟁의 위기에 처해 있는데도 통일을 걱정하는 국회의원이 과연 있는가?

삼국통일의 역사를 되돌아 볼 때, 첫 번째 삼국통일은 신라 태종무열왕 김춘추(604~ 661)가 당나라 군사와 연합하여 통일을 이루었으며, 두 번째 통일은 고구려출신인 왕건(877~943)이 무력으로 후삼국을 통일하여 고려를 건국하였다. 이제 우리는 평화정신을 이어받아 전쟁을 하지 않고 평화적으로 세 번째 삼국통일을 이룩해서 동방의 등불국가를 건국해야할 막중한 사명을 누군가는 해야 하겠다.

골드만 삭스사는 만일 한반도가 유럽연합처럼 연합방식으로 통일하게 된다면 우리나라 1인당 GDP는 2025년에 3만 6,813달러, 2050년에는 8만1,462달러가 되어 부자나라가 될 수 있다고 했다.

또한 민통선(CCZ)지역을 개발하여 한국전 참전국을 상대로 투자 유치하여 UN 평화도시를 건설하면 영구히 평화가 보장될 수 있다. 또한 국방비를 줄일 수 있으며 모병제를 도입하게 되면 청년일자리가 창출된다.

우선 '새누리당'에 몇 가지 기본 정강정책을 제안하고자 한다. 아직도 과거 신라와 백제의 원한이 서린 영호남의 갈등을 치유하고 화합하기 위해 '분권형대통령제'를 도입하여 대통령은 아버지, 국무총리는 어머니역할을 하도록 해서 자식인 국민을 편안하게 돌보도록 해야 하겠다.

그리고 국정을 효율적으로 운영하기 위해 국제화시대에 대통령의 해외출장이 잦으므로 국무총리가 세종시로 내려가는 9개 부처를 전담하여 국정을 분담하도록 한다. 또한 지역과 성별의 차별을 없애기 위해 대통령(남성)은 동쪽, 국무총리(여성)는 서쪽으로 하든가, 또는 그 반대로 하여 동반후보를 추대하도록 한다.

시대는 올바른 지도자를 기다리고 있다. 아무쪼록 새누리당은 700만 해외 동포와 함께 지성과 지혜를 겸비하면서 영성지수(SQ)가 높은 국회의원 후보를 찾아 당선시키고 세종대왕과 같은 대통령(홍익대통령, 통일대통령, 과학대통령, 문화대통령, 영적대통령)을 선출하여 세계가 부러워하는 동방의 등불 국가, 위대한 대한민국 Grand Corea를 건국해서 새하늘 새땅에 새나라를 만들어 주길 바란다.

브레이크뉴스(Break News) 칼럼 2012.2.4

77. 장수하려면 천기(天氣)를 받을 줄 알아야!

천기(天氣)와 지기(地氣) 및 인기(人氣)가 통해야 건강해진다.

"할머니, 나 배 아파요." "아이고, 우리 손자 배 아프면 안되지. 이리 오너라. 할미 손은 약손이다. 약손" 어렸을 적, 배가 아프다고 하면 배를 쓸어주시고, 머리가 아프다면 이마를 짚어 주시던 할머니의 까칠한 손이 기억난다. 누구나 한번 쯤은 경험이 있겠지만, 한참을 그렇게 쓸어 주시고 나면, 정말로 아프던 배도 낫고 머리도 개운해졌던 것 같다.

그렇다면 정말로 할머니 손은 약손이던가, 우리들은 흔히 생각하기를 심리적인 안정감 때문에 아프지 않은 것처럼 느끼는 것뿐이라고 알고 있다. 하지만 최근 학계에서 발표된 바에 따르면, 마사지를 통해 통증을 감소시켜 주는 '기 물질' 이 나온다는 것이다. 그런 면에서 본다면, 눈에 잘 보이지는 않지만 실재하는 것들이 분명 있다는 얘기다. 기(氣) 또한 그러하다.

우리 일상생활에 '기(氣)' 는 깊숙이 들어와 있다. 우리가 무심코 내뱉는 말을 한 번 생각해 보자. 야단을 맞아 '기가 죽었다'느니, 능력을 인정받아 '기가 살았다'느니 하는 말도 그렇고, 어처구니없는 일 앞에서는 '기가 막히고' 더 심한 일 앞에서는 '기가 찰' 노릇이라고 한다.

식사를 걸러서' 기운이 없다' 운동을 하고 나니 '기운 난다' 여기까지만 살펴봐도 얼마나 많은 말들 중에 '기' 얘기를 하는지 알 수 있을 것이다. 그럼에도 불구하고 사람들은 과연 '기'가 무엇인지 알지도 못하고, 알려고 하지도 않는다. 그렇다면 '기' 란 무엇인가?

'기'는 그 동안 서양과학이 우리나라 학계의 주류를 이루면서 그 존재가 무시되어 왔으나 최근에 첨단 과학기술의 발전에 의해 그 실체와 작용기전이 밝혀지기 시작하면서 기존과학의 한계를 극복하고 새로운 과학기술로 개발될 수 있다는 가능성 때문에 그 중요성이 새롭게 인식되고 있다. '기' 의 학술적 정의는, 현대 과학적 의미에서 생명과 물질의 근본이 되는 정보를 담고 있는 에너지를 의미한다고 되어 있다.

'에너지'란 말은 많이 들어왔을 것이다. 초중고교를 다니면서 과학 시간에 배웠던 에너지의 종류만 해도 얼마나 많은가. 그런데 에너지는 과학이고, 기는 미신으로 여기는 이들이 많다. 기란 에너지의 또 다른 형태임에도 불구하고 말이다.

하지만 세계적인 흐름을 보더라도 물질중심의 세계관에서 물질과 마음이 조화와 균형을 이루는 세계관으로 서서히 바뀜에 따라 기에 대한 관심도 고조되고 있다. 사람의 육체는 하드웨어와 소프트웨어 및 기(氣)로 구성되어 있다.

좀 더 '기'를 일상생활에 접목시켜 쉽게 풀어보기로 하자. 기는 마음을 편안하고 즐겁게 해주며, 몸을 건강하게 만들어 주는 심신수련의 도구이며 에너지라고 할 수 있다. 수입이 많든 적든 간에 갖고 있는 재산을 잘 운용하고 관리하는 게 재테크이고, 누구에게나 똑같이 주어진 하루 24시간을 잘 활용하는 게 시테크라면, 우리 몸에 누구나 갖고 있는 기를 잘 관리해서 몸과 마음이 건강해지기 위해서는 무엇보다 기테크가 필요하다. 그런데 자신의 몸속에 그런 좋은 기가 있는지도 모르고 살아가는 것은 너무나 안타까운 일이다.

하지만, 1990년대 들어서면서 이렇게 생활 속에서 기수련을 하는 인구가 폭발적으로 늘어나 현재 300만 명이 넘어서고 있다. 달리기와 헬스와 수영을 통해 건강을 지키는 것처럼, '기'를 수련하는 이들은, 국선도와 단학수련, 명상법 등을 통해 건강을 관리하는 것이다. 또한 한국정신과학회에 따르면 황토방, 기메트, 자화수, 각종 바이오 제품 등 기와 관련된 제품시장이 무려 1조원에 달한다고 추정하고 있다.

필자가 제 15대(1996~2000) 국회의원으로 일하던 당시 기를 연구하는 사람들과 함께 '정신과학진흥육성법'을 제정하여 국회 과학기술정보통신상임위원회에 통과시키려고 했지만 반대에 부딪혀 통과시키지 못한 것이 가장 가슴 아픈 일이 되고 말았다.

바로 음지에 묻혀 있던 기 문화를 밝은 곳으로 끌어올리려는 노력은 수포로 돌아가고 말았다. 신비주의로 취급되던 '기'를 과학의 영역으로 옮겨오는 일이 쉽지는 않았으며, 기 연구에 매진하는 과학도들에게 미안 할 따름이다.

미래는 바야흐로 '기의 시대' '정신과학의 시대' 가 될 것이다. 좀처럼 기를 펴고 살 수 없는 시절이지만, 하지만 이럴 때일수록 몸과 마음이 두루 두루 편안해지도록 기를 잘 관리해야 할 것이다. 기가 죽고 사는 일은 오직 심기혈정(心氣血精)의 원리에 의해 자신의 마음가짐과 어떻게 기를 관리하느냐에 따르기 때문이다.

필자는 '정신과학진흥육성법'을 제정하기위해 많은 기공의 전문가를 만나 대화를 나누면서 기공 수련법을 배웠으며 국선도, 기천문, 단학수련을 했었다. 현재도 여의도에 있는 'Brain Meditation Center"를 다니면서 심신 수련을 하고 있다.

실재로 천기를 받으면서 피부가 좋아지고 건강해져 금년과 같은 매서운 추위에도 내복을 입고 다니지 않는다. 하루에도 한 두 번씩 하늘의 기가 자연히 들어와 기를 채워 주고 있다. 필자가 개발한 천기를 받을 수 있는 카오스 의상을 입고 다녀서 그런지는 모르겠다. 기를 통해 본 사람만이 기의 맛을 알 수 있다.

브레이크뉴스(Break News) 칼럼 2012.2.6

78. '안철수 재단', '노벨과학상 지원재단'으로!

〈제안〉우리나라 아인슈타인 두뇌있어도 아인슈타인은 못 나온 이유?

이명박 정부출범시절, 인수위에서 과학기술부와 정보통신부를 없애버릴 만큼 과학자를 천시하는 풍조가 만연하기 때문이다. 그 당시 전자공학을 전공한 박근혜의원은 한 줄의 반대 논평이라도 낸 적이 있는가? 여당은 하루빨리 과학기술부와 정보통신부를 부활시켜 우수한 한인 과학자를 모셔 나라를 살려야 한다. 안철수 원장은 '안철수 재단'을 정치적으로 계산하지 말고 순수하게 '노벨과학상지원재단 '과 같은 과학자를 위한 재단으로 출범시켜 젊은 과학도들에게 꿈을 심어 주어야 할 것이다.

필자는 지난 1997년, 동료 국회의원과 재계, 학계 인사들을 주축으로 사단법인 '노벨과학상수상지원본부'를 추진한바 있다. 국내외에서 활동하고 있는 과학기술 석학 중 노벨상 수상 가능성이 높은 후보를 선정해 경제적, 정책적, 외교적 지원을 하는 일이 지원본부의 주된 역할이었다. 우수한 영재를 발굴하고 장기적인 차원에서 연구에 몰두할 수 있도록 후원한다면 노벨 과학상 수상이 꿈이 아닌 현실로 다가오도록 하기 위해서였다.

우리나라 최대의 공과대학이라고 할 수 있는 포항공대 교정에 가면 비어 있는 흉상 좌대를 볼 수 있다. 바로 노벨상 좌대다. 언젠가 우리나라에서 노벨 과학상 수상자가 나오면 그의 흉상이 좌대에 오르게 될 것이다. 아직 주인을 찾지 못한 빈 좌대에는 "미래의 한국 과학자"라고 씌어 있고, 그 아래 괄호 안에는 물음표가 찍혀 있다. 누구의 이름이 표기될 지 그것은 아무도 모른다.

두뇌지능지수(IQ)가 세계에서 제일 높고 오바마 대통령도 언급할 만큼 세계적으로 이름을 떨치고 있는 높은 교육열과 두뇌강국임을 내세우면서도 아직 우리나라는 노벨 과학상 부문에 이름을 올리지 못하고 있다. 흔히, 노벨 과학상은, 미국과 유럽 등 선진국에서 독식하는 것으로 아는 이들도 많은데 꼭 그런 것은 아니다. 아시아권에서 이미 일본, 중국, 대만이 수상한 바 있으며, 특히 일본의 경우는, 이미 지난 1949년 노벨 물리학상 수상을 시작으로, 1973년 에사키레오가 역시 노벨 물리학상을 받았으며 2000년에는 쓰쿠바 대학의 명예교수인 시라카와 히데키 교수가 노벨 화학상 부문에 공동수상을 했다.

노벨상은 누구나 잘 아는 것처럼 물리·화학·의학·문학·평화의 다섯 부문에서 인류에 가장 공헌이 큰 사람에게 수여되는 세계 최고의 상이다. 1901년 이래 매년 노벨의 기일인 12월10일에 수여돼 왔으니 벌써 90회가 넘었고 수상자 수도 꽤 된다. 그러나 안타깝게도 우리나라는 한 번도 수상자를 배출하지 못했다.

그렇다면 우리는 왜 안 되는가? 우리라고 할 수 없는가? 다른 나라와의 스포츠 경기에서 지기라도 하면 전쟁에 나가서 진 것처럼 온 나라가 들끓는다. 감독의 전략이 잘못되었느니, 선수들의 정신력이 해이해졌다느니 하면서 당연히 이길 것을 놓친 것처럼 아쉬워한다. 관심이 더욱 집중되는 월드컵 축구대회나 올림픽 경기에서 지면 아예 국가적으로 부끄러운 일로 여기기도 한다. 스포츠 한 게임에서 패한 것을 국치로 생각한다면, 우리에게 정작 부끄러운 것은 스포츠 한 게임에서 지는 것이 아니라 노벨 과학상을 한 번도 타지 못했다는 것이 아닐까. 다른 어느 민족보다도 두뇌가 뛰어나고 진취적이고 끈기 있는 성향을 지닌 우리 민족이 말이다.

한 국가가 노벨상 수상자를 배출하면 당사자는 물론 그 국민이 느끼는 영광과 민족적 자부심은 실로 엄청난 것이다. 상금의 액수(8백만 크로네, 약 1백만 달러)도 액수려니와 노벨상은 경제적 측면에서도 그 영향력이 대단하다. 수십만, 수백만 불의 선전비용을 들어 상품광고를 하는 것과는 비교도 할 수 없을 만큼의 효과를 거둘 수 있다. 특히 과학 분야에서의 노벨상 수상은 한 나라의 과학기술과 과학문화의 수준을 가늠하는 척도가 되기도 한다.

필자가 대학에서 20년 간 미래의 과학 한국을 이끌어갈 젊은 인재들을 가르치면서 느꼈던 것은 우리도 충분히 가능성이 있다는 것이다. 다만 이제까지의 과학정책이 획일적이고 단기간에 눈에 보이는 성과를 얻어야만 한다는 근시안적 정책에 의해 훌륭한 인재들이 제대로 성장할 환경이 만들어지지 못했을 뿐이다.

몇 년 전 미래 과학자의 산실이라고 할 수 있는 15개 전국 과학 고등학교 학생 1천964명을 대상으로 설문조사를 한 일이 있었다. 조사 결과를 보면 우리의 과학 교육 수준이 어디에 와 있는지 알 수 있다. 먼저 "가까운 장래에 우리나라에서 노벨상 수상자가 배출될 것이라고 보는가? 라는 질문에 약 43%인 910명의 학생들이 "그렇다"고 답했으며, 전체 학생의 30%인 무려 600여명의 학생들이 "내가 노벨상 수상자가 될 것이다"라고 응답했다.

그 포부가 참으로 다행스럽고 기특한 일이 아닐 수 없다. 반면 부정적인 반응을 보인 학생들은 어떤 이유로 노벨상을 탈 수 없을 것이라고 생각하는 것일까. 부정적인 대답을 한 학생들은 대부분 "암기위주의 교육여건"과 "현 입시제도"의 문제점을 그 장애물로 지적했다. "기술은 개발할 수 있을지언정 과학을 할 수는 없다." "우리나라에 아인슈타인의 두뇌는 있어도 아인슈타인은 못 나온다." "만일 가까운 장래에 노벨상이 나온다면 기적이거나, 아니면 노벨상을 받은 사람이 엄청난 천재일 것이다." 올바른 과학정책을 강조한 이런 말들은 우리나라에 인재는 있어도 그 인재를 키워낼 여건이 마련되지 못함을 빗댄 말이다.

필자가 15대국회의원(1996~2000) 시절 우리나라의 과학정책에 대해 토론을 벌이는 연구모임인 "국회 과학기술 석학 강좌"에 관심을 갖고 지원 한 적이 있었다. 제1회 강좌는 특별히 노벨상 전 심사위원장인 페르 레브딘을 초청, "노벨상, 어떻게 타는가? 라는 주제로 진행됐는데, 우리가 함께 음미해 볼만한 구절을 소개한다.

"한국이 노벨상 수상자를 배출하기 위해서는 무엇보다도 과학기술을 꽃 피우겠다는 국민적 각오와 장기적인 실현 계획이 수립돼야 한다. 올림픽 때 운동선수를 훈련시켜 금메달을 따는 것과 같은 방식으로 접근해서는 안 되며, 과학자들이 일생에 걸쳐 이룩한 뛰어나고도 큰 공헌이 있을 때에만 주어지는 것이라는 인식을 해야 한다. 꿈이 아닌 현실이 되길 바란다."고 했다. 그렇다. 과학자의 부단한 노력과 국가의 지원, 국민적 관심과 성원이 있어야 가능한 일이다.

서두르거나 편법을 쓴다고 해서 이뤄질 일이 아니다. 노벨상의 영예는 인류를 위한 노력과 고투가 세계인으로부터 인정을 받는 고귀한 순간인 것이다. 생각만 해도 가슴이 뛸 일이다. 우리의 우수한 영재를 발굴하고 장기적인 차원에서 연구에 몰두할 수 있도록 후원하고 지원한다면 노벨 과학상 수상이 꿈이 아닌 현실로 다가올 것이다.

매년 12월 10일의 노벨상 시상식은 우리에겐 언제나 남의 집 잔치였지만, 김대중 대통령의 노벨 평화상 수상으로, 축제의 기쁨을 함께 나눌 수 있게 되었다. 노벨상은 단지 수상자 개인의 기쁨이라기보다는, 국가적 영광이며 명예이고 자부심이다. 무엇보다도 자라나는 다음 세대들이 '우리나라도 노벨상을 탈 수 있구나, 나도 한 번 도전해 보자' 뜬구름이 아닌 '현실 가능한 꿈과 희망' 을 갖게 된 듯해서 더없이 반갑고 다행스러웠다.

세계 최고의 권위를 자랑하는 상답게, 상금 또한 그 당시 우리 돈으로 약 11억원에 이른다고 했다. 그것뿐만이 아니다. 한 브랜드 가치 평가회사에 따르면, 노벨 평화상으로 얻어지는 간접적 이익이 무려 3조원이 넘는다는 조사 결과도 있다. 아마도 김대중 대통령의 노벨상 상금으로 주어지는 돈이 과연 어디에 쓰여 졌는지 궁금하게 여기는 사람들이 많이 있으리라 본다. 물론, 평화상의 취지에 맞게, 평화를 이룩하기 위한 분야에 쓰여야 할 것이나, 필자의 개인소견으로는, 다음번엔 '노벨 과학상'을 받을 수 있도록 과학 분야에 지원을 해주면 어떨까 하는 생각을 했었다.

그 동안 '당장 돈이 되는' 즉 산업적으로 응용될 만한 기술개발에만 역점을 두어온 것은 아닌지 우리 모두 반성해 볼 일이다. 21세기 지식정보화 사회에선, 탄탄한 기초과학의 뒷받침이 무엇보다 중요하다는 것은 누구나 아는 사실이다. 그런 의미에서도, 기초과학에 대한 관심과 지원을 통해, 훌륭한 과학자를 길러내야 하지 않을까. 올림픽 경기 시즌이나 월드컵 경기를 치를 때를 생각해보자. 한 게임 한 게임 펼쳐질 때마다 국민들의 관심은 대단히 열성적이다. 경기에 대비해 대규모 경기장과 연습장을 짓는데 많은 돈을 투자했다.

앞으로의 세계는, 기초과학을 발달시켜 원천기술력을 갖고 있지 않으면, 세계시장에서 밀려날 수밖에 없다. 우리나라 과학기술 경쟁력은 세계에서 20여위에 머물고 있다. 앞으로 적어도 세계 5위 수준으로 끌어 올려야 하고, 그러기 위해서는 노벨 과학상에 대한 국민적 관심과 지원이 무엇보다도 절실하다.

다른 어떤 나라보다도, 좋은 두뇌와 창조력을 갖춘 우리 민족이, 아직 노벨 과학상을 받지 못하고 있는 것은 너무나 안타까운 일이다. 하루 빨리, 비어있는 노벨 과학상 수상 좌대가, 잃어버린 주인공을 찾을 수 있기를 고대한다. 이를 위해서는, 과학자의 부단한 노력과 함께, 국가의 지원, 국민적 관심이 필요하다는 것은 두말할 나위도 없다. 안철수 원장에게 희망을 걸어보자.

브레이크뉴스(Break News) 칼럼 2012.2.7

79. '남북평화통일추진협의회'의 필요성

'대한민국SNS사이버국회', 국회공청회 및 인터넷 여론조사 실시

우리의 소원은 통일! 평화적인 남북통일을 언제까지 기다려야 하며 어떻게 해야 남북한 모두가 상생하는 통일을 할 수 있겠습니까? 통일을 하루빨리 추진해야할 이유는 북한을 조선성(朝鮮省)으로 편입시키려하는 중국의 동북공정을 저지하고, 북한의 자원과 노동력, 남한의 기술과 자본이 상생 결합하여 경제를 활성화 시켜 잘 살기 위해서입니다.

정부는 북한 급변사태에 대비하기 위해 앞으로 10~15년 기간으로 50조원 규모의 통일세를 걷는 방안을 검토 중이라고 합니다. 통일방안에 대한 합리적 청사진을 제시하지도 못하면서 국가부채 규모가 이미 400조원을 넘었으며 가계부채가 1000조원 정도나 되어 국민의 조세부담이 엄청남에도 불구하고 통일이 벼락처럼 닥칠 수 있으며 자고나면 통일이 저절로 되는 것처럼 생각하고 있는 것이 큰 문제입니다.

우선 우리나라 통일역사를 되돌아보면 첫 번째 통일은 신라시대 김춘추 대왕이 했으며 두 번째 통일주역은 고려를 창건한 왕건입니다. 이 두 번에 걸친 통일은 많은 백성들을 주검으로 몰아넣은 피의 전쟁이었습니다, 따라서 이제 세 번째 이루어야 할 통일은 피를 흘리지 않으며 통일비용이 들지 않고 오히려 경제적으로 상호 이익이 되는 평화적인 방법으로 해야 하겠습니다.

우리 모두 함께 통일시나리오를 한번 생각해 봅시다. 통일방안은 크게 휴전선을 없애는 통일과 휴전선을 그대로 두고 하는 통일 둘로 나눌 수 있습니다. 독일과 베트남처럼 휴전선을 없애는 통일은 피를 흘리던지 천문학적인 돈이 필요해 남북한 모두에게 바람직하지 않습니다.

휴전선을 없애는 독일식 흡수통일을 하게 된다면 독일 알브레흐트 슈미트 HVB 그룹회장은 막대한 통일비용, 근로생산성의 감소, 단일화폐 도입, 임금폭등과 같은 4대 악재 때문에 경제 성장률은 하락세를 면치 못할 것이라고 했습니다. 그리고 미국의 랜드연구소도 독일식 흡수통일을 하면 통일비용은 최소 500억(약 50조) 달러에서 최대 6700억 달러에 이를 것이라고 했습니다.

한편 세계적인 투자은행 겸 증권회사인 골드만삭스(Goldman Sachs)는 한국이 유럽처럼 연합국가 형태로 통일을 하게 되면 북한의 자원과 노동력, 남한의 기술과 자본이 상생 결합하여 2025년에 한국의 1인당 GDP(Gross Domestic Product)는 3만 6813달러, 2050년에는 8만1462달러로 미국에 이어 세계 2위가 될 것이라고 예측했습니다.

과거 남북한 정부가 주장했던 통일 방안을 검토해봅시다. 남한의 통일방안은 민족공동체 통일로서 자유민주주의사상, 남북 동시선거, 1국가, 1체제, 1정부를 주장하고 있으며, 한편 북한은 고려연방제통일로서 북한의 김일성주체사상과 1국가, 2체제, 2정부 방안으로서 연석회의 정치협상을 통해 해결하자는 것입니다. 이 두 가지 방안을 잘 조정하면 역사에 길이 남을 좋은 방안이 도출될 수 있습니다.

본 추진협의회에서는 정치권이 민감한 통일에 대해 협의하기 어려워 남북한 민간대표들이 한자리에 만나 통일방안, 통일일정, 정부형태, 선거방법 등에 대한 내용을 협의하고자 합니다. 앞으로 '대한민국SNS사이버국회'가 앞장서서 국회헌정기념회관에서 공청회를 개최하고 인터넷으로 여론조사를 실시하고자 합니다. 조국과 민족을 사랑하는 국내외 모든 정치, 사회, 문화, 종교, 여성, 청년단체, 대학생 등은 오직 구국일념으로 대동단결하여 통일국가 건설에 적극 참여해 주시고 인터넷 카페(http://cafe.daum.net/sns2012)에 회원 가입해 주시면 감사하겠습니다.

브레이크뉴스(Break News) 칼럼 2012.2.10

80. 숭례문-천부경, 국보1호 함께 지정 선언문

숭례문이 육체라면 천부경은 정신, 함께 영원히 세계로!

오늘 2012년 2월 10일, 국보 제1호 숭례문이 화재로 소실된 지 만 4년을 맞이하여, 기미 독립선언문을 외치듯이 민족정기를 살리고자 우리 민족의 혼이요, 세계적인 사상이 담긴 천부경 81자를 복원되는 숭례문의 대들보에 새겨 숭례문과 함께 국보 1호로 함께 지정할 것을 온 국민 여러분과 함께 청와대, 국회, 정부에 건의하면서 이를 세계만방에 선언하노라.

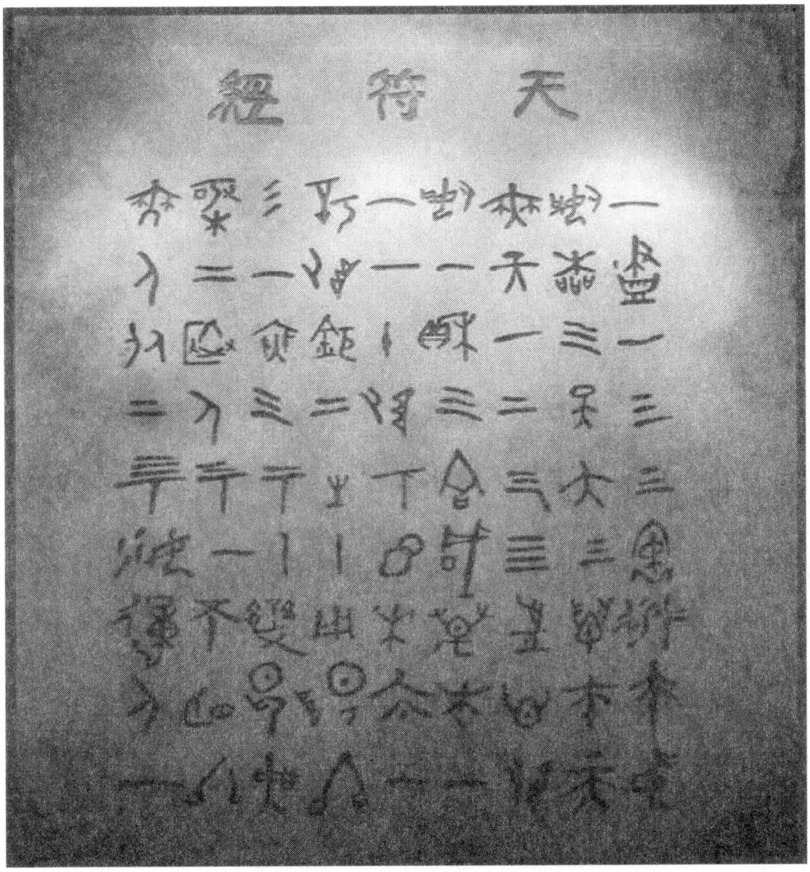

좋은 대통령! 나쁜 대통령!!

우리는 하늘을 우러러 경배하며 땅을 존중하면서 이웃을 사랑하고 조화롭게 살아야 한다는 세계적인 천부경, 삼일신고, 참전계경을 조상으로부터 이어 받아 온 유일한 정신적인 국가로서 영적으로 우수한 천손 민족임을 다시 한 번 온 세상에 선언하노라. 세계 모든 나라에 이 사실을 똑똑히 밝히고 이로써 자손만대에 일러, 세계인이 부러워하는 천부사상으로 세계평화와 인류행복을 영원히 누리도록 하고자 함이로다.

13,000 여년의 찬란한 역사와 위대한 문화의 권위를 바로 세우기 위해, 8천 만 한민족의 뜨거운 열정을 담아 이를 두루 펴 밝히며, 겨레의 한결같은 영적 성장을 위하여 이를 주장함이며, 세계 정신혁명의 큰 움직임에 순응해 나가기 위하여 이를 내세움이니, 이는 하늘의 분명한 명령이며 시대의 큰 추세이며, 온 인류가 더불어 같이 살아갈 지표이기에, 하늘 아래 그 무엇도 이를 막고 억누르지 못할 것이니라.

낡은 시대의 유물인 물질만능주의, 강대국의 패권주의, 사대주의에 희생되어 역사와 문화가 짓밟힌 지 몇 년째이며, 다른 민족정신에 억눌려 고통을 겪은 지 몇 년째인가? 우리의 정신적인 생존권을 빼앗겨 잃은 것이 얼마이며, 겨레의 존엄성과 명예가 손상된 일이 무릇 얼마인가! 창의적이고 영특한 두뇌로서 세계 정신문화의 큰 물결에 이바지할 기회를 잃은 것이 무릇 얼마인가!

오호! 예로부터의 억울함을 떨쳐 펴려면, 지금의 괴로움을 벗어나려면, 겨레의 양심과 나라의 체통을 지키려면, 사람마다 제 인격을 올바르게 가꾸어 나가려면, 가엾은 아들딸들에게 괴롭고 부끄러운 유산을 물려주지 아니하려면, 자자손손의 번영과 온전한 행복을 길이 누리도록 이끌어 주려면, 가장 중요하고 급한 일이 겨레의 천부사상을 확립하고 역사를 바로 세워 정신적인 독립을 확실하게 하는 것이니, 8천만 각자가 사람마다 마음을 바르게 품고, 인류의 공통된 사상과 시대의 양심이 정의롭게 지켜주는 오늘날, 우리는 나아가 얻고자 하매 어떤 힘인들 물리치지 못하며 무슨 뜻인들 펼치지 못할 것인가?

한인의 개천, 한웅의 개국, 고조선의 건국 정신인 홍익인간 이화세계의 우리 사상을 괴롭히면서 못살게 굴었던 다른 나라의 사상을 원망하려 하지 아니 하노라.

다만 일부 사대주의 사학자가 강단에서, 몰지각한 정치가가 의회에서, 어리석은 종교인들이 설교에서, 우리 고유의 사상과 문화의 뿌리를 무시하고, 우리 문화민족을 마치 미개한 사람처럼 대하듯 업신여기며, 한갓 철부지 행동을 다만 탓할 뿐이노라. 우리의 오랜 역사와 전통을 비아냥거리며 뛰어난 겨레의 슬기로움을 무시한다 하여, 다른 나라 사상과 종교를 꾸짖고자 함이 아니노라.

돌아온 탕자를 맞이하는 부모의 마음으로, 돌아온 연어를 맞이하는 한량없는 동해의 넓은 품안으로 끌어 않고자 함이로다. 우리 스스로를 채찍질하기에 바쁜 우리는 남을 원망할 겨를을 갖지 못하며, 현재를 준비하기에 바쁜 우리는 묵은 옛일을 응징하고 가릴 겨를도 없노라.

오늘 우리가 할 일은 다만 우리의 성찰이 있을 뿐, 결코 남을 원망하는 데 있는 것이 아니로다. 엄숙한 양심의 명령으로써 우리의 새 운명을 개척함이요, 결코 묵은 원한과 한 때의 감정으로써 남의 사상과 종교를 시기하고 배척하는 것이 아니로다.

모든 사상과 종교가 하나의 뿌리임을 우리는 잘 알고 있노라. 낡은 사상과 어리석은 생각에 얽매여 있는 정치지도자, 역사학자, 종교지도자들의 그릇된 생각을 고쳐 바로잡아, 과학적이고 합리적인 바른 길, 큰 진리로 돌아오게 함이로다.

현재 우리 강토에 세계 모든 사상과 종교가 혼재하는 것은 우리 조상의 슬기로운 정신농사의 결과로서, 한 알의 밀알이 되라는 하늘의 뜻으로 알고 세계 여러 나라와 함께 살아가는 법을 배우라는 기회로 알고 살아왔느니라.

천부사상이 접 부치는 감나무의 대목이라면 단감, 곶감, 홍시의 종교들이 그 위에 양분을 먹고 자라 단지 감을 따먹고 있을 뿐이니라. 생각이 다른 여러 민족 종교와 화합하고 돈독하게 쌓아 온 국보 문화재를 살펴보면 잘 알지어다. 한때 지난날의 잘못된 생각을 바로잡고 참된 이해로 진리를 찾아 새 세계를 열어 나가는 것이 전 인류에게 화를 멀리하고 복을 불러들이는 참다운 길임을 밝히 알아야 할 것이 아닌가?

다만 4대 강대국의 무력에 대한 두려움과 우려가 갈수록 커져, 우리 천손민족을 힘으로 위협하고 구속하려하는 것은 한반도의 영원한 평화를 보장하는 길이 아닐 뿐만 아니라, 지구촌의 평화가 깨지고 전쟁위험을 자초하게 될 지도 모를 일이다.

오늘날 우리의 정신적인 독립은 우리 민족으로 하여금 정당한 삶의 번영을 이루게 하는 동시에, 강대국으로 하여금 그릇된 길에서 벗어나 세계평화를 지지하는 자의 무거운 책임을 다하게 하는 것이며, 약소국으로 하여금 불안과 공포로부터 벗어나게 하는 것이니라. 한반도 평화가 세계평화요 인류 행복에 필요한 첫 단계이니 이 어찌 구구한 감정상의 문제이겠는가?

아아! 새 천지가 눈앞에 펼쳐지도다. 천부경이 숭례문과 함께 국보 1호로 지정되어 물질의 시대가 가고 정신의 시대가 오도다. 지난 수천 년간 갈고 닦아 키우고 기른 태양새 천부사상이 바야흐로 새 문명의 밝아오는 빛을 인류의 역사에 쏘아 비추기 시작하도다. 새 봄이 온 누리에 찾아들어 만물의 소생을 재촉하도다.

외래 사상에 젖어 얼어붙은 얼음과 찬 눈에 숨도 제대로 쉬지 못하는 것이 저 한때의 형세라면, 진리의 화창한 봄바람과 따뜻한 햇볕에 원기와 혈맥을 떨쳐 펴는 것이 이 한때의 형세이니, 하늘과 땅에 새 기운이 되돌아오는 때를 맞고, 세계 변화의 물결을 탄 우리는 아무 거리낄 것이 없도다. 우리의 본디부터 지녀온 천부사상을 지켜 풍성한 삶의 즐거움을 실컷 누릴 것이며, 우리의 풍부한 창조력을 발휘하여 봄기운 가득한 온 세계에 천부 열매를 맺게 할 것이로다.

우리가 이제 떨쳐 일어나도다. 양심이 우리와 함께 하고 있으며, 진리가 우리와 더불어 나아가는 도다. 남녀노소 없이 본심 본태양 밝은 마음으로 평화적인 남북통일을 위해 힘차게 뛰쳐나와 삼라만상과 더불어 동방의 등불국가 건국으로 웅대한 그랜드코리아를 이루어내도다. 천만세 조상들의 넋이 우리를 은밀히 지켜보고 계시며, 전 세계인들의 관심이 우리와 함께 동행하나니, 천부경을 국보1호로 지정하는 운동의 시작이 곧 성공이라, 다만 저 앞의 희망봉을 향해 태양새 깃발로 힘차게 날아갈 따름이로다.

<숭례문-천부경, 국보1호 함께 지정을 위한 공약 3장>

하나. 숭례문이 육체라면 천부경은 정신이니, 오늘 이 주장은 인류행복을 염원하는 우리 모든 조상과 온 지구인들의 요구로서, 오직 평화의 정신을 발휘할 것이요, 결코 배타적 감정으로 치닫지 말라.

하나. 숭례문이 육체라면 천부경은 정신이니, 함께 영원히 세계로 퍼질 때까지 마지막 한 사람에 이르기까지, 마지막 한 순간에 다다를 때까지, 인의, 자비, 사랑의 기본정신인 천부사상을 용감하게 전파하라.

하나. 숭례문이 육체라면 천부경은 정신이니, 앞으로의 행동은 슬기롭고 지혜를 발휘하여, 우리들의 주장을 올바르게 인식시켜 북한은 물론 해외 동포와 함께 어디까지나 떳떳하고 정당하게 하라.

브레이크뉴스(Break News) 칼럼 2012.2.12

81. 박근혜 "신공항 총 · 대선공약" 대권이 멀어?

TK-PK간 불화재연, PK표 잃게 되어 TK만의 꼬마당 전략 가능성!

필자는 대구에 살지만 서울에서 활동하므로 주말에 대구에 가는데 대구 매일신문의 탑 기사를 보고 깜작 놀라게 되었다. 새누리당 박근혜 비상대책위원장이 지난 12월 9일 여의도의 한 식당에서 가진 지역 언론인과의 오찬간담회에서 남부권 신공항을 4.11 총선과 대선 공약으로 채택해서 추진하겠다는 것이다. 지난해 무산된 것에 사과를 하면서 남부권 신공항은 남부권 발전을 위해서 꼭 필요한 인프라라고 주장했다는 것이다.

지난 대선 공약으로 추진된 동남권신공항이 지난해 무산된 것에 대해 사과한 후 이번 선거에서 다시 약속을 하겠다는 것이다. 박 위원장은 새로운 공항건설을 자꾸 하는 것은 바람직하지 않은 줄 알면서도 TK표를 의식해서인지 인천공항도 이제는 한계가 왔으며 영호남 전체를 아우르는 신공항 건설이 필요하다고 해괴한 논리를 펴고 있다.

박 위원장의 남부권 신공항 건설 공약 방침은 TK-PK간의 첨예한 갈등 때문에 이 대통령에 의해 폐기된 동남권 신공항 공약을 사실상 부활시킨 것으로 향후 이 대통령과의 정책 차별화도 본격화하겠다는 뜻을 내포하고 있어 청와대의 대응이 주목된다. 지난해 3월 동남권 신공항 건설 입지를 둘러싸고 대구와 부산이 첨예한 지역대결 양상을 빚은 끝에 이명박 대통령이 '경제적 타당성'을 이유로 동남권 신공항 공약을 백지화했었다.

박 위원장이 남부권 신공항 건설을 총선과 대선 공약으로 재추진하겠다는 뜻을 공식적으로 밝히고 나섬에 따라 새누리당이 신공항 건설을 공약으로 채택할 것이 확실해져 이번 총선과 대선에서 또 다시 TK와 PK 결투가 재연 되리라 본다. 박 위원장은 지난해 3월 동남권 신공항 건설 입지를 둘러싸고 대구와 부산이 첨예한 지역대결 양상을 빚을 때 곧바로 대구를 방문, "당장 경제성이 없더라도 미래에는 분명 필요할 것"이라며 "동남권 신공항은 계속 추진돼야 한다."고 주장한 바 있다.

남부권 신공항은 동남권 신공항이 대구경북과 부산경남을 대상으로 한 것에 비해 영 호남과 충청 등 남부권 전체를 아우르는 구상이라는 점에서 총선은 물론 대선까지 염두에 둔 공약이라는 분석도 나오고 있지만 부산, 경남은 물론 호남지역 표심이 오히려 떠날 수 있어 박 위원장의 대권이 더 멀어 질지 모르겠다.

대구경북지역 정치권 및 시민단체는 환영하면서 '남부권 신공항 추진위원회'를 구성하여 신공항 재추진에 불을 붙여 신공항 추진운동에 가속도가 붙게 될 것이다. 하지만 신공항 재추진 대신 김해공항 가덕도 이전으로 맞불을 놓았던 부산시와 부산 지역 정치권은 박 위원장의 남부권 신공항 재추진 공약에 대해 반발을 대대적으로 하게 될 것이다.

부산지역 정치권은 '남부권 신공항'이 동남권 신공항 백지화 이후 대구경북지역이 신공항 건설을 재추진 한다는 사실에 주목하면서 입지 선정을 둘러싼 갈등이 재연되지 않을까 우려하고 있다. 특히 대통령 후보로 나설 박 위원장이 신공항 재추진을 주도할 경우 입지 선정 과정에서 대구경북에 밀릴 것이라는 점에 경계를 하고 있다. 부산시와 시민단체들은 박 위원장의 발언이 알려지자 긴급 모임을 갖는 등 대응 방안 마련에 나선 것으로 알려져 주목되고 있다. 민주당 후보들은 속으로 쾌재를 부를 것이다.

박 위원장은 새 세상을 만들겠다는 '새누리당'의 당명처럼 국민들이 깜작 놀랄 획기적인 새로운 정책을 내 놓기 바란다. 예를 들어 ①동서화합을 위해 대통령 분권제 헌법개정을 추진, ②전국반상회를 통해 국정여론조사와 지자체 선거를 실시, ③지식.정보댐 정책으로 대학생과 서민의 일자리 창출, ④과학기술부와 정보통신부를 부활시켜 경제를 성장, ⑤전자화폐제도를 실시하여 망국적인 부정부패를 척결, ⑥제3의 삼국통일을 위해 1국가 2체제의 통일을 북한과 담판, ⑦민통선지역을 참전국에 분양, ⑧국회와 청와대를 판문점으로 옮기고 세계종교UN과 국조전 건설, ⑨모병제를 실시하여 청년들의 병역문제 해결, ⑩잃어버린 한민족 역사를 되찾아 중국의 동북공정 대처, ⑪찬란한 마고문화를 새로운 한류로 발전시켜 전 세계에 알리는 정책 등 얼마든지 있지 않은가? 좀 더 통 큰 정치를 하길 바란다. 그렇지 않으면 대권이 자꾸 멀어진다.

브레이크뉴스(Break News) 칼럼 2012.2.17

82. 박근혜-한명숙, 2050년 1인당 GDP 8만$ 정책 대결하라!

"국민은 피곤, 치졸한 정치싸움 그만하고 건전한 비전을 제시하라"

새누리당과 민주통합당을 비롯하여 모든 정당은 보수-진보, 좌파-우파 이념의 치졸한 이데올로기 정치싸움을 그만하고, 국민을 더 이상 피곤하게 하지 말고, 이번 총선과 대선에서 백년대계의 건전한 정책을 제시하여 국민이 행복하게 잘 살 살 수 있는 구체적인 비전을 제시하라. 주인인 국민은 머슴인 정치인을 선택하는데 눈을 부릅뜨고 지켜 볼 것이다.

1869년 독일계 유대인 마르크스 골드만이 뉴욕에 차린 약속어음 거래 회사를 모체로 시작된 세계적인 투자은행 겸 증권회사인 골드만삭스(Goldman Sachs)가 몇 년 전 'BRICs and Beyond'라는 보고서에서 남북이 1국가 2체제로 유럽연합식 평화통일을 이룩하여 북한의 자원과 노동력, 남한의 기술과 자본이 결합한다면 "2050년 한국의 1인당 소득은 8만1462달러로 미국에 이어 세계 2위가 된다."라고 발표했다.

2025년에 한국의 1인당 GDP(Gross Domestic Product)는 3만 6813달러로 미국-중국-일본-독일-인도-영국-프랑스-러시아 다음으로 세계 9위가 될 것 이라고 예측했다. 경제규모는 중국, 인도, 러시아, 브라질 등 이른바 브릭스(BRICs)에 뒤지겠지만 생활수준만큼은 현재의 G7국가들을 모두 제치고 세계 최고가 된다는 것이다.

골드만삭스는 이 보고서에서 국가경제의 성장 동력을 거시경제의 안정성과 환경, 기술 및 인적자원 및 정치적 환경 등 5가지 측면에서 나누어 국가별 성장환경점수(GES:Growth Environment Score)를 산정하여 한국을 종합점수 10점 만점중 6.9점을 주고 17위에 올려놨다. 또한 한국을 11개 차기 경제대국 후보(N-11)

로 포함시켰으며, 나머지 10개국은 방글라데시, 이집트, 인도네시아, 이란, 나이지리아, 파키스탄, 필리핀, 터키, 베트남, 멕시코이다.

하지만 안타까운 것은 골드만삭스가 제시한 한국 경제의 가능성을 정작 우리 정부와 국회는 제대로 준비하지 못하고 역사적인 기회의 시간들을 허송세월하고 있지 않은가 하는 점이다. 이 전망은 브릭스와 N-11 국가군에 대해 어떤 관계를 구축하는가의 여부가 한국 경제의 장래를 결정한다.

중국이 올림픽을 개최하고 세계무역기구(WTO)에 가입하고, 일본은 첨단 기술국가로 성장하여 한국은 두 국가 사이에서 샌드위치 신세로 잘못하면 후진국으로 전락할지 모른다. 하지만 두 나라의 번영은 한국에 자극이 되어 오히려 축복이 될 수 있다. 이유는 우리나라는 수 천년동안 유구한 역사와 전통을 바탕으로 탁월한 조직력과 응집력으로 신바람 문화를 유지하면서 살아 왔기 때문이다.

역사적으로 가장 좋은 이 기회를 살리기 위해서는 세계 경제의 메가트렌드를 준비하는 것이 무엇보다 중요하다. 잠재성장 역량을 제고하기 위해 가장 절실한 점은 대통령이 미래 지향적인 비전을 세우고 합리적인 정책을 제시해야 한다. 즉 아날로그(Analog)정치문화를 디지털(Digital)정치문화로, 현재의 산업사회 경제시스템을 IT-DNA경제시스템으로, 현실세계 지향적인 문화를 사이버세계 지향적인 문화로 바꿔나가야 한다.

우리나라가 1인당 소득 2025년 세계 3위, 2050년 2위를 달성하는데 조금이나마 도움이 되었으면 하는 마음에서 청와대 보좌관, 장관, 국회의원이 읽어야 할 필독서의 책을 출판하고자 한다. 책 제목은 "통일홍익대통령"이며, 책 내용 중에서 중요한 일곱 가지 정책을 요약 소개하고자 한다. "정호선 공학박사의 국가정책(blog.chosun.com/hosun5115)" 을 참조하기 바란다.

첫째, 남북한 1국가 2체제 분권형집정제 평화통일을 이룩하여 그랜드코리아를 건국한다. 세계를 잇게 될 대동맥인 중국 및 소련간의 대륙철도를 가설하고 부산과 대마도를 잇는 한.일 해저터널을 건설한다. 현재 북한 인구는 2200만 명에서 2050년도에는 약 5천만 명까지 불어날 전망이고 통일 후 남한과 북한의 인구는 약 1억 명이상으로서 세계 10대 인구대국이 될 것이다.

둘째, DMZ부근 민간통제선지역(CCL)을 16개 한국전 참가국과 함께 세계평화무역도시로 개발한다. 정부에선 철도와 도로 등 SOC만 건설하고 16개 참가국에 분할 장기간 조차(租借)권을 준다.

셋째, 평화통일을 대비하여 국회와 청와대를 판문점으로 옮기고 국회는 세계 종교청으로 하여 세계 정신지도국 역할을 하고, 청와대는 1만여년의 역사속의 국왕과 대통령의 근영과 유물을 모시는 국조전으로 개조한다.

넷째, 일자리를 창출하고 세계적인 전자도서관을 설립하기 위해 "지식정보자원관리법"을 개정, 반민반관 형태의 지식정보관리공사를 설립한다. 전 세계 중요인물 사진과 전화번호 및 홈페이지를 소개하는 인물정보센터 역할을 한다.

다섯째, 청와대에 최첨단 전자정보화시설을 갖추어 각 정부부처 통계 자료를 실시간으로 보면서 국무회의를 한다. 전국 반상회를 통해 인터넷 국정여론조사를 수시로 실시하여 정확한 민의를 파악한다.

여섯째, 전 세계 경제를 주도하기 위해 종이화폐를 없애고 전자화폐로 개혁하여 부정부패와 탈세를 없애고 지성민주주의와 영성시장경제 체제로 발전시켜 나간다.

일곱째, 수 천만 명의 중국, 소련, 일본, 미국에 살고 있는 교포를 연대하기 위해 참정권을 주고 민족혼을 살리기 위해 천부경을 국보 1호로 지정하고 원구단을 복원한다. 카오스 프렉탈사상, 홀로그램우주사상, 천지인 천부사상으로 세계를 하나의 연합국가 형태로 발전시킬 세계정부 모델을 제시한다.

브레이크뉴스(Break News) 칼럼 2012. 2. 22

83. 4차원 의식 가진 영적 국회의원도 뽑아야!

3차원의 누에고치 속에서 4차원의 나비로 탈바꿈해야!

2000년 전에 돌아가신 예수님은 지구인들을 위해 현재 무었을 하고 계실까? 많은 기독교인들은 예수님께서 부활하신 후 2000년 동안 계속 성장 발전하면서 우리와 영적으로 교통하면서 새로운 계시나 메시지를 보내주고 계신다고 믿고 있다.

현재 우리나라에서는 전라남도 나주에 사는 평범한 주부, 천주교 신자인 율리아가 27년 동안 메시지를 받고 있다. 예수님과 성모님께서는 우리 한국을 막내아들처럼 사랑하시어 비단같이 고운 고을 나주에서 발현하시어 1985년 6월 30일부터 눈물을 흐르기 시작하면서 세상에 알려지게 되었다. 그리고 미국에 사는 Virginia Essen 여자교수는 예수님으로 부터 받은 메시지를 책으로 출판하였으며, 박찬호씨와 홍준희씨가 "예수그리스도의 충격메시지"라는 제목으로 공동 번역하여 "도서출판 은하문명"에서 출간하였다.

필자는 새로운 예수님의 메시지를 읽으면서 왜? 우리 기독교인들은 2000년 전 성경에만 매달리면서 이 새로운 메시지를 잘 받아들이지 않은가 하고 의아심을 가지게 되었다. 새로운 메시지에 의하면 아담과 이브가 사과를 따 먹어 타락했다는 것은 현대 과학적인 해석과는 완전히 그 의미가 다르다. 옛날에 우리가 가지고 있던 유전자는 12가닥이었으나 10,000~13,000년 전에 아틀란티스(Atlantis)라고 불렸던 국가에 의해서 악의적으로 조작되어 현재는 2가닥인 6분의 1만이 활동하고 있다는 것이다. 인간의 유전자 구성이 완전한 의식을 지닌 6쌍의 창조적 존재에서 1쌍의 돌연변이체의 상태로 격하된 것을 성서에서는"타락"이라고 언급하고 있다는 것이다.

원래의 DNA가 너무도 심하게 손상되어서 인간이 육체의 형태를 가지고 사는 동안은 더 이상 신을 알아 볼 수 없는 불완전한 의식 수준에 머물러 있음을 의미한다. 이로써 지구인이 하느님과 신성한 세력으로부터 분리되는 원인이 되었을 뿐만 아니라, 우리의 영적인 기원에 대해서도 그 기억을 상실해 버렸다고 한다. 또한 이 유전자의 장애로 인해 원래 우리가 가지고 있었던 텔레파시, 영안, 영청이 상실되어 버렸으며, 따라서 우리는 완전한 의식 수준으로 다시 회복되기를 항상 갈망하고 있다는 것이다.

예수님이 지구상에 출현한 것은 인간에게 출생에서 부활까지를 시범적으로 보여주기 위해서였다고 한다. 물질을 빛으로 변화시키는 에너지의 가속방식을 사용하여 하나의 부활(차원 상승) 방법을 보여 주셨다. 평소 차원상승을 위해 명상, 단식, 호흡법 등을 사용하였으며, 빛(氣)의 에너지를 이용하여 인체 내 세포를 활성화시켰다는 것이다.

다행이도 우리는 완전의식 상태인 12나선으로 복원하는데 필요한 파동의 열쇠가 잠겼거나 일시 정지된 상태로 암호화 된 채 남아있어 모든 것이 상실 된 것은 아니라고 한다. 또한 지구상에는 DNA가 완전히 손상되지 않은 유전적 혈통을 지닌 일부 초능력자가 존재하며 이들이 보유한 여러 가지 능력과 영적인 재능을 보면 알 수 있어 초능력자를 규합할 필요가 있다.

현재의 3차원에서 4차원으로 차원 상승하는 방법은 첫째, 어떤 영적이고 물리적인 에너지를 사용하여 부정적인 영혼들이 우리를 3차원의 세계에서 벗어나지 못하도록 설치해 두었던 에너지 격자망을 제거함으로써 전 인류를 한꺼번에 차원상승 시킬 수 있다.

둘째, 자연적인 우주에너지를 활용하여 강한 광자(Photon)에너지나 기(氣)의 에너지를 분사시키면 완전의식 상태로 돌아오게 할 수 있다.

셋째, 성경에 나오는 연금술적인 과정으로 만나(Manna)를 만드는 법을 인간에게 가르쳐 어떤 진귀한 원소들을 건강에 좋은 초 전도체적인 물질로 변형시키는 것이다. 가장 좋은 원소는 금이므로 이 금을 인체에 쉽게 동화되는 물질로 변화시켜 활용하면 수명을 연장시킬 수 있다고 한다. 조물주는 인간에게 이리듐(Iridium)과 로듐(Rhodium)을 선물로 주었으나 아직도 그 활용법을 잘 모르고 있다.

하늘은 우리에게 매일매일 사랑과 자비가 담긴 치유파동과 우주 에너지를 주고 계시며 세포가 활성화 되어 숨겨진 암호가 풀리도록 노력하고 계신다. 하루빨리 무지의 감옥과 같은 3차원의 누에고치 속에서 빠져나와 4차원의 나비처럼 날 수 있도록 하려는 것이다. 하지만 우리들 개인이 햇빛을 피해 그늘에 있는 것처럼 치유파동을 거부하면 의식향상은 일어나지 않는다. 많은 사람들이 마음을 활짝 열고 집단의식향상에 참여하게 되면 기적적인 일들은 더욱 쉽게 일어 날 수 있다.

우리의 아름다운 생각이나 선행은 우리의 의식 수준을 높이는데 중요한 요소가 되므로 내면의 소리를 들을 수 있는 자기에게 알맞은 수행법을 선택해서 시작해야 한다. 명상, 기도, 관조, 묵언, 신성한 뜻이 담긴 언어, 축문 등을 소리 내어 외운다. 사람마다 영격이 있어 과학적으로 1~1,000까지 수치화 할 수 있다.

이번 총선에서 4차원 의식의 영적 국회의원을 뽑아야 정치개혁도 되고 남북통일도 되어 세계평화가 이루어 질 것이다. 우리 모두가 불완전한 의식에서 완전의식으로 돌아오게 되면 하늘의 정보를 수신할 수 있어 대 변혁이 일어 날 것이다. 수많은 교회와 사찰에서 4차원 의식으로 향상시키는 성직자들의 설법과 설교가 울려 퍼져나가 지구라는 한계를 넘어 신성한 우주 신천지로 나가게 해주기를 바란다.

브레이크뉴스(Break News) 칼럼 2012. 2. 28

84. 국회 정당폐지-지자체 정당공천 폐지방안

-이명박 대통령, "반상회 활성화"로 사람 사는 사회 만들어야!-

여야가 12월 27일 4.11 총선을 앞두고 64년 만에 국회의원 의석을 300석으로 늘리기로 했다. 민심을 외면한 채 당리당략으로 파렴치하게 밥그릇만 챙긴 셈이다. 이제 SNS 첨단 정보화 시대에 현재와 같은 국회 정당 제도와 선거비용이 많이 드는 국회의원, 기초의원, 지자체 단체장의 선거제도의 개선점을 검토해 보아야 할 시점이다. 선거에 뽑힌 의원은 머슴이고 국민은 주인인데 당선만 되면 머슴이 주인을 무시하고 군림하려는데 문제가 있다. 머슴 뽑는 방법을 바꾸어 보자.

지금은 직접민주주의, 참여민주주의, 양방향민주주의 시대이다. IT기술 발달로 SNS(Social Network Service)시대이다. 온라인상에서 불특정 타인과 관계를 맺을 수 있는 서비스로서 이용자들은 SNS를 통해 인맥을 새롭게 쌓거나 기존 인맥과의 관계를 강화시키면서 휴대전화와 결합되어 모바일 접속이 가능해졌고, 여론조사와 같은 다양한 기능이 SNS에 부가되었다. 따라서 간접민주주의에서 직접민주주의 시대가 열린 셈이다.

현대사회에 가장 큰 문제점은 많은 주민들이 아파트에 살고 있어 이웃 간에 소통이 안 되는 점이다. 이웃집 개들은 산책길에서 만나면 서로 꼬리를 흔들며 좋아하는데 사람들은 엘리베이터 안에서 조차도 서로 외면하는 판이니 개만도 못한 생활을 하고 있다. 우리 모두 각성하여 사람냄새가 물씬 풍기는 사회를 만들어 나가야 하지 않겠는가? 국회의원, 기초의원, 지자체 단체장의 선거제도를 바꾸면 가능하다.

오늘 아침 조간신문에 경기 동. 북부지역 10개 시 · 군 공무원들이 기초자치단체장과 기초의원의 정당공천 폐지를 위해 집단행동에 나섰다고 한다. 공무원들이 이 문제와 관련해 집단적으로 의사를 표현하기는 이번이 처음이다. 경기 동 · 북부권 공무원대표자협의회는 지난 16일부터 시. 군 별로 공무원을 대상으로 공천제 폐지를 위한 서명을 받고 있다는 것이다. 협의회는 포천, 구리, 남양주, 동두천, 성남,

광주, 이천, 하남, 여주, 양평 등 10개 시 · 군 공무원 노조나 직장협의회 대표로 구성된 단체다. 이달 말까지 5000명 이상 서명부를 행정안전부와 각 정당에 제출해 법 개정을 청원할 계획이라고 한다.

현행법상에서 기초의원의 정당공천을 폐지하게 되면 후보자가 많아 혼란이 예상된다. 필자가 오래전부터 주장해온 새로운 선거방안을 제시하겠다. 전국 반상회 제도를 부활시켜 아파트나 마을 단위로 약 30~40호 규모로 반상회를 구성하여 SNS기술과 병합해서 주민투표와 선거를 하게 되면 비용도 적게 들고 많은 주민들이 참여하게 되어 여론을 정확히 파악할 수 잇을 뿐만 아니라 좋은 인재들이 국가와 지역을 위해 봉사할 수 있는 기회가 생길 것이다.

가장 먼저 전국 동시에 반상회에서 반상회 대표 3명(대표, 남 · 녀부대표)을 뽑는다. 그다음 반상회 대표 3명이 면.동단위로 모여 대표 10명을 선출한다. 그리고 10명의 면 · 동대표가 시 · 군 · 구단위로 모여 대표 10명을 뽑는다. 또 다시 이들 10명은 시 · 도단위로 모여 10명의 대표를 선출해 올라가게 되면 선거비용이 거의 들지 않으며 보궐 선거도 필요 없게 된다.

지난번 오세훈 서울시장이 실시한 여론조사와 사퇴로 인해 여론조사와 보궐선거 비용이 엄청나게 들었다. 오시장의 현명하지 못한 행정으로 국민들은 얼마나 많은 피해를 보았는가? 이번 국회의원 선거에 출마하려고 지자체의원과 단체장이 사표를 냈으니 또 선거비용을 국민이 부담해야 하지 않은가. 따라서 이번 12월 대통령 선거에 광역단체장이 사표를 내고 출마하는 것을 대한민국사이버국회에서는 적극 반대할 것이다.

이와 같은 5단계 지성 민주주의 선거제도를 도입하게 되면 반상회를 통해야만 선출될 수 있으므로 남자들도 반상회에 참가하게 되면 반상회가 활성화되어 아파트 주민 간에 서로 인사를 하게 되고 이웃 간에 정이 넘치는 홍익사회가 될 것이다.

따라서 국회에 정당이 필요 없게 되고 지자체선거에 정당공천이 없어지게 될 것이다. 이명박 대통령은 남은 임기동안 이와 같은 선거제도만 고쳐도 훌륭한 대통령으로 역사에 길이길이 기억될 것이다. 이번 6월부터 시작되는 제4대 대한민국 사이버국회에서는 현 국회를 머슴국회로 규정하고 주인국회로서 그 사명을 다하고자 한다.

브레이크뉴스(Break News) 칼럼 2012.3.1

85. 세상에 이런 일이? 하늘이 걱정하는 한반도와 한민족

〈해운대 송준자 선사님과의 기이한 사연 소개〉

필자는 2012년 2월 27일 오후 8시 부산 해운대에 사는 60대 중반 여성, 송준자 선사님으로 부터 한통의 전화를 받고 깜작 놀란 일이 있었다. "李 대통령, 남-북 정상회담 추진 정국 돌파! 남북 상생의 단계적인 분권형집정제 통일을 추진하라!(breaknews.com(2012.1.20일자 기사))"라는 기사에서 김대중 대통령과 노무현 대통령의 김정일 국방위원장간의 정상회담 일자에 심각한 오류가 있다는 것이다. 아래에 문제의 칼럼을 인용하면 다음과 같다.

李 대통령, 남-북정상회담 추진 정국 돌파!
남북 상생의 단계적인 분권형집정제 통일을 추진하라!
(breaknews.com(2012.1.20일자 기사))

"새해 들어 이명박 대통령의 심기를 건드린 말들이 부쩍 많아지고 있다. 특히 한나라당을 탈당하라는 건의는 너무 심하지 않은가? 이명박 대통령만큼은 다른 대통령과는 달리 탈당하지 않고 임기를 마칠 줄 알았는데.... 2010년 6월 15일 김대중 대통령에 이어 2012년 8월28일 노무현대통령과 김정일 국방위원장 간의 남북한정상의 만남은 평화통일로 성큼 다가서는 아주 중요한 회담이었다."

김대중 대통령과 노무현 대통령의 북한 방문 날짜는 2000년 6월15일과 2007년 10월 2일이다. 필자는 전자공학도로서 꼼꼼하게 기사를 쓴다고 했지만 큰 실수를 하게 되어 독자에게 미안한 마음 그지없다. 용서를 빌어 마지않는다.

필자는 하도 기이한 분이라 3월 2일과 3일 이틀 동안 부산에 가서 신통을 하신 송준자 선사님과 많은 대화를 하게 되었다. 대화하면서 놀란 일은 자기는 인터넷 검색도 잘못하여 항상 따님한테 부탁을 하는데, 이날은 모시는 신께서 "태백산과 정도령" 이라는 단어를 검색해보라는 명을 받았다고 했다.

따님과 함께 인터넷 검색을 하다가 다음 "브레이크뉴스" 기사를 "breaknews.com (2011.11.27일자 기사) 주제목 : "한반도, 정도령 사상으로 새나라 창건해야" 부제목 "극동과 중동의 전쟁의 위험을 평화체제로 전환시키는 사명" 접하게 되었으며, breaknews.com(2012.1.20일자 기사)에서 오류를 발견하였다는 것이다.

한 가지 더욱 놀란 것은 오늘의 만남을 위해 신께서 일부러 숫자를 틀리게 했다는 것이다. 과연 그럴까? 과학자인 필자는 영계와 현실계간의 상관관계를 앞으로 더욱 연구하고 싶은 욕구가 생겼다. 중요한 것은 숫자가 틀리고 고치는 것이 문제가 아니라 우리나라 운명이 총선과 대선의 해인 금년 한해에 우리가 어떻게 하느냐에 따라 크게 좌우 된다는 것이다.

우리 한민족의 사명은 "평화적인 남북통일과 종교화합"이다. 남한과 북한간의 극동전쟁과 이스라엘과 이란간의 중동전쟁의 위험을 평화체제로 빨리 전환시켜야 할 사명이 "정도령"이라는 것이다.

송준자 선사님과 대화를 하면서 계속 눈길을 끌게 하는 것이 또 하나 있는데 거실에 있는 허름한 화분에서 심지도 않은 호박 넝쿨에서 꽃이 예쁘게 피어 있었다. "해를 품은 달"의 드라마에서 상추 화분이 연상되어 사진을 찍어 독자에 선물을 하고자 사진을 올린다. 아무튼 금년 한해 우리 국민 모두 지혜를 발휘해서 국운융성의 해로 만들어야 하겠다.

<기사 참조-1>

breaknews.com(2012.1.20일자 기사)

李 대통령, 남-북정상회담 추진 정국 돌파!

〈남북 상생의 단계적인 분권형집정제 통일을 추진 하라!〉

새해 들어 이명박 대통령의 심기를 건드린 말들이 부쩍 많아지고 있다. 특히 한나라당을 탈당하라는 건의는 너무 심하지 않은가? 이명박 대통령만큼은 다른 대통령과는 달리 탈당하지 않고 임기를 마칠 줄 알았는데.... 2010년 6월 15일 김대중 대통령에 이어 2012년 8월28일 노무현대통령과 김정일 국방위원장 간의 남북한정상의 만남은 평화통일로 성큼 다가서는 아주 중요한 회담이었다.

이제 이명박 대통령도 역사에 길이 남도록 남북정상회담을 공개적으로 추진하여 꼬인 정국을 돌파하는 것이 좋으리라 생각한다. 금강산 사건, 천안함사건, 연평도 사건은 모두 김정일과 관계되는 것이었으므로 새롭게 김정은과 제일 먼저 정상회담을 하는 것은 아주 의미가 있다고 본다.

남북정상회담은 한반도 평화가 세계평화라는 것을 인식시키고 세계인이 깜작 놀랄 만한 큰 회담 결과를 이루어 내어 역사에 길이 빛날 훌륭한 대통령으로 기억되길 국민과 함께 간절히 기원해 본다.

우리는 북한이 핵을 포기하고 상생의 통일을 할 수 있도록 북한이 요구하는 명분 즉, 체제안정과 경제발전이 무엇인가를 잘 알아야한다. 이 두 가지를 만족시킬 수 있는 방안은 베트남식 적화통일도 아니고 독일식 흡수통일이 아닌 우리 한민족식 천부(天符)사상을 기반으로 한 평화통일이다.

천부평화통일 방안은 2단계 통일방안으로서 휴전선을 그대로 유지하면서 외교와 국방만을 통일하는 분권형집정제 통일 즉, 1국가, 2체제, 3행정부 연합국가 체제이다. 국가 체제는 현 남북한 체제를 그대로 인정하고 휴전선을 그대로 유지하자는 것이다.

1국가의 대표는 아버지 역할인 영수회의(남북대표)가 외교, 국방, 통일을 담당하며 의사결정은 화백회의체제로 한다. 또한 3행정부는 남한(공주)과 북한(평양) 제주에 별도로 세 개의 행정부를 두고 어머니 역할로서 각각 수상이 행정을 담당하며 국가의 예산과 행정은 두개의 법률체제로 한다.

또한 국회는 상하 양원제를 채택하고 남북한의 중심인 판문점에 국회의사당과 화백궁(영수들의 집무실)을 새로 지어 새로운 정치도시를 건설한다. 영수 및 수상과 상.하 국회의원선거는 남북한 분리 동시 선거를 실시한다. 휴전선을 그대로 두고 통일을 하므로 난민문제가 해결되고 경제협력을 하게 되므로 오히려 돈을 버는 통일이 된다.

한민족평화통일을 가능한 빨리 이룩하여 위대한 한민족국가(Grand Corea)를 건설하기 위해 천부평화통일 방식의 통일헌법을 2012년부터 논의하여 19대 국회의원 임기 4년 내에 제정하여 2017년에 통일 국가를 건국하면 된다.

이렇게 하면 북한에서 제조한 남한의 상품이 Made in Corea가 되어 하나의 국가 상품으로 인정되어 북한은 체제안정과 경제발전이 동시에 이룩되고, 남한도 통일국가로서 신용도가 올라가 많은 해외 자본이 유치될 것이며 국민 소득 3만 불 시대가 쉽게 열려 동북아 중심 국가가 될 것이다.

우리는 하늘의 뜻에 따라 이미 통일열차를 타고 있으며 순천자(順天子)는 흥하며 역천자(逆天子)는 망하게 됨을 분명히 알아야 한다. 차기 동계 올림픽을 남북이 공동 주최하고 단일팀으로 출전하게 된다면 스포츠 통일국가의 면모를 세계에 보일 것이다.

통일을 위해서는 북한의 요구를 받아들이는 것이 바람직하며 미리 선수를 5:5로 선발하여 열심히 연습한다면 금메달 권에도 들 수 있을 것이다. 당국자들은 소탐대실(小貪大失)하여 역사에 불명예를 남기지 않길 바란다.

그동안 남북 올림픽 협상 팀은 국민의 의견을 수렴하지 않은 채 북경 단일팀 출전을 위해 국호는 코리아, 단기는 한반도기, 단가는 아리랑으로 결정하였다. 한반도기가 올림픽 행사 내내 사용된다면 우리의 영토는 한반도로 고착될 염려가 있으며 아리랑이 국가(國歌)로서 불리게 되는 것도 재고 해 볼 필요가 있다.

따라서 남북한 국민과 해외 동포는 한마음으로 미래 통일국가로서 큰 비전과 꿈이 깃 들인 국호, 단일기, 단일가를 새로 제정하는데 동참하여야 하겠다. 또한 국회와 민간단체는 새로운 국가상징을 제정하기위해 특별위원회를 결성하여 신속히 일을 처리해 나가야 하겠다.

이명박. 김정은 정상회담에서 최우선적으로 결정할 사항은 앞으로 남북한 체제안정을 유지하면서 평화적인 통일을 이룩하기 위해 남북한 통일협의기구로서 남북 동수 『남북통일민관평의회』를 결성하는 것이다.

둘째, 『남북경제민관평의회』를 결성하여 남북한 경제를 살리는 일이다. 남한도 일본과 중국에 샌드위치 경제상태가 되어 이대로 간다면 5년 내에 철강, 자동차, 선박, 정보통신 분야 제품이 가격경쟁력을 잃어 수출길이 막히게 될 것이다. 이 문제를 타결해 나갈 수 있는 유일한 방안은 북한에서 생산하여 수출하는 길 밖에 없다.

셋째, 민간통제구역(CCZ) 일대를 세계평화지역으로 선포하여 동. 서간 도로, 철로 등 SOC 시설을 하여 한반도 속에 세계를 품을 수 있도록 세계평화공원을 만들어 그 단지 내에 미국의 자유여신상, 프랑스 에펠탑, 피라미드, 만리장성 일부를 건설하여 세계관광지로 개발하는데 남북이 공동으로 참여 할 것을 협의하길 바란다.

이명박 대통령은 남북정상회담을 공개적으로 추진하여 어려운 정국을 돌파하여 국민을 안심시키고 남북 상생의 단계적인 분권형집정제 통일을 추진하여 역사적으로 훌륭한 대통령으로서 길이 남길 바란다.

<기사 참조-2>

breaknews.com(2011.11.27일자 기사)

한반도, 정도령 사상으로 새나라 창건해야

〈극동과 중동의 전쟁의 위험을 평화체제로 전환시키는 사명〉

"미래를 예언하는 예언자들의 모임'이 지난 11월 25일(금) 오후 6시 부터 경기도 가평군 청평면 청평리 728-5에 소재하는 '시를 쓰는 오리' 리는 펜션에서 있었다.

미래를 예언하는 예언가, 예언을 연구하는 학자, 영능력자 등 30여명이 모여 내년 총선과 대선, 남북통일, 세계전쟁, 지구를 포함한 우주의 평화에 관한 다양한 예언을 준비해 와서 발표했다. 참석자는 주로 언론인, 사상가, 정치가, 사업가, 종교인, 작가, 기(氣)능력자 등 다양한 직업을 가진 분들로서 새로운 세상을 기다리는 사람, 새로운 세상을 열고자 하는 사람, 도(道)를 구하고 깨달음에 이루고자 하는 사람들이었다.

필자는 김대중 대통령이 김정일 위원장장과 남북 정상회담을 개최한 날보다 2일전, 2000년 6월 13일에 전라남도 나주시에 있는 "나주성모님 집"에서 예수님과 성모님의 아주 특별한 남북통일에 관한 메시지를 소개하면서 필자의 영적체험과 앞으로 사명에 대해 발표하였다. 지면상 메시지 일부만을 여기에 소개 하겠다. 윤 율리리아라는 천주교 신자께서 1985년에서부터 현재까지 예수님과 성모님의 메시지를 받아 적어 책으로 출판도 하고 인터넷에 소개를 하고 있다. (참조 : http://www.najumary.or.kr)

〈예수님 말씀(2000.6.13)〉〈중략〉 : "한국의 남북 정상회담을 누가 주선했다고 생각하느냐? 그것은 바로 내 어머니 마리아다. 세상 자녀들 중에 단 한 영혼이라도 버려지지 않기를 바라시는 내 어머니는 분단국의 아픔으로 애통해 하는 너희를 화해와 일치 안에서 화합하도록 묶인 철사 줄을 완전히 끊어주시기 위하여 남북 정상회담을 갖도록 주선하셨고 또 주관하실 것이니 어서 서둘러 기도하여라. 사랑의 힘을 발휘하여 바치는 너희의 기도와 희생과 보속을 통하여 온전히 봉헌한다면 너희를 괴롭히는 분열의 마귀로부터 승리하여 새로운 여명이 동트는 것을 보게 될 것이다. 그것은 바로 세계 평화의 지름길이기 때문이다."

〈성모님 말씀(2000.6.13)〉〈중략〉 : "그런데 오히려 남북 정상회담을 통하여 한 민족의 화해와 화합이 이루어지려고 하니 화가 날 대로 난 그들은 이간질과 반목을 획책하고 세상이 하느님을 촉범케 하여 온 인류를 파멸에 이르도록 하기 위해 분투노력할 것이다."

필자는 나주가 고향이지만 나주 성모님에 관한 내용을 잘 몰랐으며 1996년 나주 지역구 국회의원을 하면서 자세히 알게 되었다. 1976년 프랑스 친구 따라 루르드(Lourdes)라는 천주교 성지를 방문 한 적이 있었다. 한 처녀에게 성모님의 환영이 나타난 후 동굴 샘물에서 기적이 일어나 물을 마시기만 해도 불구자가 정상이 되어, 집고 다녔던 지팡이가 20여개나 걸려 있는 것을 보고 참 신기하구나 라는 생각을 하면서 물 한잔을 마신 적이 있었다.

나주 성지는 루르드 보다 더 많은 기적과 구체적인 메시지가 있었기에 루르드처럼 전 세계에 널리 알리면 유명한 도시가 되겠구나 하는 생각에 산길을 포장하도록 하고 주한 외국 대사 부부들을 초청하기도 했다. 2년간 면밀히 검토한 후

1998년 천주교 신자가 되기 위해 여의도 성당에 다니면서 6개월 간 성경과 교리를 배우고 12월 18일 아브라함이라는 세례명으로 입교하게 되었다. 제 처도 우연히 같은 날 대구 만촌 성당에서 마라아라는 세례명으로 신자가 되었다.

처음에 저를 인도한 대구 한 여 신도가 솔로몬이라는 세례명이 좋을 것 같다고 하여, 지혜의 왕이라는 것을 알고 기꺼이 그렇게 하기로 했다. 그런데 예비신자 신분으로 5개월 째 되는 어느 날, 나주 지역구에 내려가서 율리아님과 4명이 함께 차를 마시던 중 율리아님이 주저하면서 조심스럽게 저의 세례명을 아브라함으로 바꾸는 것이 어떻겠느냐고 했다. 이유인즉, 성모님계서 그렇게 말씀하시는데 자기는 공적 메시지를 받아 왔지만 개인적인 메시지를 처음 받기에 6번이나 응답을 하지 않다가 망설이면서 전해 준다는 것이었다.

성모님께서 직접 지어주신 세례명인데 기꺼이 받기로 하고 여의도 성당에 가서 이야기 했더니 아직 정식 신도가 아니니 바꿀 수 있다고 했다. 이즈음, 왼쪽 눈이 많이 아파 유명한 안과를 다녀 보았지만 차도가 없다가 나주 금성산 뒤쪽에 있는 성모동산의 물로 치유가 되었다. 물을 눈에 적시면서 성모님 "눈을 낳게 해주시면 성경공부를 열심히 하겠습니다." 라고 하면서 기도를 했더니 정말 기적 같이 치료가 되었으며 오히려 돋보기를 쓰면서 신문을 읽었었는데 지금은 안경 없이 작은 글자도 보게 되었다.

그러면 도대체 아브라함이 어떤 분인지 왜, 바꾸도록 했는지를 잘 몰라 만나는 신부님이나 목사님께 여쭈어 보았다. 지금 중동의 화약고인 이스라엘과 아랍국가 간에 종교분쟁은 아브라함의 아들인 이삭과 이스마엘을 추종하는 기독교와 이슬람교 간에 싸움이므로 이들을 화해시키라는 의미로 해석을 하게 되었다. 하지만 어떻게 해야 가능 할까하고 많은 고심을 하면서 지금까지 생각해 오고 있다.

또 한 가지 영적 체험은 2005년 경 갑자기 인왕산에 올라가고 싶어 평소에 알고 지내던 두 남녀 영매자에게 부탁 했더니 안내를 해 주었다. 일제가 조선의 신궁을 인왕산으로 옮겨버린 국사당(國師堂)을 지나 중이 장삼을 입은 듯 한 선바위에 다다랐을 때, 남자 영매자에게 정도전 선생님의 영이 갑자기 나타나 필자에게 전해 주라면서 "너는 실패하지 말라"라는 말씀을 남겨 주셨다.

그 당시만 해도 선생님을 잘 몰라 인터넷으로 지료를 찾고 나주에서 귀양살이를 하시던 곳과 경기도 이천에 모신 사당을 방문하면서 조선을 건국하신 뜻을 알게 되었다. 결국 태종 이방원으로 부터 죽임을 당하고 뜻을 펴지 못 했으니 대신 새로운 나라를 세우라는 명령으로 알고 많은 고뇌를 하게 되었다.

이제 통일의 때가 온 것 같다. 시대는 올바른 지도자(구세주(救世主}, 미륵불(彌勒佛}, 정도령(鄭道領})를 기다려 왔다고 본다. 2012년 총선과 대선에서는 국가와 민족의 요구에 부응하는 참신하고 정직하면서 성실한 지도자가 나와 새 시대, 새 역사, 새 지평을 열어 새 나라를 건국하는 준비를 해야 하겠다. 한·미 FTA로 난장판과 같은 국회, 진보와 보수의 틈바구니에서 정도를 못 찾는 정부로 인해 정치권은 사분오열되고, 격렬한 시위로 도심지는 전쟁터를 방불케 하고, 의식주를 걱정하는 서민들의 한숨 소리는 하늘을 찌르고 있는 현 상황을 타개해 나가야 하겠다.

하늘님은 역사 속에 살아계시므로 순천자는 흥하고 역천자는 망하게 되며, 역사는 통일을 향해 가고 있으므로 구세주, 미륵불, 정도령을 맞이하기 위해 발전해 왔다고 본다. 메시아는 하늘님의 창조목적인 세계평화를 실현하고 선악투쟁사를 종결시키기 위해 남북통일 사명을 가지고 있다는 것을 한국국민은 알고 있다. 카오스 철학과 프렉탈 사상 즉, 정도령 사상(공생. 공영. 공의주의)인 천지인 홍익사상으로 새로운 나라를 우리 모두 창건할 사명이 있다.

신라 김춘추대왕, 고려태조 왕건에 이어 세 번째 삼국통일의 위업을 달성하기 위해, 통일비용이 들지 않는 1국가 2체제 유럽연합(EU}식으로 남북평화통일을 이룩하여, 2017년 10월 3일에 삼족오(태양새)의 기상으로 "대고려연합국(Grand Corea Union)"을 건국해서 극동의 평화를 찾아야 하겠다. 남북통일을 준비하기 위해 청와대와 국회의사당을 판문점에 새로 짓고 청와대는 마고(麻姑)에서부터 이명박 대통령까지 419명의 역대 왕들을 모시는 국조전으로 바꾸어야 한다.

그리고 국회의사당에 "세계종교UN"을 창설하여 진리의 전당이 되도록 하면 종교 싸움은 없어 질 것이다. 한반도의 여의주(如意珠) 형상인 여의도에 전 세계 종교 지도자들이 평화롭게 활보하는 것을 상상해 보라. 그리고 뉴욕에 있는 UN본부를 판문점에 유치하여 세계 정치 지도자들이 DMZ를 공원 삼아 살아가게 된다면 우리나라에서 3차 대전은 일어나지 않을 것이다. 한국에 옮겨올 물질적인 UN이 극동의 평화를 지키고, 새로 창성될 정신적인 종교UN이 중동의 전쟁을 막을 수 있어 지구촌은 평화로운 세상이 열리게 될 것이다.

이를 위해 "미래를 예언하는 예언자들의 모임"이 큰 역할을 해야 할 것이다. 12월 23일(금) 다음 청평 모임에 관심 있는 분들께서 많이 오시길 기대한다. 50여명이 1박 2일 할 수 있는 시설이 잘되어 있었다.(회원카페 : http://cafe.daum.net/miraeyeun)

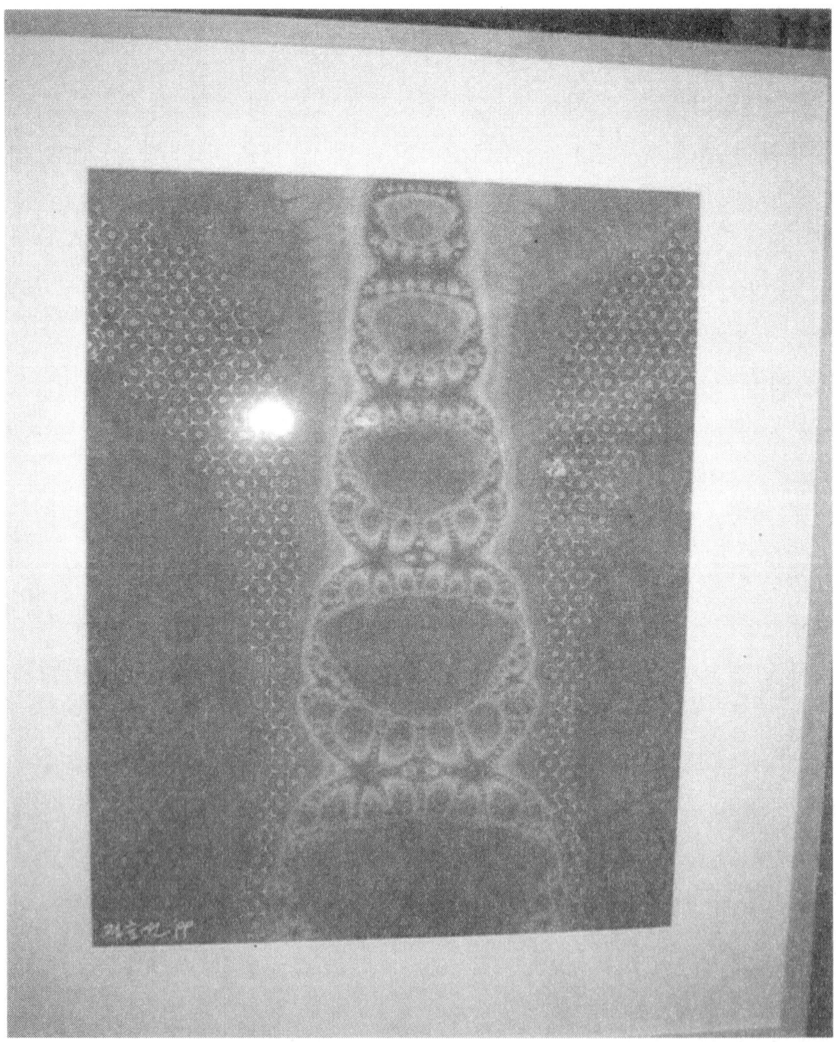

브레이크뉴스(Break News) 칼럼 2012.3.14

86. "세계종교UN" 창설, 국회에 본부 유치하자

남한과 북한-이란과 이스라엘 전쟁방지를 위해 시급하다

우리는 역사를 되돌아보면서 위정자들의 당파싸움으로 나라가 망하게 되었음을 잘 알고 있다. 현재 여야 정치인들도 보수, 진보, 좌파, 우파로 편 가름하고 있어 민족의 운명은 풍전등화와 같아 걱정이 태산이다. 우리는 앞으로 지구촌의 평화를 위해 남북통일, 민족통일, 천하통일을 이룩해야 할 막중한 사명을 가지고 있다.

따라서 대한민국사이버국회에서는 북한과 평화통일을 하루빨리 이룩하기 위해 남북이 정치, 경제, 사회, 문화, 종교, 과학 등 각 분야 대표들로 각각 33인을 선정하여 금강산에서 협의할 것을 정부에 건의하며 북한당국에 공개 제안한다.

I. 우리민족의 뼈아픈 과거 역사 요약

① [베이징조약] 1860.10.24 청나라는 영국, 프랑스 러시아와 체결, 우리영토인 연해주를 러시아에 할양

② [간도협약] 1909. 9 일본이 만주철도부설권 대가로 우리 땅인 간도지방의 영유권을 중국에 할양

③ [카스라(일본수상)-테프트(미국국방장관)] 1905.7.29 미국은 러시아세력의 남하정책 봉쇄, 한국을 일본에 양보하는 대신 필리핀을 독점적으로 지배, 을사늑약의 모태

④ [미국-소련] 1945. 8.15 제2차 세계대전이후, 38선을 경계로 이북은 소련, 이남은 미국이 분할 점령한다는 지침을 결정

II. 평화통일의 당위성

① 남한과 북한은 고려와 조선 시대를 거쳐 1000년 동안 같은 민족으로 살아왔으나 외세에 의해 분단 된지 64년 밖에 안 되었다. 이제 우리의 소원은 통일이다. 평화적인 남북통일을 언제까지 기다려야 하며 어떻게 해야 남북한

모두가 상생하는 통일을 할 수 있을까?

통일을 하루빨리 추진해야할 이유는 북한을 조선성(朝鮮省)으로 편입시키려하는 중국의 동북공정을 저지하고, 일본의 독도침탈 야욕을 저지해야 하기 때문이다. 남북이 자주적 통일을 이룩하여 북한의 자원과 노동력, 남한의 기술과 자본을 상생 결합시켜 강한 경제 대국을 건설해야 하겠다.

② 정부는 북한 급변사태에 대비하기 위해 앞으로 10~15년 기간으로 50조원 규모의 통일세를 걷는 방안을 검토 중이라고 한다. 통일방안에 대한 합리적 청사진을 제시하지도 못하면서 국가부채 규모가 이미 400조원을 넘었으며 가계부채가 1000조원 정도나 되어 국민의 조세부담이 엄청남에도 불구하고 통일이 벼락처럼 닥칠 수 있으며 자고나면 통일이 저절로 되는 것처럼 생각하고 있는 것이 문제다.

③ 통일역사를 되돌아보면 첫 번째 통일은 신라시대 김춘추 대왕이 했으며 두 번째 통일주역은 고려를 창건한 왕건이다. 이 두 번에 걸친 통일은 많은 백성들을 주검으로 몰아넣은 피의 전쟁이었다, 따라서 이제 세 번째 이루어야 할 통일은 피를 흘리지 않으며 통일비용이 들지 않고 오히려 경제적으로 상호 이익이 되는 평화적인 방법으로 해야 하겠다.

III. 평화통일의 방안

① 우리 모두 통일시나리오를 한번 생각해 보자. 통일방안은 크게 휴전선을 없애는 통일과 휴전선을 그대로 두고 하는 통일 둘로 나눌 수 있다. 독일과 베트남처럼 휴전선을 없애는 통일은 피를 흘리던지 천문학적인 돈이 필요해 남북한 모두에게 바람직하지 않다.

② 과거 정부에서 논의했던 통일 방안을 검토해보자. 남한의 통일방안은 민족공동체 통일로서 자유민주주의사상, 남북 동시선거, 1국가, 1체제, 1정부를 주장하고 있으며, 한편 북한은 고려연방제통일로서 북한의 김일성주체사상과 1국가, 2체제, 2정부 방안으로서 연석회의 정치협상을 통해 해결하자는 것이다. 이 두 가지 방안을 잘 조정하면 역사에 길이 남을 좋은 방안이 도출될 수 있다.

③ 흡수통일을 하게 된다면 독일 알브레흐트 슈미트 HVB 그룹회장은 막대한 통일비용, 근로생산성의 감소, 단일화폐 도입, 임금폭등과 같은 4대 악재 때문에 경제 성장률은 하락세를 면치 못할 것이라고 했다. 그리고 미국의 랜드

연구소도 독일식 흡수통일을 하게 되면 통일비용은 최소 500억(약 50조) 달러에서 최대 6700억 달러에 이를 것이라고 했다.

④ 휴전선을 그대로 두고 유럽식 연합국가인 대고려연합국(Grand Corea Union)형태로 통일을 하게 되면 세계적인 투자은행 겸 증권회사인 골드만삭스(Goldman Sachs)가 예측하길 북한의 자원과 노동력, 남한의 기술과 자본이 상생 결합하여 2025년에 한국의 1인당 GDP(Gross Domestic Product)는 3만 6813달러, 2050년에는 8만1462달러로 미국에 이어 세계 2위가 될 것이라고 했다.

IV. 앞으로 추진 방안

남북평화통일추진협의회에서는 남북한 정부와 정치권이 민감한 통일에 대해 직접협의하기 어려워, 남북한 각각 민간대표(33명)들이 한자리에 만나 남북평화협정체제 구축을 논의 하고자 한다. 구체적 회의 주제는 독도수호대처방안, 북한의 대일민간청구권, 일본이 약탈해간 문화재 반환, 일본 내 위폐반환, 남북경제특구확대방안, 평화통일방안, 통일일정, 정부형태, 선거방법 등에 대한 내용을 협의하고자 한다.

앞으로 남북회담을 대비하여 국회에서 공청회를 개최하고 인터넷으로 여론조사를 실시하고자 한다. 조국과 민족을 사랑하는 국내외 모든 정치, 사회, 문화, 종교, 여성, 청년단체 등은 오직 구국일념으로 대동단결하여 통일국가 건국에 적극 참여해 주길 바란다.

브레이크뉴스(Break News) 칼럼 2012.3.19

87. 남북평화통일추진 기구, 북한에 공개 제안

평화를 위해 남북통일, 민족통일, 천하통일 준비

현재 지구촌에는 중동(이스라엘과 이란)과 극동(남한과 북한)에 두 개의 화약고가 있다. 각각의 화약고가 따로따로 터질 수도 있지만 연동해서 터질 수도 있어 오직 선거에만 미친 우리 정치 지도자들은 정신을 바짝 차려야 하겠다. 만일 두 지역에서 전쟁이 동시에 일어난다면 미국은 감당하기 힘들어 중동에만 치우칠 수 있어 한반도에서 3차 대전에 버금가는 전쟁이 일어날 수 있다.

미국 헤리티지재단 국가안보선임연구원인 피터 브룩스(PETER BROOKES)에 의하면 이란과 이스라엘의 전쟁 가능성은 매우 높다고 한다. 그동안 국제원자력 기구(IAEA)는 지속적으로 이란 핵 개발 프로젝트의 중단을 요구해왔었지만 이란은 평화적인 목적으로 우라늄을 농축하고 있을 뿐이라며 IAEA의 요구를 일축해왔다고 했다.

이제 이란의 핵 보유는 시간상의 문제일 뿐이며 이로 인해 중동의 긴장은 고조될 것이며, 특히 이미 핵무기를 보유한 이스라엘과 이란의 불법적인 핵 개발이 맞물려 매우 긴박한 상황을 연출할 가능성도 배제할 수 없다고 했다.이스라엘 측에서 보기에 '이란은 단지 시간을 벌고 있을 뿐'이며 핵개발을 절대 포기하지 않을 것이라고 하면서 이스라엘의 실반 샬롬 외무장관은 최근 이란의 핵무기 개발프로그램과 관련해 가능한 모든 수단을 동원해 막을 것이라고 밝혔다.

그러나 그는 군사적인 수단을 동원할지에 대해서는 언급하지 않았다. 최근 美 행정부는 이스라엘에 5000여기의 스마트 폭탄과 500여기의 JDAM 미사일(벙커버스터)을 판매할 예정이라고 한다. 이 가운데 JDAM 폭탄의 경우 180cm 두께의 콘크리트 벽을 통과할 수 있어 이란은 이스라엘의 가장 위험스런 전쟁책동이라며 비난하고 나섰고 한다. 한편 이란은 이에 대응해 '샤합(Shahab)-3' 탄도 미사일을 실전 배치했다는 것이다. '샤합-3' 미사일의 경우 이스라엘까지 도달 할 수 있으며 이란은 이 미사일을 25~100여기 가량 보유하고 있는 것으로 알려져 있다.

이와 관련해 이란의 알리 샴카니 국방장관은 “이제 이란은 모든 적(이스라엘과 미국)들에 대해 공격할 준비가 되어있다”고 말했다. 만일 이스라엘이 이란의 핵 시설에 대해 선제공격을 감행한다면 실제 상황은 어떻게 될까? 이에 대해 일각에서는 이스라엘의 선제공격이 아랍형제국가들을 뭉치게 만드는 기폭제가 될 가능성이 크다고 여긴다. 이에 맞서 이란도 이스라엘대해 군사적인 행동을 감행한다면 그 피해는 매우 심각할 것이다. 전쟁 발발과 함께 이스라엘의 수도인 텔아비브가 공격 받을 것이며 이스라엘은 이란의 공격에 대해 핵무기로 보복할 것이다.

만일 한반도에서 중동처럼 전쟁이 일어난다면 어떤 상황이 벌어질까? 서울과 평양의 도심은 집집마다 가스관이 서로 연결되어 불바다가 될 것이며, 지하철에는 수백만이 갇히고 전기 수도가 끊겨 가히 상상을 하기 힘들 것이다. 작년 정전사태를 겪어 본 사람들은 좋은 경험을 했을 것이다. 하늘이 미리서 보여 준 것이라고 본다.

또한 삼성, 현대, LG의 공장은 대파되어 경제는 파탄날 것이며, 원자력 발전소도 한두 개 파괴된다면 일본 후쿠시마처럼 될 수 있다는 것을 하늘은 경고하고 있음을 알아야 할 것이다. 한 달 정도 전쟁을 하고 휴전한다면 북한은 중국의 한 개의 성으로 편입될 것이며 남한은 일본의 자본이 들어와 복구하면서 경제적으로 속국이 될 것이다. 4대 강대국은 이익을 보겠지만 우리나라는 6.25보다 더 처참해 질 것이다.

전 세계는 중동과 극동의 핵 개발 프로그램의 평화적인 해결방법을 끝까지 강구해야 하겠지만 이란은 이미 카운트다운을 시작한 것으로 여겨진다. 이스라엘은 평화적인 해결 방안을 강구하려 하나 외교적인 방법을 넘어설 가능성도 배제할 수 없어 우리는 강 건너 불구경만 하고 있을 수 없다. 여기서 우리는 냉철히 전쟁의 근본적인 원인을 따져보아야 하겠다.

그리고 현재 UN은 이와 같은 전쟁을 막을 수 있는 능력은 없는가? 반기문 UN 사무총장은 현명하게 대처해야 할 것이다. 북한과 이스라엘을 포함 전 세계 강대국이 가지고 있는 모든 핵무기를 동시에 폐기하자고 주장할 수는 없는가?

필자가 생각하기에 중동의 전쟁원인은 기독교역사적으로 거슬러 올라가 아브라함의 두 아들 이삭(기독교조상)과 이스마엘(이스람교조상)의 후손들의 종교 싸움으로 규정해본다. 남한과 북한도 신을 믿느냐의 안 믿느냐의 차이다. 결국 궁극적인 해결 방법은 종교적으로 접근해야 한다고 본다.

따라서 필자는 남북평화통일을 위해 1국가2체제 유럽식 연합 국가(Grand Corea Union)를 새로 건국하자고 여러 번 주장해 왔으며, 남북합의하에 판문점에 청와대와 국회를 공동으로 새로 짓자고 제안해 왔다. 현 청와대 자리에는 한인, 한웅, 단군, 삼국시대를 포함 고려와 조선을 비롯하여 이명박 대통령까지 역대 왕 400여명을 모시는 국조전으로 하여 세계 문화유산으로 등록한다.

그리고 국회의사당은 새로 창설될 세계종교UN본부로 지정하여 전 세계 300개 종단이 참여하고 종단 대표와 7명의 직원들이 국회의원 회관에서 근무하고 국회 본회의장을 "진리의 광장"으로 활용하자는 것이다. 각 종단에서 발표하는 진리는 만장일치 회백회의로 결정하고 모든 과정은 전 세계로 생중계방송하게 되면 전 세계인의 의식이 높아져 전쟁보다는 평화가 좋다는 것을 깨닫게 될 것이다.

처음에 종단 대표들이 서로 자기들의 진리만이 옳다고 주장하면서 싸우게 되어 1년에 한건도 진리가 발표 안 될 수도 있지만 별 문제가 안 될 것이다. 결국 진리는 하나로 통하게 되니 걱정할 필요가 없을 것이다.

국회도서관은 종교도서관으로 바꾸고 헌정기념관자리에는 "세계종교대학원대학교"를 설립하여 전 세계 300개 종단에서 매년 1명씩 추천받아 입학시키고 대학 4년, 대학원 2년, 박사과정 4년, 인턴 5년 과정을 거치게 하면 훌륭한 종교 지도자가 될 것이다.

종교에 관련된 10여개의 언어를 비롯하여 전 세계 사상, 철학, 역사, 문화를 공통과목으로 가르치고 특히 우주과학과 생명과학을 심도 있게 배우도록 한다. 저절로 종교화합이 이루지지 않겠는가? 현재 인간이 얼마나 어리석은지 알게 될 것이다. 전쟁은 영원히 사라질 것이며 전 지구촌은 에덴동산이 되고 인류의 꿈인 마고성은 복원되어 낙원이 건설될 것이다.

두뇌지수(IQ)가 최고로 좋은 우리가 남북통일을 하루빨리 이룩하고 세계평화를 위해 "세계종교UN"을 창설하는데 앞장서야 되지 않겠는가? 지옥과 천당은 우리의 선택에 달려 있다. 하늘은 스스로 돕는 자를 돕는다고 하지 않았는가? 우리 7대 종단 대표들부터 앞장서서 행동으로 옮겨 주기를 간절히 바란다.

브레이크뉴스(Break News) 칼럼 2012.4.4

88. 차기대권, MB-김정은-안철수 마음잡아야!

상생정치로 남북통일, 민족통일, 천하통일 초석 준비

4.11총선이 중반에 접어들면서 청와대, 여당, 야당이 국무총리실의 전 방위 사찰을 둘러싼 난타전을 벌리면서 정책선거가 실종되고 있어 국민들은 정말 실망이 대단히 크다. 어떻게 청와대가 국민을 사찰하느냐면서 도올 김용옥 한신대 교수가 이명박 정권을 향해 쓴 소리를 하였다고 한다. "대의를 망각하고 사적인 욕망을 위해 국가전체를 동원한 유례는 단군이래 한 번도 없었다."고 맹비판 했다. 여기에 선긋기 나선 새누리당에 대해선 "면죄부 얻으려는 생쥐새끼들" 이라고 독설을 퍼 부었다고 한다.

이번 총선 후 새로운 국회의원이 선출되어도 여. 야간의 싸움은 더욱 심할 것 같아 걱정이 태산이다. 하지만 나라의 운명은 대통령에 많이 좌우되므로 세종대왕과 같은 훌륭한 대통령을 선출해서 상생정치로 남북통일, 민족통일, 천하통일의 초석 다져 나가야 하겠다. 대통령이 인자하지 못하면 모든 사람이 불안하게 되고, 대통령이 인자하면 비로소 국민들도 인자하게 되므로 차기 대통령은 청와대와 북한을 미워하지 말고 인자한 마음으로 선정을 베풀어야 할 것이다.

차기 대통령에 당선 되려면 3M(Men, Money, message)을 갖춰야 되고 좋든 싫든 이명박 대통령과 김정은 위원장의 마음을 사야하는 것은 물론, 참신하고 과학적인 생각으로 과거보다는 미래를 이야기 할 줄 아는 안철수 원장과 뜻이 통해야 한다. 이명박 대통령은 퇴임 후를 걱정할 것이고 북한 정부는 남한의 누구와 연대를 해야 체제안정과 경제발전을 동시에 이룩할 수 있을까 고민하고 있을 것이다.

우리나라 역대 대통령은 퇴임 후 국민들로부터 존경을 받지 못하고 모두 불행했다고 볼 수 있다. 망명, 총살, 본인감옥, 아들감옥, 자살로 우리 국민은 물론 세계적으로 부끄러운 일이 아닐 수 없다. 대통령 자신이 나쁘다기보다는 정치적인 시스템이 좋지 않다고 본다.

다음 대통령은 청와대 안에 상설로 "국가원로회의"를 신설하여 전임 대통령인 전두환, 김영삼, 이명박 대통령과 16개시. 도 대표 16명을 선출하여 총 19명을 국가원로회의 위원으로 위촉하여 국정을 자문 받도록 하는 것이 좋을 것이다. 16개 시도 대표의 선출은 전국 반상회 대표 3명을 선출하여 각 면동대표 10명, 시. 군구 대표 10명, 시도대표 10명, 5단계를 거치면서 지성민주주의 방식으로 선출하게 되면 전혀 돈이 들지 않고 인자하고 훌륭한 분이 선출될 수 있다. 국가원로회의 의장은 직전 대통령이 맡아 자기의 잘 잘못한 경험을 자문하게 되면 화기애애한 상생의 정치가 될 것이다.

북한의 김정은 위원장의 마음을 안심시키고 남북이 평화통일을 이룩하기 위해서는 민간 차원에서 "남북평화통일추진협의회"를 만들도록 하여 남북분단 상태를 평화 상태로 바꾸어야 하겠다. 보수, 진보, 좌파, 우파를 모두 아우르면서 지구촌의 두 개의 화약고인 한반도의 극동화약고와 중동(이스라엘과 아랍권)화약고의 불을 꺼야한다. 차기 대통령은 남북통일과 종교화합을 위해 남북통일, 민족통일, 천하통일을 이룩해야 할 막중한 사명감을 가지고 있음을 자각해야 한다.

따라서 이명박 정부와 북한당국은 평화통일을 하루빨리 이룩하기 위해 남북이 정치, 경제, 사회, 문화, 종교, 과학 등 각 분야 대표들로 "남북평화통일추진협의회" 위원 33인을 각각 선정하여 금강산에서 협의하도록 도와야 한다.

남한과 북한은 고려와 조선 시대를 거쳐 1000년 동안 같은 민족으로 살아 왔으나 외세에 의해 분단 된지 64년 밖에 안 되었다. 통일을 하루빨리 추진해야할 이유는 북한을 조선성(朝鮮省)으로 편입시키려하는 중국의 동북공정을 저지하고, 일본의 독도침탈 야욕을 저지해야 한다. 남북이 자주적 통일을 이룩하여 북한의 자원과 노동력, 남한의 기술과 자본을 상생 결합시켜 강한 경제 대국(1인당 GDP : 2025년, 36,813$, 2050년 81,462$)을 건설해야 한다.

통일역사를 되돌아보면 첫 번째 통일은 신라시대 김춘추 대왕이 했으며 두 번째 통일주역은 고려를 창건한 왕건이다. 이 두 번에 걸친 통일은 많은 백성들을 주검으로 몰아넣은 피의 전쟁이었다. 따라서 이제 세 번째 이루어야 할 통일은 피를 흘리지 않으며 통일비용이 들지 않고 오히려 경제적으로 상호 이익이 되는 1국가 2체제인 평화적인 방법으로 통일을 해야 한다.

남북평화통일추진협의회에서는 남북한 정부와 정치권이 민감한 통일에 대해 직접 협의하기 어려우므로 남북한 민간대표(33명)들이 한자리에 만나 남북평화협정체제 구축을 논의해야 한다. 구체적으로는 중국의 동북공정과 독도수호대처방안, 북한의 대일민간청구권, 일본이 약탈해간 문화재 반환, 남북경제특구확대방안을 비롯하여 평화통일의 구체적인 방안, 통일일정, 통일정부형태, 선거방법 등에 대한 내용을 협의해야 한다. 이를 대비하여 국회에서 공청회도 개최하고 인터넷으로 여론조사를 실시하여 조국과 민족을 사랑하는 국내외 모든 정치, 사회, 문화, 종교, 여성, 청년단체 등이 오직 구국일념으로 대동단결하여 통일국가 건국에 앞장 서여 한다.

또한 차기 대통령은 과학기술과 정보화시대에 걸맞게 중국의 원자바오총리와 후진타오주석처럼 과학적인 사고로 국정을 다스리고 역할분담을 해야 하겠다. 이번 대통령 선거에서 안철수 원장과 협의하여 대통령은 아버지 역할로서 중앙의 5개 부처(외교, 국방, 통일, 행자, 여성)를 담당하고 국무총리는 세종시로 내려가는 9개 부처를 전담하도록 역할분담을 명확히 하면서 동반후보로 나선다면 거의 당선이 확실해 질 것이다.

이제 다음 대통령은 중화학산업을 중심으로 한 제조업이 주도하는 '제2의 물결시대에서 인터넷을 통하여 지식. 정보, 문화산업이 주도하는 '제3의 물결시대'가 도래한 것을 빨리 인식하고 국정을 펼쳐야 한다. 누구나 정보기반시설을 활용하여 자유를 누리고 행복을 추구할 수 있어야 한다. 미래지향적이고 통합적이며 범국가적인 정보화의 비전과 정책이 추진 될 수 있도록 부처 간의 벽을 허물어 국제 경쟁에 앞장 서 나아가도록 정책을 펴야 한다.

국가경영의 속도를 비교해 본다면 농경사회에서는 소달구지 속도이고 산업사회에서는 자동차속도이고, 정보화 사회에서는 비행기와는 비교가 안 되는 빛의 속도라고 볼 수 있다. 비행기에 비유해보면 대통령은 비행기 조종사이니 국가의 각종 통계자료를 실시간으로 보면서 국정을 운영해야 한다. 따라서 청와대에 최첨단 전자상황실을 만들어 대통령은 전자대통령, 정보화대통령의 역할을 수행하면서 우주선 관제사처럼 국가운영을 지휘 통솔해야 한다.

첨단 선진화 대통령이 되려면 최우선적으로 청와대전자상황실에 얼굴을 보면서 전화를 할 수 있는 영상전화기를 설치해야 한다. 의사소통을 친밀하고 효율적으로 하도록 영상전화기를 각부 장관실과 국장실에 우선 설치하고 육해공군 사단장실, 해외 대사관에 설치하여 영상전화로 국정을 챙긴다면 당사자들은 항상 업무를 잘 파악하고 준비를 철저하게 하기 때문에 아주 능률적인 국정이 운영 될 것이다. 정부기 앞장서 이러한 시스템을 도입한다면 국가기관이나 기업체도 뒤따를 것이므로 그 파급 효과는 말로 이루 다 할 수 없을 것이다. 더욱 중요한 것은 비서를 시키지 말고 대통령이 직접 전화를 걸어야 효과가 클 것이다.

그리고 두 번째로 통계청 자료를 전자상황실에서 실시간으로 볼 수 있도록 해야 한다. 비행기의 조종사가 풍속과 풍향, 비행기 속도 등 여러 계기판을 보면서 조종하는 것처럼 전자상황실에는 15개 정부부처에 해당되는 데이터를 벽걸이 컴퓨터 모니터에 표시되도록 해야 한다. 국가경쟁력을 좌우하는 여러 가지 지표는 물론 외환보유고, 수출입 통계, 인구자료, 소 사육 두수까지 볼 수 있도록 하여야 예산편성을 실효성 있게 세울 것이며 각부 장관이 스스로 모든 문제를 파악해서 자발적으로 해결 할 것이다. 청와대가 시범을 보이면 각부 장관실도 전자상황실을 설치할 것이며 국가기관, 기업, 은행도 뒤따라 설치하여 세계에서 가장 정보화가 잘 된 전자정부가 될 것이다.

또한 청와대에 회계 및 인적사항을 관리하는 컴퓨터 소프트웨어시스템을 설치하여 국가 예산의 흐름을 정확히 파악하여 국가의 투명성과 공정성을 높여야 한다. 청와대가 실시하게 되면 각 부처는 물론 정부기관과 모든 기업에서도 도입하게 되어 회사가 투명하게 경영하게 될 것이며 노사문제는 저절로 해결 될 것이다. 이러한 체제를 반대하는 기업에 대해서는 은행과 정부가 연계하여 대출 규제로 강력하게 대응해 나가면 될 것이다. 정책과 시스템만 새로운 것으로 바꿀 것이 아니라 디지털 경제시스템을 운영할 수 있는 디지털 전문인으로 공무원을 교체해야 한다.

사회구조가 선진화되고 국민들의 욕구 또한 다양하여 각계각층의 목소리를 신속하게 국정에 반영해야 하는 새로운 정치모델이 요구되고 있으나, 지금 우리의 정치현실은 이에 부응하고 있지 못하며 가장 앞서 나가야할 정치권은 정보화 무풍지대가 되어 변화를 두려워하고 있다. 국민들이 가장 바라고 있는 일자리 창출도 정보화뉴딜정책으로서 세계적인 전자도서관 사업을 추진하면 되는데 정부관리 누구도 관심을 갖지 않으니 국민만 고통을 받고 있다. 대통령부터 과학화, 정보화에 앞장서야 장관, 고급공무원들이 개인 블로그나 카페를 운영하면서 국민과 소통을 하게 하면 되는데, 정보교류 수준이 초. 중, 고등학생 정도보다 낮으니 국민들로부터 외면을 받을 수밖에 없다.

중국의 정치인들을 보라. 거대한 중국을 과학적으로 운영하니 2011년 11월 4일 하늘궁전(톈궁1호)에 닻을 내린 신의 배(선조우 8호)를 띄워 성공을 하지 않았는가? 중국의 지도자 후진타오(중국어 간체: 胡锦涛 정체: 胡錦濤 병음: H   Jǐntāo 호금도 1942년 12월 21일 ~)는 중국공산당 중앙위원회 총서기이자 중화인민공화국의 주석으로서 칭화대학에서 기계공학을 공부했으며, 국무원총리인 원자바오(온가보. 중국어 간체: 温家宝 정체: 溫家寶 병음: Wēn Jiābǎo 1942년 9월 15일 ~)는 베이징지질학원(현재 중국지질대학)출신으로 지질 분야의 기술자이다.

2012년 대선에서는 최첨단과학의 시대, 정보화시대가 요구하는 준비된 국무총리와 대통령이 누구인지 잘 선택해야 국가의 미래에 희망이 있을 것이다. 하늘은 천손민족인 우리 한민족을 보호 할 것이며 동방의 등불 국가의 사명을 다하도록 도와주실 것이다. 우리 모두의 큰 꿈을 펼치면서 각자 자기의 사명을 완수해 나가자.

브레이크뉴스(Break News) 칼럼 2012.4.16

89. 사이버국회 역할, 정치선진화 NGO!

직접 · 참여 · 양방향 소통 지성민주주의 영성시장경제 체제 구축

대한민국사이버국회(참의원, 민의원, 여성국회, 청년국회)는 인터넷 강국으로서 정치 선진화를 이룩하기 위해 세계에서 처음 실시하는 정치NGO이다. 우리나라는 정치만 잘하면 1등 국가가 될 수 있다. 정치를 개혁하기 위해 정치 NGO의 역할을 하고자 2000년 "대한민국사이버국회"를 창설하였다. 인터넷을 통해 국민들로부터 정책을 제안 받아 법률개정은 물론, 통일국가 헌법제정에도 참여하려 한다.

초대 대한민국사이버국회는 헌정기념회관에서 2000년 8월 25일 개원한 후, 제2대 의회를 거쳐 제3대 사이버국회는 2008년 9월 1일 국회헌정기념관에서 개원하였다. 그리고 초대 민의원은 2008년 12월에 남원에서 개원하였다.

저비용 고효율의 정치발전을 이룩하기 위해 정당과 지역을 초월한 열린 정치를 구현하여 수준 높은 정치문화를 창조하고자 한다. 직접민주주의, 참여민주주의, 양방향민주주의인 지성 민주주의와 서로 상생하는 영성 시장경제체제의 새로운 국가시스템을 실현해 나가고자 한다.

대한민국사이버의회는 사이버국회(참의원, 민의원)를 비롯하여 사이버광역의회, 사이버기초의회로 구성된다. 그리고 SNS청년국회, SNS여성국회를 결성하여 국민과 함께 정치를 개혁하여 국민이 주인인 사이버민주화시대를 열어 좋은 나라를 만들어 나가고자 한다.

우리 사이버국회의원은 지식과 덕망을 갖춘 국민을 대변하는 봉사자로서 저비용 고효율의 수준 높은 정치문화 창조를 염원하는 다수 국민들의 욕구를 충족하기 위해 직접, 참여, 양방향으로 소통을 해서 지성민주주의와 영성시장경제 시스템을 실현하도록 각계에서 자발적으로 동참한 사이버 정치인이다.

이에 우리는 세계 최초의 사이버국회 종주국이라는 자긍심을 갖고 정치 무관심, 정치 불신풍조 개선을 다짐하며 사이버국회의원의 행동강령을 다음과 같이 정했다.

1. 우리는 정당을 초월하여 초당적 위치에서 소신과 공정을 바탕으로 국민을 대변한다.
2. 우리는 정치발전정책을 개발하고, 현실국회와 연계하여 민생 관련 법률안의 제정 및 개정으로 국민생활 안정에 이바지한다.
3. 우리는 전자투표를 통해 각종 여론을 수렴하고, 이를 정치현안에 반영시켜 사익 보다는 공익을 앞세워 책임정치를 구현한다.
4. 우리는 미래에 이 나라 정치일선에 나설 청년 및 여성정치 지망생을 참여 시켜 선진 정치문화 조성을 위한 교육의 장으로 활용한다.
5. 우리는 지방화시대를 맞아 국민이 직접 참여하는 참여민주주의를 구현하기 위하여 사이버국회를 사이버지방의회로 확산 시킨다.
6. 우리는 세계 각국에 사이버국회를 전파하며, 사이버UN, 사이버IPU를 유치하고 세계 최초의 사이버국회 종주국이라는 자긍심을 드높인다.

좀 더 자세히 설명하면 사이버국회는 SNS를 통해 직접민주주의, 참여민주주의, 양방향민주주의를 구현하여 기존의 정치질서를 올바르게 선도하고, 미래 한국과 세계를 이끌어 갈 창의적이고 진취적인 지도자를 육성하고자 한다. 또한 국가와 민족을 위해 헌신하면서 남북평화통일과 세계인류평화를 위해 최선을 다 하도록 하고자 한다.

제4대 대한민국사이버국회의원을 선출하기 위한 신청 기간(2012.4.1~5.20) 및 의원의 분류는 기초의원(10,000명), 광역의원(1,000명), 민의원(300명), 참의원(300명)으로 한다. 이번 총선에서 어려운 여건상 출마하지 못하였거나 낙선한분은 낙심하지 말고 "대한민국사이버국회"(http://cafe.daum.net/cybercoreasun)에 참여하여 소신을 펼치기 바란다.

브레이크뉴스(Break News) 칼럼 2012.4.19

90. 안철수가 IT총리면 과학대통령 누가해야?

첨단과학 정보화시대, 대통령-국무총리 역할 분담 필요

이명박 대통령은 역대 대통령 가운데 최다 해외 순방을 기록한 대통령으로서 취임 이후 2011년 11월까지 37회에 걸쳐 55여 개국을 방문하면서 가정으로 치면 아버지 역할 즉, 외치는 잘 했다고 볼 수 있다. 하지만 작은 정부를 지향한다면서 돈 버는 부처인 과학기술부와 정보통신부를 폐지하여 타 부처에 분산시켜 버린 것은 아주 잘 못된 내치라고 볼 수 있다.

중국의 정치인들을 보라. 거대한 중국을 과학적으로 운영하니 2011년 11월 4일 하늘궁전(텐궁1호)에 닻을 내린 신의 배(선조우 8호)를 띄워 성공을 하지 않았는가? 중국의 지도자 후진타오(중국어 간체: 胡锦涛 정체: 胡錦濤 병음: H　Jǐntāo 호금도 1942년 12월 21일 ~)는 중국공산당 중앙위원회 총서기이자 중화인민공화국의 주석으로서 칭화대학에서 기계공학을 공부했으며, 국무원총리인 원자바오(온가보. 중국어 간체: 温家宝 정체: 溫家寶 병음: Wēn Jiābǎo 1942년 9월 15일 ~)는 베이징지질학원(현재 중국지질대학)출신으로 지질 분야의 기술자이다.

고 김대중 대통령께서 어려운 IMF상황을 극복하면서 IT강국을 만들었기에 우리나라가 IT기술 제품으로 세계를 선도할 수 있었다. 금년 12월 19일에 뽑을 18대 대통령은 정말 신중하게 선택해야 하겠다. 중화학산업을 중심으로 한 제조업이 주도하는 '제2의 물결시대에서 인터넷을 통하여 지식. 정보, 문화산업이 주도하는 '제3의 물결시대'가 도래한 것을 빨리 인식하고 국정을 펼칠 수 있는 그런 지도자가 필요하다. 미래지향적이고 통합적이면서 과학적인 소양과 정보화의 비전을 가지고 정책을 펼쳐야 하겠다. 부처 간의 벽을 허물어 국제 경쟁에 앞장 서 나아가는 정책을 추진해야 한다는 것이다. 국민 모두가 차별 없이 정보기반시설을 활용하여 자유를 누리고 행복을 추구할 수 있어야 한다.

전자공학의 꽃이라 할 수 있는 통신과 인터넷기술로 정보화 사회의 혁명이 일어나 지구가 마치 한 도시처럼 되어버렸다. 광케이블 및 위성통신기술과 같은 세계정보고속도로와 컴퓨터 소프트웨어 덕분에 통신과 방송의 영역이 없어져 스마트폰 방송, 인터넷방송, DMB방송, 위성방송이 보편화되어 세계정부의 탄생이 머지않을 것 같다. 우리 모두가 정보의 제공자이며 동시에 정보의 수혜자가 되어 시공을 초월한 사이버세계로 까지 확장되었다.

국가경영의 속도를 비교해 본다면 농경사회에서는 소달구지 속도이고 산업사회에서는 자동차속도이고, 정보화 사회에서는 비행기와는 비교가 안 되는 빛의 속도라고 볼 수 있다. 비행기에 비유해보면 대통령은 비행기 조종사이니 국가의 각종 통계자료를 실시간으로 보면서 국정을 운영해야 한다. 따라서 청와대에 최첨단 전자상황실을 만들어 대통령은 차원이 다른 전자대통령, 정보화대통령의 역할을 수행하면서 우주선 관제사처럼 국가운영을 지휘 통솔해야 한다.

첨단 선진화 대통령이 되려면 최우선적으로 청와대전자상황실에 얼굴을 보면서 전화를 할 수 있는 영상전화기를 설치해야 한다. 의사소통을 친밀하고 효율적으로 하도록 영상전화기를 각부 장관실과 국장실에 우선 설치하고 육해공군 사단장실, 해외 대사관에 설치하여 영상전화로 국정을 챙긴다면 당사자들은 항상 업무를 잘 파악하고 준비를 철저하게 하기 때문에 아주 능률적인 국정이 운영 될 것이다. 정부기 앞장서 이러한 시스템을 도입한다면 국가기관이나 기업체도 뒤따를 것이므로 그 파급 효과는 말로 이루 다 할 수 없을 것이다. 더욱 중요한 것은 비서를 시키지 말고 대통령이 직접 전화를 걸어야 효과가 클 것이다.

차기 대통령은 더욱 잦은 해외순방으로 장관들조차 대통령의 얼굴 보기가 힘들게 될 것이다. 대통령이 최첨단 영상전화 시설을 활용하여 외국정상, 장관, 국회의원, 주요기관장, 군 사단장 등과 서로 얼굴을 보면서 통화한다면 친근감도 생기고 마음이 열리게 될 것이다. 난장판 국회를 만든 한. 미 FTA 같은 문제도 훨씬 쉽게 해결 될 수 있었을 것이다. 그리고 통계청 자료를 전자상황실에서 실시간으로 볼 수 있도록 한다면 투명한 정부가 될 것이다. 다음 대통령은 비행기의 조종사가 풍속과 풍향, 비행기 속도 등 여러 계기판을 보면서 조종하는 것처럼 청와대 전자상황실에는 15개 정부부처에 해당되는 데이터를 벽걸이 컴퓨터 모니터에 표시되도록 해야 하겠다.

국가경쟁력을 좌우하는 여러 가지 지표는 물론 외환보유고, 수출입 통계, 인구자료, 소 사육 두수까지 볼 수 있도록 하여야 예산편성을 실효성 있게 세울 것이며 각부 장관이 스스로 모든 문제를 파악해서 자발적으로 해결 할 것이다. 청와대가 시범을 보이면 각부 장관실도 전자상황실을 설치할 것이며 국가기관, 기업, 은행도 뒤따라 설치하여 세계에서 가장 정보화가 잘 된 전자정부가 될 것이다. 또한 청와대에 회계 및 인적사항을 관리하는 컴퓨터 소프트웨어시스템을 설치하여 국가 예산의 흐름을 정확히 파악하여 국가의 투명성과 공정성을 높여야 한다. 청와대가 실시하게 되면 각 부처는 물론 정부기관과 모든 기업에서도 도입하게 되어 회사가 투명하게 경영하게 될 것이며 노사문제는 저절로 해결 될 것이다.

이러한 체제를 반대하는 기업에 대해서는 은행과 정부가 연계하여 대출 규제로 강력하게 대응해 나가면 될 것이다. 정책과 시스템만 새로운 것으로 바꿀 것이 아니라 디지털 경제시스템을 운영할 수 있는 디지털 전문인으로 공무원을 교체해야 한다. 사회구조가 선진화되고 국민들의 욕구 또한 다양하여 각계각층의 목소리를 신속하게 국정에 반영해야 하는 새로운 정치모델이 요구되고 있으나, 지금 우리의 정치현실은 이에 부응하고 있지 못하며 가장 앞서 나가야할 정치권은 정보화 무풍지대가 되어 변화를 두려워하고 있다.

국민들이 가장 바라고 있는 일자리 창출도 정보화뉴딜정책인 전 세계적인 전자도서관 사업을 추진하면 되는데 정부관리 누구도 관심을 갖지 않으니 국민만 고통을 받고 있는 중이다. 대통령부터 과학화, 정보화에 앞장서야 장관, 고급공무원들이 개인 블로그나 카페를 운영하면서 국민과 소통을 하게 되는데, 정보교류 수준이 초. 중, 고등학생 정도보다 낮으니 국민들로부터 외면을 받을 수밖에 없다.

우리나라 국가규모가 대통령 혼자 담당하기엔 너무 커서 대통령과 국무총리가 한 가정의 아버지와 어머니처럼 역할을 분담해야 한다. 세종시로 내려가는 9개 부처를 국무총리가 전담하고 대통령은 서울에 남게 되는 6개 부처 즉, 외무부, 통일부, 국방부, 법무부, 행자부, 여성부를 담당한다.

차기 대통령 후보는 중국의 후진타오와 원자바오처럼 과학대통령-IT국무총리 역할을 분담하여 동반후보로 출마한다면 무소속 후보라도 승리할 수 있지 않겠는가?

좋은 대통령! 나쁜 대통령!!

2012년 총선과 대선에서는 최첨단과학의 시대, 정보화시대가 요구하는 준비된 대통령과 국무총리가 누구인지 잘 선택해야 국가의 미래에 희망이 있을 것이다. 안철수 원장이 원자바오(IT총리)라면 후진타오(과학대통령)는 누가하면 좋을까?

브레이크뉴스(Break News) 칼럼 2012.4.22

91. 김문수-김두관 사퇴해도 '대선 출마' 반대!

차점자를 당선후보자로 선거법 개정, 보궐선거비용을 배상해야!

김문수 경기지사가 4월 22일 오전 10시30분 국회 정론관에서 기자회견을 갖고 정권 재창출을 위해 새누리당 대선 후보로 나서기 위해 경선 출마를 선언했다. 김 지사는 현재 지사직 사퇴 문제를 놓고 심각하게 고심하고 있다는데 현행 당헌·당규상 대선후보 경선에 출마해도 지사직을 유지할 수 있지만 지사직을 갖고 경선에 참여할 경우 야당의 비판 등 정치적 시비에 휘말릴 수 있어 사퇴 여부를 고심하고 있다고 한다.

김두관 경남지사도 조만간 대권 도전의 의사를 밝히기 위해 김문수 경기지사의 결정을 예의 주시하고 있을 것이다. 두 단체장이 사퇴하게 되면 보궐선거를 치러야 할 텐데 선거비용은 물론 공무원들의 과도한 부담으로 민생은 뒷전이 되어 온 나라가 선거판으로 큰 혼란에 빠지게 될 것이다.

작년 2011년 10월 26일 서울시장 보궐선거를 국민들은 어떤 눈으로 보았을까? 2012년 4월에 19대 국회의원 선거를 치러야 하므로 국회의원들이 의정생활을 총결산해야 하는 해로서 임기의 마지막 해이며 국정감사와 예산과 결산을 심의해야 하는 중차대한 회기임에도 불구하고 소위 대권후보라고 하는 박근혜 의원과 손학규 의원이 마치 대선 전초전처럼 전국을 누비며 사전선거운동을 하였다. 여야 대부분 국회의원들은 공천을 의식, 총출동하여 사생결단식으로 일개 서울시장 보궐선거운동을 하였다.

이번에 또 김문수 지사와 김두관 지사가 사퇴하고 경선에 뛰어든다면 12월 19일 대선을 앞두고 서울시장 보궐선거처럼 모든 국회의원들이 나서서 사생결단식으로 선거운동을 할 텐데 과연 이 나라가 제대로 굴러갈 것인지 한번 생각해 보자.

상인들은 장사 잘되게 해 달라, 대학생들은 일자리를 마련해 달라, 서민들은 전세 값을 해결해 달라 아우성인데 온통 선거로 난장판과 같은 정치판이 재연되고 있는데 과연 이 문제를 어떻게 해결해야 할까?

간단히 말해 망국적인 보궐선거를 없애기 위한 공직선거법을 고쳐야 하겠다. 다음과 같은 경우 즉, ▲선거의 전부무효의 판결 또는 결정이 있는 때, ▲당선인이 임기개시 전에 사퇴하거나 사망한 때, ▲당선인이 임기개시 전에 제192조(피선거권상실로 인한 당선무효 등)제2항의 규정에 의하여 당선의 효력이 상실되거나 같은 조제3항의 규정에 의하여 당선이 무효로 된 때, ▲제263조(선거비용의 초과지출로 인한 당선무효) 내지 제265조(선거사무장 등의 선거범죄로 인한 당선무효)의 규정에 의하여 당선이 무효로 된 때 재선거와 보궐선거를 치르게 된다.

선거 후 당선자를 결정하는 조항은 "공직선거법 제188조(지역구국회의원당선인의 결정 · 공고 · 통지), 제190조(지역구지방의회의원당선인의 결정 · 공고 · 통지), 제191조(지방자치단체의 장의 당선인의 결정 · 공고 · 통지)에서 "유효투표의 다수를 얻은 자를 당선인으로 결정한다." 라고 되어 있다.

보궐선거를 없애기 위해서는 '당선인이 선거에서 무효 또는 사망 및 사퇴를 할 경우 차점자를 당선 후보자로 정한다.' 라고 개정하면 간단하게 재선거나 보궐선거를 실시하지 않고 문제를 해결할 수 있다고 생각한다. 만일 차점자가 득표수가 적어 대표성에 문제가 있을 경우 당선자의 몇%를 득표한자로 정한다고 하면 될 것이다.

오세훈 전 시장, 김문수 지사, 김두관 지사처럼 자기가 공직을 사퇴하거나 19대 총선에서 당선된 국회의원도 대권에 도전하기 위해 사퇴할 경우 보궐선거비용을 소속 정당이나 본인이 배상해야 한다고 생각한다. 그 이유는 지역 주민의 의사와는 전혀 상관없이 정권 재창출을 위해 출마한다는 것은 본인이나 자기 정당을 위한 것이기 때문이다.

대통령과 국회의원들은 왜? 이 간단한 선거법을 고치지 않고 있는가? 이제 대한민국사이버국회와 국민들이 나서서 모든 악법을 고쳐 이 나라를 바로 세워 나가야 하겠다.

브레이크뉴스(Break News) 칼럼 2012.4.25

92. 한반도에서 대전쟁, 세계 제3차 대전 시발?

"남북평화통일추진협의회" 를 만들어 북한과 협의하자.

중국과 소련 양군 총참모장은 "해상연합-2012", 중국과 러시아 해상 연합 군사훈련을 2012년 4월22일부터 27일까지 중국 산동성 청도(青島)부근 서해 해역에서 거행한다고 밝혔다. 이번 훈련의 과제는 "해상연합 방어와 보호작전"인데 작전계획에 따라 실전훈련과 해상열병과 교류 및 연구토론 4단계로 구성된다고 한다. 중국과 소련 쌍방은 25척 함정을 파견하여 훈련에 참가할 것이라 한다.

새뮤얼 로클리아 미국 태평양 사령관이 지난 4월 17일 서울 용산 한미연합사령부 회의실에서 열린 기자회견장에서 북한 미사일 기지와 핵시설을 정밀타격 가능성에 대해 "모든 범주의 대응방안을 강구하고 있다고 밝혔다.

만일 남북한 간에 전쟁이 일어난다면 평양을 비롯하여 북한도 파괴되겠지만 북한의 포격으로 서울은 가정마다 가스관이 연결되어 있기 때문에 불바다가 될 것이며, 삼성전자, LG전자, 현대전자의 시설이 파괴될 것이고 원자력 발전소도 대파될 것이다. 이렇게 되면 중국과 소련은 북한 편을 들것이고 미국과 일본은 남한을 도와 전쟁은 세계 3차 대전으로 비화 될 것이다. 한반도를 또다시 요리하려는 4대 강대국의 움직임이 결코 간단치 않은 시대상황이다.

우리는 생각해야 한다. 전쟁에서 이기고 지는 것이 문제가 아니다. 전 국토가 초토화 되어 먹을 것이 없어지고 한반도는 물론 지구가 멸망한다. 작년 정전사태로 인해 얼마나 불편한가를 체험했으며 일본의 원자력 발전소 피해를 하늘에서는 미리 보여 주고 있다는 것을 알아야 한다. 절대로 한반도에서 전쟁이 일어나서는 안 된다. 어떻게 막아야 할까? 민간단체가 나서야한다.

"남북평화통일추진협의회"를 만들어 북한과 협의하자.

① 우리의 소원은 통일! 평화적인 남북통일을 언제까지 기다려야 하며 어떻게 해야 남북한 모두가 상생할 수 있는가를 논의해 보자. 통일을 하루빨리 추진해야할 이유는 북한을 조선성(朝鮮省)으로 편입시키려하는 중국의 동북공정을 저지하고 일본의 독도침략을 막아내기 위해서이다. 또한 북한의 자원과 노동력, 남한의 기술과 자본이 상생 결합하여 경제를 활성화시켜 잘 살기 위해서이다.

② 정부는 북한 급변사태에 대비하기 위해 앞으로 10~15년 기간으로 50조원 규모의 통일세를 걷는 방안을 검토 중이라고 한다. 통일방안에 대한 합리적 청사진을 제시하지도 못하면서 국가부채 규모가 이미 400조원을 넘었으며 가계부채가 1000조원 정도나 되어 국민의 조세부담이 엄청남에도 불구하고 통일이 벼락처럼 닥칠 수 있으며 자고나면 통일이 저절로 되는 것처럼 생각하고 있는 것이 문제이다.

③ 우선 우리나라 통일역사를 되돌아보면 첫 번째 통일은 신라시대 김춘추 대왕이 했으며 두 번째 통일주역은 고려를 창건한 왕건이다. 이 두 번에 걸친 통일은 많은 백성들을 주검으로 몰아넣은 피의 전쟁이었다, 따라서 이제 세 번째 이루어야 할 통일은 피를 흘리지 않으며 통일비용이 들지 않고 오히려 경제적으로 상호 이익이 되는 평화적인 방법으로 해야 하겠다.

평화통일의 방안을 논의해보자

① 우리 모두 함께 통일시나리오를 한번 생각해 보자. 통일방안은 크게 휴전선을 없애는 통일과 휴전선을 그대로 두고 하는 통일 둘로 나눌 수 있다. 독일과 베트남처럼 휴전선을 없애는 통일은 피를 흘리던지 천문학적인 돈이 필요해 남북한 모두에게 바람직하지 않다.

② 과거 정부에서 논의했던 통일 방안을 검토해보자. 남한의 통일방안은 민족공동체 통일로서 자유민주주의사상, 남북 동시선거, 1국가, 1체제, 1정부를 주장하고 있으며, 한편 북한은 고려연방제통일로서 북한의 김일성주체사상과 1국가, 2체제, 2정부 방안으로서 연석회의 정치협상을 통해 해결하자는 것이다. 이 두 가지 방안을 잘 조정하면 역사에 길이 남을 좋은 방안이 도출될 수 있다.

③ 휴전선을 없애는 독일식 흡수통일을 하게 된다면 독일 알브레흐트 슈미트 HVB 그룹회장은 막대한 통일비용, 근로생산성의 감소, 단일화폐 도입, 임금 폭등과 같은 4대 악재 때문에 경제 성장률은 하락세를 면치 못할 것이라고 했다. 그리고 미국의 랜드연구소도 독일식 흡수통일을 하면 통일비용은 최소 500억(약 50조) 달러에서 최대 6700억 달러에 이를 것이라고 했다.

④ 휴전선을 그대로 두고 유럽식 연합국가형태로 통일을 하게 되면 세계적인 투자은행 겸 증권회사인 골드만삭스(Goldman Sachs)는 한국이 유럽처럼 북한의 자원과 노동력, 남한의 기술과 자본이 상생 결합하여 2025년에 한국의 1인당 GDP(Gross Domestic Product)는 3만 6813달러, 2050년에는 8만1462 달러로 미국에 이어 세계 2위가 될 것이라고 예측했다.

앞으로 추진 방안을 논의해 보자.

추진협의회에서는 정부와 정치권이 민감한 통일에 대해 협의하기 어려워 남북한 민간대표들이 한자리에 만나 통일방안, 통일일정, 정부형태, 선거방법 등에 대한 내용을 협의하고자 한다. 앞으로 조만간 국회헌정기념회관에서 공청회를 개최하고 인터넷으로 여론조사를 실시하고자 한다.

조국과 민족을 사랑하는 국내외 모든 정치, 사회, 문화, 종교, 여성, 청년단체 등은 오직 구국일념으로 대동단결하여 통일국가 건설에 적극 참여해 주기 바란다. 정부와 국회에서 많은 관심과 지원을 해주기 바란다.

브레이크뉴스(Break News) 칼럼 2012.4.27

93. 대통령-국무총리 분권제로 권력부패 방지

대통령은 아버지, 총리는 세종특별자치시 정부부처 어머니 역할

우리나라는 정치만 잘하면 1등 국가가 될 수 있지만 부패공화국, 패거리정치, 그들만의 정치로 큰 위기에 직면해 있다. 로마제국이나 통일신라가 멸망한 것은 외부침략 때문이 아니라 부정부패와 탐관오리로 국민들에게 희망찬 비전을 제시하지 못했기 때문이다.

청년들은 '일자리가 없다', 상인들은 '세금 때문에 못 살겠다', 서민들은 '먹고살기 힘들다'고 다들 아우성입니다. '등골이 휘는 등록금', '기업하기 나쁜 나라', '불확실한 노후', '서민들의 전세난', '차별받는 사회', '공교육 위기', '불공정한 사회' 이 모든 원성들이 하늘을 찌르고 있다.

정권 말기마다 되풀이되는 권력형 부패에 국민들은 분노를 넘어 치를 떨고 있다. 무소불위의 권한을 행사하는 제왕적 대통령제에서 황금만능의 천박한 의식을 가진 자들이 권력의 주변에 득실거리기 때문이다. 정치윤리가 확립되지 않은 상황에서 정치·행정적 권한이 한 곳에 집중돼 있으면 권력은 부패한다.

대통령의 형, 국회의장, 최시중 전 방송통신위원장 사건에서 보듯 권력집단이 각종 이권사업에 전 방위적으로 관여할 수 있는 여건에서는 어느 정권에서나 권력형 비리가 발생하게 된다. 막강한 권력이 대통령에게 집중된 이러한 제도적 상황에서는 대통령 선거 과정에서부터 이미 검은 부패동맹이 형성된다.

정권 말기마다 반복되는 권력형 부패의 고리를 끊기 위해 어떻게 해야 할까?

부패사슬의 고리를 끊어 줄 수 있으며 개인의 이익보다는 널리 국민을 사랑할 수 있는 홍익대통령이 나와야 할 때이다. 시대는 올바른 지도자(救世主, 彌勒佛,

鄭道領)를 기다리고 있다. 홍익대통령은 새로운 종교관, 세계관, 우주관으로 사상과 이념을 초월하여 남북한은 물론 전 세계가 상생하는 세상 즉, 남북통일, 민족통일, 천하통일을 이룩할 수 있는 비전을 제시해야 한다.

권력형 부패의 척결을 위해서는 이번 대통령 선거에서 무엇보다 높은 윤리의식과 도덕성을 지닌 정치집단을 선택해야 한다. 현재의 대부분의 정치인들은 아날로그(Analog) 생각을 가지고 있다. 철학, 종교, 과학을 서로 상극으로 생각하며, 부정적인 의미의 3D(Difficult, Danger, Dirty)와 3S(Sex, Sports, Screen)에 머물고 있다. 하지만 디지털(Digital)시대를 생각을 하는 정치인들은 철학, 종교, 과학이 서로 상생하는 3D(Digital, Design, DNA)와 3S(Space, Spirit, Soul)시대를 꿈꾸고 있다.

이명박 대통령은 역대 대통령 가운데 최다 해외 순방을 기록한 대통령으로서 취임 이후 2011년 11월까지 37회에 걸쳐 55여 개국을 방문하면서 가정으로 치면 아버지 역할 즉, 외치는 잘 했다고 볼 수 있다. 하지만 4대강 정책을 추진하고 작은 정부를 지향한다면서 돈 버는 부처인 과학기술부와 정보통신부를 폐지하여 타 부처에 분산시켜 버린 것은 아날로그 대통령이라고 생각할 수밖에 없다.

중국의 정치인들을 보라. 거대한 중국을 과학적으로 운영하니 2011년 11월 4일 하늘궁전(텐궁1호)에 닻을 내린 신의 배(선조우 8호)를 띄워 성공을 하지 않았는가? 중국의 지도자 후진타오는 칭화대학에서 기계공학을 공부했으며, 국무원총리인 원자바오는 베이징지질학원(현재 중국지질대학)출신으로 지질 분야의 기술자이다.

금년 12월 19일에 뽑을 18대 대통령은 정말 신중하게 선택해야 한다. '제2의 물결시대에서 인터넷을 통하여 지식. 정보, 문화산업이 주도하는 '제3의 물결시대'가 도래한 것을 인식한 지도자가 필요하다. 미래지향적이고 통합적이면서 과학적인 소양과 정보화의 비전을 가지고 정책을 펼쳐야 한다.

전자공학의 꽃이라 할 수 있는 통신과 인터넷기술로 정보화 사회의 혁명이 일어나 지구가 마치 한 도시처럼 되어버렸다. 국가경영의 속도를 비교해 본다면 농경사회에서는 소달구지 속도이고 산업사회에서는 자동차속도이고, 정보화 사회에서는 비행기와도 비교가 안 되는 빛의 속도라고 볼 수 있다.

되풀이되는 권력형 부패를 억제하기 위해서는 대통령의 제왕적 권한을 견제하기 위한 권력구조의 개편이 필요하다. 또한 우리나라 국가규모가 대통령 혼자 담당하기엔 너무 커서 대통령과 국무총리가 한 가정의 아버지와 어머니처럼 역할을 분담해야 한다. 세종특별자치시로 내려가는 9개 부처를 국무총리가 전담하고 대통령은 서울에 남게 되는 6개 부처 즉, 외무부, 통일부, 국방부, 법무부, 행자부, 여성부를 담당한다.

차기 대통령 후보는 중국의 후진타오와 원자바오처럼 과학대통령-IT국무총리 역할을 분담하여 동반후보로 출마한다면 무소속 후보라도 승리할 수 있을 것이다. 2012년 총선과 대선에서는 최첨단과학의 시대, 정보화시대가 요구하는 준비된 대통령과 국무총리가 누구인지 잘 선택해야 국가의 미래에 희망이 있을 것이다.

브레이크뉴스(Break News) 칼럼 2012.4.29

94. 좋은 대통령 세우기 위한 "여의도포럼"결성

차기 대통령 최상 모델은 세종대왕, 무소속 후보가 더 훌륭할 수도!

필자는 대한민국헌정회지 2010년 11월호에 기고한 윤창중 문화일보 논설위원의 특강 내용을 읽고 감동하여 "차기 대통령 최상 모델은 세종대왕이어야!(브레이크뉴스 칼럼 2011.7.16)" 한다는 글을 기고 한 적이 있다. 제3의 삼국통일을 이룩하여 대고려연합국(Grand Corea Union)을 건국할 수 있어야 한다는 취지의 글이었다.

윤창중 논설위원은 2010년 10월 19일 여의도 렉싱턴호텔에서 11대 국회의원을 상대로 "다음 대통령의 조건"이라는 주제의 세미나를 했다. 이 강연에서 다음 대통령의 첫째 조건은 국가관, 두 번째는 "노블리스 오블리제", 세 번째는 인생의 가치를 소중하게 여기고 명예를 존중하는 사람이 지도자가 되어야 한다는 것이었다.

강연 내용을 요약하면 "대통령, 국정원장, 국무총리, 하나라당 대표, 사무총장 등 mb 핵심세력이 군대 안 갔다 온 사람이 대부분인데 국민들에게 애국심을 호소할 수 있겠습니까? 라고 강하게 질타하였다." 또한 "정무고위직 인사청문회를 보면서 군대미필, 위장전입, 부동산 투기하는 사람들이 어떻게 발탁되었는지 도저히 이해가 안 간다는 것이다. 그리고 국가의 격(국격)과 개인의 격(인격)을 높이는 일에 대통령이 앞장서야 하는데 결격사유가 많은 대통령이 공정사회를 주장할 때 국민들이 공감하겠느냐" 하는 것이다.

더욱 더 큰 문제로 지적되고 있는 점은 "차기 대통령 후보로 거론되고 있는 한나라당의 박근혜 전 대표, 오세훈시장, 김문수지사와 민주당의 손학규대표, 정동영의원, 정세균최고위원 등이 대통령의 필요충분조건을 다 갖추지 못하여 비관적이다" 라는 것이다. 윤 논설위원은 "다음 대통령의 첫째 조건은 국가관, 두 번째는 "노블리스 오블리제", 세 번째는 인생의 가치를 소중하게 여기고 명예를 존중하는 사람이 지도자가 되어야 한다"는 것이다.

필자의 견해로는 이러한 조건에 부합되기 위해서는 적어도 청렴(Cleanliness), 정직(Honest), 성실(Sincerity)하면서 세종대왕보다 더 훌륭한 비전을 가지고 신라 김춘추대왕, 고려태조 왕건에 이어 세 번째 통일을 이룩하여 대고려국연합국(Grand Corea Union)을 건국하여 홍익국가를 세울 수 있어야 한다고 본다. 훌륭한 대통령을 세우는 것이 금년에 우리 국민에게 부여된 시대적 소명이라고 생각한다.

이번 4. 11국회의원 선거결과를 보고 국민들이 느낀 점은 아무리 훌륭한 인물일지라도 새누리당과 민주통합당 소속이 아니면 당선되기가 힘들다는 것을 알게 되었다. 따라서 이번 대통령 선거에서도 뻔한 선거가 아니겠느냐 하면서 걱정이 태산이다.

필자가 15대 국회의원을 하면서 파악한 현 정치권의 문제점은 3권 분립이 되지 않고 대통령이 국회의장과 대법원장을 임명할 정도로 권한이 너무 막강하다는 것이다. 또한 소신을 가지고 행정부를 견제해야할 중진 국회의원마저 다음 대통령에 출마할 경력(스펙)을 쌓기 위해 장관에 임명되고자 대통령의 심기를 건드리지 않고 눈치를 보는 것이 큰 문제이다.

그리고 정당은 오직 집권에만 눈이 멀어 각종 부정 선거와 편법을 저지르기 때문에 부패공화국이 되고, 야당을 소외시키고 자기들끼리 당정협의회를 하면서 국정을 펼치기 때문에 국회가 난장판이 된다. 따라서 대통령은 당선된 후 탈당해야 한다.

그리고 박정희 대통령 시대와는 달리 국제회의가 많아 대통령이 바빠졌다. 이명박 대통령은 역대 대통령 가운데 최다 해외 순방을 기록한 대통령으로서 취임 이후 지금까지 40여회에 걸쳐 60여 개국을 방문하면서 가정으로 치면 아버지 역할은 잘 했다고 볼 수 있지만 바빠서 주변을 다스리지 못해 부패공화국의 오명을 낳게 되었다.

따라서 필자의 주장으로서, 다음 정부는 대통령과 총리가 가정의 아버지와 어머니의 역할처럼 분담하여 어머니역할의 총리는 세종시의 부처 9개를 담당하고 아버지역의 대통령은 서울에 있는 6개를 담당하면서 효율적으로 국정을 펼쳐야 한다고 주장한다. 그리고 나라를 대표하는 세계적인 대통령이 되기 위한 7대 필요충분조건은 화합대통령, 홍익대통령, 통일대통령, 과학대통령, 문화대통령, 외교대통령, 영적대통령이어야 한다고 생각한다.

또한 차기 국무총리의 3대 필요충분조건으로는 첫째, 모든 국민의 눈물을 닦아 줄 수 있는 어머니의 마음과 같은 모정의 국무총리, 둘째, 국민 누구나 원하는 일자리를 만들어 줄 수 있는 지혜로운 국무총리, 셋째, 국민의 의식주와 평생교육 및 건강을 책임지겠다는 철학을 가진 국무총리이어야 한다고 누차 강조해왔다.

국회의원이 보통 머슴이라면 대통과 국무총리는 상머슴이다. 현재 이대로 선거를 치른다면 새누리당과 민주통합당이 골라 준 두 명의 후보 중에서 선택해야 하므로 국민들이 마음에 들지 않더라도 머슴을 골라야 할 판이다. 따라서 국민들이 직접 선택하여 21세기에 맞는 제2 세종대왕과 같은 좋은 대통령을 세우기 위해 뜻있는 단체 대표들이 "2012여의도포럼"을 창설하기로 했다. 이 포럼의 취지는 다음과 같다.

첫째, 국내외적으로 대 격변기를 맞아 조국과 민족의 미래를 위해 지혜를 발휘하여 슬기롭게 대처하기 위해서 공공단체, 사회단체, 종교단체, 여성단체, 학생단체 등이 결집하여 대 화합운동을 펼치고자 한다.

둘째, 물질만능주의와 패권주의로 인해 남녀, 세대, 지역, 남북갈등으로 분열과 분쟁 속에 인간사회가 무너지고 있어 사랑과 인의 및 자비로운 사회를 건설하고자 한다.

셋째, 정치, 경제, 언론의 중심지인 여의도에서부터 정치적인 대결, 경제적인 탐욕, 언론의 불의의 원인을 찾아 해결하고자 전국적으로 지역 포럼을 결성하고 대회를 개최하고자 한다.

그리고 실행 계획으로는 6월중에 창립총회를 개최하고 공동대표제로 운영하며 16개시도 지역포럼을 결성하여 전국적인 연대를 한다. 포럼에서 도출된 정책을 입법화하여 법률로 제정하고 국민의 의식 개혁과 정신적인 각성운동을 펼치면서 정치, 경제, 언론인 등과 나라사랑운동을 전개한다.

앞으로 추진방안은 3000여개 NGO단체가 동참하고 단체장이 정회원이 된다. 국회회의실에서 매월 정기포럼과 세미나를 개최하면서 주요 정치, 경제, 언론인을 초빙하여 질의 응답식 토론을 한다. 또한 남북통일, 민족통일, 천하통일의 개혁정책을 발굴하고 착한경제인과 정의로운 언론인과 함께 좋은 대통령을 세워 후손들에게 부끄럽지 않게 위대한 대한민국을 건설하기로 했다.

국회의장이 선출되면 탈당하는 것처럼 오히려 대통령도 정당에 소속되지 않고 모든 국민을 위한 정치를 해야 하므로 무소속 후보가 당선되는 것이 바람직하다고 본다. 정치인들을 욕하지 말고 "2012여의도포럼"에 적극 참여하여 좋은 머슴(대통령)을 우리가 직접 뽑자.

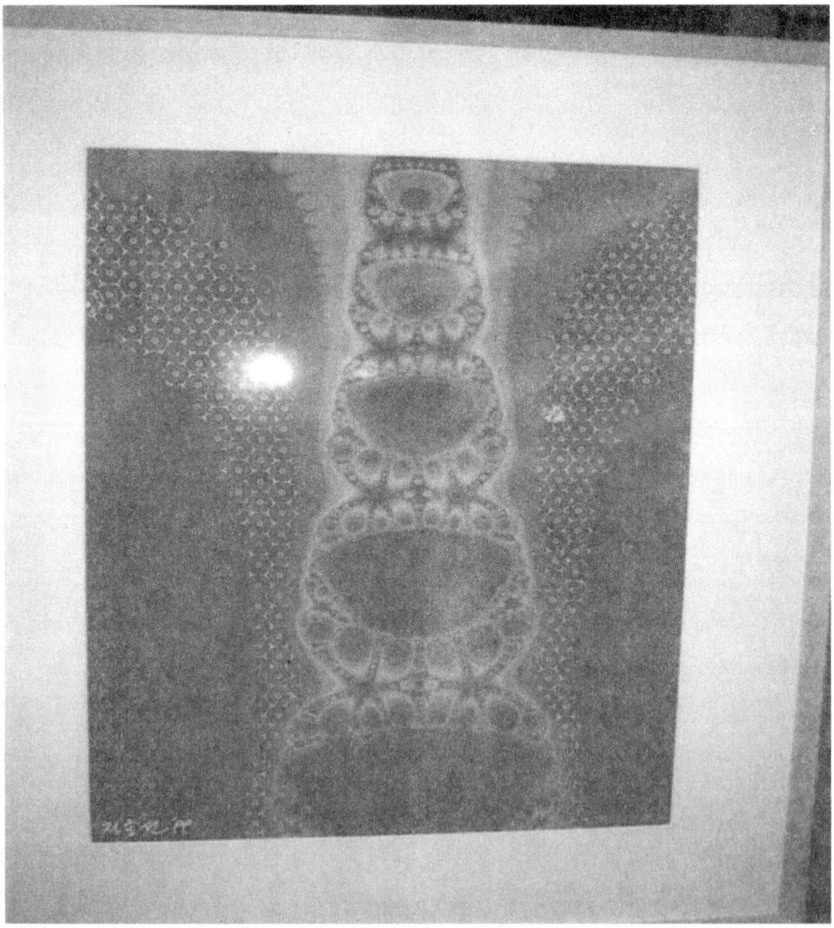

브레이크뉴스(Break News) 칼럼 2012.5.7

95. 부산엔 정발장군-서울엔 이순신장군 동상

선조 무능으로 동인-서인, 현 정치권 좌파(진보)-우파(보수) 대립!

많은 사람들은 서울의 이순신(1545)~1598)동상은 잘 알고 있으나 부산의 정발장군(1553~1592)의 동상은 잘 모르고 있다. 필자는 부산 해운대에 계신 송준자선사님의 말씀을 듣고 지난 4월 28일 부산역 근처 초량역 광장에 건립된 정발장군(鄭撥將軍)님의 동상을 찾아가 처음으로 참배했다. 그리고 5월 6일 직접 승용차를 몰고 가서 경기도 연천군 미산면 백석리 산34-1에 모셔진 정발장군묘(鄭撥將軍墓)에 인사를 올리고 진즉 찾아뵙지 못해 죄송스러워 하면서 마음속 깊이 회한의 눈물을 흘렸다.

장군은 경기도 연천군 미산면 백석리에서 출생하였고 자는 자고(子固), 호는 백운(白雲), 시호(諡號)는 충장(忠壯)이다. 본관은 경주이고 군수 명선(明善)의 아들로 1553년에 태어 나셨다. 정발은 어릴 때부터 독서를 즐겨 했고, 과묵하여 선비의 풍모가 완연하였다. 특히 소학에서 얻은 바가 많고, 자라면서 그 형과 같이 독행인 으로 뽑혔다 하니 그 행실이 얼마나 돈독하였는가를 짐작해 볼 수 있다. 약관에 이미 사서와 오경을 통독하였으며, 아울러 손오병법에도 통달하였다고 한다.

정발장군은 선조(宣祖) 12년(1579)에 무과에 급제하여 선전관(宣傳官)이 되고, 해남 현감, 거재 현령, 위원 군수, 훈련원 부정, 1592년에는 부산진(釜山鎭) 첨절제사(僉節制使)가 되었다. 이해 4월 임진왜란이 일어나 부산에 침입한 왜군을 맞아 용감히 싸웠으나 성이 함락되어 장렬하게 전사하셨다.

1592년 4월13일 왜장 고니시(小西行長)가 이끄는 18,000명의 왜적이 경상도 제1의 해상관문인 부산진으로 쳐들어 왔고 이 전투는 임진왜란 때 조선군과 일본군이 벌인 최초의 전투로 정발의 지휘 하에 실제 병력 1,000명 규모의 군관민이 끝까지 항전하였으나 중과부적(衆寡不敵)으로 다음날 성이 무너지고정발장군도 젊은 나이로 순절하셨다.

부산진성의 항전은 처절했다. 최후의 한 사람까지 사수하다가 죽어 갔다. 정발도 결국 적의 총탄을 맞고 장렬한 전사를 하였다. 정발은 군사를 격려하며 싸웠지만 분하게 조총에 맞아 전사 하였다고 한다. 무인답게 마지막까지 싸우다 성을 베개 삼아 호국의 귀신이 된 것이다.

성 안의 사람들 가운데 살아남은 자는 한 사람도 없었다. 성민이 모두 죽음으로 항전했기 때문에 왜군들은 보복으로 살아남고자 하는 자까지도 모두 죽여 버렸던 것이다. 때문에 이 부산진 전투는 세상에 잘 알려지지 않았다. 이 사실을 전한 자는 전화를 기적적으로 모면한 사람과 당시 공격에 참여한 왜인들의 입을 통해서였다.

전쟁이 끝난 뒤 전황과 정발의 공적이 조정에 알려지자 정발에게 자헌대부 병조판서의 증직이 있었고, 숙종 7년에는 다시 숭정대부 의정부 좌찬성 겸 판의금부사 오위도총부 도총관을 증직하고, 시호를 충장이라 내렸으며, 그 자손을 녹용토록 하였다.

장군의 시신은 찾지 못하였으나 그가 타고 다니던 말이 투구와 갑옷을 물고 와서 그것으로 장례를 치렀다고 하며, 돌아가신 후에 좌찬성의 벼슬에 올랐다. 봉분은 하나이며 부인 풍천 임씨와의 합장묘이다. 봉분 앞에는 돌로 만든 장명등(長明燈)이 있고, 좌우에는 멀리서도 무덤이 있음을 알려주는 망주석(望柱石)과 무인석이 1쌍씩 배치되어 있다. 송시열이 글을 지은 묘비가 있었으나 한국전쟁 때 없어졌고 1982년에 새로 만든 묘비가 봉분 우측에 세워져 있다.

장군의 묘는 장군의 고향이 연천군이어서 유적건조물인 봉토 묘로서 1979년 9월 3일 시도 기념물 제51호(연천군)로 지정되었다. 정발장군 묘역으로 오르는 계단 중간 우측에는 작은 비석이 하나 있는데, 정발 장군의 의로운 말의 무덤이 있다. 묘역에 오르면 무인석과 장명등이 좌우로 서 있다. 묘역입구에는 장군을 따라 순절한 애향과 그녀의 여종인 용월 등의 사적비도 있다.

함께 죽은 소첩 애향과 종 용월은 부산의 동구 좌천1동 정공단에 합사되어 제사가 올려지고 있으며, 열녀 애향은 충렬사 의열각에도 모셔져 추모의 향화가 끊이지 않고 있다.

조선시대 왕 가운데 고종과 함께 무능한 왕으로 알려진 선조(宣祖, 1552~1608). 그가 왕위에 있는 동안 정여립 사건과 임진왜란이 발발했고, 이후 조선사회는 무너져 내렸다. 선조는 중종(中宗)의 서자였던 덕흥군(德興君)의 셋째 아들이었다.

선조가 즉위한 이후 김효원은 서울의 동쪽에 있는 건천동에 살았기 때문에 그를 추종하는 세력을 동인이라 불렀고, 심의겸은 서쪽의 정릉동에 살았기 때문에 그를 추종하는 세력은 서인이라 했다. 국력에 기울여야 할 에너지는 동서분당 등 정권 다툼에 쏟아 붓고 있었다.

왜군이 숭례문을 통과면서 진군하려하자 선조는 서울을 버리게 되고 분노한 백성은 경복궁과 창경궁 등 궁궐을 방화하고 형조에 보관하던 노비문서를 소각했다. 4월 30일 서울을 떠난 선조의 통치권은 사실상 마비되었다. 한양과 개성에 이어 평양이 함락되자 선조는 요동으로 망명할 채비를 갖추었다. 정부는 새로운 왕조를 세울 힘마저도 잃어버린 조선은 원천적인 쇄신 없이 이어져 갔다.

선조의 치세기는 임진왜란이라는 국가 위기 상황이 있었던 시기에 국가를 제대로 재건했다면, 선조는 위기를 기회로 극복한 위대한 군주로 남았을지도 모른다. 고려시대에도 거란의 침입으로 풍전등화의 시기가 있었지만, 고려 현종은 위기를 잘 넘긴 왕으로 기억되고 있다. 반면, 선조는 일본의 침략을 내다보지도 못했고, 전란 뒤에도 제대로 난국을 수습하지 못한 왕으로 기억되고 있다.

현재도 마찬가지이다. 만일 일본과 독도분쟁으로 한. 일간에 전쟁이 일어난다면 아마도 권력이 있고 부자들은 대부분 외국으로 도망갈 것이다. 2012년 제2의 정발정군과 이순신 장군이 나타나 기울어져가는 이 나라를 바로 세워야 하겠다.

브레이크뉴스(Break News) 칼럼 2012.5.13

96. 우리에겐 정말 대통령 복이 있는가? 없는가?

우리 대통령! 좋은 대통령, 나쁜 대통령

2012년 대통령 선거! 우리 민족의 운명을 가를 중요한 선거이다. 나만을 위한 나쁜 대통령이 아닌 국민 모두를 위한 좋은 대통령을 뽑아야 하겠다. 과거 대통령처럼 해외망명, 저격, 본인감옥, 아들감옥, 자살과 같은 사건은 일어나지 말아야 하겠다. MB도 새누리당의 새 당직자들의 행보를 보면 예외가 아닐 것 같다는 예감이 든다. 우리에겐 정말 대통령 복이 있는가? 없는가? 청와대 터가 나쁜 것인가? 청와대 안의 7궁에 예의를 갖추지 안 해서 그런가? 그 유명한 도사 무교인들은 처방을 왜? 내놓지 못하고 있는가?

어느 중견 언론인이 제시한 차기 대통령의 첫째 조건은 국가관, 두 번째는 "노블리스 오블리제", 세 번째는 인생의 가치를 소중하게 여기고 명예를 존중하는 사람이 지도자가 되어야 한다고 했다. 2011년 한때 MB 핵심 세력 중에는 대통령을 비롯하여 국정원장, 국무총리, 하나라당 대표, 사무총장 등이 군대 안 갔다 온 사람이 대부분이었다. 또한 정무고위직 인사청문회를 보면서 군대미필, 위장전입, 부동산 투기하는 사람들이 어떻게 발탁되었는지 국민들은 도저히 이해를 못할 정도였다.

이번 총선결과를 보더라도 패거리정치, 그들만의 정치로 끝나버렸다. 최근 한반도 주변의 중.소 및 한.미,일 군사훈련 상황을 지켜보면 국가에 큰 위기가 닥칠 것 같다는 예감이 든다. 현재 대통령 후보로 나서는 분들의 출마의 당위성을 들어보면 걱정이 앞선다. 특히, 4대 강대국은 남북 분단 상태에 있는 우리 한반도에서 어떻게 해서라도 전쟁을 일으키려 하는데 군대의 생리 자체를 모르는 여성 대통령이 탄생하게 된다면 어떻게 위기를 대처해 나갈 수 있을지 걱정이 태산이다.

시대는 올바른 지도자(救世主, 彌勒佛, 鄭道領)를 기다리고 있다는데 정말 나타날 것인지? 하늘이시여 속 시원히 답 좀 해 주시기 바란다. 국민의 염원을 해결해 줄 수 있는 통일대통령, 홍익대통령이 나와야 할 때이다. 홍익대통령은 새로운 종교관, 세계관, 우주관으로 전략과 비전을 가지고, 사상과 이념을 초월하여 남북한이 상생하는 통일을 할 수 있도록 리더십을 발휘해야 하겠다. 홍익대통령의 6대 조건은 화합대통령, 통일대통령, 과학대통령, 문화대통령, 외교대통령, 영적대통령이어야 한다.

또한 국무총리와 역할을 분담하는 분권형 대통령제를 실시하여 대통령은 아버지, 국무총리는 어머니 역할을 조화롭게 하면서 국정을 펼쳐야 한다. 국무총리는 세종시로 내려가는 9개의 부처를 전담하면서 첫째, 국민의 눈물을 닦아줄 수 있는 어머니의 마음과 같은 국무총리, 둘째, 국민 누구나 원하는 정보화 일자리를 만들어 줄 수 있는 IT마인드의 국무총리, 셋째, 국민의 영적성장을 위해 필수적인 의식주와 의식향상 교육을 책임지는 국무총리여야 한다.

대통령은 Analog적인 생각을 버리고 철학, 종교, 과학을 서로 상극으로 생각해서는 안 된다. 부정적인 의미의 3D(Difficult, Danger, Dirty)와 3S(Sex, Sports, Screen)정책을 펴게 되면 나쁜 대통령이 된다. Digital시대 대통령은 철학, 종교, 과학이 서로 상생한다는 생각으로 3D(Digital, Design, DNA)와 3S(Space, Spirit, Soul)시대를 이끌어 가야 좋은 대통령이 될 수 있다.

차기 대통령은 '디지털 뉴딜'정책으로 새로운 일자리를 창출하여 디지털 문화 르네상스 시대를 열어 IT강국 · 콘텐츠강국·인재강국을 만들어야 한다. 또한 홍익사상인 카오스우주철학과 프렉탈생명 사상으로 1국가 2체제 유럽연합방식으로 상생의 통일을 추진해야한다. 그래야 2025년에 1인당 GDP(Gross Domestic Product)는 3만6813달러, 2050년에는 8만1462달러로 미국에 이어 세계 두 번째로 잘 살게 된다.

우리나라 부패인식지수 순위는 세계 180개국 중 43위이고, 행복지수는 세계 178개국 중 102위이다. 팍팍한 서민의 삶에 비해 특권층의 부정부패는 연일 터져 나오는데 어찌 행복하겠는가? 다음 대통령은 '전자화폐추진위원회'를 만들어 고액권(1만원, 5만원)을 없애고, 전자화폐와 5천원 이하 소액권과 동전만 사용하여 전 세계에서 가장 투명한 부정이 없는 나라를 만들어야 한다.

조선을 건국할 당시처럼 국가와 민족을 구할 제2의 건국팀(이성계, 정도전, 무학대사)이 다시 결성되기를 난세의 우리 국민들은 기대하고 있다. 세종대왕보다 더 훌륭한 대통령을 선출하여 신라 김춘추대왕, 고려태조 왕건에 이어 세 번째 통일인 대고려국연합(Grand Corea Union)의 홍익국가를 건국해야 한다. Cleanliness(청렴), Honesty(정직), Sincerity(성실)한 대통령을 발굴하는 것이 우리에게 부여된 시대적 소명이다. 좋은 대통령을 세워 전 세계 한민족이 하나가 되도록 하여 ▲남북통일 ▲민족통일 ▲천하통일을 달성하여 'Grand Corea'의 기상을 세계만방에 펼쳐나가자.

브레이크뉴스(Break News) 칼럼 2012.5.15

97. 정호선-앨빈토플러-DJ대통령과 청와대 만남

과학대통령-IT총리시대를 열어야 국민이 행복해 질 것

필자는 브레이크뉴스칼럼(2011.8.21)에 "IT/SW산업 퇴보는 MB와 박근혜의원 책임?"이라는 글을 쓴 적이 있다. "4대강 애정보다는 정보화 마인드가 절실한 때라고..." 한국은 휴대전화, 반도체, LCD와 같은 하드웨어산업에서는 강하지만 보이지 않는 소프트웨어산업의 경쟁력은 OECD 19개국 중 14위다. 소프트웨어 산업 규모는 213억 달러로 10위, 연구개발 투자규모는 7위로 미국 338억 달러의 2.4%인 8억 달러에 불과해서 한국의 소프트웨어 시장 규모는 세계 시장 대비 0.87%에 불과하다.

이렇게 된 이유는 2008년 MB정부가 들어서면서 과학기술부와 정보통신부를 해체했기 때문이다. 한국과학기술단체총연합회, (사)연구발전협의회, (사)과우회가 공동주최하고 좋은대통령세우기국민운동본부가 주관하여 '과학기술부와 정보통신부 개편에 대한 공개 토론회'를 국회에서 개최했다.

특히 이날 대회에서 박정희 대통령은 국민소득 100불 시대에 과학기술처를 창립하여 오늘의 경제성장을 이룩한 점을 높이 평가했다. 그러나 한나라당 대통령 후보 경선자였던 박근혜 국회의원은 서강대학교에서 전자공학을 전공한 정치인이지만 두 부처의 해체를 저지해주기를 바라는 뜻에서 집행부에서 면담요청을 했지만 성사되지 못해 지금도 아쉬움이 크다.

필자가 10여 년 전 앨빈 토플러박사를 초청하여 우리나라 '정보화와 경제정책에 대한 국정자문'을 위해 청와대로 가서 김대중 대통령을 방문하여 나눈 대화록을 공개하는 것은 한 사람의 국가지도자가 얼마나 중요한가를 알리기 위해서이다.

15대 국회의원 시절, 새정치국민회의 정보통신특별위원회 위원장직을 맡으면서 앨빈 토플러박사 외에 마이크로소프트 빌게이츠회장, 일본 스프트뱅크 손정의 회장 등을 초청하여 DJ대통령과 많은 만남을 주선했었다.

앨빈 토플러박사의 저서 제3의 물결을 옥중에서 탐독하신 김대중 대통령께서는 미래 정보화 사회에 대한 관심과 우리나라를 정보대국으로 만들겠다는 의지를 확고하게 말씀 해 주셨다. 앨빈 토플러 자신도 한때 실업자였던 적이 있다는 말로 솔직하고 진솔하게 털어 놓으면서 한국의 정보화에 대한 조언을 많이 해 주셨다.

더욱이 김대중 대통령과 한국에 대한 깊은 애정을 표시한 앨빈 토플러 박사의 메시지가 우리에게 시사한 바가 커 청와대에서 기록한 회담내용을 여기에 소개하고자 한다. 필자가 15대 국회의원에 출마하여 선거기간 중 김대중 대통령과 필자와의 인연이 얘기되어 화기애애한 분위기가 조성되기도 했었다.

– 중략 –

앨빈 토플러: 한국에게 IMF위기는 기회가 될 수 있습니다. 한국이 가지고 있는 발전된 정보통신 기술로 한국이 세계경제에서 선두적인 국가가 될 수 있지 않겠는가 생각합니다. 저는 그간 방한하여 한국의 경제전망을 조명해보고, 기술 분야뿐 만 아니라 사회, 문화, 교육 등 여러 면에 걸쳐서 종합적으로 의견을 나누었습니다. 그래서 한국에 보다 효과적인 도움을 주기 위해서 국제적으로 각 국의 저명인사로 이루어진 자문단을 구성하는 것도 생각하고 있습니다. 이러한 움직임이 어려움에 처한 한국 국민들에게 희망과 용기를 줄 것으로 기대합니다.

대통령: 정의원도 같이 있었습니까?

정호선: 네, 지난 30일 내한해서 4월 2일 오전 10시에 국회강연과 정보통신 부, 과학기술부, 산업자원부장관과 회담하고 여러 그룹회장들과의 만남도 있었습니다....

(중략)

대통령: 지금 한국의 현실은 외환위기와 대량 실업이 발생하고 있습니다. 매 일 1만 명씩 발생하여 지난 3월말까지 약 1백50만 명이 일자리를 잃고 고금리로 인해서 기업들이 어려움을 겪고 있습니다. 특히 중소기업이 하루에 1백 개 이상 도산하고 있습니다. 이런 상황을 어떻게 해결할 수 있겠습니까?

앨빈토플러: 저 자신도 실업자였던 적이 있습니다. 미국의 경험에 비추어 보면, 지난 10년 동안 대기업들은 고용규모를 감축하는 추세였습니다. 이에 반해서

중소기업들은 고용을 많이 늘렸습니다. 그래서 결과적으로 중소기업에서 늘린 고용이 대기업에서 줄인 고용보다 많아 결국 고용이 창출되는 결과를 낳았습니다. 재벌의 구조조정도 수직적 통합보다는 재벌 내부의 연결고리를 끊어주도록 하는 방안과 아웃소싱(Out Sourcing, 외주)이 중요합니다. 그러한 정책의 결과로 미국경제는 80년대 초반 이후에 모든 것이 개선될 수 있었습니다.

대통령: 우리나라의 경제 여건상 벤처기업에 대한 전망을 어떻게 보십니까?

앨빈토플러: 한국과 미국은 벤처기업과 벤처자본의 개념에 있어 약간 차이가 있는 것 같습니다. 한국에서는 분야를 막론하고 저리 대출을 받은 기업이나 이익의 5% 이상을 R&D 로 쓰는 기업을 모두 벤치 기업에 포함시기고 있으니 미국에서는 소규모이고 특정 자본을 투자한 기업이 벤처기업이 됩니다. 그래서 분야별 투자 소유 여부는 시장이 결정한다는 입장이지요, 한국에서도 벤처기업 육성에 대해서는 거국적이고 재정적으로 바꾸는 것이 필요하다고 생각합니다.

최근에 특기할 만한 사실은 요즘 어떤 업체들은 자본을 조달하는데 은행이나 투자회사에 가지 않고 인터넷을 통해서 자본을 조달하고 있다는 것입니다. 그래서 중간거래자나 은행을 거치지 않고 스스로 자본을 조달하는 양상이 나타나고 있습니다. 한국도 유사 기업들은 큰 은행이나 개인 투자가에 의존하지 않고 자본을 조달할 수 있을 것입니다. 이것이야말로 새로운 형태의 벤처자본이라고 부를 수 있겠습니다.

(중략)

대통령: 정의원은 이번에 어떤 일을 추진하고 있습니까?

정호선: 토플러 박사의 국회강연을 주선하고 앞으로 한. 미 정보화 추진기 획단을 만들기로 했습니다... 15명은 국내 과학자로 하고 15명은 미국의 자문단으로 하고자 합니다. 우리가 추진하고 있는 정보화 정책 등을 검토하고 중기적으로는 5년 임기 내에 추진할 과제와 장기적으로는 정보화 사회의 미래 비전을 연구하는 자문단을 구성하고자 합니다....

(중략)

대통령: 정의원이 호스트 역할을 하고 있습니까?

정호선 의원: 그렇습니다.

대통령: 원래 정의원은 대학교수였습니다. (제가 공천을 했는데)많은 사람들

이 앞으로 정보화시대가 될 것이라는 걸 알지만 정작 정보화에 대해서 아는 사람이 없었습니다. 안타까움을 느끼던 중에 찾아낸 사람 이 정의원입니다.

앨빈토플러: 아주 선택을 잘 하셨습니다.

대통령: 그런데 이 사람을 아는 사람이 없었습니다. 그래서 선거 유세할 때 제가 주민들을 이렇게 설득했죠. '우리가 21세기 정보화 시대로 진입하는 데 정보화에 대해 아는 사람이 국회에 많지 않다. 입법도 제 대로 못하고 예산도 편성할 수가 없어서 대단히 지장이 많았다. 나도 정보화를 추진해야 된다는 것을 알지만 실제로 도움이 되지 못한다. 21세기 흥망성쇠가 여기에 달렸는데 정교수가 우수한 인재라고 인정돼서 공천을 한 것이다' 라구요.

"그 때 내가 가서 연설할 때 얼마나 고생했는지 모릅니다."

(웃음)

정호선: 잘 알고 있습니다.

대통령: 1만 명(야간선거유세장) 이상의 사람들이 모였었죠?

정호선: 약 2만 명 이상 되었습니다.

대통령: 그래도 안심이 안 되었습니다. 왜냐하면 상대방은 (전 농림부장관을 지냈고, 또 아주 몇 년을 두고 그곳에서 기반을 닦아 온 사람이었습니다. 그래서 선거유세를 하고 난 후 그곳에서 하룻밤을 잤습니다. 그럼으로써 유권자들에게 내가 이 사람을 얼마나 인정하고 당선시키기를 원하는지를 알게 했고, 결과는 좋았습니다.

앨빈 토플러: 어쨌든 대통령께서 정호 선 씨를 뽑아서 국회에 보낸 것은 좋은 선택이었던 것 같습니다.

대통령: 정보화를 추진해나가겠다는 일념과 획기적인 공천으로 당선이 된 것 입니다.

앨빈토플러: 정의원은 지금 대통령께서 말씀하신 모든 노력의 완벽한 상징이 라고 생각합니다. 특히 다른 의원들에게 정보화의 중요성을 교육시킬 수 있고 알릴 수 있는 인물이라고 생각합니다. 또 정보화라든지 새 시대의 중요성에 대해서 정확한 인식을 갖고 있는 국가 지도자가 많지 않습니다. 그런 점에 있어서 대통령의 비전에 대해 전적으로 동감합니다.

대통령: 감사합니다. 정의원은 국회의원 사이에서 정보화에 대한 인식과 교 육을 하는데 상당한 노력을 한다는 소리를 들었습니다. 다행히 세계 적인 앨빈 토플러 박사가 정의원을 지원해 주어서 우리나라 정보정책이 발전할 수 있는 계기가 되기를 진심으로 바랍니다.

앨빈토플러: 정의원과 함께 보다 구체적인 프로그램에 대한 의견을 나누겠 습니다.

대통령: 앞으로 자주 오시고 정의원을 통해서 또 뵙겠습니다.

앨빈토플러: 저 역시 한국에 자주 왔으면 하고 정의원과 함께 열심히 하겠습니다. 보다 가치 있고 실질적인 일을 함께 할 수 있다는 것은 한국뿐만 아니라 저에게도 큰 도움이 된다고 생각합니다.

대통령: 안녕히 가시길 바랍니다.

이제 우리나라도 중국 지도자처럼 제대로 공부한 이공계 출신이 국가지도자가 되어야 하겠다. 안철수 원장은 이과계 출신이면서 IT사업가로서 혼자 세상을 바꿀 수 없다는 생각을 해 왔다는데, 이공계 출신 정치인인 필자와 힘을 합친다면 이번 대통통령 선거에서 과학대통령과 IT총리 역할로 우리나라 정치 역사상 새로운 획을 그을 것이라 생각한다. 안 원장의 중도적이고 참신한 이미지가 유권자의 공감을 사고 있으며 참신(Cleanliness)하고, 정직(Honesty)하면서 신뢰성(Sincerity)이 있기 때문이다.

브레이크뉴스(Break News) 칼럼 2012.5.16

98. 종교평화, 국회 의사당에 세계종교UN창설

종교 책임 팽개친 종교지도자, 진정한 가르침위해 신도가 나서야!

비둘기에 모이를 너무 많이 주면 스스로 먹이를 찾으려 하지 않는다. 진리를 찾는 성직자도 마찬가지라고 본다. 진리를 찾기가 먹이 찾는 일보다 몇 십 배 더 어렵다. 진리를 찾아야 가르칠 수 있을 터인데... 보통사람들은 돈이 풍족하면 놀고 싶고 술도 마시고 싶고 성적 욕구도 채우고 싶은 것이다. 성직자는 달라야 하는데 자기를 이기지 못하면 보통사람과 다를 바가 없다. 비둘기에 먹이를 사주려고 용돈을 너무 많이 쓰면 비둘기에 오히려 해롭듯이 종교인에게 너무 많은 돈을 주면 성직자에게 해가 된다. 결국 자기에게 그 해가 돌아온다.

종교는 사회의 으뜸(宗)이 되는 가르침(敎)이다. 국민이 원하는 것은 종교계의 전면적인 쇄신과 자정이다. 한국불교를 대표하는 조계종에서 낯 뜨거운 일들이 잇따라 터지고 있다. 불국사 경내에 골프연습장이 설치되고 일부 승려들의 해외원정 골프, 원정도박 의혹이 제기되고 있다.

종교 세속화는 불교만의 문제가 아니다. 기독교계에서는 교회 운영권을 둘러싸고 연중 고소, 고발과 폭력이 그치지 않고 있다. 한국 기독교를 대표하는 한기총(한국기독교총연합회) 마저 회장 선거를 둘러싸고 금권선거 논란에 휩싸여 결국 해체요구를 받는 지경에 이르고 있다.

종교계 타락의 원인은 어디에 있는가? 우선 가까이에서 원인을 찾자면 시장경제와 자본주의의 병폐가 종교계까지 침투되어 일부 몰지각한 성직자들이 신도를 뺏기지 않으려고 자기 종교만이 최고라면서 이웃 종교에 대한 비상식적인 폄하와 참된 진리 탐구의 길에 돈이라는 악마에 걸려들고 있기 때문이다. 진정으로 종교지도자를 위해서는 신도들이 헌금을 줄이고 검소한 생활을 하면서 정신적으로 영적 성장할 수 있도록 도와주어야 한다.

그리고 좀 더 근원적인 원인을 찾자면, 우리민족은 적어도 1만년 이상 유구한 역사, 찬란한 문화, 훌륭한 사상, 세계적인 철학이 전해져 내려오고 있지만, 일본에 의해 역사가 단절되고 4대 강대국에 의해 남북이 분단 된 체 종교, 이념, 사상, 문화 등 모든 분야에서 동질성을 회복하지 못하고 혼돈상태에 빠져 들고 있기 때문이다.

또한 우리나라뿐만 아니라 외국도 마찬가지이다. 창세기를 열었던 에덴동산의 성전은 거룩함은 이미 사라지고 믿음의 조상 아브라함의 고향 이라크가 왜? 생존권으로 하여금 인간들의 싸움터가 되어 버렸는가를 진정으로 성찰해야 한다. 역사에 길이 남겨야 할 고귀하고 성스러운 문화재가 처참하게 파괴되어 버린 것을 우리 인류 후손들에게 어떻게 납득을 시켜야 할지 참으로 난감한 현실에 있다.

현재 이 시각에도 남북한 간의 사상문제와 이스라엘과 이란 간에 종교와 문화의 충돌로 핵전쟁이 발발할 위험에 처해 있다. 이 위험을 제거하지 않고서는 지구촌의 평화는 없다. 이와 같은 국내외의 제반 난제를 해결하기 위해서는 정치, 외교, 경제로는 풀 수가 없고 모든 사상에 근본이 되고 있는 종교로 문제를 풀어야 한다.

우리 한민족은 21세기 디지털혁명시대에 웅대한 비전을 세워 남북한 평화통일을 슬기롭게 이룩하고 세계 평화와 인류의 행복을 위해 새 하늘 새 땅에 이상적인 세계를 건설해야 할 막중한 사명을 가지고 있다.

우선 제일 먼저 한반도에서 1국가 2체제로 남북 상생의 평화통일을 이룩하기 위해 남북협의에 의해 국회의사당을 판문점에 새로 짓고 현 국회의사당에 '세계종교UN'을 새로 창설하여 세계종교를 화합시켜야 한다. 우리나라에는 종교 백화점처럼 세계 거의 모든 종교가 혼재하고 있지만 큰 문제가 없는 것은 종교는 달라도 마고시대로부터 내려온 천지인(天地人) 사상을 이어온 천손민족이라는 자부심을 갖고 있기 때문이다.

현재 UN이 육체적인 유엔이라면 종교UN은 정신적인 유엔이다. 천주교 교황청을 확대한 형태로 세계종교UN을 통해 종교, 종파간의 화합을 이루어 종교전쟁과 사상전쟁을 종식해야 한다. 이 일치 운동은 정치권과 종교의 거룩한 의무이며 세계 모든 정치와 종교 지도자의 소명이자 궁극적 목표가 되어야 한다.

세계가 더 이상 패권정치와 경제전쟁으로부터 부패되기 전에 종교 지도자들이 할 수 없는 종교혁명을 신도들이 주도하고 선도해서 조물주의 뜻에 따라 전쟁, 기아, 공해가 없는 아름다운 신천지를 한반도에서부터 만들어 나가야 한다. 사랑과 자비와 인정이 넘치는 아름다운 가정과 정직한 사회, 올바른 나라를 바로 세워 전 세계에 그 모범을 보여 주어야 하겠다. 현재의 총체적 부정과 부패의 국가위기를 극복하고 세계에서 종교선진국이 되도록 정치, 종교, 사회, 통일 등 모든 분야에서 아날로그가 아닌 디지털적인 사고로 정치와 종교를 바로 세워야 한다.

우선 우리 모두가 참여하여 올바른 종교관, 세계관, 우주관을 근간으로 세계적인 전략과 비전을 준비하고 사상과 이념을 초월하여 남북한이 상생의 통일을 이룩할 수 있는 올바른 통일관과 국가관을 세운 후에 정치와 종교지도자는 봉사와 사랑과 희생정신으로 재외 동포를 포함하여 한민족이 하나가 될 수 있도록 리더십을 발휘해야 하겠다.

차기 대통령인수위는 행정부에 종교청을 신설하도록 하여 세계적인 종교통합정책을 세우고 남북한 및 해외 종교 관련 자료를 정리하여 "세계종교디지털문화엑스포"와 같은 행사를 통해 종교문화를 교류하여야 한다. 국회의사당에서 세계종교인대표회의를 개최하고 "세계종교UN창설준비위원회"를 만들어야 한다.

국회의원회관은 세계종교UN 파견 대표의 사무실로 사용하고 국회도서관은 종교도서관, 국회방송은 종교방송국, 국회헌정기념관은 세계종교대학원대학교로 활용하면 된다. 각 종단으로부터 추천 받은 고졸 학생들을 신입생으로 받아 들여 대학 4년, 대학원 2년, 박사과정 4년 인턴 5년 동안 초기 종교에 관련된 언어를 포함 전 세계 역사, 문화, 사상, 철학을 비롯하여 종교 교리와 의식을 전부 가르친다. 샛별 같은 이들 젊은 성직자들이 배출되면 어두운 촛불은 끄게 마련이다.

제일 중요한 국회본회의장은 진리의 전당으로서 각 종단에서 진리를 법으로 만들어 발표하도록 하고 화백회의로 만장일치된 것만 전 세계에 내놓게 한다. 참 다운 진리는 하나이기 때문에 투표를 해서는 안 된다. 1년 내내 한건도 나오지 않을 수 있지만 큰 문제는 없을 것이다. 모든 회의 과정을 종교방송에서 전 세계로 중계하기 때문에 세계인들이 종교 지도자들 보다 먼저 깨우칠 수 있기 때문이다.

미래에 우리한반도에서 새로운 신천지가 전개되고 아름다운 동방의 등불 국가가 건설되어 지성 민주주의와 영성 시장경제 체제를 근간으로 물질과 정신이 균형 잡힌 지구촌의 중심이 될 수 있도록 차기 대통령은 미리서 준비해야 한다.

브레이크뉴스(Break News) 칼럼 2012.5.19

99. 인류구원 'Great Mother MAGO' 소설출간

피비린내 나는 십자군 전쟁 '이스라엘-이란' 전쟁 막을 길 있는가?

12세기 무렵 로마광장에서 교황 우르바누스 2세의 선동적인 연설을 듣고 "주 예수"를 외치면서 "이슬람 타도" 원정 참가 서약으로 시작된 인류 역사상 가장 오랜 기간, 8차에 걸쳐 200여 년 동안 치러진 십자군 전쟁!

구약 성경에 나온 아브라함의 아들 이삭과 이스마엘의 세계2대 종파인 기독교와 이슬람교가 격돌한 전쟁! 신을 앞세워 우매한 민중을 현혹시키면서 종교지도자가 일으킨 참혹한 전쟁! 불행하게도 승자도 패자도 없는 이 전쟁이 현재에도 진행 중이다.

이들 종교 지도자들의 회개와 참회도 없이 백인과 개신교를 대표하는 미국-이스라엘과 이슬람교를 대표하는 이란-이라크간의 중동의 화약고가 극동인 한반도에까지 번질 위기에 처해 있다. 남북대치 상황으로 풍전등화처럼 위기에 처한 한반도, 대한민국 정치와 종교 지도자들은 무었을 생각하고 있는가? 민족과 국가를 구할 생각은 하고 있는가?

이 소설(노중평, 정호선 공저, Clover크로버, 409페이지)의 처음 시작은 신비롭고 불가사의하면서 초자연적으로 영적터미날을 왕래하면서 영적대화 즉, 오컬트(occult)를 통하여 마고대신(麻姑大神)과 만나게 되면서 전개된다. 소설의 주인공은 단군왕검시대에 사법집행관이었던 환부(鰥夫)라는 임명장을 받고 직책을 수행하는 도중에 마고대신이 갖고 있는 인류에 대한 고민을 알게 된다.

마고대신의 고민은 인류의 어머니로서 마고와 자기 후손인 인류사이가 너무 멀리 떨어져 돌이킬 수 없을 만큼 남남처럼 되어버렸다는 것이다. 마고대신이 바라는 것은 너무 멀리 떨어져버린 모자의 사이를 되돌릴 수 있는 방법을 찾아보라는 것이다.

주인공은 마고대신으로부터 과거의 역사가 실려 있는 〈환부일지〉라는 기록을 하나 받는다. 〈환부일지〉에서 마고대신과 인류가 결정적으로 갈라서게 된 "오미의 반란"이라는 사건이 있었음을 알게 된다. 오미의 반란이 일어나자 마고대신은 마고성 밖으로 인류를 추방하고 마고성을 폐쇄한다. 일정한 세월이 흐른 후에, 예수·마호메트·석가·공자·노자 등의 성인을 거의 같은 시대에 보내서 인류를 교화하고 구원하려다가 사악한 인간들의 농간으로 실패한다.

인류를 구원하기 위해서는 세상에 알려지지 않은 '마고대신의 비의(秘義)'를 알아내어 여자들이 구원받는 세상을 만들어야 마고성으로 돌아갈 수 있다는 것이다. '마고대신의 비의'는 경서(經書)나 역사에 기록되지 않은 비전(秘傳)으로서 "〈단군신화〉에 나오는 웅녀가 딸 둘을 낳는데, 딸 하나는 극동에서 래이족(萊夷族)의 조상이 되고, 다른 딸 하나는 유다족 12지파에 들지 않는 레위족(셈족)의 조상이 되었다는 것이다. 레위족의 후손 아브라함의 자손에서 예수가 태어나 남자들을 구원하려다가 실패하고, 극동의 래이족(萊夷族) 단족(檀族)에게서 흠결 없는 여자들인 바리데기와 심청이 태어나, 여자들을 구원하여 마고성으로 인도한다."는 내용이다.

이 소설은 13,000년 전인 마고시대로 부터 시작하여 현대에 이르기지 시공을 초월하여 이야기된다. 이들 초고현대(超古現代)의 이야기는 우리의 현실과 앞으로 다가올 미래로도 연결될 것이다. 이 소설에서는 인류의 최고신이요 최고조상이라는 이중적인 의미를 가진 마고대신이 '신적(神的)인 섭리(攝理)'로 등장하여 이야기를 이끌어 간다. 그가 섭리로 등장하는 이유는 그가 후손들에게 신적인 존재로 각인되어 있기 때문이다.

그러나 한편 인간으로서 존재의 이중성을 가지고 있기 때문에, 인간이라면 누구나 가지고 있는 인간조건을 극복하지 못하는 모순을 내포하고 있다. 그래서 신의 세계에 있지 못하고 자주 인간세계에 하강하여 환부를 매개로 하여, 인간구원(人間救援)과 해혹복본(解惑復本)이라는 근원적인 문제의 해결자(解決者)로 인간세계에 관여한다.

마고대신의 비의에 속하는 신화, 역사, 문화, 사상, 철학, 종교, 천문지리의 미스터리를 풀어가도록 신화와 전설적인 사건들을 역사적인 사건들과의 연결고리를 찾는 것이 이 소설에서 주된 스토리이다.

이 소설의 초반에는 마고대신이 누구이며 어떠한 존재냐 하는 존재성을 해명하는 기록으로 채워져 있다. 세계의 모든 종교가 마고의 유시인 거울, 북, 칼인 천부삼인(天符三印)에서 시작된다. 천문학적인 관점에서 본 천부삼인은 칠보옥으로 해 · 달 · 북두칠성을 새긴 옥돌이다. 현재에도 무교인들의 무구인 명두(明斗)거울에 해와 달, 북두칠성이 새겨져 있다.

〈부도지〉에 따르면, 인간은 백소족(白巢族이 '오미의 반란'을 일으켜 마고에게 용서받지 못하고 마고성에서 추방당한다. 그 후로 인류는 타락하게 되고, 그래서 마고성에 복귀하기 위하여 구원이 필요하며 인간구원을 해혹복본이라는 말로 표현하였다.

본 작품에서는 기성종교에서 논의되어 온 실패한 남성영혼구원론(男性靈魂救援論)에서 탈피하여 여성영혼구원론(女性靈魂救援論)으로 시점을 달리하여 이야기를 확장하였다. 남성영혼구원을 위해 2000년 전에 마지막으로 예수를 보냈지만 기독교의 〈이단론〉과 〈원리주의〉를 펴고 있어 영혼구원을 완성하지 못하고 있다는 증거로 본다.

난마처럼 얽혀 있는 불교의 무수한 설화와 이론들은 불교가 인간의 마음을 바로 잡아 주지 못하고 공리공론에 빠진 증거이다. 유교도 인간의 정신을 바로잡으려 하였지만 공자가 출현하여 유교를 펼친 중국에서도 공산당의 등장과 성리학국가인 조선이 멸망함으로서 실패했다는 입증이다. 노자는 불교와 유교에서 종교의 허황된 공리공론성을 꿰뚫어 보고 무(無)의 도(道)를 실천하려 하였으나 방대한 경전들이 불교를 비난할 처지가 되지 못한다는 것을 알 수 있다.

모든 종교는 마고대신에 뿌리를 두고 시작하였다. 선(仙)으로 알려진 우리의 전통종교는 〈천부경〉, 〈삼일신고〉라는 최소한의 경전을 가지고 있다. 또한 참전계경(參佺戒經)이라 불리는 수도법도 가지고 있다. 선은 마고시대에 삼신교, 한국시대에 덕교, 배달나라시대에 태백진교, 조선시대에 덕교로 불렸다.

마고에서 시작된 종교는 한마디로 말하면 삼신교이다. 단군왕검시대에 재세이화의 도가 발전하여 홍익인간이 되었다. 홍익인간은 천지인삼신의 신인합일을 의미한다. 우리나라는 오랜 세월을 선을 숭상해 왔으며 선이 사방으로 퍼져나가면서 다른 종교가 발생하여 선을 흡수통합하면서 생존을 위하여 각 시대마다 다른 종교를 받아들였다. 세상을 돌고 돌아 현 우리나라에 불교, 유교, 도교, 기독교가 꽃 피우고 있다. 이제 모든 종교의 근원인 〈천부경〉을 국보 1호로 지정하고 국가사상과 철학으로 삼아 성통광명, 홍익인간, 제세이화를 위해 정치를 해야 하겠다.

결론적으로 본 소설에서는 인류의 어머니인 마고대신이 성인들을 지구로 보내 그가 추방한 인간을 교화하여 구원시키려 한다는 이야기이다. 예수를 보내서 영을 교회시키려 하였고, 석기를 보내어 마음을 교회시키려 하였고, 공지를 보내어 정신을 교화시키려 하였고, 단군왕검을 보내어 혼을 교화시키려 하였다는 것이다. 그러나 이들 성인들은 모두 패악한 인간을 교화하는 데에 실패하였다.

그래서 이제는 종교와 사상의 무용론이 대세로 가는 시대가 되었다. 하지만 현재의 종교가 무용하다면 대안종교가 필요하다고 볼 수밖에 없다. 그렇다면 무엇을 대안으로 내놓아야 할 것인가? 이 소설에서는 감히 마고교, 즉, 선 이외에 대안은 없다고 오컬트인 영적 터미널을 왕래하면서 단언하고 있다. 마고라야 인간구원과 해혹복본을 실현할 수 있다고 보는 것이다.

지금까지 4대 성인들은 남성구원론을 들고 나왔지만 실패하여 인류 역사에서 퇴장하고 있다. 그렇다면 다음에 등장하지 않을 수 없는 것이 여성구원론이다. 코끼리 네다리 격인 4대 성인의 가르침을 융합하여 완성된 코끼리를 만들어야 한다는 여성구원론을 주장한다. 여성구원의 모델로 제시하는 것이 바리데기와 심청이이다. 이들은 자신을 살신(殺身)하는 극단의 효를 보임으로써 인간이 구원에 이를 수 있음을 하나의 전형으로 제시하였다.

피비린내 나는 십자군 전쟁의 마귀가 다시 살아나 이스라엘과 이란간의 전쟁은 물론 우리 한반도에까지 뻗치고 있다. 제 3차 대전을 막을 수 있는 유일한 방법은 정치와 종교 지도자들의 의식 향상 밖에 없다. 위대한 인류의 어머니(The Great Mother MAGO)의 말씀을 잘 들어야 하겠다.

좋은 대통령! 나쁜 대통령!!

이 소설은 일반 독자에게는 다소 생소한 소설이다. 문장은 쉽게 썼지만 내용이 어렵고 낯설다. 이 소설은 절대로 없는 것을 지어낸 소설이 아니라 사라진 것을 다시 찾아내고 우리가 간과한 것을 재해석했을 뿐이다.

브레이크뉴스(Break News) 칼럼 2012.5.22

100. 남북평화통일 "2017년 10월3일 성취 된다"

정호선 대 예측, 좋은 전쟁도 가장 나쁜 평화보다 나을 순 없다!

"전쟁의 슬픔"이라는 책의 저자, 베트남 대표작가 바오 닌을 인터뷰한 세계일보 조용호기자의 기사(2012.5.14)를 읽고 감동을 받은바가 크다. 작가가 이 책을 통해 우리에게 보내고 싶은 메시지는 "베트남은 전쟁이 끝난 지 이미 37년이 흘렀지만, 휴전상태인 한국에서는 아직도 전쟁의 슬픔이 진행 중이다. 한국이 이 문제를 적어도 무력으로 해결하지 않았으면 하는 바람이다." 라는 것이다. 아무리 좋은 전쟁도 가장 나쁜 평화보다 나을 순 없다는 것이다.

필자는 작년 7월 15일부터 브레이크뉴스(breaknews.com)에 칼럼을 쓰고 있는데 본 칼럼이 100번째 되는 글이다. 그동안 배려해 주신 문일석 대표님께 감사드리고 독자 여러분께도 딱딱한 공학도의 글을 읽어 주시느라 인내해 주신데 대해 고마운 인사를 드리고 싶다. 그 동안 집필한 칼럼 100편을 모아 "정호선 교수, 국가개혁 100대 정책"으로서 "세종대왕 같은 영도자, 좋은 대통령!"이라는 책을 곧 출간 하려한다.

필자가 지금까지 쓴 칼럼을 종합해 보니 가장 염원하고 이루고 싶은 것이 우리 민족의 숙원인 남북평화통일이었다. 한사람이 한두 번 꾸는 꿈은 일장춘몽이 될 수 있지만 장기간 동안 여러 명이 꾸는 꿈은 예측이나 예언이 될 수 있다고 본다. 2012년은 대 변혁의 해이다. 아직까지 누구도 예측 할 수 없는 18대 대통령 선거결과를 보면 알게 될 것이다. 세종대왕과 같은 좋은 대통령이 당선되어 2013년부터 국운융성의 해가 시작 될 것이다. 2017년 10월 3일에 남북평화통일이 되어 세계인이 부러워하는 나라가 세워 질 것이다.

브레이크뉴스(2012.5.21)를 보면 차기 대권도전에 나선 이재오 의원은 "대통령이 되면 분권형 개헌을 6개월 내에 하고 5년 임기를 2년 단축하면서 국회의원 임기와 대통령 임기를 맞춰주겠다"면서 파격적인 공약을 하고 있다.

이제 패거리정치, 그들만의 정치가 아닌 민족과 국가를 위하는 큰 정치를 해야 할 때이다. 로마제국이나 통일신라가 멸망한 것은 외부침략 때문이 아니라 국민들에게 희망찬 비전을 제시하지 못했기 때문이다. 국민의 염원을 해결 해 줄 수 있는 통일대통령, 홍익대통령이 나와야 할 때이다. 시대는 올바른 지도자(救世主, 彌勒佛, 鄭道領)를 기다리고 있다. 새로운 종교관, 세계관, 우주관을 가지고 사상과 이념을 초월하여 남북한이 상생하는 통일을 할 수 영도자가 나와야 한다.

최우선적으로 차기 새 정부는 분권형집권제를 실시해야 한다. 국무총리와 역할을 분담하는 분권형대통령제로서 대통령은 아버지, 국무총리는 어머니 역할을 조화롭게 하면서 국정을 펼쳐야 한다. 국무총리는 세종시로 내려가는 9개의 부처를 전담하고, 대통령은 국제적인 마인드와 디지털적인 생각으로 북한과 협상하여 평화통일을 이룩할 수 있는 세종대왕과 같은 좋은 영도자가 되어야 한다.

남북평화통일은 1국가 2체제 유럽연합방식의 통일이 바람직하하다. 골드만삭스(Goldman Sachs)사는 한국이 통일되면 북한의 자원과 노동력, 남한의 기술과 자본이 상생 결합하여 2025년에 1인당 GDP(Gross Domestic Product)는 3만 6813달러, 2050년에는 8만1462달러로 미국에 이어 세계 두 번째로 잘 살 것이라고 예측한 바 있다.

현 정부는 북한의 급변사태에 대비하기 위해 앞으로 10~15년 기간으로 50조원 규모의 통일세를 걷는 방안을 검토 중이라고 했다. 통일방안에 대한 합리적 청사진을 제시하지도 못하면서 국가부채 규모가 이미 400조원을 넘었으며 가계부채가 1000조원 정도나 되어 국민의 조세부담이 엄청남에도 불구하고 통일이 벼락처럼 닥칠 수 있으며 자고나면 통일이 저절로 되는 것처럼 주먹구구식으로 접근하고 있는 것이 큰 문제이다.

만일 베트남처럼 전쟁이 일어난다면 수도권 가정의 도시가스관이 폭파되어 순식간에 불바다가 될 것이다. 또한 삼성과 현대 반도체공장, LG전자공장, 현대자동차, 포항제철과 같은 산업시설과 원자력 발전소 등이 폭파될 것이다. 우리의 경제는 파탄 나고 공든 탑은 무너져 지옥이 되겠지만 4대 강대국은 미소를 띠게 될지도 모른다. 무기 팔아서 좋고 IT강국이 무너지게 되면 이웃나라 경쟁국은 얼마나 좋아하겠는가?

금년 말에는 세종대왕보다 더 훌륭한 대통령이 선출되어 지성민주주의와 영성시장경제 체제로서 ▲남북통일 ▲민족통일 ▲천하통일을 이룩하겠다는 생각으로 조선을 건국할 당시처럼 국가와 민족을 구할 제2의 건국팀(이성계, 정도전, 무학대사)을 결성해야 한다.

2012년 대선에서는 해외동포와 국민의 열렬한 통일여망에 따라 새누리당과 민주통합당을 포함 모든 정치권은 통일을 원하는 세력과 반대하는 세력으로 재편될 것이다. 차기 새로운 정부는 북한과 통일에 대한 합일을 이끌어 내어 통일헌법을 제정하고 2017년 총선과 대선을 치루고 통일국가를 건국하여 2018년 동계올림픽을 공동 개최할 것이다. 그래서 2012년 대선이 중요하다.

Cleanliness(청렴), Honesty(정직), Sincerity(성실)한 대통령을 세우는 것이 우리에게 부여된 시대적 소명이다. 평화통일국가의 건국을 위한 평화통일헌법 제정과 국가상징인 국호(國號), 국기(國旗), 국가(國歌)는 전 세계 한민족에게 국민투표를 실시하여 정한다. 꿈같은 일이 눈앞에 전개될 것이다. 신라 김춘추대왕, 고려태조 왕건에 이어 세 번째 통일을 이룩하여 대고려국연합(Grand Corea Union)의 통일국가가 2017년 10월 3일에 건국될 것이다.

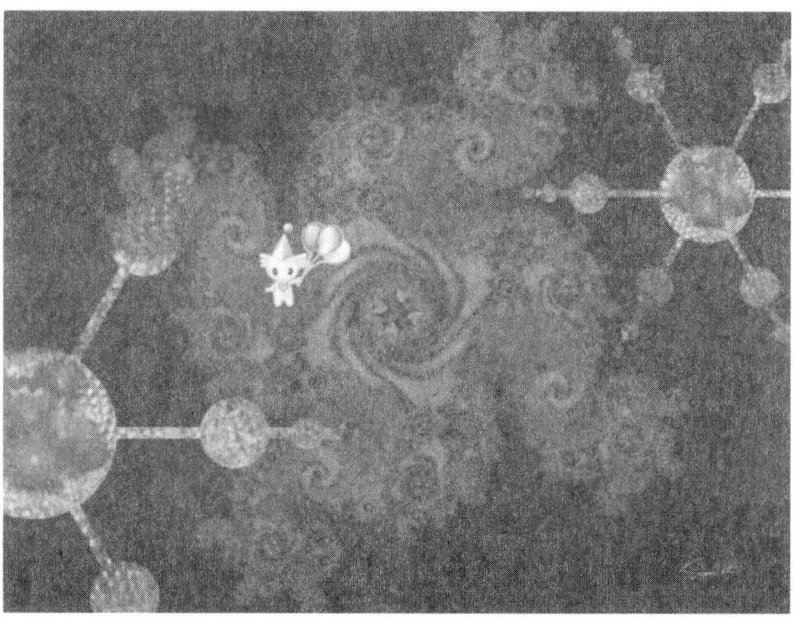

정호선(鄭鎬宣) 공학박사 약력

1. 학 력

1969 인하대학교 전기공학과 공학학사
1975 서울대학교 대학원 전자공학과 공학석사
1980 프랑스 뚤루즈공과대학(ENSEEIHT) 전자공학과 공학박사

2. 주요 경력

1968 동양TV방송국 기술감독(8년)
1976 경북대학교 공과대학 전자공학과 교수(20년)
1991 미국 테네시공과대학 교환교수(1년)
1996 제15대 국회의원(4년)
1998 (사)한국발명단체총연합회 이사장
1998 (사)한반도정보화추진본부 본부장
2000 대한민국사이버국회 의장
2007 세계학생UN본부 본부장
2008 (주)NGO World News 대표
2010 (사)세계학생연합 본부장
2011 한민족정신지도자연합회 부회장

3. 저서 및 특허

1. 알기 쉬운 신경망컴퓨터(전자신문사, 1991)
2. 제 6세대 신경컴퓨터(Ohm사, 1993)
3. 뉴로, 퍼지, 카오스(대광서림, 1994)
4. 뇌와 카오스(Ohm사, 1994)
5. 카오스 응용(Ohm사, 1995)
6. 정교수님, 신문에 났네요(도서출판 중앙, 1996)
7. 21세기 정보화사회 지도자를 위한 국가정책방향(한반도정보화본부, 1997)

8. 나는 오늘도 하이테크 정치를 꿈꾼다.(한문학, 1998)
9. 사이버세계로의 초대(한반도정보화추진본부, 1999)
10. 국가경쟁력강화 중장기 비전(지식정보사회기획단, 1999)
11. 不老不死의 비밀(Biocreate, 2000)
12. 돈을 잘 만드는 시장(도서출판 신광사, 2002)
13. 우리대통령!! Analog대통령? Digital대통령?(Jinhan M&B, 2008)
14. The Great Mother MAGO(정호선, 노중평)(Clover 클로버, 2012)
15.좋은 대통령! 나쁜 대통령!!(도서출판 진영사, 2012)
16. 특허 : 총 109건
 - 국제특허 : 59건(미국, 일본, 프랑스, 독일) - 국내특허 : 50건

4. 수상 경력

►제 2회 한국소프트웨어 공모전 은상(1988)
►제 27회 발명의 날 기념 상공부장관상(1992)
►자랑스런 서울대전자동문상(1996)
►인하대 비룡대상(1997)
►평등부부상(제2정무장관실, 여성신문사 1997)

5. 카오스아트 작품 활동

1) 개인전 10회

1999 : 서울(국회의원회관), 부산(건축사회관 전시실), 대구(소현갤러리), 광주(광주학생회관), 나주(나주문화예술회관)
2000 : 서울 갤러리(서울 프레스센터)
2001 : 일본 나가사끼 시립미술관(브리크홀 갤러리)
2009 : 대구디자인센터 2층
2009 : 서울 KBS 본관 전시실

2) 정호선, 박남희(현 경북대학교 미술과 교수) 부부전(5회)

2001 : 이탈리아 로마(이탈리아-헝가리 문화원), 서울 갤러리(서울 프레스센터)

2002 : 광주(광주 한국통신 갤러리) 광주(예술의 거리, 야외 전시대, 성재예술관)

● 연락처 :

▶ 서울특별시 강서구 염창동 262-2 대림아파트 102동 1103호

▶ 전화 : 010-3067-5053, 02-2668-6692

▶ E-mail : hosun5115@hanmail.net

▶ 다음카페 : http://cafe.daum.net/hosun2010

▶ 네이버 블로그 : http://blog.naver.com/hosun5115

▶ 조선일보 블로그 : http://blog.chosun.com/hosun5115